교원임용고시 체육과내용학 완벽대비

체육학개론

진 성 태 저

dcb
대경북스

저 | 자 | 소 | 개

진 성 태

서울대학교 사범대학 물리학과 졸업
서울대학교 대학원 교육학석사(생체역학 전공)
서울대학교 대학원 교육학박사(생체역학 전공)
공항중학교, 무학여자고등학교, 서울체육고등학교 교사
한국체육과학연구원 수석연구원
한국체육과학연구원 기획조정처장
예원예술대학교 총장
현 대경북스 학술자문위원장

체육학개론

초판발행/2013년 3월 5일 · 초판3쇄/2022년 3월 10일 · 발행인/김영대 · 발행처/대경북스
ISBN/978-89-5676-407-8

등록번호 제 1-1003호
서울시 강동구 천중로 42길 45(길동 379-15) · 전화 : 02) 485-1988, 485-2586~87
팩스 : 02) 485-1488 · e-mail:dkbooks@chol.com · http://www.dkbooks.co.kr

들어가는 글

　체육학개론에서는 체육학에서 연구하는 거의 모든 분야를 개괄적으로 살펴본다. 그렇게 하면 앞으로 우리가 공부해야 할 것이 무엇인지를 개략적으로 알 수 있기 때문이다. 그러므로 체육학개론에서는 무엇을 구체적으로 배운다기보다는 무엇을 배워야 하고, 그것을 공부하려면 어떤 지세나 태도를 가져야 하는지에 관심을 두어야 한다.

　체육학이 학문으로 인정을 받게 된 것도 그리 오래 전의 일이 아니고, 체육학은 인간의 거의 모든 것을 취급하기 때문에 망라적인 학문이라고 할 수 있다. 망라적인 학문이라고 하는 것은 체육학의 고유 연구영역도 있지만 여러 분야의 학문연구 결과를 차용해서 쓰거나 체육에 맞도록 변형한 원리나 이론들도 많다는 의미이다.

　이 책에서는 체육의 인문·사회과학적 연구 편에서 체육원리, 체육사, 스포츠심리학, 스포츠사회학, 스포츠경영학을 살펴보고, 체육의 자연과학적 연구 편에서 해부학, 운동생리학, 운동역학 등의 연구 내용과 관심사에 대하여 알아본다. 마지막으로 체육의 응용연구 편에서는 측정평가 이론, 트레이닝 이론, 스포츠코칭 이론 등 비교적 새로운 연구분야 또는 앞의 인문·사회과학적 연구 편과 자연과학적 연구 편에서 파생되어 나온 연구분야에 대하여 알아볼 것이다.

체육의 인문·사회과학적 연구	체육의 자연과학적 연구	체육의 응용연구
체육원리 체육사 스포츠심리학 스포츠사회학 스포츠경영학	해부학 운동생리학 운동역학	측정평가 이론 트레이닝 이론 스포츠코칭 이론

체육학의 연구 분야

이와 같은 분류를 탐탁하지 않게 여기는 학자들도 있겠지만 편집회의를 통해 여러 학자들의 의견을 종합하여 판단한 것이니 이해하여 주시기를 바랄 뿐이다.

앞에서 체육학을 망라적인 학문이라고 표현하였듯이 체육학은 한두 가지 연구분야로서 커버할 수 있는 것이 아니다. **체육원리**에서는 체육의 철학적인 의미, 가치, 필요성 등을 주요 연구내용으로 한다. 예를 들어 체육이란 무엇인가?, 체육이 인간 생활에서 어떤 의미를 가지고 있는가?, 체육은 어떤 가치가 있는가?, 체육은 인간에게 왜 필요한가? 등과 같은 의문에 대하여 해답을 찾으려고 하는 것이다.

체육사는 체육이 언제 어떻게 시작되어서 어떻게 발전해 왔는지 지난 일을 되돌아보고, 앞으로는 어떤 방향으로 나가야 하는지 등에 관심을 갖는다. 또한 동양과 서양에서 체육이 어떻게 취급되어 왔고, 각 나라별로는 어떤 차이가 있는지도 관심사 중의 하나이다. 예를 들어 우리나라의 고대사회에도 체육이 있었는가? 있었다면 전쟁의 수단으로만 이용되었는가, 아니면 일상생활 속에도 체육이 있었는가에 대하여도 연구하는 것이다.

스포츠심리학에서는 학생들에게 '지'나 '덕'을 가르치는 것은 교실에서 말로 하면 되지만, '체'를 가르치는 것은 몸을 직접 움직여야 하기 때문에 일반적인 '교육심리학'과는 다르다는 데서 출발한다. 처음에 교육심리학에서 시작되었기 때문에 '체육심리학'이라고 하다가 요즘음 스포츠가 각광을 받게 되면서 교육의 일부로서의 체육이 아니고, 성인들도 즐기는 스포츠에서 일어나는 갖가지 심리적인 현상들의 원인과 그 해결 방법에 대하여 연구한다. 최근에는 스포츠를 통해서 정신건강이나 정신치료에도 도움을 얻을 수 있다는 것이 알려지면서 그 방면에 대한 연구도 활발하게 진행되고 있고, 인간의 운동은 어떻게 제어하고, 인간의 발달은 어떤 순서로 진행되는지, 그리고 운동학습은 어떻게 이루어지는 지도 스포츠심리학의 중요한 연구 분야이다.

스포츠사회학에서는 스포츠가 갖는 사회적 기능과 역할, 또 사회가 스포츠에 미치는 영향, 스포츠가 갖는 사회적 의미 등을 주요 연구대상으로 한다. 또한 사회체육이 널리 보급되고, 국가도 국민 복지향상이라는 측면에서 사회체육에 대한 정책적 지원을 아끼지 않게 되면서 체육시설과 사회체육 지도자는 물론이고 재정과 매스미디어에 대한 연구도 많이 진행되고 있다. 그밖에 유아, 여성, 노인, 장애인, 특수한 직업에 종사하는 사람들을 위한 체육활동과 프로그램에 대한 연구와 지역사회 체육의 활성화에 대한 연구도 진행되고 있다.

스포츠경영학과 스포츠마케팅 이론은 최근 스포츠가 경제적인 면에서 크게 성장하면서 연구가 시작된 분야이다. 스포츠가 경제에 미치는 영향이나 효과, 스포츠 시장, 스포츠 마케팅, 스포츠 홍보, 스포츠 스폰서십, 재무관리와 인사관리 등 스포츠 경영에 관련된 모든 분야에서 연구가 활발히 진행되고 있고, 앞으로 발전할 가능성이 큰 분야 중의 하나이다.

체육의 자연과학적 연구 편에서 해부학은 체육이 가지고 있는 "몸을 움직인다."는 특징을 생각할 때 우리 몸의 구조와 기능을 알지 못하고는 체육을 논하기 어렵다. 해부학에서는 의학에서 이미 연구되어 있는 인체의 기본적인 조직과 발생, 골격계통, 근육계통, 순환계통, 신경계통, 호흡계통, 내분비 및 면역계통 등을 주요 대상으로 하고 있다. 의학에서 다루는 해부학이 질병과 그 치료를 목적으로 인체의 구조와 기능을 연구한다고 하면 체육학에서 다루는 해부학은 인체의 구조와 기능을 알아둠으로써 운동을 효율적으로 하고, 부상을 방지하는 데에 그 목적을 두고 있다는 점에서 차이가 있다.

운동생리학 또는 스포츠생리학에서는 해부학과 마찬가지로 의학에서 연구한 많은 자료들을 차용하기도 하지만 모든 것을 "운동 시에는 어떠하다."에 초점을 맞춘다. 즉, 같은 에너지대사를 연구하더라도 운동생리학에서는 운동 시에는 에너지대사가 어떻고, 회복 시에는 에너지대사가 어떻다는 것을 연구하는 데 반하여 의학에서는 에너지대사의 메커니즘이 어떻게 되고, 병에 걸리거나 부상을 당하면 어떻게 되는 가에 관심을 둔다. 운동생리학과 해부학의 큰 제목은 거의 동일하지만 그 세부내용을 살펴보면 차이점이 크다.

운동역학에서는 인간의 운동을 생리학적 또는 심리학적 관점에서 보지 않고 하나의 역학적 시스템으로 본다. 즉, 물리학적 원리로 인간의 운동을 이해하려고 하는 것이다. 그러므로 운동역학에서는 운동을 효율적으로 하는 데에 관심이 많다. 경제학에서는 최소의 비용으로 최대의 효율을 얻을 수 있는 것을 효율적이라고 하지만, 운동역학에서 효율적이라고 하는 것은 무작정 힘을 덜 들여서 운동을 한다는 것이 아니고, 운동을 하는 목적에 가장 부합되는 운동방법을 효율적이라고 한다. 근전도 분석, 영상분석, 새로운 운동용구 개발 등이 그러한 종류에 속한다.

체육의 응용연구 편에서 스포츠코칭 이론은 경기 지도자 또는 생활체육 지도자가 되어서 선수 또는 학생을 지도한다고 할 때 무엇을 어떻게 지도해야 학생이 잘 습득할 수 있는가를 연구한다고 말할 수 있다. 말로는 쉽지만 학생에게 특정 종목의 기술만 가르치는 것이 아니고, 체력도 길러주어야 하고, 인성도 가르쳐야 한다. 그 뿐인가! 인간관계도 가르쳐야 하고, 개인적인 어려움에 상담도 해주어야 한다. 한 마디로 코치는 만능이 되어야 하는데, 그런 사람이 어디 있겠는가! 그래서 스포츠코칭 이론에서는 스포츠기술의 습득이론과 메커니즘, 휴식과 영양, 기술의 지도, 정신력 증진방법, 연습방법, 팀의 관리와 경영 등 많은 분야에 대한 이론과 실제를 공부한다.

트레이닝 이론은 체력을 향상시키기 위해서는 어떤 운동을 어떻게 해야 가장 좋은지가 주된 관심사이다. 본래는 운동생리학의 한 분야이었으나 선수육성에 트레이닝이 차지하는 비중이 아주 크기 때문에 별도의 연구분야로 발전하였고, 일반인들도 트레이닝을 많이 하게 되면서 트레이닝의 한 부분이었던 운동처방을 별도의 한 분야로 세분하여 나가는 추세이다. 트레이닝 이론에서는 트레이닝을 함에 따라서 신체에 어떠한 변화가 생기는 지, 트레이닝 처방 또는 운동처방 방법, 트레이닝과 환경 또는 건강과의 관계를 연구하고, 각종 트레이닝 방법의 효과와 구체적인 실시방법에 대한 연구와 지도를 한다.

체육측정평가 이론은 체육교육학과 스포츠생리학에서 취급되어 오던 것을 별도로 분리해서 하나의 연구분야로 발전시킨 것이라고 할 수 있다. 사람은 태어나서 죽을 때까지 계속 성장·발달하여 나가고, 거기에 운동을 곁들이면 더 잘 발달된다고 말할 수도 있다. 그런 의미에서 성장단계에 걸맞은 체력과 체격을 갖추어야 삶의 질을 향상시킬 수 있다. 그러므로 측정평가에서는 건강관련 체력의 측정과 평가, 체격과 체성분의 측정과 평가, 종합적인 건강지표의 설정, 운동 시 에너지대사와 관련된 항목들의 측정과 평가 등에 관심을 가지고 있을 뿐만 아니라 통계적으로 처리하고 판단하는 방법에도 많은 연구들이 이루어지고 있다.

　마지막으로 이 책의 내용이 여러 분야에 걸쳐 있기 때문에 저자 한 사람이 썼다가 보다는 여러 교수님들의 조언을 받아서 해당 분야에서 다루는 내용들을 발췌 · 요약 · 정리한 것이라고 해야 맞다. 그렇기 때문에 어느 한 교수님이 이 책의 내용을 모두 가르치기도 어렵고, 학생들이 한꺼번에 배우기도 어려울 것이다. 그러므로 이 책은 어떤 과목을 배우게 되면 그 학기 초에 해당 과목을 읽어서 중요한 개념이나 원리를 이해하듯이 사용하면 유용할 것이다. 즉 예습용 또는 복습용 책으로 활용하고, 자세한 것은 해당 과목 교수님의 강의를 통해서 배워야 한다.

　그리고 비슷한 내용이 두 가지 이상의 과목에 있을 경우 어느 한쪽에만 기술하였기 때문에 어떤 과목을 공부하다가 그런 내용이 없으면 다른 과목의 내용을 살펴보기 바란다. 이 책의 내용을 세 개의 편으로 나눈 것은 같은 편 안에 겹치는 내용이 있기 때문이다.

　끝으로 이 책이 완성될 때까지 협조해주신 모든 분들에게 감사하고, 또 자축한다.

2013년 2월 12일

저 자 씀

차 례

제1부 체육의 인문·사회과학적 연구

제1장 체육원리

제3장 스포츠심리학

제4장 스포츠사회학

제5장 스포츠경영학

제2부 체육의 자연과학적 연구

제1장 인체해부학

제3장 운동역학

제3부 체육의 응용과학적 연구

제1장 코칭론

제2장 트레이닝론

제3장 측정평가론

I

체육의
인문·사회과학적 연구

제1장 체육원리

체육학을 전공하는 학생들이 가장 먼저 확실하게 개념을 정리해서 자기 것으로 만들어야 할 것이 "도대체 체육은 무엇이고 왜 하느냐?" 하는 것이다. 막연하게 체육은 '운동장에서 뛰어 노는 것' 또는 '체육관에 가서 체력을 기르는 것' 쯤으로 생각한다면 곤란한 일이다. 그 문제를 체육원리에서는 체육의 정의, 체육의 목적, 체육의 가치/의의, 체육의 필요성 등으로 나누어서 체계적으로 정리하고 있다.

이 책에서는 학생들이 어렵게 생각하는 체육 사상과 철학에 관련된 내용들을 쉽게 정리하려고 노력하였다.

1. 체육의 이해

1) 체육의 정의

체육은 그 범위가 굉장히 넓어서 한 마디로 정의를 하기 어렵고, 학자마다 보는 관점에 따라서 조금씩 다르고, 시대적인 사조에 따라서도 변화되어 왔다. 예를 들어 Nixon은 '활발한 근육활동과 그에 따른 반응'이라 하였고, Shepard는 '운동형식으로 행해지는 경험에 의해서 얻어지는 개인의 신체적/정신적 변화의 총체'라고 하였다. Oberteuffer는 '신체를 매개로 하는 교육', McCloy는 '교육수단의 하나로 적정한 장소에서 지도되는 활동'이라고 하였다.

우리나라에서는 김종선은 '대근활동을 수단으로 하는 신체에 의한 신체를 위한 교육'이라고 정의하였고, 최의창은 '신체활동을 통한 인간의 교육'이라고 하였다.

위와 같이 학자에 따라서 약간의 차이가 있으면서도 '교육'이라는 뜻을 모두 포함하고 있다. 그 이유는 근대체육이 교육의 한 방법으로 시작되었기 때문이다. 서양사회가 중세에서 근대로 넘어오면서 근대체육이 시작되었는데, 그당시 사회적 흐름이 중세시대에 '정신은 고귀한 것이고, 신체는 하급적인 것이므로 신체는 별 가치가 없는 것'이라는 사상에 대한 반발로 "신체와 정신은 서로 상부상조하는 관계이기 때문에 어느 하나가 중요하고 어느 하나가 저급스러운 것이 아니라 두 가지가 공존해야 한다."는 생각이 주를 이루었다.

그래서 마음과 정신만 수양하고 가르쳐서는 안 되고 신체도 가르쳐야 한다는 생각에서 체육이 교육의 한 수단 또는 분야로 자리매김하게 되었다. 그당시의 "신체를 가르친다."는 생각을 체육원리에서는 '신체의 교육'이라고 표현하고, 요즈음에는 '신체를 통한 교육'으로 바뀌었다.

즉 신체 자체를 교육하는 것에서 벗어나 신체를 이용해서(통해서) 인성과 사회성과 같은 정신적인 면도 교육할 수 있다고 의미가 확대된 것이다. 특히 요즈음에는 체육이나 스포츠 활동을 통해서 삶의 질을 향상시킨다는 웰빙(well-Being)의 개념이 크게 확산되는 분위기여서 '신체를 통한 교육'을 넘어서서 '신체를 통한 삶의 질 향상'으로 바뀌어가고 있다.

2) 체육의 목적

앞에서 체육의 정의를 설명할 때 체육의 목적이 교육에 있다는 것을 강조하였지만 체육의 정의가 근대와 현대가 다르듯이 체육의 목적도 교육에만 있는 것이 아니다. 체육의 목적을 Bookwalter는 "사회적·위생적 표준에 의해서 이끌어낸 선택된 전신적 스포츠나 리듬운동 등을 통해서 신체적·정신적으로 조화를 이룬 인간으로 발달시키는 것이다."라고 하였고,

그림 1-1. 체육의 목적

Barow는 "스포츠, 운동 및 무용과 같은 활동을 통해서 이루어지는 교육이다."라고 했으며, Tompson은 '신체운동을 통해서 이루어지는 교육'이라고 하였다.

우리나라에서는 학교체육의 목적을 "계획적인 신체활동을 통하여 미완성된 개인을 개인적·사회적으로 바람직한 인간으로 변화·형성하는 것이다."라고 하였던 것을 "움직임 욕구의 실현 및 체육문화의 계승 발전이라는 내재적 가치와 체력 및 건강의 유지·증진, 정서순화, 사회성의 함양이라는 외재적 가치를 동시에 추구함으로써 삶의 질을 높이는 데 공헌한다."로 바뀌었다.

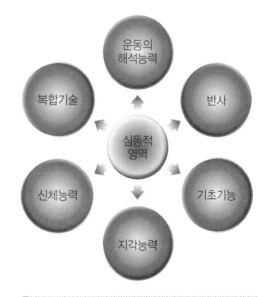

그림 1-2. 체육의 심동적 영역 목표(Harlow)

그 내용의 맨 끝 부분에 나와 있듯이 '바람직한 인간으로 변화·형성'이라는 순수한 교육적인 입장에서 "삶의 질을 높인다."고 하는 입장으로 바뀌었다. 그러한 변화의 배경에는 나라의 정책이 '민주국가의 건설'에서 '복지국가의 실현'으로 이행되어가고 있는 것과 무관하지 않은 것 같다.

체육의 목적을 체육을 통하여 얻거나 이룩하려고 하는 바를 전체적인 시각에서 진술한 것이라고 한다면 체육의 목표는 좀더 구체적인 실행목표라고 할 수 있다. 우리나라의 교육과정에서 추구하는 체육의 목표는 다음과 같다.

- 신체의 정상적인 발육발달
- 지적·정서적 발달
- 사회적 성격의 육성
- 안전능력의 육성
- 여가선용의 습관화

그러나 체육학자들은 체육의 목표를 심동

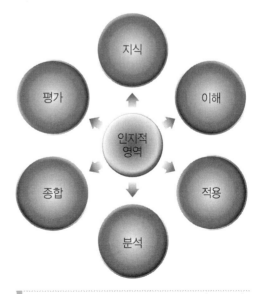

그림 1-3. 체육의 인지적 영역 목표(Bloom)

적 영역(psychomotor domain), 인지
적 영역(cognitive domain), 정의적 영
역(affective domain)으로 나누어서 각
영역별로 그림 1-2, 1-3 및 1-4와 같
이 제시하고 있다. 여기에서 심동적 영
역은 신체기능과 관련된 목표들이고,
인지적 영역은 지식과 관련이 있는 목표
들이다. 정의적 영역은 태도나 가치관
과 같이 정신적인 측면과 관련된 목표들
이다. 즉, 체육을 통해서 기능, 지식, 태
도 등을 모두 육성할 수 있다고 보는 것
이다.

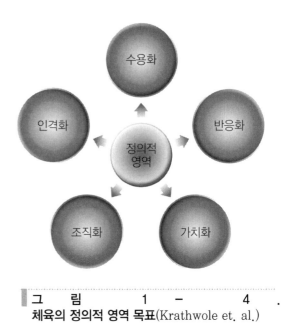

그　림　　1　-　　4.
체육의 정의적 영역 목표(Krathwole et. al.)

3) 체육의 가치 · 의의 · 필요성

체육의 목적을 "무엇을 얻으려고 운동이나 스포츠를 가르치느냐?"라고 한다면 체육의
가치는 운동이나 스포츠를 하면 "무엇이 좋아지느냐?" 또는 "어떤 이점이 있느냐?" 하는
것이다. 물론 "목적한 것을 얻을 수 있다."라고 하면 그만이지만, 우리가 어떤 목적으로 교
육이나 일을 한다고 해서 그 목적을 모두 달성한다고 할 수는 없다. 체육의 의의나 필요성
은 체육이 어떤 의의를 가지고 있는지, 왜 필요한 지에 대한 해답이기 때문에 의미는 좀 다
르지만 내용은 대동소이하다. 이 책에서는 가치만을 다루기로 한다.

체육의 가치를 보통 다음 4가지로 나누어서 설명한다.

(1) 신체적(생리적) 가치

사람은 태어나서 시간이 지나면 운동을 하지 않더라도 저절로 성장 · 발달하는 것처럼 보
인다. 그러나 갓난아기는 운동을 하라고 부모가 시키지 않아도 스스로 몸을 계속 움직여서
자란다. 그러므로 어렸을 때가 아니더라도 운동이나 스포츠를 하면 성장 · 발달을 촉진할
수 있다. 뿐만 아니라 적당히 운동을 하면 체력이 향상되고 호흡 · 순환기능도 향상이 되
고, 신체적으로 결함이 있을 때 그 결함을 제거하거나 보충할 수도 있다.

(2) 심리적 가치

사람은 동물이기 때문에 태어날 때부터 몸을 움직이려고 하는 욕구(운동욕구)를 가지고 있다. 어린아이가 끊임없이 움직이는 것도 운동욕구를 만족시키려고 본능적으로 움직이는 것이라고 볼 수 있다. 그러나 생활을 하다 보면 어떤 사정 때문에 운동을 거의 할 수 없는 경우도 생긴다. 그렇게 되면 본능적으로 가지고 있는 운동욕구를 만족시키지 못하기 때문에 스트레스가 쌓이고 정서적으로 불안해질 수도 있다. 그러므로 스트레스를 해소하고 정서적으로 안정을 찾기 위해서는 운동이나 스포츠를 해야 된다. 그 밖에 운동이나 스포츠를 할 때 상대를 이기거나 자신의 체력을 더 강하게 만들려는 욕심이 생겨서 어려운 상황을 이겨내려고 하다보면 의지력이 강해지고 도전적 정신이 길러진다.

(3) 사회·문화적 가치

운동이나 스포츠는 혼자 할 수도 있지만 대부분은 여러 사람이 모여서 함께 운동을 한다. 개인마다 성격, 가치관, 환경 등이 다르지만 함께 운동을 하려면 자신이 좋은 대로만 할 수 없기 때문에 자동적으로 사회성이 길러지고, 성격이나 가치관도 다른 사람과 맞추어지고, 조직의 일원으로서 행동을 하다보면 대인관계를 유지·발전시키는 기술과 인격도 함양된다. 그밖에 여가시간을 허비하지 않고 건전한 운동이나 스포츠를 즐기면서 선용할 수 있게 된다.

(4) 역사·철학적 가치

인류가 체력을 사용해온 역사를 되돌아보면 원시사회에서는 생존수단과 제례·의식에 이용했고, 국가가 성립된 후에는 나라를 지키고 국력을 강화하기 위해서 사용했으며, 근대사회에는 교육용으로, 올림픽대회나 월드컵대회가 생기면서부터는 국위선양과 인류화합의 수단으로, 현대에는 삶의 질을 향상시킬 목적으로 이용되고 있다.

2. 체육의 철학적 이해

시대에 따라서 인간이나 세계를 보는 사상과 철학이 변해왔다. 인간이나 세계를 보는 사상이 다르면 자연히 체육이나 운동, 스포츠를 보는 각도도 달라지기 마련이다. 이 절에서는 체육을 보는 시각이 시대적 사상의 흐름에 따라서 어떻게 변해왔는지 아주 간략하게 살펴보고 자세한 내용은 해당 과목에서 공부하기로 하자.

시대에 따라서 체육을 어떻게 생각하였는지 사상적 또는 철학적 흐름을 알면 지금 우리가 생각하는 체육이 어떤 철학적 배경에서 발생되었는지는 물론이고 체육의 목적이 왜 달라지게 되었는지도 알 수 있고, 체육이 앞으로 지향해야 할 방향에 대하여도 논리적이고 합리적으로 생각할 수 있는 능력을 갖게 된다.

구체적인 체육철학을 논하기 전에 철학은 무엇을 연구하는 학문이고, 그 체계는 어떻게 되어 있는지를 먼저 알아보아야 할 필요가 있다.

1) 철학이란

철학이라는 용어는 philob(사랑)와 sophia(지혜)를 합성하여 philosophy(철학)라고 하게 되었다. 어원에서 알 수 있듯이 지혜를 사랑하는 것이므로 '인간과 우주에 존재하는 여러 가지 사실과 가치들을 찾아서 해석하고 평가하려는 것'이다.

Harold Titus는 인생과 우주에 대한 개인의 주체적이고 총체적인 관점, 사고의 보편성과 합리성을 추구하는 자세, 언어를 분석하고 단어와 개념을 분명히 하는 것, 부분을 종합하여 전체적인 것으로 만들려는 시도, 문제의 해답에 대하여 진리의 타

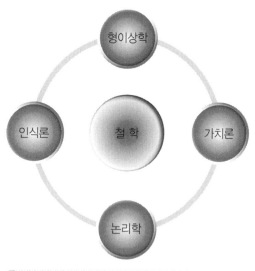

그림 1-5. 철학의 기본영역(Zeigler)

당성을 제시하는 것 등으로 철학의 형태를 분류하였다.

위와 같은 분류에 모든 사람들이 다 동의하는 것은 아니다. 그러나 철학이라는 학문이 총체적인 것 또는 전체적인 것을 찾으려 하고, 보편성, 합리성, 타당성 등을 추구한다는 것을 알 수 있다.

체육과 관련지어보면 "체육이라는 과목이 있어야 하는 정당성은 무엇인가?", '체육과목 전체를 통합적으로 이해하려고 하는 것', '체육이 앞으로 나가야 할 방향을 제시하는 것' 등

이 체육철학에서 하는 일이다.

철학에서 찾으려고 하는 것이 많다보니 저절로 그 연구영역 또는 범주도 다양하다. 이 책에서는 철학의 중요한 4가지에 영역에 대하여 간략하게 개념만 짚고 넘어간다.

⑴ 형이상학

형이상학이란 희랍어 meta(초월하다)와 physics(자연현상)를 합성하여 만든 용어로, '눈에 보이는 만물의 현상 또는 형상을 초월하여 궁극적인 진실과 의미를 찾으려고 하는 것'이다. 과학은 어떤 특수한 영역의 원리를 탐구한다. 예컨대 경제학은 경제법칙을 연구하고, 물리학은 물리법칙을 연구한다. 즉, 과학은 어떤 특수한 시야 또는 영역으로 고정시킴으로써 그 연구 대상과 방법을 얻으려 하지만 형이상학은 모든 세계의 궁극적 근거를 연구하는 것이다.

우리가 듣고, 보고, 만진 것이 반드시 옳다고 할 수도 없고, 겉모양만 보고 그것의 실재를 알 수는 없다. 그러므로 형이상학에서는 물질적인 것이든 정신적인 것이든 경험세계인 현실세계를 초월하여 그 뒤에 숨은 본질, 존재의 근본원리 등을 체계적으로 탐구하려 하고, 그 지식은 영역적·부분적인 지식이 아니라 보편적·전체적인 지식이어야 한다. 형이상학은 경험적 자연적 인식태도와 일반적인 것을 초월한다는 성격을 지니며 신학·논리학·심리학 등이 여기에 속한다.

체육의 관점에서 보면 "정신과 몸은 서로 다른 것인가(심신 이원론) 아니면 함께 있는 것인가(심신 일원론)?", "운동을 하면 심리적으로도 성숙된다고 하는데 성숙이 무엇을 의미하는가?" 등에 대한 해답을 얻으려고 하는 것이다.

⑵ 인식론

지식의 본질, 기원, 근거, 한계 등에 대한 철학적인 연구 또는 이론을 인식론이라고 한다. 영어로는 epistemology라고 하는데, 이 말은 그리스어의 epistéme(지식, 인식)와 로고스(logos, 이론)를 결합시켜서 만들어진 것이다. 지식을 둘러싼 철학적 고찰은 그리스의 소피스트(sophist)들이 주장한 '상대주의적 진리관'에 상당히 발전한 인식론적 고찰이 포함되어 있었고, Socrates도 지식의 본질이나 지식획득의 방법에 대해서 논했다. 인식론의 문제의식을 체계적으로 표현하고 전개방향을 정한 것이 Platon이다.

우리가 알고 있는 지식은 여러 가지 형태가 있다. '신이 내린 지식', 전문가에 의해서 얻어진 '믿을 만한 지식', 자신의 내적이해와 통찰에 의해서 얻어진 '직관적인 지식', 추론과 타당한 판단을 통해서 얻어진 '합리적인 지식', 감각과 관찰을 통해서 얻어진 '경험적인 지식' 등이 그것이다.

체육에서 보면 "스포츠를 통해서 어떻게 지식을 얻을 수 있는가?", "운동기능은 어떻게 습득되는가?", "트레이닝은 어떤 방법으로 해야 가장 합리적인가?" 등에 대한 해답을 구하는 것이 인식론에 해당된다.

(3) 가치론

가치론(axiology)은 가치를 연구하는 영역으로 윤리학(ethics)과 미학(aesthetics)을 포함한다. 가치는 진·선·미와 같이 객관적일 수도 있고, 어떤 목적을 달성하기 위한 수단과 같이 주관적일 수도 있다. 또, 가치는 고정되어서 영구적일 수도 있고, 변화될 수도 있다. 앞에서 말했듯이 체육의 가치는 시대에 따라 다르게 평가되어 왔다.

윤리학은 도덕적으로 옳은 것과 그른 것, 좋은 것과 나쁜 것, 또는 윤리적인 것과 비윤리적인 것을 구별하는 기준에 대하여 연구하는 것이다. 같은 행동이라도 상황에 따라서 윤리적인 행동이 될 수도 있고, 비윤리적인 행동이 될 수도 있다. 스포츠에서 "이기기 위해서 상대를 속이는 것이 도덕적으로 옳은 것인가?", 만약 앞의 질문에 대한 답이 옳다면 "이기기 위해서 약물을 복용하는 것은 왜 나쁜가?", 모든 사람이 평등하다고 하면 "우수선수와 비우수선수를 나누어야 하는가?" 등이 윤리학에 해당되는 문제들이다.

미학은 미의 형태와 본질을 연구하는 영역이다. 우리가 예술작품을 감상하면 우리의 마음을 뭉클하게 하는 무엇이 있는데, 그것의 본질이 무엇인지 연구하는 것이다. 스포츠나 무용을 감상할 때도 똑 같은 미적 체험을 할 수 있다.

(4) 논리학

논리학은 바른 판단과 인식을 얻기 위한 올바른 사유의 형식과 법칙 등을 연구하는 학문으로, 논증의 형식을 정리·분석하고, 이론의 논리적 구조를 밝히며, 이론과 사상(事象)과의 대응을 논한다. 논리학적인 지식은 귀납적 지식과 연역적 지식으로 나누어진다. 귀납적 지식은 여러 가지 사실들을 나열하여 결론을 도출하는 것이고, 연역적 지식은 명제와 명제 사이의 관계에 의하여 결론을 도출하는 것이다.

연역논리학은 연역적 추리에 관련된 많은 문제를 다룬다. 애매와 모호의 구조를 밝히고 오류의 유형을 나누며 추상·정의·분류의 개념을 명확히 한다. 사유의 법칙과 추리의 개념 체계에 대해서 간단히 서술하면 사유의 법칙에는 동일률, 모순율, 배중률 3가지가 있다. "A는 A이다."라는 것, 즉 참인 명제는 참이라는 것이 동일률이고, "어떠한 명제도 동시에 참이면서 거짓일 수는 없다."는 것이 모순율이다. "어떠한 명제도 참이거나 거짓일 뿐 그 중간치는 없다."는 것이 배중률(排中律)이다.

논리학은 어떤 주장을 하는 명제들의 논리적인 연결관계를 분별하는 원칙과 절차에 관한 학문이다. 그런데 논리학은 명제들의 연결관계에만 주목할 뿐이지, 그 명제들의 참·거짓을 확인하는 일은 하지 않는다. 그렇기 때문에 하나의 논증을 구성하고 있는 명제들의 일부 또는 전부가 거짓일지라도, 전체적으로는 타당한 논증이 되는 경우가 생긴다.

논리학은 체육뿐 아니라 모든 학문을 연구하는 데 필수적인 영역이다. 우리가 학교에서 배운 여러 가지 지식들은 모두 논리학적으로 논증된 것들이고, 우리가 학생에게 무엇을 설명하거나 다른 사람에게 내 주장의 당위성을 주장할 때는 모두 연역적 또는 귀납적으로 합리적이어야 한다.

2) 철학사상과 체육사상

(1) 관념론

관념론(idealism)에서는 궁극적인 실제를 관념(idea), 정신(spirit), 마음(mind)이라고 주장한다. 이러한 사상은 Platon에서 시작하여 Descartes, Berkeley, Kant, Hegel을 거쳐 이어져 오고 있다. Platon은 인간의 정신을 이념이나 관념의 세계로부터 나온 영혼으로 본다. 그러므로 이데아(idea)는 정신의 소산으로서, 물질에 있는 것이 아니고 영구불변하는 이념세계에 존재한다고 보았다.

Platon은 현상적인 세계는 언제나 변하는 것이고, 경험적인 실재는 항상 불안정하며, 감각적인 지식은 불완전한 것이다. 이데아는 감

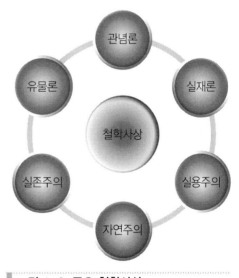

그림 1-6. 주요 철학사상

각이나 경험을 초월하는 초세속적인 세계, 즉 정신세계에서만 발견할 수 있는 절대적이고 항구적인 완전한 실재라고 하였다. 또한 현상적인 사물은 이데아로 구성되는 실재의 그림 자에 불과하다고 하였다.

또한 Hegel은 인간은 영원한 정신세계의 일부분으로서, 인격적으로 자신의 행동에 대해 책임을 갖는 정신적인 존재라고 하였다.

관념론자들은 아동은 궁극적인 우주의 일부분이므로 교육에서는 인간과 우주와의 본질 적 조화와 친밀성이 강조되어야 한다고 주장한다. 관념론의 교육은 아동의 개성을 절대적 으로 존중한다는 전제 위에 인격교육, 도덕교육, 정신교육을 강조한다. 정신적 가치·절대 적 가치의 추구를 교육의 지상목표로 삼고, 교과 면에서는 인간성의 정신적 측면, 즉 교양 을 중시하는 이른바 넓은 의미의 일반 교양교육을 강조한다.

관념론적인 입장에서 체육의 목적은 신체활동을 통해서 인간의 개성과 성격을 발달시키 는 데 있다. 그러므로 체육활동은 학생들의 인성발달에 도움이 될 수 있는 것을 선택해야 하고, 그러한 체육활동을 통하여 학생들의 사고가 스스로 발달하는 것을 도울 수 있다.

(2) 실재론

실재론(realism)은 물질의 실재와 진실된 모습(realitas, reality)을 파악한다는 입장으 로 관념론에 대립하는데, Aristoteles가 그 시초이다. 일반적으로는 말이나 관념·상념에 의존하지 않고 독립적으로 존재하는 외계사물의 실재성을 파악하는 입장을 실재론이라고 한다. 가장 초보적인 실재론은 소박실재론(naive realism)이며, 우리들이 지각하고 경험 하는 대로 물질이 존재하고, 물질의 실재성은 지각하고 경험하는 대로 파악된다고 본다.

실재론의 목표가 물질의 실재성의 인식이라고 한다면, 실재성의 인식에는 물질 측에서 의 표현방법과 이를 수용하고 아는 주관 측에서의 능력·상태·상황·장치 등과의 공동 이 필요하며, 수많은 시행착오를 거쳐서 인식된 실재성이 진리성을 띤다. 진리로서 인식 된 실재성은 인간의 지식에 편입되고, 객관적인 지식으로서 타당하게 전달될 수 있는 새로 운 자료가 된다.

넓은 의미의 실재론은 감각되어 지각될 수 있는 외계물질의 실재성만이 아니라, 인류가 획득하는 참된 지식의 실재성, 즉 관념적·이념적인 것의 실재성도 허용한다.

관념론에서는 외계는 정신, 관념의 그림자 또는 환상으로 보는 데 반하여 실재론에서는 사 람이 보든 말든, 사람이 알든 말든, 사람이 믿든 안 믿든 상관없이 '존재하는 것'은 사람의 정신과는 별개의 것으로 반드시 "구체적으로 존재한다."고 보는 것이다.

실재론자들은 교육은 학생들로 하여금 생활 속에서 참된 것을 발견하고, 해석할 수 있도록 훈련시켜서 개인이 실재의 세계에 적응할 수 있도록 하는 것이다. 실재론적인 입장에서 체육의 목적은 신체를 잘 발달시키고, 운동기술을 익혀서 행복한 삶을 영위할 수 있도록 하는 데 있다. 그러므로 체력강화, 운동기술 향상, 레크리에이션 기술 습득 등을 위해서 과학적인 방법을 사용해야 한다.

⑶ 실용주의

실용주의(pragmatism)는 미국 사회에서 19세기 말과 20세기 초에 시작되어 전개된 현대철학의 사조이다.

pragmatism은 그리스어 prágma 또는 praxeis에서 나온 말로, praxeis는 행위 또는 행동을 뜻하며 우리나라에서는 이를 실용주의로 번역한다.

실용주의에는 다음과 같이 두 가지 일반적 특징이 있다.

첫째는, 행동적 · 실천적인 면에서 볼 때 어떤 사상이 진리를 갖고 있는지 아닌지는 그 사상 자체에 의하는 것이 아니라 그 사상을 만들어낸 행위의 결과에 의해서 결정된다.

둘째, 동적 · 과정적인 면에서 볼 때 행위 · 실천을 중시함으로써 진리를 동적 · 과정적으로 파악한다. 즉, 진리는 이미 있는 것이 아니라 만들어지는 것이며 선천적 이유, 고정된 원리, 폐쇄된 체계, 모든 절대자 등을 배척한다.

Peirce에 의하면 이론이란 머릿속에만 있는 것이 아니고 실험의 조작을 규정하고 지정하는 동시에 그 결과에 의해서 실증되는 것이며 실험행위에 의해 증명되지 아니하는 관념은 무의미한 것이라고 한다. James는 종래의 독일 관념론에 반대하여 진리의 근거를 실제적 효과에 두려고 함으로써 끝없는 형이상학적 논의를 종결시키고자 하였으며, 실용적 가치, 실천적 성과를 중시하여 미국인의 개척정신을 철학적으로 승화시켰다.

실용주의자들에게 진리는 경험을 통해서 얻어지는 것이며 현실이 절대적이지 않고 변하는 것처럼 진리도 변하고, 실용적이지 못한 진리는 가치가 없는 것이다.

John Dewey는 교육의 목표를 사회적 효용성에 있다고 보았다. 즉, 학생들은 생활에 직면하는 문제를 해결할 수 있는 경험과 사회의 바람직한 구성원이 되는 방법을 학습할 기회를 가져야 하고, 교사는 학생들의 욕구를 충족시킬 수 있도록 동기유발을 촉진해야 한다.

실용주의적인 입장에서 체육은 신체적 · 정서적 · 지적 · 사회적으로 조직화된 사회적응력을 배양하기 위해서 단체경기, 집단적인 레크리에이션, 무용과 같은 종목을 중시한다.

(4) 자연주의

자연주(naturalism)는 프랑스를 주축으로 19세기에 있던 사실주의(寫實主義)를 이어받아 생긴 문학사조로, 프랑스 이외의 여러 나라에서도 소설과 연극에 강한 영향을 나타냈다. 이 사조의 창시자는 프랑스의 소설가 Emile Zola이다.

Emile Zola는 Goncourt의《Germinie Lacerteux, 제르미니 라세르퇴》라는 박복한 가정부의 일생을 그린 소설에 감명을 받고 이 작품을 '불결한 문학'이라고 비난하는 측에 대해 강력히 항변하고 변호하였다. 그의 선배 Goncourt는 "소설은 연구다."라고 말하여 사실주의 작가로서의 태도를 나타내었는데, Zola는 한 걸음 더 나아가 "소설은 과학이다."라고 단언하였다.

그러므로 자연주의의 기본정신은 인간의 생태를 자연현상으로 보려는 사고방식으로 볼 수 있다. 따라서 작가의 태도도 자연과학자와 같아야 한다는 것이다. 자연현상으로 본 인간은 당연히 본능이나 생리의 필연성에 의해서 강력하게 지배된 것으로 그려지고, 외부로부터 그려지기 때문에 내면적으로는 빈약하고 단순할 수밖에 없다.

Rousseau는 '모든 것은 자연에 따라서(everything according to nature)'라고 강조하면서 교육은 물질계를 이용해야 하고, 교사는 귀납적인 방법으로 학생 스스로 자신의 결론에 도달할 수 있도록 지도해야 한다고 하였다. 그는 정신과 신체의 교육을 동시에 해야 하고, 건강은 정신적·도덕적·사회적 기술들을 학습할 준비를 갖추게 하는 것이고, 자아교육과 자아활동을 통한 개별화된 학습의 중요성을 강조하였다.

자연주의적인 입장에서 체육은 움직이는 행동과 관련된 경험을 하여, 본래 타고 난 인간의 능력을 발전시키고 완성시키는 데에 그 목적이 있다. 그러므로 학생들의 흥미·요구·감정에 맞게 학습계획을 짜야 하고, 교사와 부모의 간섭을 덜 받는 상태에서 자연적으로 성장하도록 해야 한다.

(5) 실존주의

20세기 전반에 합리주의와 실증주의 사상에 대한 반동으로서 독일과 프랑스를 중심으로 일어난 철학사상이 실존주의(extentialism)이다.

실존주의의 선구자는 Kierkegaard와 Feuerbach이다. 두 사람은 보편적 정신의 존재를 부정하고, 인간 정신을 어디까지나 개별적인 것으로 보아 개인의 주체성이 진리임을 주장하였다. 따라서 인류는 개별적인 '나'와 '너'로 형성되어 있다고 본 것이다. Heidegger와 Jaspers는 인간의 일반적 본질보다도 개개의 인간의 실존, 특히 타자(他者)로 대치할 수 없는 자기 독자의 실존을 강조하였다.

Jaspers는 실존이란 '내가 그것에 바탕을 두고 사유하고 행동하는 근원'이며, '자기 자신에 관계되면서 또한 초월자와 관계되는 것'이지만, 그러한 실존은 고립되어 있는 것이 아니라 '다른 실존과의 관련 속에서만 존재하는 것'이라고 하였다.

Sartre는 인간에게는 실존이 본질에 선행하며, 따라서 인간의 본질을 결정하는 신은 존재하지 않고, 개인은 완전히 자유로운 입장에서 스스로 존재 방식을 선택하도록 운명 지어져 있다. 만약 인간의 본질이 결정되어 있다면 개인은 다만 그 결정에 따라 살아가기만 하면 되지만, 본질이 결정되어 있지 않기 때문에 한 사람 한 사람의 자각적인 생활방식이 중요하게 된다.

Platon과 Aristoteles는 이성을 인간의 특성으로 보고, 인간에게는 이성이 있기 때문에 과거의 잘못을 이성적으로 판단하여 다시는 잘못을 범하지 않을 것이라고 생각하였다. 그러나 현실적으로는 전쟁에서 볼 수 있듯이 인간이 이성적으로 살아간다기보다는 스스로 결단하고 부딪히면서 살아가는 존재라는 것을 알 수 있다. 즉, 실존이 본질에 앞선다고 보는 것이 실존주의이다.

실존주의론자들은 자아실현을 바람직한 교육의 결과로 본다. 그러므로 교사는 학생이 자기발견을 할 수 있도록 학생들의 삶에 관여하지만 간섭을 해서는 안 되고, 실존적 경험을 쌓도록 도와주어야 한다. 그리고 전체의 틀 안에서 한 개인의 위치와 특성을 판단하려 하지 않고, 개인의 주체성과 개성을 존중해준다. 그러므로 시험성적이라는 한 가지 기준으로 학생들을 서열화하는 것이 아니라, 각자의 자질과 개성을 가진 인격체로 인정해준다.

실존주의적 입장에서는 체육의 목적이 자신이 선택한 체육활동의 기회를 통하여 개인의 자아실현 능력을 배양하는 데에 있다. 그러므로 체육활동의 내용은 학생들 스스로 선택하여야 되고, 그 활동은 개개인의 특성 계발과 독립된 자아를 구현할 수 있는 것이어야 한다. 자기표현 및 창의성의 개발과 존재의식의 강화를 중시하기 때문에 놀이, 스포츠, 무용, 체조, 등산의 가치를 높게 평가한다.

(6) 유물론

관념론과 대립되는 철학적 입장으로 사물이 인간의 의식 밖에서 의식과는 독립적으로 존재한다는 것을 인정하는 것이 유물론(materialism)의 근본적 특징이다. 유물론에서는 물질이 1차적이며 정신과 의식은 2차적이고, 물질로서의 세계는 시간적·공간적으로 영원하고 무한하며, 신에 의해 창조된 것이 아니라 그것 자체로 존재한다고 한다. 따라서 정신과 의식은 물질에 기초하여 성립한다고 설명한다.

유물론은 물질 만능주의와 같은 도덕적 의미나 일반적 생활태도와는 별개의 것으로, 물질을 기초로 하기 때문에 우선 자연의 상태에 대한 해명에서 시작한다. 종교적이고 관념론적인 입장이 어떤 초자연적인 것을 기초로 하여 세계를 설명하려고 하는 것에 근본적으로 대립하여 유물론은 자연에 대한 과학적 연구와 밀접한 관계를 맺고 있다.

유물론은 고대 노예사회에서 철학이 발생함과 동시에 시작되었다는 것을 인도, 중국, 그리스에서 찾아볼 수 있다. 그들은 자연물의 운동과 변화를 받아들여 변증법적 견해를 보이게 되었고, 무수한 자연물로 이루어진 세계에서 근원적인 물질을 찾고자 했다. 즉, 근원적 물질의 변화에 의해 만물이 만들어진다고 보았고, 모든 사물의 근원을 원자라고 해석함으로써 형이상학적이고 원자론적인 유물론으로 발전하였다.

중세 봉건사회의 지배적 이데올로기는 종교로서, 유럽의 기독교 신학 속에서 유물론은 유명론(唯名論)의 형태, 또는 범신론의 형태를 띠면서 존재하였다. 이들의 주장은 근대 자본주의의 발전과 함께 중세 신학사상과 관념론의 근거를 무너뜨렸다. 경험적·합리적인 탐구가 수행됨에 따라 종래의 종교적·신학적·스콜라적(scholastic) 사변철학을 비판하고 배제하면서 17세기에 이르러 영국에서 Bacon, Hobbes, Locke 등에 의해서 근대 유물론적인 주장이 성립되었다.

18~19세기의 근대 유물론은 인간의 사회적 실천을 유물론적 입장에서 설명하는 단계에까지는 이르지 못하였고, 정신의 작용으로 사회의 형태가 결정된다고 하는 관념론적인 오류에 빠지게 되었다. 그러한 유물론은 '세계는 상호 관련되어 있는 하나의 전체이며, 고정된 것이 아니라 부단히 운동·변화하고 발전하는 것'이라고 하는 마르크스주의의 변증법적 및 사적 유물론에 의해 새로운 전기를 맞게 되었다. 그는 인간의 세계에 대한 인식의 발전은 사회적 실천에 의한 것이고, 그것의 기초는 물질적 생산이라고 주장하면서 실천의 의의를 강조하고, 자연과 사회 및 인간의 의식 등 세계 전체를 모두 유물론적 입장에서 파악하였다.

유물론은 항상 사회적 실천의 발전 및 과학적 지식의 발전과 결합하여 스스로를 발전시켜 왔고, 마르크스주의 유물론 철학이 세계에 대한 진실성을 밝힘에 따라 대다수의 과학자들도 유물론을 받아들이게 되었다. 보다 중요한 것은 이러한 세계관이 현재의 자본주의 사회의 각종 모순을 해결하고 새로운 사회로의 이행을 주도할 혁명세력들이 사상적 무기로 삼고 있다는 점이다.

3. 인간의 본질과 체육

철학에서는 우주의 진리, 가치, 본질, 원리 등을 연구한다고 하였고, 앞 절에서는 여러 가지 철학사상과 체육의 관계를 간단히 살펴보았다. 이 절에서는 인간이라는 존재가 무엇인지 살펴봄으로써 체육에서 다루는 인간에 대한 이해를 돕고, 체육과의 관계를 살펴보기로 하자.

1) 존재로서의 인간과 체육

인간은 살아서 움직이는 동물이고, 생각을 하고 말을 한다는 점에서 다른 동물들과 구별이 된다. 사람에 따라서는 종교적인 면에서 접근하여 인간에게는 영혼이 있고 동물에게는 영혼이 없다고도 한다. 사람의 마음 또는 영혼은 과연

그림 1- 7. 존재로서의 인간과 체육

어디에서 오는 것이고 그 실체는 무엇인지를 밝히려는 노력을 인류의 역사가 시작된 이후 계속하여 왔다. 여기에서는 그 정답을 구하려는 것이 아니고 어떤 견해들이 있었는지 살펴봄으로써 우리들 각자가 가지고 있는 생각을 비교해 볼 수 있는 기회를 갖고자 한다.

(1) 살아 있는 존재

인간은 물론이고 동물이나 식물 모두 '살아 있는 것'과 '죽은 것'은 엄격하게 구별된다. 살아 있다는 것은 생물학적으로 보면 유기적인 조직이 있고, 그 조직을 이루는 많은 기관

들이 서로 어울려서 하나의 통합체를 이루는 것이라고 할 수 있다. 하등동물일수록 조직을 이루는 기관들이 단순하고, 기능도 간단하다. 사람이 생물 중에서 가장 복잡한 구조와 기능을 가지고 있을는지도 모른다. 사람들의 욕심으로는 사람이 가장 복잡하고도 정교하게 진화된 생물이라고 단정 짓고 싶을 것이다.

사람이 살아 있기 때문에 인권도 있고, 더 잘 살려는 욕심도 있다. 사람들에게는 영혼 또는 사고능력이 있다고 주장하는 사람들도 살아 있기 때문에 하는 말이지 죽은 사람이 그런 말을 하지는 않는다. 다시 말해서 사람과 동물을 구별하여 사람이 한 수 위라고 주장하고 싶어서 영혼, 마음, 정신, 사고능력 등을 들먹거리는 것도 살아 있기 때문에 할 수 있는 것이다.

'생자필멸'이라고 살아 있는 것은 반드시 죽는다는 것도 안다. 죽는다는 것을 알기 때문에 조금이라도 더 오래 살아보려고 운동도 하고 병원에도 간다. 조금이라도 더 잘 살아보려고 돈도 벌고 권력을 잡으려고 애를 쓴다. 죽는다는 것을 알기 때문에 애를 낳아서 나 대신에 살게 하려고 한다.

동물은 가장 강한 자가 자기 마음대로 한다. 사람이라고 아니던가? 사람도 동물처럼 최강자가 자기 마음대로 하였더니 좋은 점보다 나쁜 점이 많다는 것을 알게 되면서 법이라는 것을 만들어서 같이 잘 살아보자고 한 것이다.

어쨌든 살아 있는 것은 본능적으로 먹고, 움직이고, 쉬고, 종족을 보전하고, 남을 지배하고 싶어한다. 그 본능을 가장 잘 만족시켜 줄 수 있는 방법이 체육이다. 그러므로 운동(체육)은 살아 있는 자가 필수적(본능적)으로 해야 하는 것이지 선택사항이 아니다. 우리가 먹고, 마시고, 자는 것도 운동인데, 대부분의 사람들이 축구나 야구 같은 것만 운동이라고 잘못 알고 있을 따름이다.

(2) 행동하는 존재

움직임, 운동, 행동은 다르다. 나뭇잎이 바람에 흔들리는 것은 움직임이고, 사자가 먹잇감을 쫓아가는 것은 (먹이)활동이다. 그러므로 운동과 행동은 사람에게만 적용되는 것이라고 할 수 있다. 그러나 단어의 뜻이 명확하게 구별되는 것은 아닌 것 같다. 물리학에서는 움직이는 것이면 모두 운동이라 하고, 사회학에서 사회적 활동이라고 할 때 활동은 사자의 (먹이)활동과는 다르다. 여기에서는 편의상 건강을 위해서 하는 것을 운동이라 하고, 인간다운 행동을 하는 것을 행동이라고 표현하기로 한다.

행동을 앞에서와 같이 정의한다면 '행동은 사람이 생득적으로 타고 난 움직임이 아니라 후천적으로 교육에 의해서 만들어진 것'이라고 할 수 있다. 동물의 세계에서 어미가 새끼에게 사냥하는 기술을 가르치기도 하기 때문에 행동을 사람으로 국한시킨 것이다.

어쨌든 사람은 도덕적·사회적·관습적인 행동을 배우고, 배운 것에 따라서 행동한다. 그러므로 사람은 행동하는 존재인 것이다. 사람의 행동은 그 사람의 인격, 도덕성, 사회성, 예절 등을 저절로 나타낸다. 그러한 행동을 배우는 방법은 무수히 많지만 최종적으로 표현은 몸의 움직임에 의해서 한다. 얼굴표정도, 예절 바른 행동도, 고상한 인격도 모두 몸을 통해서 표현된다.

사람의 행동은 동물적인 본능에서 나오는 것이 아니므로 반드시 오랜 시간에 걸쳐서 교육을 받아야 한다. 앞 단원 체육의 가치에서 살펴보았듯이 체육은 사회성과 도덕성 같은 인간다운 행동을 가르치는 가장 좋은 수단이다. 그러므로 행동하는 존재로서의 인간에게 체육은 꼭 필요하다.

(3) 신체와 정신이 하나인 존재

사람에게는 신체와 정신이라는 두 가지 측면이 있는 것은 분명하다. 물론 개나 원숭이에게도 사람에게는 못 미치지만 정신이 있을 것이다. 이 문제는 큰 논쟁이 될 수도 있는 문제이기 때문에 여기에서는 더 이상의 언급을 하지 않는다.

"신체와 정신을 어떻게 보느냐?" 앞 절의 철학사상에서 관념론처럼 정신은 고귀한 것이고 영원불멸하며 물질에 있는 것이 아니라고 생각하는 사람들도 있고, 물질 안에 정신이 있다고 생각하는 사람도 있다.

유심론은 유물론(唯物論 ; 오직 물질밖에 없다)에 상대되는 단어로 만든 것이다. 즉 유물론은 세계의 본질은 물질에 있고 정신은 2차적인 것이라고 보는 반면에, 유심론에서는 정신이 주인이고 신체는 그 부속물로 주종의 관계에 있다고 본다.

유심론이나 유물론처럼 극단적으로 생각하지 않고, Descartes처럼 정신과 신체는 별개의 실체로 존재하는 것이라고 보는 사람도 있고(심신이원론), Spinoza처럼 정신과 신체는 별개의 실체가 아니고 하나의 실체가 양면으로 보이는 것이라고 보는 사람도 있다(심신일원론).

앞으로 어떤 철학사상이 또 나올지는 모르지만 현재는 4가지 주장 중에서 심신일원론에 무게가 실리는 것 같다. "체육은 신체를 통한 교육이다."라든지 "체육은 정동적 능력뿐만 아니라 정의적·지적 능력도 기를 수 있는 전인적 교육방법이다."라고 하는 것은 모두 심신일원론의 입장에서 본 체육이다. 우리나라의 학교체육의 목적을 "삶의 질을 향상시키는 데 도움을 준다."는 것도 심신일원론적인 사상이다.

2) 인간관과 체육

철학에서 진리나 본질 등을 밝히려고 하는 것을 "인간은 무엇이며, 어떤 존재인가?"라는 질문에 대한 답을 찾으려고 하는 것이라고 해도 과언이 아니다. 좀 더 근본적으로 들어가서 "그와 같은 질문을 왜 하느냐?"고 묻는다면 무엇이라고 답할 것인가? 사람마다 여러 가지 답변을 하겠지만 필자의 생각으로는 "사람은 동물과 다르다고 하고 싶어서!"이다.

"인간을 어떻게 보느냐?"하는 인간관에 대하여 철학에서 많이 다루어 왔지만 필자와 같이 말한 사람은 단 한 사람도 없다. 그

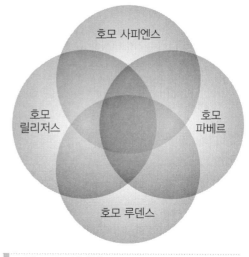

그림 1-8. 인간관

러나 인간관이라는 것이 "사람과 동물이 구별되는 것이 무엇인가?"에 대한 해답을 얻고자 한다는 데는 거의 다 동의할 것이다.

인간관에 따라서 체육의 성격도 달라진다. 그러므로 몇 가지 인간관에 대하여 짚어보고, 인간관에 따라서 체육을 보는 시각이 어떻게 달라지는지 알아보자.

(1) 호모 사피엔스

고고학이나 생물학에서는 현재의 인류가 기원전 약 45만 년에서 20만 년 전에 이 지구상에 처음으로 나타났다고 본다. 그 이전에 현재의 인류와 비슷하게 생긴 동물을 화석인간이라 하고, 화석인간과 구별하기 위해서 '신인간'이라는 뜻으로 호모 사피엔스(homo sapiens)라고 한다.

그러나 여기에서는 그런 의미가 아니고 관념론에서 말하는 이데아(idea, 이성)를 가진 인간, 즉 생각하는 인간을 말한다. 이데아는 영원불멸한 것이고 물질에서 오는 것이 아니라 정신의 산물이라고 했기 때문에 당연히 정신적인 면을 중시한다.

Platon은 체육과 지육이 균형을 이루어야 좋고, 체육은 신체 건강한 병사를 육성하고, 건전한 정신에 걸맞는 건전한 신체를 육성하는 데 좋다고 하였다. Aristoteles는 체육이 중요하지만 문학과 음악의 다음이고, 체육훈련에 의해서 좋은 습관을 기르고 자신의 욕망을 통제하여야 한다고 하였다.

한두 문장을 가지고 Platon이나 Aristoteles의 체육에 대한 생각을 모두 짐작할 수는 없지만 호모 사피엔스라는 인간관의 영향을 받아서 "나는 생각한다. 고로 존재한다." 또는 "건전한 신체에 건전한 정신이 깃든다."고 하는 사상이 근대까지 이어져 왔으며, 정신을 훈련하기 위한 보조적인 수단으로 체육을 본다는 것은 분명하다.

(2) 호모 릴리저스

호모 릴리저스(homo religious)는 중세를 지배했던 인간관으로 "하나님은 창조주이시고 절대자이므로 인간은 하나님을 찬양하고 그의 뜻대로 살아야 한다."는 기독교적 신앙심에서 나온 말이다. 그러므로 '종교적인 인간' 또는 '하나님의 종으로서의 인간'을 말한다.

호모 릴리저스적인 인간관을 가지고 있던 중세에는 철저한 금욕주의와, 정신은 상위에 있고 신체는 하위에 있다는 사상 때문에 체육은 철저히 무시되었다. 다만 군사력을 기르기 위한 기사교육을 위해서만 체육이 이용될 뿐이었다.

호모 릴리저스적인 인간관은 르네상스 이후 자취를 감추었고, 현재는 극단적인 종교단체에서만 찾아볼 수 있다.

(3) 호모 파베르

호모 파베르(homo faber)는 Carlyle이 주장하였고 Bergson이 이름을 붙인 것으로, '공작 인간' 또는 '도구를 사용하는 인간'이라는 뜻이다. 인간이 동물과 구별이 되는 특징 중의 하나가 도구를 만들어서 사용하는 것이고, 실용주의 철학사상을 가진 사람들이 전적으로 동의하는 인간관이다.

도구를 사용하는 인간은 수많은 기계를 만들어서 산업혁명을 일으키더니 현대에 와서는 우주를 여행할 수 있게 되고 컴퓨터를 통하여 무한히 많은 정보를 접할 수 있게 되었다. 그뿐 아니라 '자연은 정복하라고 있는 것'이라는 그릇된 생각이 팽배해진 결과로 크나 큰 자연재해가 예상되고 있다. 과학의 발달로 편리해지고, 윤택해지고, 여가시간도 많아졌지만 인간소외라고 하는 더 근본적인 문제가 새롭게 대두되었다.

호모 파베르적인 인간관이 체육에 미친 영향을 현대체육의 발달이라고 긍정적으로 평가할 수도 있지만 상업주의적 체육, 극한을 정복하려는 스포츠, 획일화된 여가문화 등 부정적인 면도 많다.

(4) 호모 루덴스

호모 파베르적인 인간관의 병폐를 반성하면서 Huizinga가 '인간은 유희를 하는 동물'이라고 한 데에서 유래된 인간관이 호모 루덴스(homo ludens)이다.

Huizinga는 인간은 어려서부터 자발적으로 유희를 하고, 유희는 일상과는 구별되는 이질적인 상징공간에서 행해지므로, 인간의 유희능력은 '상징을 조작하는 능력'이라고 생각하였다. 그는 종교, 예술, 과학, 정치, 경제 등 모든 문화의 본질을 유희 속에서 찾으려고 하였다. 즉, 인간은 상징공간을 조작하고 미래를 지향하는 여러 가지 창조적인 행위를 함으로써 문화와 문명을 형성해왔다고 보는 것이다.

호모 루덴스적인 인간관에서 나온 것이 운동이나 신체를 하나의 문화로 보는 신체문화론이다. 호모 루덴스는 아직 확실하게 자리매김하지 못한 인간관으로 보인다. 앞으로 많은 연구가 있어야할 것이다.

4. 체육과 유사한 개념들

체육과 운동, 운동과 스포츠, 놀이와 게임은 물론이고 생활체육, 사회체육, 평생체육 등 의미가 비슷한 용어들이 많다. 그렇다고 해서 그것들을 정확하게 구분하려고 노력한다고 해도 구별이 어려운 것이 사실이다.

그와 같이 구별이 곤란한 이유는 서로 겹치는 부분이 많기 때문이다. 여기에서는 그 의미를 정확하게 구분하는 데에 목적이 있는 것이 아니고, 대강 이런 역사

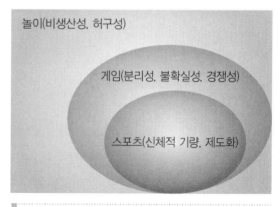

그림 1-9. 체육과 유사한 개념들

적·사회적·문화적 배경에서 이런 용어들이 사용되기 시작됐다는 것을 아는 정도에서 그치기로 한다.

1) 놀 이

놀이는 인간의 본능적인 행동에 가까운 신체활동으로 즐거움을 얻으려는 것이다. 그러므로 놀이는 재미가 있어야 하고 자발적으로 참여해서 이루어져야 한다. 또, 놀이는 현실세계와는 동떨어진 시간과 공간을 설정해서 하고, 놀이 그 자체를 즐기는 것이지 다른 목적은 아무것도 없다.

놀이의 기능과 특징을 간단히 요약하면 다음과 같다.

- 놀이는 어린이의 성장과 언어발달을 돕는다.
- 놀이는 자발적인 활동이다.
- 놀이는 행동의 자유와 가상의 공간을 제공한다.
- 놀이는 그 자체 속에 모험의 요소가 있다.
- 놀이는 어린이들이 서로의 관계를 만들어낸다.

위와 같이 놀이는 인간의 의식과 문화가 성장할 수 있는 토양을 제공하고, 스스로 하고 싶은 내적동기에 의해서 이루어지는 아주 순수하고 자유스러운 인간의 모습이다.

인간이 왜 놀이를 하는지 그 원인을 알아보려고 하는 것을 '놀이이론'이라고 한다. 다음은 놀이이론 중에서 중요한 몇 가지 이론들이다.

- 잉여에너지설……일하고 남은 에너지를 방출하기 위해서 놀이를 한다.
- 본능설, 준비설……환경에 적응하고 생존경쟁에서 이길 수 있는 기술을 배우기 위해서, 또는 앞으로 다가올 생활에 대비하기 위해서 본능적으로 연습한다.
- 정화이론……놀이를 통해서 불만, 억제된 감정, 공격성 등을 해소하거나 발산시킴으로써 건전한 생활을 할 수 있다.
- 학습이론……문화 또는 중요 타자(예;부모)를 모방하고 학습하기 위해서 놀이를 한다.

2) 게 임

놀이를 본능적이고 자유스러운 어린이들의 여가활동이라고 한다면 게임은 어린이로부터 노인에 이르기까지 즐기는 여가활동이고, 놀이보다 더 조직적이고 규칙적이다. 그러므로 게임의 종류는 아주 다양하고 신체활동이 별로 포함되어 있지 않아도 된다. 게임은 다음의 요소를 갖추어야 게임으로서 수명을 오래 할 수 있다.

- 간편성……시간, 장소, 대상 등에 제한이 없거나 아주 적어야 하고, 비용이 적게 들고, 방법이 간단해야 한다.
- 건전성……사행성, 사치성, 음란성과 같은 것이 많이 포함되어 있으면 사회적으로 비난이나 통제를 받을 수 있으므로 게임은 건전성이 있어야 한다.
- 분리성……일상생활과 분리되고, 정해진 시간과 공간에서만 이루어진다.
- 준수성, 규칙성……일시적으로 일상적인 규범이 일시적으로 적용이 안 되고, 게임에서 정하는 규범이 유일하게 통용된다. 그러므로 게임의 규칙을 지키지 않으면 게임활동 자체가 성립되기 어렵다.
- 준수성, 규칙성……비생산적 · 허구적 · 비현실적이고, 결과를 예측할 수 없어야 한다.

3) 스포츠

스포츠는 게임 중에서 신체활동의 기량에 따라서 승부가 결정되고, 규칙과 기술이 제도화 · 조직화되어 있어서 규칙과 기술을 준수하는지 여부를 타자가 감시 · 감독하고 기록하는 활동을 말한다.

그러므로 스포츠는 현대생활에서 가장 중요한 여가활동이고, 신체활동을 반드시 수반한다는 의미에서 국민의 건강생활에 미치는 영향이 지대하다. 스포츠는 국제적으로 협회나 연맹이 결성되어 있어서 높은 수준으로 제도화되어 있는 스포츠도 있고, 한 나라 또는 특정 지역에서만 인정받는 스포츠도 있다.

4) 레저스포츠

여가는 생존을 위해서 일하는 시간이 아닌 자유시간을 말한다. 자유시간을 이용해서 자발적으로 활동하는 것을 통틀어서 여가활동이라 하고, 일반적으로 여가활동을 레크리에이션이라고 한다. 레크리에이션에는 개인의 목적을 이루기 위해서 하는 활동도 있고 집단의 목적을 달성하기 위해서 하는 활동도 있다.

레크리에이션(recreation)에서 크리에이션을 강조하면(recréation) 개조·재창조·새롭게 만든다는 뜻이 되고, 레를 강조하면(récreation) 취미·기분전환·휴양이라는 뜻이 된다. 그러므로 집단의 목적을 달성하기 위해서 하는 레크리에이션은 기분전환 또는 휴양에 가깝고, 개인의 목적을 달성하기 위해서 하는 레크리에이션은 개조·재창조에 가깝다고 보면 된다.

레저스포츠는 여가시간에 하는 스포츠 활동이라는 뜻이므로 레크리에이션의 하나이다. 다만 참여자들이 신체운동을 주로 수반하는 스포츠를 선택하였기 때문에 스포츠의 한 형태로 볼 수도 있다.

레저스포츠를 '여가시간을 이용하여 건강증진·기분전환·자기계발을 할 목적으로 자발적으로 하는 스포츠 활동, 야외 활동, 예술 활동'이라고 정의하여 스포츠 이외의 활동도 레저스포츠에 포함시키는 사람도 있다.

요즈음 행해지는 레저스포츠의 특징은 다음과 같다.

● 자연 친화적이다……복잡하고 삭막하며 하루가 멀다 하고 쏟아지는 정보의 홍수 속에서 스트레스를 해소할 수 있는 방법 중에서 가장 좋은 것이 산과 바다, 강과 호수 등 자연과 함께 하여 자연으로 되돌아가는 것이기 때문에 자연친화적인 레저스포츠가 점점 증가하는 경향이 있다.

● 모험과 극기를 즐긴다……현대생활은 정신노동이 많거나 단순한 작업을 되풀이하는 것이 특징이다. 그와 같이 지루하고 짜증나는 생활에 대한 반발로 번지점프, 빙벽타기, 암벽오르기 등과 같이 모험적인 레저스포츠나 오지탐험이나 극지탐험과 같이 인간의 한계에 도전하는 것을 즐기는 경향이 늘고 있다.

● 계절의 구분이 줄고 있다……우리들의 식탁에 올라오는 먹거리에 계절의 구분이 사라졌듯이 레저스포츠도 계절이 없어지고 있다. 겨울에도 수영을 하고 여름에도 잔디스키나 실내스키를 즐길 수 있게 되었다.

5) 생활체육

교육을 가정에서 하는 교육, 학교에서 하는 교육, 사회에서 하는 교육으로 나눈다고 할 때 체육도 가정체육, 학교체육, 사회체육으로 나눌 수 있다. 사회체육을 주로 시민들이 오락 또는 레크리에이션을 목적으로 행하는 것이라고 보면, 굳이 사회체육이라고 할 필요없이 생활의 일부로 행해지는 체육이라는 의미에서 생활체육이라고 하는 것이다.

평생체육이라는 용어도 가끔 사용하는데, 그것은 태어나서 죽을 때까지 무엇인가 체육활동을 해야 개인의 건강에도 좋고 온국민의 건강이나 삶의 질 향상에도 좋다는 의미에서 평생 동안 계속해야 하는 체육, 즉 평생체육이라고 한 것이다.

어떤 용어가 더 적절한지는 보는 관점에 따라서 달라지기 때문에 더 이상 언급할 필요가 없고, 우리나라에서는 공식적으로 '생활체육'이라는 용어를 사용하고 있다. 비슷한 의미로 '국민체육'이라는 용어도 사용된다.

과학기술의 발달로 물질적으로 풍요하고, 생활이 편리해졌으며, 여가시간의 증가로 자기만족과 자아실현의 기회가 증대되었다. 그러나 인구팽창, 에너지의 고갈, 환경오염, 인간소외 등의 문제도 생겼다.

그러한 문제들을 해결하는 데 가장 좋은 방법이라고 생각되어지는 것이 생활체육의 활성화이다. 생활체육을 하면 건강하게 되고, 생활에 생기를 찾을 수 있으며, 여유와 건강한 정신을 갖게 될 것이라는 기대 때문에 생활체육의 필요성이 대두되고 있다.

현대생활에서 생활체육의 필요성이 강조되는 원인을 요약하면 다음과 같다.

- 건강과 체력증진에 대한 욕구의 증가
- 여가시간의 증가와 대중스포츠 인구의 증가
- 체육에 대한 가치관과 태도의 변화
- 야외활동에 대한 욕구의 증가

참고문헌

강유원 외(2007). 개정 체육원리, 태근문화사.

김경숙 편저(2008). 사회체육지도자론, 대경북스.

김교준(2002). 현대체육원리, 홍경.

김동규(2005). 체육원리의 제문제, 영남대학교 출판부.

김상두 외(2008). 체육학 개론, 대경북스.

김상두(2003). 스포츠심리학 개론, 대경북스.

김영구 외(1999). 체육원리, 홍경.

김영환(2008). 체육원리의 비교연구, 금광미디어.

김홍수(2002). 체육학의 구성원리, 대경북스.

예종이(1987). 체육원리 신강, 형설출판사.

이석주 역(2008). 체육원리, 금광미디어.

이성진(2002). 체육원리, 교학연구사.

이필근(2009). 체육원리. 대경북스.

장주호(2002). 현대 체육원리, 태근문화사.

정종훈(2005). 체육원리, 동아대학교 출판부.

최태훈 외(2007). 체육원리의 이해, 광림북하우스.

제2장 체육사

우리가 역사를 공부하는 이유를 '溫故而知新'이라고 한다. 즉, 과거를 잘 돌아봄으로써 새로운 것을 안다는 뜻이다. 체육을 전공하는 학생으로서 지나간 체육의 역사를 알아보는 것은 너무도 당연한 일이다.

그러나 체육사를 공부하다 보면 우리나라에는 체육이 없었고, 서양에서 체육을 모두 배워온 것으로 알기 쉽다. 사실은 우리나라나 서양은 모두 오래 전부터 체육이 있었지만, 우리가 사용하는 체육 또는 스포츠라는 용어나 그 용어가 나타내는 개념이 중세에서 근대로 넘어오는 과정에서 서양에서 먼저 시작된 것일 뿐이다. 결국 이는 근·현대문명을 서양으로부터 받아들이고 배우는 입장인 우리가 남의 것은 잘 알면서 우리 것은 모르는 탓이다.

1. 우리나라의 체육사

1) 원시사회의 체육

원시사회에서는 생활수단인 사냥을 하기 위해서 신체활동을 하였다. 그들은 사냥뿐만 아니라 자신과 가족을 보호하기 위해서는 적 또는 동물과 싸워야 했기 때문에 강인한 체력이 필요했고, 이를 위해 어른들이 아이들을 훈련시켰을 것으로 추정된다.

그러다가 농경사회로 접어들면서 신체활동은 많이 줄었지만 농사를 짓기 위해서는 많은 일을 해야 했기 때문에 격렬한 신체활동은 아니지만 계속해서 신체활동을 필요로 했다. 한편 농경사회에서는 풍년이나 흉년이 인력으로 되는 것이 아니고 하늘의 뜻에 달렸다는 것을 알게 된 후에는 신에게 감사를 드리는 제례의식이 생겼고, 제례의식에서는 춤과 노래로 흥을 돋우었다.

또한 농사 일이 한가한 때는 자기들 나름대로 수렵을 하거나 즐거움을 찾아 유희를 했을 것으로 생각된다. 그러나 그당시에는 문자가 없었기 때문에 기록을 찾을 수 없어 무엇을 어떻게 하였는지는 알 수 없다.

2) 부족사회의 체육

우리나라의 초기 부족사회를 대표하는 것이 부여와 동예이다. 그당시에 남쪽에는 삼한이 있었다고 알려지고 있지만 삼한에 대한 기록은 거의 없고, 고분에서 출토된 것도 극히 적기 때문에 자세한 내용은 알 길이 없다.

부여와 동예의 경우 청동 또는 돌로 만든 칼과 창, 그리고 활을 사용하였다. 특히 활은 중국에도 알려졌다는 기록이 있는 것으로 보아서 상당히 발달되었던 것으로 추정된다.

부족사회에서는 이웃 부족과의 싸움이 잦았기 때문에 자기부족의 생명과 재산을 지키기 위해서는 무술연마가 필수적이었다. 무술을 연마하기 위해서는 누군가 가르쳐주는 사람이 있어야 하고, 어떤 형식으로든 조직체계를 만들었을 것이다. 따라서 자연스럽게 지배자와 피지배자로 나뉘었고, 지배층은 주로 무예를 연마하거나 사냥을 즐겼다.

농사를 시작할 때와 수확을 할 때는 제천행사를 벌였고, 제천행사에서 악기를 사용하게 되어 악기가 발달하고, 춤과 노래를 불렀다. 고구려의 동맹, 신라의 가배, 부여의 영고, 예의 무천이 가장 큰 제천행사였다. 제천행사에서는 무예적 유희인 석전(돌싸움), 수박(태권도의 원형), 각저(씨름) 등도 벌여 부족의 결속을 다지고 무예를 뽐내기도 하였다.

당시에는 의약이 발달하지 못하였기 때문에 병이 들면 무당들이 치료를 하였다. 무당들은 신과 소통하는 사람으로 여겨 신성시했고, 부족사회에서 중요한 지배계층의 하나였다.

우리나라에서는 어떤 권위에 복종하거나 은혜를 갚는다는 측면에서 무사가 생긴 것이 아니고, 부족을 대표하는 군장에게 복종하고, 자신의 부족을 지킨다는 자치적인 사상에서 무사가 생긴 것이다. 우리나라의 무사정신은 서양의 무사정신과 처음부터 다르게 시작되었기 때문에 오늘날에 이르러서도 차이가 많은 것이다.

3) 삼국 및 통일신라 시대의 체육

6개의 부족사회로 나뉘어져 있던 것이 고구려, 백제, 신라의 삼국으로 발전되면서 국가 간의 투쟁이 더욱 심해졌다. 나라가 살아남기 위해서는 강력한 군대가 필요하게 되었고, 군대를 훈련시키는 제도가 확립되었다.

고구려와 백제에서는 평소에는 농사를 짓던 농부들도 전쟁이 나면 모두 군인이 되는 국민 개병제를 선택하였고, 신라는 평소부터 젊은 장정을 뽑아서 훈련시킨 다음 군인이 되게 하는 징병제를 선택하였다.

백제는 신라와 전쟁이 잦았고, 중국보다는 일본과 교역을 많이 했기 때문에 삼국통일 시 모든 기록이 소실되고 중국에도 기록이 없어서 알 수가 없으나, 신라에서는 화랑, 고구려 에서는 경당을 중심으로 군대훈련을 하였다.

삼국 모두 귀족의 자녀를 중심으로 무사교육을 했기 때문에 무예 이외의 유희와 오락 의 발전도 가져왔다. 수렵, 검무, 택견, 각저, 축국(축구와 비슷한 게임), 투호(항아리에 화살 던지기), 쌍육(편을 갈라서 하는 윷놀이), 죽마 등을 즐겼고, 부녀자들의 군무도 등 장하였다.

(1) 화랑도

화랑도 정신은 우리나라의 고유사상인 늠름한 기상(용맹과 충의)과 중국을 통해서 들어 온 유교 · 불교 · 선교의 사상이 결합하여 만들어진 것으로, 심신단련과 무예의 연마, 단체 생활을 통한 협동정신의 함양, 인격도야(풍류를 즐김)를 목적으로 만들어진 단체였다. 한 마디로 문무를 겸비한 인재의 양성이 목적이었다.

화랑도 정신을 대표하는 것이 세속5계와 삼덕이다. 세속5계는 事君以忠, 事親以孝, 交友 以信, 臨戰無退, 殺生有擇이고, 삼덕은 謙虛(겸손하여 남의 아래에 섬), 謙素(겸손하고 소 박함), 淳厚(순박하고 후함)이다. 이것들은 화랑의 교육뿐 아니라 청년들을 위한 도덕적인 교훈으로 삼았다.

(2) 경당

고구려의 경당에서는 무예와 함께 경서를 가르쳤다. 유교적인 도덕관과 무예를 갖춘 인재를 길러 조화적인 인간상을 심어주려고 한 것이다. 경당에서 공부하는 학생들을 선인이라 하였다. 당시의 무사들은 무예와 함께 담력을 길러서 국가나 개인을 위해서 희생할 줄 아는 강인한 정신을 갖고 있었다.

4) 고려시대의 체육

고려는 건국 당시에는 무관들이 세력을 잡았지만 나라가 안정되면서 문치주의를 표방하였다. 자연히 관직제도가 문관 위주로 짜이자 무관이었던 기존의 지배계층들이 유교적인 교양을 쌓아 문과를 통하여 입신하려고 노력하게 되었다.

그러한 사회적 변화의 영향으로 문관일지라도 어느 정도의 무예실력을 갖추었고, 유희·오락적인 것에도 경기적인 요소가 많이 가미되었다. 수박은 개인 호신술로 각광을 받았고, 궁술은 문관과 무관 모두에게 필수적인 종목이 되었다. 마상재(말 위에서 여러 가지 재주를 부리는 것), 격구(폴로 경기와 비슷한 것), 기사(말을 타고 달리면서 활을 쏘는 것)는 몽골족이 세운 원나라의 영향을 받아 크게 성행하여 수만 명의 관중이 모이는 인기 스포츠이었다.

고려시대의 체육은 신라시대의 무사를 기르기 위한 무예체육에 유희적인 요소와 경기적인 요소가 많이 첨가되는 방향으로 발전하였다. 귀족들은 격구를 즐겼고, 서민들은 활쏘기로 내기를 하거나 축국을 즐겼다. 연날리기와 위기(바둑)가 등장하였고, 방응(매사냥)은 신라시대에도 있었지만 고려시대에는 오락적인 면이 강했다. 고려시대에 처음으로 관람적인 유희로 무용, 연극, 가면극 등이 행해졌다.

고려는 거란과 같은 북방민족의 위협을 자주 받았지만 대체적으로 안정된 생활을 하였고, 중국으로부터 문물제도가 유입되어 정비된 후에는 향락적인 사치생활을 하게 되었다. 정월 초하루, 5월 단오, 8월 한가위 등의 명절과 석가탄일, 연등회, 팔관회 등의 국가적인 불교 행사가 있는 날에는 전 국민이 유희나 오락을 즐겼다. 고려시대에도 신라의 화랑과 같이 국방을 담당하기 위한 무예 교육기관이 있었는데, 거기에 다니는 학생들을 선량이라 하였다.

문치주의와 사치스런 생활에 반발한 무신들의 난이 거듭되고 외적의 침입이 잦아지면서 그에 대비하기 위하여 무신들이 사병을 양성하기 시작했다. 사병을 양성하기 시작하면서 이전의 무예교육이 다시 활발하게 되었다.

고려시대에는 한의학이 들어와 고대의 무속적인 치병사상에 큰 변화가 생겼다. 조정에서는 대의감, 대비원, 제위보, 혜민원 등을 설치하여 과학적인 치료법을 민간인들에게 알리려고 노력하였고, 활인당과 위생당과 같은 민간 의료기관에서도 서민들을 위한 구제사업을 하였다.

5) 조선시대의 체육

조선은 유교적인 관료주의 국가이었기 때문에 문(文)을 숭상하고 무(武)를 천시하였고, 토지제도를 바탕으로 하는 계급사회였기 때문에 일반 백성들은 여가시간이 거의 없이 매일 일만 하는 생산도구로 전락해버렸다.

고려시대에 있었던 스포츠적인 요소는 거의 사라지고 명절과 농한기에만 일반 백성들이 약간의 유희를 하는 정도였고, 무관들은 사기가 떨어졌다. 그러나 국방을 위해서 과거제도에 무과가 있어서 무예의 명맥은 유지되었다. 화약의 발달로 총포, 총통 등이 발명된 이후에는 활의 중요성이 사라지고, 검술과 창술이 그 자리를 차지했다.

놀이나 오락도 신분에 따라 즐기는 종류가 달랐을 뿐 아니라 어떤 것은 서민들은 하지 못하게 했다. 서민들은 씨름, 그네뛰기, 농악, 줄다리기, 썰매(雪馬), 자치기(擊壤), 널뛰기(板跳), 공기놀이, 연날리기, 팽이치기(永毬子), 윷놀이 등을 즐겼고, 양반들은 쌍육, 바둑과 장기(碁局), 격구, 투호 등을 즐겼다. 그중에서 널뛰기, 썰매타기, 자치기, 공기, 줄다리기는 고려시대에는 없던 것으로 조선시대에 새로 만들어진 것들이다.

조선시대의 무인들은 충·효·의를 무인정신의 근간으로 삼았고, 삼강오륜은 문무, 반상을 가리지 않고 모든 백성들의 도덕적 기준이었다. 지방 선비나 호족의 자제들로 구성된 한량은 일을 할 필요가 없었기 때문에 산천을 돌아다니며 무예를 닦고, 호연지기를 길렀다. 그러한 한량들이 신라의 화랑과 고려의 선랑의 무사정신을 계승하였다.

조선시대에는 한의학이 발달하여 무당이 병을 고친다는 생각은 거의 없어지게 되었고, 후기에는 서양의학도 도입되었다. 서양의학의 도입과 더불어 과학적인 보건위생 사상도 백성들에게 많이 알려지게 되었다.

6) 갑오경장 이후의 체육

1894년에 있었던 갑오경장(갑오개혁)은 우리나라가 봉건사회에서 근대사회로 넘어가는 중요한 정치개혁이다.

(1) 갑오경장

일본의 군함인 운요호에 조선이 대포를 쏜 것을 빌미로 강제로 일본과 강화도조약을 맺은 다음 조선정부는 별기군이라는 신식군대를 조직하고 일본에서 들여온 신식무기로 군사훈련을 시켰다. 신식군대의 출현으로 천한 대접을 받게 된 구식군대가 임오군란(1882)을 일으켰다.

구식군대가 일본 공사관을 불태우고 일본인 교관을 살해하였는데, 이때 난을 평정한 대원군이 다시 집권하게 되었다. 그러나 명성왕후의 요청을 받은 청나라가 군대를 파견하여 대원군이 청나라에 붙잡혀감으로써 청나라의 간섭이 더욱 심해지게 되었다. 한편 조선정부는 일본과 제물포조약(1882)을 체결하여 배상금을 지불하고, 공사관 경비를 위한 군대의 주둔을 인정하게 되었다. 또한 이 조약에 따라 박영효가 일본으로 가면서 태극기를 처음으로 사용하였다.

1884년에 김옥균, 박영효, 홍영식, 서재필 등 급진 개혁파가 일본 세력을 이용하여 청나라의 간섭을 물리치고, 급진적인 개혁을 꾀하려고 갑신정변을 일으켰다. 갑신정변의 목적은 좋았다고 할 수 있지만 민중의 지지를 받지 못하고, 외국세력에 기대어 자기들의 정치적 목적을 이루려고 한 점이 좋지 않았다. 그러나 우리나라에서 자발적으로 일어난 근대화운동이었다는 점에는 의의가 있다.

갑신정변이 성공하는 듯했으나 청나라의 개입으로 3일만에 끝이 나고, 오히려 청나라의 세력만 강화시키는 결과를 가져왔다. 조선과 일본은 사건 뒤처리를 위해 한성조약을 체결하고, 청국과 일본 사이에는 텐진조약이 체결되었다.

갑신정변은 중국과의 전통적인 외교관계를 청산하고, 전제군주제에서 입헌군주제로 바꾸려고 한 정치개혁이었다. 또한 문벌을 폐지하고 인민평등권을 내세워 조선의 봉건적 신분제도를 타파하려고 하였다.

1894년에는 동학농민운동이 두 번 일어났다. 1차 동학농민운동은 돈을 주고 관직을 산 고부군수 조병갑이 농민들에게 과도한 세금을 물린 데에 항의하여 전봉준을 대장으로 반란을 일으켜 억울한 죄인들을 풀어주고, 백성들에게 곡식을 나누어준 다음 10일만에 해산하였다.

이 소식을 들은 조선정부는 나라를 지키고 백성을 편안하게 하며 썩은 관리들을 제거한 다는 명분으로 고부 농민들을 학살하고 탄압하자 농민군과 정부군 사이에 전투가 벌어졌다. 농민군이 전주성까지 점령하자 조선정부가 청나라와 일본에 원병을 요청하였다. 일본과 청나라의 군대가 오는 명분을 없애기 위해 농민군과 정부군이 전주성에서 화약(화해)을 하자 일본은 그와 같은 일이 다시 일어나면 안 된다고 하면서 조선정부를 점령하려고 하였다. 그에 맞서 동학농민군은 일본과 같은 외세를 몰아내려는 목적으로 다시 일어났다. 그러나 농민군이 패배하고 전봉준도 잡혀 사형을 당하자 동학농민운동은 끝나버렸다.

더 이상 조선에 군대가 있을 필요가 없게 되자 청나라가 일본에게 공동으로 철병할 것을 제안하였으나, 일본은 오히려 청에게 조선내정을 개혁하자고 했으나 청나라가 이 제안을 거절하여 청·일전쟁이 일어났다.

전쟁에서 이긴 일본이 조선정부에게 내정개혁을 요구했으나, 조선에서 이를 거절하자 일본은 군대를 출동시켜 명성왕후의 세력을 몰아내고 개화파로 정부를 구성하여 개혁을 진행한 것이 갑오경장(1894년)이다. 갑오경장의 주요 내용은 다음과 같다.

가) 정치 개혁
- 청나라에 의지하지 않고 자주독립을 지향한다.
- 과거제도를 없애고 신분차별 없이 관리를 뽑는다.
- 나라의 공식문서에 한글을 사용한다.

나) 교육 개혁
- 서울에 소학교, 중학교, 사범학교를 세우고 각 지방에도 소학교를 세운다.

다) 경제 개혁
- 근대식 화폐제도를 채택하고 도량형을 통일한다.

라) 사회 개혁
- 양반과 상민의 신분차별을 없앤다.
- 조혼을 금지하고 과부의 재혼을 허용한다.

갑오경장은 근대적 체제를 갖춘 나라로 발전하는 터전을 마련하였지만 일본의 의도에 따른 개혁이었고, 일본이 우리나라를 쉽게 침략할 수 있는 여건을 만들었다는 과오도 있다.

(2) 갑오경장 이후의 체육

갑오경장 이후 서양의 문물제도가 물밀 듯이 들어왔다. 그중에서 체육과 관련이 깊은 것만 요약하면 다음과 같다.

- 1895년 2월 고종황제가 "교육의 실제는 덕육, 체육, 지육에 있다."는 조서를 전 국민에게 내렸다. 무술수련의 보조수단과 특수계층의 즐길 거리였던 체육이 오늘날의 체육과 비슷한 성격으로 전환되었다.
- 학교에서 체육교육이 시작되었다.
- 1896년 5월에 영국인 교사 Hutcheson의 지도 아래 화류회가 열렸다. 이것은 교실을 떠나 야외에서 실시하는 학교운동회의 시초였고, 체육진흥의 필요성과 보건사상의 향상을 역설하여 우리나라 체육발전의 초석이 되었다.
- 1906년에 대한체육구락부가 결성된 것을 비롯하여 학교 이외의 사회인 체육회가 많이 결성되었다. 체육이 민족을 단결시키고, 문명사회를 건설하는 근원임을 알게 되었다.
- 1920년 조선체육회가 설립되었다. 한일합방 이후 항일투쟁과 국권회복을 위해서 체육이 절실하게 필요함을 알게 되어서 조직적인 체계를 갖춘 체육단체를 만든 것이다. 그 이후에는 각종 경기대회에서 일본인들을 압도하여 조선민족의 우수성을 과시하였다.
- 1942년 이후부터는 일본이 조선체육회를 해체하고 조선체육진흥회를 만들어 학교체육까지도 군사력 증강수단으로 악용하였다.

7) 현대의 체육

해방 이후 우리나라의 체육은 민주주의 체육으로 전환되었다. 체육시간에는 체조, 스포츠, 유희 등을 가르쳤고, 보건시간에는 보건, 직업, 취미, 오락 등을 가르쳐서 일반국민들이 건전한 삶을 살 수 있도록 하였다.

군사정부 시절에는 "체력은 국력이다."라는 슬로건 아래 엘리트 스포츠를 장려해서 체육을 통해서 국위를 선양하려고 하였고, 학교에는 교련시간을 두어서 국방력 증강을 꾀하려고 하였다.

서울올림픽을 개최한 다음부터는 국민의 건강체력을 향상시킬 목적으로 생활체육이 활성화되기 시작하였고, 한 · 일 월드컵 축구대회 이후에는 세계적인 스포츠 강국으로 부상하였다. 내부적으로는 국민의 삶의 질을 향상시키기 위해서는 체육이 중요하다는 것을 깨닫게 되었고, 등산과 낚시와 같은 야외활동이 성행하게 되었고, 친 환경적인 스포츠와 암벽타기, 번지점프, 극지탐험과 같은 극기 스포츠가 등장하게 되었다.

이와 더불어 국제대회의 유치와 지방자치제도의 실시에 따라 체육시설이나 환경이 많이 확충되었지만, 과잉투자라는 논란이 일고 있는 것도 사실이다. 앞으로 우리나라의 체육발전을 위해서는 국민합의 아래 체육정책과 학교체육의 목적을 재정립해야 할 필요가 있다.

2. 서양의 체육사

서양도 원시시대에는 자연환경의 변화를 이겨내고, 적과 싸워서 이기고, 먹을 것과 입을 것 등을 얻기 위해서 청소년들을 훈련시켰다. 다시 말해서 청소년들이 살아남을 가능성을 높이기 위해서 부모 또는 부족의 지도자가 교육을 한 것이다.

또, 신에게 제사를 지내기 위해서는 춤과 노래, 집단적인 율동 등이 필요했고, 집단활동을 통해서 부족의 단결력을 기를 수 있었으므로 중요한 활동이었다. 청소년이 자라서 어른이 되는 성인식에서는 가혹한 신체적 시험을 하였고, 그러한 의식을 통해서 집단에 대한 의무감과 지혜를 배우고 단체생활의 규범을 익혀나갔다.

1) 고대의 체육

고대의 체육은 고대 그리스와 고대 로마의 체육이 대표적이었다. 고대 그리스의 체육은 Homeros의 서사시 '일리아스(Ilias)'와 '오디세이아(Odysseia)'에 기록되어 있다. 고대 그리스인들은 신체와 정신을 동등하게 생각하였고, 신체와 정신의 조화적인 발달을 꾀하려고 하였다. 즉, 행동의 인간과 지혜의 인간을 동시에 추구하였기 때문에 체육의 목적은 행동의 인간을 기르는 것이었다.

(1) 아테네의 체육

아테네는 아티카(Attika) 지방에 살고 있던 이오니아(Ionia)인이 세운 도시국가였다. 그들은 무예를 중시하면서도 민주적이고 사교적이면서 학문을 탐구하는 성향이 있었기 때문에 지중해근방에서 가장 찬란한 문화를 일으켰다.

아테네에서 체육의 목적은 신체단련뿐만 아니라 개성을 발전시키는 데 있었다. 그들은 신체운동을 통하여 미적이고 이상적인 인간을 창조하려 했기 때문에 조화가 이루어진 신체를 만들려고 노력하였고, 힘·속도·지구력 등이 강한 것보다 운동의 형식·우아함·기술을 더 중요시하였다.

어린이들은 6세까지 부모 밑에서 교육을 받다가 7세가 되면 남자 어린이는 팔레스트라(palaestra)와 디다스칼레움(didascaleum)이라는 사립교육소에서 교육을 받았다. 팔레스트라에서는 레슬링과 복싱을, 디다스칼레움에서는 문학·음악·산수 등을 배웠다. 16세가 되면 김나지움(gymnasium)으로 가서 신체훈련과 더불어 철학적 토론과 사상적 교화를 받았고, 18세가 되면 서약을 하고 군대에 가서 2년 동안 복무를 한 다음에 완전한 자유시민이 되었다.

여자 어린이들은 특별한 교육을 받지는 않았고, 간단한 읽기와 쓰기, 요리와 가사 일을 부모로부터 배웠다.

무용은 아테네인들의 생활 속에서 널리 행해졌다. 출생·결혼·사망과 같은 집안 일이 생기면 항시 춤을 추었고, 음유시인들이 이야기를 하거나 노래를 할 때 그 효과를 높이기 위해서 몸짓을 하던 것이 발전하여 연극이 되었다. 아테네인들에게 무용은 신체적 교육과 지성적 교육의 접점이었고, 신체활동을 통해서 감정·지성·영적인 경험을 표현하는 수단이었다.

아테네인들이 많이 했던 체육활동은 달리기, 뜀뛰기, 창던지기, 원반던지기, 레슬링, 복싱, 전차경주 등이었다.

(2) 스파르타의 체육

스파르타는 북방에서 펠로폰네소스 반도로 남하한 도리아(Doris)인들이 건설한 도시국가이다. 그들은 호전적인 민족이어서 체육의 목적과 일반 교육의 목적이 하나로 통일되어 있었고, 전쟁에서 이길 수 있는 완전한 신체를 가진 병사(행동의 인간)를 기르는 데 체육의 목적을 두었다.

스파르타에서는 어린이가 태어나면 국가에서 신체검사를 한 다음 허약한 어린이는 산에 데려가 버렸다. 신체검사에 합격한 어린이는 6세까지 가정에서 교육을 받다가 7세가 되면 국립교육소에 수용하였다. 국립교육소에서는 자유유희, 창던지기, 뜀뛰기, 달리기, 수영,

체조, 레슬링 등을 가르쳤고, 30세가 될 때까지 계속해서 훈련을 받으면서 군복무를 하였다. 30세가 되면 시민권을 얻어 가정을 꾸렸다.

여자는 건강한 아이를 낳을 수 있는 여자로 기르기 위해서 남자와 비슷한 교육을 했다. 다만 여자는 국립교육소에 수용하지 않고 집에서 다니면서 교육을 받았고, 교육기간도 20세까지였다.

무용은 체육무용, 제전무용, 군사무용 등이 있었고, 청소년들이 반드시 이수해야 하는 과목이었다.

(3) 범그리스 경기대회

기원전 884년부터 신들에게 제사를 올리는 제전에서 엄숙한 종교의식과 함께 도시국가들 전체가 참가하는 경기대회도 4년에 한 번씩 열었다. 대표적인 것이 올림피아(olympia)−제우스, 이스트미아(isthmia)−포세이돈, 피티아(pythia)−아폴론, 네미아(nemea)−제우스였으며 경기대회에서 승패를 다툰 종목은 달리기, 5종경기, 판크라티온(pankration; 레슬링과 복싱을 결합시킨 것 같은 격투기), 레슬링, 복싱, 전차경기 등이었고, 경기대회 동안에는 도시국가 간에는 휴전을 했고, 승자는 민족적 영웅의 대접을 받았다.

아테네와 스파르타의 30년 동안에 걸친 전쟁으로 도시국가 간에 반목이 심해지면서 범그리스 경기대회도 차츰 몰락되었고, 우승을 영광과 자랑으로 생각하던 아마추어정신이 사라지고 물질적인 보상과 명예를 요구하게 되었다. 자연히 경기가 하나의 직업이 되었으며 인격향상을 목적으로 하는 체육 본연의 자세는 상품화 · 흥행화되어버렸다.

그리스가 망하여 로마의 지배를 받던 시절에도 명맥을 유지하였으나 테오도시우스 1세(Theodosius I)가 즉위하면서 기독교 이외의 종교행사를 금지하였기 때문에 서기 393년에 막을 내렸다.

(4) 로마의 체육

이탈리아 반도에 라틴족(Latini)들이 세운 작은 도시국가이었던 로마가 수세기 동안 세력을 확장하여 지중해역 전체를 통합한 대제국으로 발전하였다. 로마인들은 성실하고, 근면하며, 실천력을 지니고 있는 민족이었지만 그리스인들처럼 미적인 감각과 정신적인 사고력을 갖고 있지 않았다.

로마의 체육은 로마가 그리스를 정복하기 이전과 이후에 성격이 판이하게 다르기 때문에 전기와 후기로 나누어 설명한다.

가. 전기 로마의 체육

전기 로마시대에는 교육의 목적을 일상생활에서 실용적인 효과를 거두는 것과 순종하고 규율에 복종하는 정신을 함양하는 데 두었다. 젊은이들을 국가에 봉사하고, 부지런히 일하며, 부모를 공경하고, 훌륭한 병사가 될 수 있도록 훈련시켰다.

체육은 군사훈련이라고 하는 실질적인 목표를 달성하는 데 목적이 있었기 때문에 건강, 용기, 힘, 지구력, 기술 등의 발달에 힘썼다. 로마의 젊은이들은 부모의 감독과 책임 아래서 교육을 받았고, 제전경기에 참가하는 것보다는 노예나 직업 경기자의 시합을 구경하는 것을 더 좋아하였다. 어린이들은 수레굴리기, 팽이치기, 인형놀이, 숨바꼭질 등을 하고 놀았고, 청소년들은 핸드볼(벽에 공치기), 트리곤(3사람이 공을 던지고 받는 것), 스파에로마키(테니스와 비슷한 것) 등의 공놀이를 즐겨하였다.

로마인들은 처음에는 농경축제일에 마을 단위로 경기대회를 하였으나, 나중에 종교의식이 도입되면서 국가가 공식적으로 지원하는 경기대회가 되었고, 장군의 개선행사, 장례식, 추수감사제를 할 때에도 경기대회를 개최하였다.

무용은 귀족의 자제들만 하였고, 제례의식에서는 희생제물 봉헌의식이 주가 되었을 뿐 창의적이거나 상징미를 갖춘 무용은 없었다.

나. 후기 로마의 체육

로마가 그리스를 점령한 다음부터는 로마인들의 지적수준이 높아지고, 박식한 노예, 의사, 철학자들에 의하여 그리스의 찬란한 문명이 들어와 건강하고 소박하던 로마인들의 정신은 사라지고 향락과 사치에 빠지게 되었다.

전기 로마시대에 가정에서 교육을 하던 것을 그리스 식의 학교에서 하게 되었고, 교육의 대상은 상류층과 부유한 상인들로 한정되었고, 일반시민들은 직업교육만 하였다.

군사적인 측면에서만 가치를 인정하였던 체육도 많은 노예들이 농업생산과 전쟁을 대신하게 되면서 직업군인과 직업경기자 이외의 일반시민들에게는 별로 필요성을 느끼지 못하게 되었다. 자연히 일반시민들은 건강의 유지와 오락을 위한 최소한의 운동만 하였을 뿐이다.

건강의 유지는 로마인들에게 가장 실질적인 목적이었고, 그리스의 의사들을 고용하여 건강을 유지하려고 하였다. 그들이 건강에 대한 관심이 컸기 때문에 수도시설, 도로시설, 공중목욕탕, 건축법 등을 만들게 되었다.

후기 로마의 경기대회는 정치적 목적으로 개최되었다. 정치가들은 군중의 지지를 얻기 위하여 화려한 경기대회를 열고, 직업적인 경기자들을 출전시켜 볼거리를 제공하였다. 직업경기자들은 시민이 즐거워하도록 경기라기보다는 연기를 하였고, 원형경기장이나 콜로세움에서 노예들이 맹수와 싸우는 것을 보고 일반시민들은 대리만족감을 느꼈다.

그리스인들에게 경기대회는 누구나 참여하여 자신의 기량을 과시할 수 있는 대중집회였으나, 로마인들은 경기대회에서 이기기 위하여 힘과 시간을 들이는 것은 낭비이고 품위를 잃은 행동으로 보았다.

후기 로마인들은 건강유지를 위해서 걷기, 달리기, 수영, 투창, 투석, 승마, 궁술, 격검, 기마 등을 하였고, 경기대회에서 실시한 종목은 레슬링, 권투, 마차경기, 경마, 맹수와 싸우기 등이었다. 당시의 체육과 현대의 체육을 비교하면 상업화·흥행화·직업화 등 비슷한 점이 많아 앞으로의 체육을 걱정하는 사람들도 많다.

2) 중세의 체육

서양의 중세는 기독교적 윤리와 하나님을 숭배하는 것만이 유일한 덕목이었던 교회 중심의 시대였다. 후기 로마시대에 경기대회에서 노예나 죄수가 맹수와 싸우다 죽어나가는 일이 허다하였다. 이것은 비윤리적·비도덕적인 행위이고, 경기대회에서 제우스신이나 아폴로신과 같은 이교도적인 신을 모시는 것은 기독교 신자로서 옳지 못하고, 경기대회를 교회에서 주관하지 않고 황제와 같은 정치인들이 주관하는 것을 못마땅하게 생각하였고, 육체는 썩어 없어지는 것으로 악의 온상이라는 생각 때문에 성직자들은 모든 경기대회를 억압하고, 학교에서 체육이라는 과목 자체를 없애버렸다.

중세의 또 다른 특징은 하루도 전쟁이 없는 날이 없을 정도로 전쟁이 일상화되었던 시대였다. 그러다보니 일반 백성은 대지주의 농노로 전락해버렸고, 귀족들은 대지주의 가신이 되어 주인과 교회를 위하여 목숨을 바치는 것이 당연시되었다. 귀족들이 농사를 짓는 대신 전투기술, 스포츠기술, 사교술 등을 익혔던 것이 기사도 또는 신사도로 발전하게 되었다.

중세의 교육목적은 귀족자제들을 고상하고 용감한 인격을 구비하고 사랑·전쟁·교회에 충성하는 사람으로 기르는 것이었다. 일반백성들에게는 교육의 기회를 주지 않았고, 오직 기사들만이 교육을 받았다. 어렸을 때는 영주의 성에 들어가서 시동으로 있으면서 승마, 수영, 사격, 검술, 수렵, 작시, 체스 등을 배웠고, 14~20세에는 기사들과 함께 생활을 하는 종사가 되어 전쟁기술을 배웠다. 21세가 되면 기사 수여식을 거쳐 정식 기사가 되었다.

체육의 목적은 자기방어가 전부였다. 즉 전쟁에서 어떻게든지 살아남아서 주인과 교회에 헌신하기 위해서 개인적으로 신체를 단련하고 무예를 연마한 것이다. 기사들의 마상시합은 로마의 검투시합과 같이 호화롭고 찬란한 경기대회가 되었다.

또한 교회에서 하나님을 찬양하고 예배를 드리기 위해서 무용과 음악은 반드시 필요한 것이었다. 그래서 종교무용과 종교음악이 발달하는 듯하였으나 아우구스티누스 같은 사람은 춤을 추는 것보다 땅을 파는 것이 더 좋다고 말해서 무용이 가치가 없는 것으로 보았다.

3) 르네상스시대의 체육

르네상스는 중세사회를 야만시대 · 인간성이 말살된 시대로 파악하고 고대 그리스 · 로마 문화를 부흥시킴으로써 새 문화를 창출해내려는 운동으로, 그 범위는 사상 · 문학 · 미술 · 건축 등 다방면에 걸친 것이었다.

르네상스는 14세기 후반부터 이탈리아에서 시작되어 프랑스 · 독일 · 영국 등 북유럽지역에 전파되어 각각 특색있는 문화를 형성하였으며 근대 유럽문화 태동의 기반이 되었다.

Petrarca는 고대를 문화의 절정기로 보는 반면, 중세를 인간의 창조성이 철저히 무시된 '암흑시대'라고 봄으로써 문명의 재흥과 사회의 개선은 고전학문의 부흥을 통하여 가능하다고 주장했다.

르네상스시대에 인간성을 신의 굴레로부터 해방시키려는 노력에서 시작된 휴머니즘을 '인문주의'라 하고 인간의 존재를 중요시하고 인간의 능력과 성품 그리고 인간의 현재적 소망과 행복을 무엇보다도 귀중하게 생각하는 정신이다. 그러므로 인간 고유의 가치를 지닌 창조적 표현으로서의 예술 · 종교 · 철학 · 과학 · 윤리학 등을 존중하고, 이러한 것을 짓밟으려는 모든 압력으로부터 이러한 가치들을 옹호하려고 하는 사람들을 '인문주의자'라 한다.

개인의 완성을 중시하는 개인적 인문주의자들은 아테네인의 이상을 재현시키는 것을 교육의 목적으로 삼고 체육을 통하여 기초적인 육체의 발달과 지 · 덕 · 체의 조화로운 발달을 추구하려고 하였다. 반면에 사회개혁과 인간관계의 개선을 중시한 도덕적 · 종교적 · 사회적 인문주의자들은 장래에 지적 노동자가 되기 위해서 어릴 때부터 신체를 단련해야 된다고 생각하였다.

최초로 인문주위 교육을 실시한 학교는 Vittorino da Feltre가 세운 궁전학교였다. 궁전학교에서는 볼게임, 뜀뛰기, 달리기, 펜싱, 승마, 하이킹 등을 가르쳤고, 귀족자제들에게는 로마의 병사나 중세의 기사들이 한 훈련을 시켰다.

르네상스시대에 종교개혁 운동이 일어났다. 종교개혁을 한 프로테스탄트(Protestant)들은 중세 카톨릭의 부패한 정신에서 벗어나 기독교 정신을 지닌 인격체로 인간을 교육시키려고 하였기 때문에 세속적인 욕구와 쾌락의 추구를 제한하였다. 결과적으로 체육발전을 방해하는 요소가 되었다. 반면에 카톨릭교회에서는 우수한 성직자들이 교회 내부의 혁명을 추진하여, 반대자들을 포섭하였고, 새로운 종교이념을 강화 · 확산시켜서 종교적 생활을 더 진실되게 하는 수단으로 교육의 가치를 인정하였고, 카톨릭단체인 예수회(Jesuit)에서는 창조주에게 봉사하기 위해서는 체력이 꼭 필요한 것이라고 강조하였다.

문예부흥 이후에 유행한 언어주의로부터 벗어나려는 교육운동을 실학주의 또는 리얼리즘이라고 한다. 실학주의자들은 교육은 현실에 부합해야 하며, 언어에만 관계되는 것이 아니기 때문에 실제생활의 의무에 학생들이 적응할 수 있도록 준비하는 것이 교육이라고 생각하였다. 준비하는 방법에 따라서 인문적 실학주의, 사회적 실학주의, 감각적(또는 과학적) 실학주의로 분류된다.

인문적 실학주의자들은 고전문헌을 인간 사고의 최고 소산으로 보고, 그것의 실천을 가장 우선적인 가치라고 생각하였고, 체육을 통하여 신체적 발달을 가져올 수 있다고 생각함으로써 체육발전의 새로운 전기를 마련하였다.

사회적 실학주의자들은 고전적인 지식을 이해하는 것만으로는 안 되고 실제생활에 적용되지 않으면 안 된다고 주장하였다. Montaigne는 교육은 윤리적 · 도덕적 인간을 육성하는 것이 아니라 행동인을 육성하는 것이라고 하면서 지 · 덕 · 체의 전인교육 사상을 펼쳤다. 그는 정신적 · 지적 · 신체적 생활은 서로 의존관계이므로 신체와 정신을 분리하려고 생각해서는 안 된다고 하였다.

르네상스 운동으로 자유주의 사상이 발전하자 많은 과학자들이 우주의 본성과 진리에 대하여 창조설을 비판적인 시각으로 보기 시작하였다. 감각적 실학주의자들은 생활에 관한 지식을 자연의 법칙 속에서 발견할 수 있다고 주장하였다. Bacon은 지적생활을 통하여 현실생활을 영위할 수 있는 능력을 길러 주는 것이 교육의 목적이고, 감각이나 관찰을 통하여 자연의 법칙을 발견해야 하며, 지식은 인류에 봉사하기 위해서 이용되어야 한다고 주장

하였다. 그들은 즐거움과 건강을 위한 다양한 놀이를 통한 경험으로써의 체육활동을 주장
하였다.

4) 근대의 체육

(1) 단련주의와 체육

단련주의란 이성의 판단과 일치하지 않는 감정의 욕구를 누르고 바람직한 행위와 사고
방식을 습관적으로 단련하려 하는 교육이념을 말한다. 단련주의 교육이념을 대표하는 사람
은 영국의 Locke였다. Locke가 활동했던 17세기는 종교개혁과 계몽주의시대 사이였는데,
이때부터 상인계급이 강력한 사회적 권리와 정치력을 획득했고, 신대륙의 발견으로 풍부한
경험을 체험하였으며, 정확하고 정밀한 감각을 다른 분야에서까지 응용하려는 사고방법을
갖기 시작하였다.

Locke는 '지식이나 신념은 태어나기 전부터 마음속에 있던 것이 아니라 태어날 때는 백
지상태이며, 경험이 그 백지상태 위에서 인생의 경력을 서서히 기록해 가는 것이다. 따라
서 학문은 감각의 인지와 지적 반성의 소산이고, 반성이란 감각된 것을 보다 복합적으로
종합하고 일반화하여 법칙화하고, 개념화시켜 나아가는 합리화의 과정'이라고 보았다.

한편 Locke는 교육에 대해서도 깊은 관심을 가졌다. 당시의 암기식·주입식 교육을 반
대하고 수학적 추리와 체육(體育), 덕육(德育), 지육(知育)을 강조하였으며, 그 사람의 소질
을 본성에 따라서 발전시켜야 한다고 역설하였다. 그는 신체의 건강을 위한 단련주의 교육
을 중시하였고, 지식은 체육과 덕육을 높이기 위한 2차적 수단으로 보았다. 또 운동은 신
체를 단련시킬 뿐만 아니라 지성에도 활기를 불어넣어 건전한 정신을 갖게 한다고 보았다.

(2) 자연주의와 체육

18세기는 전통적인 구속에서 벗어나 자연스럽게 지식을 보급시켜 민중을 미신이나 무지로부
터 해방시키려고 하는 계몽주의 시대로 이성을 존중하고 비판적인 정신을 가졌던 시대였다.

초월적·신적 존재를 인정하지 않고, 정신현상을 포함한 세계의 모든 현상과 변화의 근
본원리가 자연(물질)에 있다고 보는 철학적 체계를 자연주의라 하는데, 그 대표적인 사상
가는 프랑스의 Rousseau이다.

그의 교육 사상은 『에밀(Emile)』에 집약되어 있는데, 에밀의 교육사상은 한마디로 "자연

으로 돌아가라.", 즉 교육은 자연에 부합되어야 한다는 것이다. 그가 말하는 자연은 결코 미개의 자연이 아니고, 어린이를 그 심리적 자연에 따라서 이상적인 자연인으로까지 끌어 올리는 그러한 자연이다. 아동의 지도는 각 발달단계에 따라서 해야 하며 각 단계는 그 자체로서 의미·목적을 가지고 있으므로 다른 단계의 희생이 되어서는 안 된다.

건강하고 민첩한 신체는 자연인으로서의 가장 중요한 요소 내지 의지나 지력을 발달시키는 기초이다. 그는 Locke 못지 않게 체육의 필요성을 역설하였다. 그는 발단단계에 따라서 체육의 방법을 보호·단련·자유로운 운동·감각의 연습·기능의 연습·체조 등 6개로 분류하고 있다. 그가 교사 중심의 교육을 어린이 중심의 교육으로 전환시키고, 이성적인 성장 발전의 기초를 신체의 교육과 감각의 훈련에 둔 것은 교육의 큰 발전이었다.

(3) 범애주의와 체육

18세기 말에서 19세기 초반까지 독일과 스위스를 중심으로 전개된 실제적인 교육개혁운동이 범애주의인데, 그 운동의 선구자인 독일의 Basedow가 세운 범애학교에서 유래된 말이다. 이 운동은 다음과 같은 몇 가지 특징을 가지고 있다.

- 어린이들이 즐겁고 행복하게 배울 수 있는 교육방법을 중시한다. 그러므로 놀이·여행·견학 등을 통한 직접적인 경험, 실물과 그림에 의한 개념학습, 문법이 아닌 회화 위주의 언어교육 등을 강조한다.
- 어린이들의 삶에 실제적인 도움이 되는 교육내용을 위주로 한다. 그러므로 신체단련, 모국어 학습, 노작 등을 통한 기술습득을 강조한다.
- 종교의 종파나 경제적 능력에 관계없이 모든 어린이들이 학교에 다닐 수 있는 교육제도를 마련해야 한다. 그러므로 교회가 아니라 국가가 학교를 관리할 것과 뜻있는 독지가들의 후원을 강조한다.
- 어린이들에게는 정열을 가지고 참고 인내할 줄 아는 교사가 필요하다. 그러므로 교사는 특별한 능력이나 실력이 있는 사람보다 성실하고 열성을 다하는 사람을 중시한다.

(4) 국가주의와 체육

유럽사회에 자연주의와 범애주의 교육사상이 퍼지는 동안 종교혁명, 영국의 산업혁명, 프랑스의 시민혁명, 영국의 청교도혁명, 나폴레옹 전쟁 등이 일어나 사회가 격변하게 되었다. 그러한 사회적 격변의 와중에 생긴 것이 국가주의이다.

국가주의는 국가의 이익을 개인의 이익보다 절대적으로 우선시하는 사상이나 정책을 말하는 것으로 'statism'이라고 한다. 국가주의가 19세기에 들어오면서 절정에 달하게 된 직접적인 원인은 나폴레옹의 침략에 있다. 즉, 애국적 시민을 육성하여 국가를 외부의 침략으로부터 보호하고자 하는데서 국가주의가 발전하였다.

19세기 말 과학기술이 진보하고 제2차 산업혁명이 진전되면서 자본주의가 크게 발달함에 따라 선진 자본주의 국가들은 상품의 원료를 얻고, 상품을 팔거나 자본을 투자할 새로운 시장이 필요하였다. 자본주의가 발달한 국가들이 자기 나라의 이익을 위해 약소국을 무력으로 침략하여 식민지로 지배하려는 경향을 제국주의라 한다.

18세기 후반부터 19세기 후반에 이르기까지의 교육이론은 자연주의, 범애주의, 신인문주의의 사조에 영향을 받아 아동을 성인의 축소판으로 보지 않고 충실히 도야되어야 할 존엄한 존재로 간주하였고, 새로운 과학적 탐구방법과 과학지식의 팽창은 교육의 체계와 교육의 전체과정을 과학화시키도록 촉진했다. 이러한 교육의 과학화는 현대까지 계속되고 있다.

국가주의 국가에서는 Pestalozzi의 교육사상이 교육의 주를 이루었다. "교육이란 학문을 하는 것도 아니요, 특정 교리를 익히는 것도 아니요, 특정 기술을 익히는 것도 아니다. 그러면 무엇인가. 머리·가슴·몸을 고루 도야하여 하나의 인격으로 키워 내는 것이다."는 것이 Pestalozzi의 교육사상이다. Pestalozzi는 어머니야말로 천성적인 교사이며, 어머니를 통한 교육이 인격형성의 터전이 되어야 한다고 하여 가정교육의 중요성을 강조하였다.

국가주의 국가에서는 교육을 국가가 유지·관리·통제하는 교육제도, 국가에서 지원하는 공교육제도, 의무교육을 중심으로 하는 무상교육과 장학제도가 발달하였다. 또한 국가적 공통언어, 역사, 지리, 민속문화 등을 가르치고, 국가 유지에 필요한 기술과 체력을 발달시키기 위한 교육과정이 편성되었으며, 애국정신과 협동정신을 가르치는 데 치중하였다.

그 시대에 Nachtegall이 덴마크체조, Ling이 스웨덴체조, Jahn이 독일체조, Amoros가 프랑스체조, Arnold가 영국체조를 고안하여 체육을 통하여 조국을 구하려고 노력하여 근대체육의 발전에 공헌하였다.

(5) 근대 올림픽경기

근대올림픽은 IOC(국제올림픽위원회)가 4년마다 개최하는 국제스포츠대회로 20세기 초부터 종목별로 국제경기연맹(IF)을 조직하였고, 국제적으로 통용되는 경기규칙을 제정하였다. 동계대회는 하계대회와 별도로 4년에 한 번씩 겨울기간에 열린다.

　　근대 올림픽경기는 프랑스의 Coubertin이 제창하여 고대 그리스 제전경기의 하나인 올림피아제(祭)를 부활시킨 것으로, 1896년에 그리스의 아테네에서 제1회 대회를 개최하였다.

표 2-1. 역대 하계올림픽대회

회차(연도)	개최지	우승국	대한민국 메달획득수
1(1896)	그리스(아테네)	그리스	불참
2(1900)	프랑스(파리)	프랑스	불참
3(1904)	미국(세인트루이스)	미국	불참
4(1908)	영국(런던)	영국	불참
5(1912)	스웨덴(스톡홀름)	스웨덴	불참
6(1916)	제1차 세계대전 발발로 취소		
7(1920)	벨기에(안트워프)	미국	불참
8(1924)	프랑스(파리)	미국	불참
9(1928)	네덜란드(암스테르담)	미국	불참
10(1932)	미국(로스엔젤레스)	미국	불참
11(1936)	독일(베를린)	독일	불참
12(1940)	제2차 세계대전 발발로 취소		
13(1944)	제2차 세계대전 발발로 취소		
14(1948)	영국(런던)	미국	금 0, 은 0, 동 2
15(1952)	핀란드(헬싱키)	미국	금 0, 은 0, 동 2
16(1956)	호주(멜버른)	소련	금 0, 은 1, 동 1
17(1960)	이탈리아(로마)	소련	금 0, 은 0, 동 0
18(1964)	일본(도쿄)	미국	금 0, 은 2, 동 1
19(1968)	멕시코(멕시코시티)	미국	금 0, 은 1, 동 1
20(1972)	서독(뮌헨)	소련	금 0, 은 1, 동 0
21(1976)	캐나다(몬트리올)	소련	금 1, 은 1, 동 4
22(1980)	소련(모스크바)	소련	불참
23(1984)	미국(로스엔젤레스)	미국	금 6, 은 6, 동 7
24(1988)	대한민국(서울)	소련	금 12, 은 10, 동 11
25(1992)	스페인(바르셀로나)	독립국가연합	금 12, 은 5, 동 12
26(1996)	미국(애틀란타)	미국	금 7, 은 15, 동 5
27(2000)	호주(시드니)	미국	금 8, 은 10, 동 10
28(2004)	그리스(아테네)	미국	금 9, 은 12, 동 9
29(2008)	중국(베이징)	미국	금 13, 은 10, 동 8
30(2012)	영국(런던)		
31(2016)	브라질(리우데자네이루)		

1908년 제4회 런던대회 때부터 각국이 국기를 앞세우고 참가하였으며 경기규칙 제정, 본격적인 여자경기종목 채택, 마라톤 코스의 확정 등 조직과 관리 면에서 체계가 갖추어졌다.

Coubertin은 "인간의 성공 여부를 결정짓는 척도는 그 사람이 승리자냐 아니냐에 달려 있는 것이 아니라 그 사람이 어느 정도 노력하였는가에 달려 있다. 따라서 인생에서 가장 소중한 것은 승리한다는 것이 아니라 정정당당히 최선을 다하는 일이다. 올림픽운동은 세계에 하나의 이상을 심어주는 일이며, 그 이상은 바로 현실생활의 일부를 이루는 것으로 육체의 기쁨, 미와 교양, 가정과 사회에 봉사하기 위한 근로이다."라고 주장하였다.

표 2-2. 역대 동계올림픽대회

회차(연도)	개최지	우승국	대한민국 메달획득 수
1(1924)	프랑스(샤모니)	노르웨이	불참
2(1928)	스위스(장크트모리츠)	노르웨이	불참
3(1932)	미국(레이크플래시드)	미국	불참
4(1936)	독일(가르미슈파르텐키르헨)	노르웨이	불참
5(1948)	스위스(장크트모리츠)	노르웨이, 스웨덴, 스위스	금 0, 은 0, 동 0
6(1952)	노르웨이(오슬로)	노르웨이	불참
7(1956)	이탈리아(코르티나담페초)	소련	금 0, 은 0, 동 0
8(1960)	미국(스쿼밸리)	소련	금 0, 은 0, 동 0
9(1964)	오스트리아(인스부르크)	소련	금 0, 은 0, 동 0
10(1968)	프랑스(그르노블)	노르웨이	금 0, 은 0, 동 0
11(1972)	일본(삿포로)	소련	금 0, 은 0, 동 0
12(1976)	오스트리아(인스부르크)	소련	금 0, 은 0, 동 0
13(1980)	미국(레이크플래시드)	동독	금 0, 은 0, 동 0
14(1984)	유고(사라예보)	소련	금 0, 은 0, 동 0
15(1988)	캐나다(캘거리)	소련	금 0, 은 0, 동 0
16(1992)	프랑스(알베르빌)	독일	금 2, 은 1, 동 1
17(1994)	노르웨이(릴레함메르)	노르웨이	금 4, 은 1, 동 1
18(1998)	일본(나가노)	독일	금 3, 은 1, 동 2
19(2002)	미국(솔트레이크시티)	독일	금 2, 은 2, 동 0
20(2006)	이탈리아(토리노)	독일	금 6, 은 3, 동 2
21(2010)	캐나다(밴쿠버)	미국	금 6, 은 6, 동 2
22(2014)	러시아(소치)		
23(2018)	대한민국(평창)		

참고문헌

강동항 편저(1995). 체육사. 서울 : 보경문화사.
김계숙(1968). 서양철학사. 서울 : 일조각.
김상구(1991). 세계스포츠 · 체육사. 서울 : 성균관대학교 출판부.
김오중(1985). 세계문화사. 서울 : 고려대학교 출판부.
나현성 외 2인(1985). 체육사. 서울 : 형설출판사.
노희덕(2004). 세계체육사. 서울 : 서울대학교 출판부.
민석홍 외 1인(1983). 서양문화사. 서울 : 서울대학교 출판부.
박성수 외 1인(1987). 문화사개론. 서울 : 법문사.
손익수 외 1인(1961). 서양교육사. 서울 : 교육출판사.
신호주, 김원경(2000). 체육사. 서울 : 명지출판사.
이제홍(2012). 서양 스포츠문화사. 서울 : 대경북스.
정영근 외 4인(2004). 과학적 사유를 여는 교육의 철학과 역사. 서울 : 문음사.
정영근 외 역(2005). 서양교육사. 서울 : 문음사.
조좌호(1983). 세계문화사. 서울 : 박영사.

エミッライス(1980). 世界體育史. 東京 : 不昧堂.
今村嘉雄(1958). 西洋教育史. 東京 : 日本體育史.
東京教育大學體育史研究室(編)(1964). 圖說 世界體育史. 東京 : 新思湖社.
水野忠文 외(1968). 體育史概說. 東京 : 體育の科學社.
水野忠文(1967). 體育思想史序說. 東京 : 世界書院.
岸野雄三(1967). 體育の文化史. 東京 : 不昧堂.

Charles, A. Bucher(1985). *Foundations of physical Education*. New York : The E.V. Mosby Co.
Davis, E. C.(1961). *The Philosopic Process in Physical Education*. Philadelphia: Lea & Febiger.
Deobold, B. Van, Dalen, Bruce L. Bennett(1971). *World History of Physical Education*. Englewood Cliffs, N, J : Drentice Jall, Inc.
Ellwood P. Cubbrley(1920). *The History of Education.* Boston : Houghton-Mifflin Co.
Forbes, C. A.(1929). *Greek Physical Education*. New York : The Century Co.
Gardiner, E. N.(1949). *Greek Athletic Sports and Festivals*. London : The Macmillan Co.
Gurdiner, E. W.(1971). *Greek Athletic, Sports and Festivals*. London : The Macmillan Co.

Henry, Williams(1948). *An Approved History of the Olympic Gamer*. New York : Frederick A.Stockes Co.

James Mulhern(1946). *A History of Education*. New York : The Ronald Press.

John E. Sandys(1910). *A Companion to Latin studies*. Cambridge : Universty Press.

Laurie, S. S.(1900). *Historical Survey of pre-christon*. New York : Green and Co.

Leonard, F. E. and Affeck, G.. A.(1947). *Guide to the History of Physical Education*. Philadelphia : Lea and Febiger.

Norma D. Young(1944). Did the Greek and the Romans play Football. *Rescarch Quarterly 15*.

Paul Monroe(1916). *A Text book in the Hiltory of Education*. New York : The Mcmillan Co.

Rice, E. A.(1927). *A Brief History of Physical Education*. New York : A. S. Barnes and Co.

Thomas Woodym(1949). *Life and Education in Early Societjes*. New York : The Macmillan Co.

Van Da'en, D. B., Mitchelll., Mitchell, E. D. and Bennett, B. S.(1953). *A World History of Physical Education*. New Jersey : Prentice-Hall Inc.

Wikins, A. S. (1878). *Roman Antiquities*. New York : D. Appleton and Co.

Wilds, E. H.(1942). *The Foundetions of Modern Education*. New York : Rinehart and Co.

제3장 스포츠심리학

1. 스포츠심리학의 연구영역

스포츠심리학 또는 체육심리학은 스포츠상황에서 일어나는 여러 가지 심리적인 현상들의 원인과 그 해결방법을 연구하는 학문이다.

스포츠심리학은 연구대상에 따라 광의의 스포츠심리학과 협의의 스포츠심리학으로 나눈다. 광의의 스포츠심리학은 운동은 어떻게 학습하는가?, 인간의 운동은 어떻게 제어되는가?, 인간은 나이가 들어감에 따라서 어떻게 발달되어가는가? 등도 연구의 대상으로 삼는 것이고, 협의의 스포츠심리학은 연구대상을 운동의 수행으로 한정시킨 것이다. 우리나라의 경우 대부분의 연구들은 협의의 스포츠심리학에 머물고 있다.

2. 운동제어

사람은 여러 가지 운동(움직임)을 한다. 그러한 운동을 대뇌에서 컨트롤한다는 데는 모든 학자들이 동의하고 있다. 그러나 "대뇌가 어떻게 그렇게 많은 운동을 제어할 수 있는

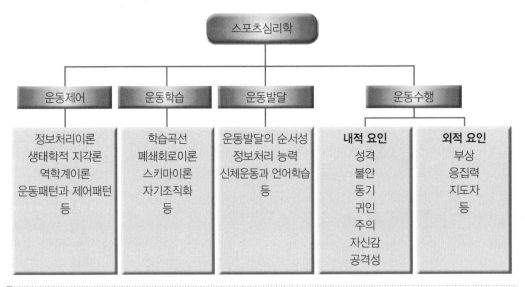

그림 3-1. 스포츠심리학의 연구영역

가?"라는 질문에 대한 답은 그리 간단치 못하다.

1) 정보처리이론

자극과 반응이라는 생리적인 현상을 컴퓨터의 입력→처리→출력으로 이해하려고 하는 것이 정보처리이론이다. 정보처리이론에서 입력은 우리의 감각기관을 통해서 외부환경으로부터 들어오는 각종 정보를 말하고, 처리는 들어온 정보를 대뇌와 중추신경계통이 분류하여 선택한 다음, 어떤 근육에 어떤 움직임을 하라고 명령을 내리기까지이다. 출력은 대뇌의 명령을 받은 근육이 실제 움직임으로 표현하는 것을 말한다.

정보처리이론이 맞는다고 하면 대뇌가 처리해야 할 일이 너무 많아서 수퍼컴퓨터보다 성능이 훨씬 더 좋아야 한다는 문제가 생긴다. 그 문제를 해결하기 위한 것이 운동프로그램이론이다. 우리가 하는 운동은 대부분이 미리 프로그램이 짜여 있어서 대뇌가 일일이 각 근육이나 관절에 명령을 하나하나 내리는 것이 아니고, '몇 번 프로그램' 등으로 프로그램만 선택하면 나머지는 자동으로 진행된다는 것이 운동프로그램이론이다.

나머지가 자동으로 진행된다고 하면 운동을 하다가 잘못된 것이 있으면 수정해야 하는데, 그 수정은 어떻게 하느냐 하는 문제가 다시 생긴다. 수정을 하기 위해서 도입된 것이

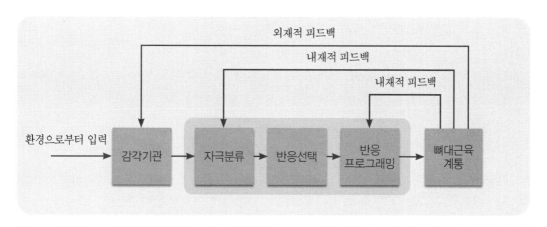

그림 3-2 인간의 정보처리 모델(Marteniuk, 1975)

피드백이론이다. 쉽게 말해서 근육이나 관절이 움직이면서 지금 무슨 동작을 어떻게 하고 있다는 상황을 대뇌에 보고한다는 것이다. 결국 상황보고를 받은 대뇌가 잘못된 것만 수정하라고 지시하면 된다는 것이다.

2) 생태학적 지각론

생물인 인간을 무생물인 컴퓨터로 이해하려는 방법은 처음부터 잘못된 것이므로 생태학적인 측면에서 접근해야 한다고 주장하는 것이 생태학적 지각론이다. 그러나 생태학적 지각론으로도 인간의 운동제어를 설명하기 어렵기 때문에 좀 더 복잡한 구조로 설명해야 한다는 것이 역학계이론이다.

그래서 정보처리이론은 운동적 접근방법이라 하고, 생태학적 지각론과 역학계이론은 행동적 접근방법이라고 한다.

정보처리이론을 맨처음으로 비판하고 나선 사람은 Bernstein이다. 그는 정보처리이론 대로라면 피아니스트가 연주를 할 때 악보를 보고, 창고(대뇌) 속에 많이 있는 프로그램 중에서 하나를 선택해서 명령을 내리면 손발이 자동적으로 연주를 한다는 셈인데, 이것은 말도 안 된다고 비판하였다.

그는 인간은 생물이기 때문에 근육·관절·뼈들이 상호 연관성이 있어서 하나하나가 개별적으로 움직이거나 어떤 기능을 하는 것이 아니고, 자율적인 시스템이 만들어져 있어서 그 시스템이 어떤 기능을 발휘한다고 하는 협응구조이론을 주장하였다. 협응구조로 되어 있다고 하면 대뇌가 명령을 많이 내릴 필요가 없어지기 때문에 내놓은 이론이다.

그는 같은 곡을 연주하더라도 피아니스트마다 다르고, 같은 사람이라도 오늘의 연주와 내일의 연주가 다르다는 것을 염두에 두고 맥락조정의 다양성을 주장하였다. 맥락조정의 다양성이란 같은 근육과 관절들이 모여서 하나의 시스템을 이루었다고 하더라도 그 기능은 항상 일정한 것이 아니고, 생물체이기 때문에 그 결과는 항상 다르다는 것이다.

Bernstein 이후에 Gibson이 주장한 것이 생태학적 지각론이다. 생태학적 지각론은 한 마디로 대뇌와 근육은 주종의 관계가 아니고, 사람이 환경으로부터 정보를 받아들인다는 것부터 틀렸다는 이론이다. 즉, 환경 안에 저절로 있는 정보를 받아들이는 것이 아니고, 어떤 환경 안에서 사람이 움직이면 어떤 변화가 생기는데, 그 변화로부터 정보를 받아들이고, 그 정보가 사람을 움직이도록 유도한다는 것이다.

Gibson이 생태학적 지각론을 실험적으로 증명한 것이 시각성 운동제어이다. 사람이 방 안에 서 있는데 벽이 앞뒤로 움직이면 저절로 몸이 앞뒤로 움직이는 현상을 시각성 운동제어라고 한다.

3) 역학계이론

Kugler가 운동의 제어와 협응은 자율시스템에 의해서 되는 것이 아니고, 자기조직화 시스템에 의해서 이루어진다고 주장한 것을 역학계이론이라고 한다.

앞의 생태학적 지각론에서 몇 개의 근육과 관절들이 자율적으로 하나의 시스템을 이룬다고 했는데, 거기서 자율적이라는 말은 누가 시켜서가 아니고 자기들끼리 알아서 시스템을 이룬다는 말이다. Kugler가 주장한 자기조직화 시스템은 컴퓨터의 바이러스 백신 프로그램을 자꾸 업데이트하듯이 새로운 경험을 하면 기존에 있던 시스템을 자꾸 바꾸어 나간다는 것이다. 즉 운동연습을 하면 점점 시스템의 기능이 향상된다는 것이다.

역학계이론을 대표하는 것이 HKB 모델이다. 그 모델을 만드는 데 결정적인 역할을 한 세 사람 즉, Haken, Kelso, Bunz의 머리 글자를 딴 말이다. HKB 모델의 중요한 개념은 걷는 속도를 점점 올리다 보면 어느 순간에 걷기 폼에서 달리기 폼으로 바뀌어버린다는 것이다. 그 때 걷는 속도를 제어변수, 폼을 질서변수라 하고, 폼이 바뀌는 것을 상전이(相轉移)라고 한다. 그러므로 제어변수가 어느 정도 변할 때까지는 안정된 상태(상전이가 일어나지 않는 상

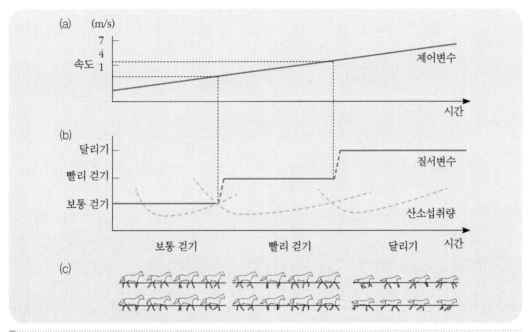

┃그림 3-3. 말의 걷는 모양에 따른 상전이현상

말의 걷는 속도와 걷는 폼에는 상전이(相轉移)현상이 있으나 산소섭취량에서는 상전이현상을 볼 수 없다.
출처 : Hoyt & Taylor(1981)를 기초로 작성함.

태)를 유지하지만, 제어변수가 그 이상으로 변하면 상전이가 일어난다고 표현한다.

우리가 어떤 운동을 연습한다고 해서 연습할 때마다 더 좋아지는 것이 아니고, 연습량이 어느 정도 쌓여지면 갑자기 한 수준 위의 기량을 보이는 현상을 설명할 때 쓰는 이론이다.

4) 운동패턴과 제어패턴

운동패턴을 다양성과 연속성이 있고없음에 따라서 이산운동, 주기운동, 복합운동으로 나눈다. 이산운동은 배트로 공을 치듯이 한 번 하면 끝나는 운동이고, 주기운동은 같은 동작을 반복하는 운동이다. 복합운동은 소리를 지르면서 달려가서 공을 받은 다음 재빨리 내야수에게 송구하는 것 같이 복잡한 동작이다.

이산운동은 시공간을 예측하여 운동을 제어하고, 환경에서 얻은 많은 정보 중에서 몇 개에만 주의를 기울이고(선택적 주의) 나머지는 버린다는 것이다. 주기운동의 제어는 운동의 주파수를 바꾸었을 때 리듬을 불러일으키는 현상과 자기조직화 과정을 주로 연구한다. 복합운동의 제어에서는 국면융합과 프랙털(fractal) 천이 등에 관심을 갖고 있다.

3. 운동학습

우리가 운동을 배울 때 느낄 수 있는 여러 현상과 운동을 배우는 것이 어떤 과정(process)을 이루어지는지에 대한 이론적인 연구가 운동학습이다.

1) 학습곡선

우리가 운동을 학습할 때 운동에는 계층(단계)이 있고, 단계를 하나 올라가려면 반드시 고원현상(정체시기)를 거쳐야 하는데, 그 현상은 한없이 계속된다는 것이다.

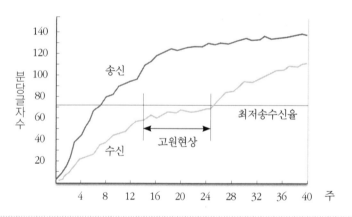

그림 3-4. 18세 남학생의 40주간 송수신연습 시의 학습곡선(Bryan & Harter, 1897)

2) 폐쇄회로이론

Thorndike의 자극-반응이론(S-R이론)에서는 사람이 자극을 받으면 그에 대하여 반응을 하고, 반응의 결과가 좋으면 그러한 반응이 강화된다고 주장한다.

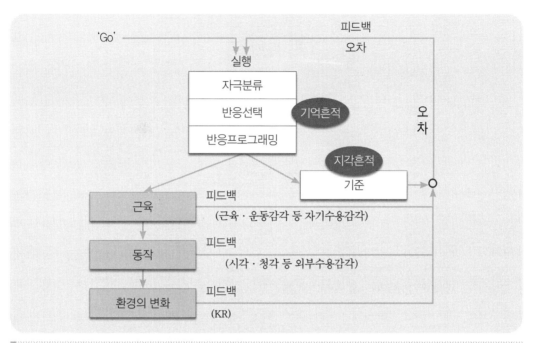

그림 3-5. 운동학습에서 폐쇄회로이론 모델(Shiro Nakagome 외, 2007)

폐쇄회로이론은 S-R이론에서 강화가 바로 학습이라는 주장이다. 폐쇄회로이론에서는 운동수행 이후의 피드백을 '결과의 지식'이라 하고, 결과의 지식은 강화에만 이용되는 것이 아니라 동작의 오차를 줄이는 데에도 이용된다고 한다.

그렇게 되면 맨처음에 어떤 동작을 할 때에는 결과의 지식이 없기 때문에 개방회로에 있는 어떤 운동프로그램을 이용해야 하고, '반응의 재생(전에 했던 동작을 다시 하는 것)'과 '반응의 재인식(지각흔적과 기억흔적을 수정하는 것)'은 별개의 것이라고 주장한다.

3) 스키마이론

폐쇄회로 제어이론의 문제점을 지적하면서 Schmidt가 주장한 이론이다. 스키마이론(schema theory)을 한마디로 설명하면 우리의 기억 속에는 일반화된 운동프로그램이 있는데, 그 운동프로그램에 한두 개의 변수만 바꾸어서 입력시키면 얼마든지 다른 운동을 만들어 낼 수 있다는 것이다. 예를 들어 공던지기를 할 때 공의 무게와 공의 크기만 바꾸어주

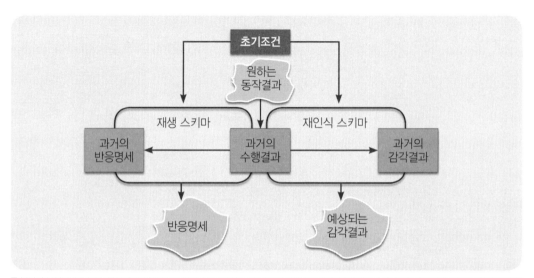

그림 3-6. 재생 스키마와 재인식 스키마(Shiro Nakagome 외, 2007)

면 얼마든지 다른 거리로 던질 수 있다는 것이다.

스키마이론에서 스키마는 과거의 경험에 의해서 만들어진 규칙, 개념, 관계 등을 말한다. 그러므로 운동을 하려면 초기조건(공의 크기, 무게 같은 것), 반응명세(구체적으로 어떤 근육을 어떻게 수축시켰느냐 하는 것), 동작결과(결과가 어떠했었는가 하는 것), 감각결과(그때 느낌이 어떠했는가) 등을 데이터베이스에 저장해 두고 있다가 자기가 어떤 동작결과를 얻고 싶으면 데이터베이스에서 가장 유사한 결과가 있었던 것을 찾은 다음 한 두 가지만 수정하면 되고, 동시에 예상되는 동작결과도 미리 만든다는 것이다.

예상되는 동작결과와 실제의 동작결과가 점점 가까워지는 것이 학습이고, 학습이 잘되려면 데이터베이스에 자료가 풍부하게 저장되어 있을수록 좋을 것이다. 그러므로 학습을 할 때 비슷한 동작만 연습하지 말고 이것저것을 많이 연습해보아야 한다는 것을 변동연습가설이라고 한다.

4) 자기조직화

스키마이론에서 데이터베이스를 업데이트한다는 것이 Kugler의 역학계이론과 거의 비슷하다. 그런데 운동학습을 연구하는 학자들은 역학계이론이라는 말을 사용하지 않고 '학습다이내믹스'라고 한다.

즉, 본래 학습자가 가지고 있던 학습다이내믹스에 새로운 운동경험을 점점 첨가해 나가고, 그것을 자기조직화하는 것이 학습이라는 것이다. 이때도 역학계이론에서 말하는 상전이를 도입한다. 즉, 데이터베이스가 새로워졌다고 해서 바로 학습효과가 나타나는 것이 아니고, 어느 정도 시간이 지나야 새로운 운동패턴을 만들 수 있다는 것이다.

거기에서 한 걸음 더 나아가서 학습효과가 있어서 새로운 운동패턴을 만들려면 반드시 상위중추의 변화가 있어야 한다고 주장하는 것을 '학습2단계설'이라고 한다. Newell의 주장을 그대로 표현하면 "학습 초기에는 팔다리의 위치적 특성을 학습하고, 그 후에 학습을 자기조직화하면 숙달된 운동수행을 보이게 된다."

4. 운동발달

사람이 태어나서 나이가 들수록 점점 운동기능이 좋아지는 것과 늙어서 점점 운동기능이 나빠지는 것을 모두 합해서 운동발달이라고 한다.

1) 운동발달의 순서성

어린이의 운동발달은 그림 3-7과 같이 시간이 지남에 따라서 비가역적으로 변화한다는 것을 운동발달의 순서성이라고 한다. 이와 같은 운동발달이 자연적으로 자라는 것인지 환경(부모의 양육)에 의해서 길러진 것인지는 논란이 이어져 오고 있다.

Gesell은 "내부요인이 어느 정도 성숙될 때까지는 학습효과가 없다."고 해서 조기교육의 효과에 대하여 의문점을 던졌고, "운동요소 간의 상호작용에 의해서 조직화되어가는 과정이 성장이다."라고 주장하였다.

운동발달에는 개인차가 있다. 예를 들어 어린아이가 인형에 손을 갖다대는 동작을 관찰하였더니 그 시기가 어린아이마다 조금씩 다르고, 그 방법도 달랐다는 것이다. 그러므로 처음부터 어린아이의 머릿속에 도달운동이라는 운동프로그램이 있었던 것이 아니고, 어린아이들 각자가 가지고 있던 기존의 다이내믹스에 어트랙터(attractor)를 첨가한(학습) 결과로 보아야 한다는 것이 역학계이론을 주장하는 학자들의 생각이다.

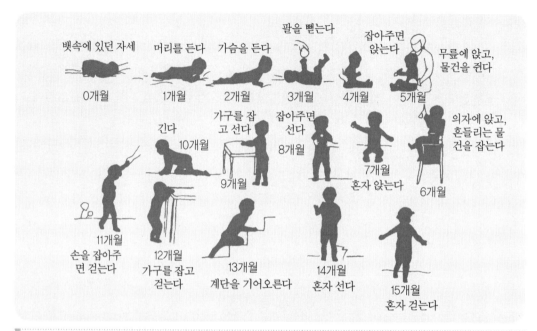

그림 3-7. 유아의 운동발달 순서(Shirley, 1933. 일부 수정)

2) 정보처리 능력

어린이들이 좌우로 움직이는 물체에 손을 갖다 대는 동작을 관찰하면 목표물의 속도가 느릴 때는 너무 일찍 손을 뻗고, 목표물의 속도가 빠를 때는 손을 너무 늦게 뻗는다. 그 이유를 Williams는 5~6세까지는 어린이들이 손을 움직이는 속도가 일정해서 환경에 적응할 수 없기 때문이라고 설명하였으나 확실하지는 않다.

또, 운동을 수행할 때 상황판단 능력이 중요하다는 것은 모두가 인정할 것이다. 농구선수들을 상대로 농구에 대한 지식과 시합에서 상황판단하는 능력을 연구한 결과 지식이 높은 사람이 상황판단도 잘 한다는 결과가 나왔다. 어린 테니스선수들을 대상으로 비슷한 연구를 했더니 역시 지식이 높은 어린이가 상황판단도 잘 하더라는 것이다.

위와 같은 연구 결과들은 지식이 운동학습에 영향을 미친다는 의미이기 때문에 중추의 정보처리 능력에 따라서 운동학습과 운동발달의 속도가 달라진다는 것이다. 그러나 이러한 연구가 아직은 미흡하여 확실한 결론에는 도달하지 못하고 있다.

3) 신체운동과 언어학습

어린이들이 소리를 내는 것을 보통 '옹알이'라고 한다. 그 옹알이도 발성하는 소리에 따라서 6단계로 구분한다. 마찬가지로 어린이들이 몸을 움직이는 동작도 5~6단계로 구분할 수 있다고 한다.

옹알이의 단계와 동작의 단계 사이에 어떤 관계가 있는지 알아보았더니 같은 동작을 3회 이상 반복적으로 하는 시기와 '바바바', '머머머'와 같이 반복적으로 발성하는 단계가 거의 일치하였다.

위의 사실은 언어의 학습(발달)과 운동의 학습(발달)에 어떤 관계가 있다는 것을 의미한다. 즉, 언어의 발달과 운동의 발달은 서로 영향을 미친다는 것이다.

또한 어린이들이 유치원에서 발표를 하는 것을 관찰하였더니 말과 제스처가 일치하지 않는 경우가 많았는데, 그 대부분은 말보다 제스처가 너무 컸다. 이것은 말로 하는 분석적 사고와 몸으로 하는 신체적 사고는 서로 보완적 관계이기는 하지만 별도의 방법으로 학습(발달)한다는 의미가 된다.

5. 운동수행

1) 내적 요인

스포츠심리학의 연구영역에서 설명하였듯이 대부분의 스포츠심리학 연구가 운동수행에 관한 것이고, 운동수행에 영향을 미치는 요인을 크게 내적 요인과 외적 요인으로 분류할 수 있기 때문에 둘로 나누어서 간단하게 설명한다.

(1) 성격

여러 학자들이 성격의 정의를 내린 것을 종합하여보면 개인에 따라 생각하고, 느끼고, 행동하는 것이 다르고, 성격은 쉽게 변하지 않으며, 어떤 개인이 한 행동이 아니라 그 행동을 통해서 추론되는 "경향을 성격이라고 한다."는 것이다.

성격은 보거나 만질 수 없기 때문에 잘 알 수는 없지만 3겹의 구조로 파악하려고 한다. 제일 안쪽에 있는 그 사람의 내면적인 가치관, 적성, 신념, 동기, 태도 등을 '심리적 핵', 개인이 어떤 상황 또는 환경에서 일관되게 보여주는 반응을 '전형적 반응', 개인이 어떤 상황 또는 환경에서 자신의 입장에 따라서 취하는 행동을 '역할관련 행동'이라고 한다.

그림 3-8. 성격의 구조

성격을 설명하는 이론에는 다음과 같은 것들이 있다.

- 심리역동이론……Freud 등이 주장한 이론으로, 인간의 성격은 원초아(id), 자아(ego), 초자아(super ego)로 구성되어 있고, 그 세 가지 자아들이 상호작용하여 특정 상황에서 독특하고 일관적인 행동을 하게 만든다는 것이다.
- 현상학적이론……Maslow 등이 주장한 이론으로, 인간에게는 생리적 욕구, 안전의 욕구, 애정의 욕구, 존중의 욕구, 자아실현의 요구 등 5단계의 욕구가 있고, 그 욕구들의 관계에 따라서 개인의 행동특성이 결정된다는 것이다.
- 체형이론……Sheldon 등이 주장한 이론으로 개인의 체형 또는 체격은 유전적으로 결정되고, 그 체형에 따라서 성격이 달라진다는 것이다.
- 특성이론……Cattell 등이 주장한 이론으로 개인의 행동은 개인 내에 존재하고 있는 일관적이고 안정된 특성에 의해서 결정된다는 것이다.
- 사회학습이론……Bandura 등이 주장한 이론으로, 개인의 행동은 개인이 처한 상황과 학습에 의해서 결정된다는 것이다.
- 상호작용적 접근……개인의 특성과 특정한 상황이 상호작용하여 개인의 행동특성이 결정된다고 보는 것으로, 대부분의 스포츠심리학자들이 동의하고 있다.

성격과 운동수행 사이의 관계를 연구한 결과 중에서 중요한 것만 간추리면 다음과 같다.

- 운동선수와 비운동선수 사이에 성격에 차이가 있는가?……차이가 있다는 결과가 나왔지만 유의한 차이가 아니었고, "성격에 차이가 있다고 하더라도 처음부터 그런 성격을 가진 사람이었기 때문에 운동선수가 된 것은 아닌가?"라는 질문에 답하기 어렵다.

- 스포츠종목별로 성격에 차이가 있는가?⋯⋯종목별로 차이가 있을 것 같은데 일관성 있는 연구결과가 나오지 않았다.
- 같은 종목의 선수일 때 포지션에 따라서 성격에 차이가 있는가?⋯⋯포지션과 성격 사이에 어떤 관련이 있는 것 같다.
- 선수의 기술수준에 따라서 성격에 차이가 있는가?⋯⋯기술수준이 높아질수록 동질성이 증가하고, 기술수준이 낮을수록 이질성이 커진다.

(2) 불안

스포츠 상황에서 선수들은 여러 가지 원인으로 인한 불안을 경험하게 된다. 각성, 스트레스, 불안 등을 유사한 용어로 잘못 알고 있는 경우가 많다.

각성은 무의식상태 또는 잠자는 상태를 0, 고도로 흥분된 상태를 10으로 표현하여 0에서 10까지를 직선으로 연결하고 현재 정신이 깨어 있는 정도를 그 직선상의 어느 점으로 나타낸다고 할 때 그 점의 위치를 가리키는 것이다. 그러므로 각성을 이야기할 때는 항상 각성수준이라고 한다. 각성수준이 달라지면 신체적 활성화 정도도 저절로 달라진다.

스트레스는 어떤 환경 또는 상황에서 필요한 것과 개인의 능력이 불균형을 이룰 때 그 개인이 정신적·심리적으로 받는 압박감 또는 쾌감이다. 개인의 능력이 필요한 것보다 더 좋으면 자신감 또는 쾌감을 느끼고, 개인의 능력이 필요한 것보다 모자라면 압박감 또는 불안감을 받게 된다. 그러므로 스트레스는 경기력에 도움이 될 수도 있고 저해요인이 될 수도 있는 것이다.

불안은 앞으로 일어날 일과 개인의 능력을 비교하여 무엇인지 부정적인 일이 일어날지도 모른다는 생각이 들어서 개인이 느끼는 근심, 걱정, 우려 등이다. 그러므로 걱정했던 일이 실제로 일어나지 않으면 불안은 눈 녹듯이 사라지고 자신감이나 쾌감으로 변하고, 걱정했던 일이 실제로 일어나면 더 불안해하거나 자포자기해버린다.

마음속으로 걱정하는 것을 인지적 불안이라 하고, 인지적 불안이 땀 또는 맥박과 같은 생리적 현상으로 나타나는 것을 신체적 불안이라고 한다. 또한 불안을 특성불안과 상태불안으로 나눌 수도 있다. 특성불안은 개인의 성격 또는 타고난 기질 때문에 생기는 불안이고, 상태불안은 어떤 상황이 벌어졌을 때 그 상황 때문에 생기는 불안이다. 그러므로 특성불안을 비교적 일관성이 있고 장기적인 불안이라고 한다면, 상태불안은 상황에 따라 다르고 일시적인 불안이라고 할 수 있다.

같은 상황이라도 개인의 성격특성에 따라서 상태불안의 정도가 달라질 수도 있고, 같은 사람이라도 상황에 따라 상태불안의 정도가 달라질 수도 있다. 스포츠는 일반적으로 상대 선수 또는 팀과 경쟁을 한다는 특성이 있다. 즉, 경쟁이라고 하는 특수한 상황에서 선수들 이 느끼는 불안을 경쟁불안이라고 한다. 그러므로 엄밀하게 말하면 상태불안 중에 스포츠 상황이라고 하는 특수한 상황에서 느끼는 불안을 경쟁불안이라고 한다. 경쟁불안을 경쟁특성불안과 경쟁상태불안으로 나누기도 한다.

경쟁불안의 주된 원인으로는 실패에 대한 두려움, 자신감 부족, 주위의 기대, 경기결과 의 불확실성, 부적감과 신체적 불만족 등을 많이 지적하고 있다.

불안과 운동수행의 관계에 대한 연구들을 종합하면 다음과 같다.

● 적정 각성수준이론⋯⋯운동수행의 결과가 일정수준의 각성상태까지 점점 향상되다가, 적정수준의 각성상태에서 최대화되고, 과각성상태가 되면 저하된다. 운동종목 별로 적정 각성수준이 다르다.

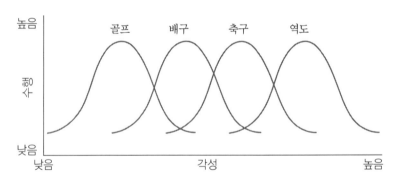

그림 3-9. 기술의 복잡성에 따른 최적의 각성수준(이병기 외, 2010)

● 적정 기능구역이론⋯⋯적정 각성수준의 범위를 정하는 방법을 구체적으로 제시한 이론이다. 경기를 시작하기 전에 경기에 참가하는 선수들을 대상으로 상태불안 검사(STAI : State-Trait Anxiety Inventory)를 실시하여, 그 평균을 구한 점수를 Z라고 하면, Z±4점을 받은 선수가 훌륭하게 경기수행을 할 것으로 기대된다는 이론이다.

● 다차원적 이론⋯⋯불안을 한 가지 요인으로 보지 말고 2개 이상의 요인이 합쳐진 것(예 : 인지적 불안과 신체적 불안)으로 보아야 하고, 각 요인들이 경기수행에 미치는 영향도 다른 형태일 수 있으므로(예 : 직선과 역U자) 그 관계를 이용해서 불안과 경기수

행을 평가해야 한다는 이론이다. 즉 그림 3-10에서 신체적 불안과 인지적 불안의 수준에 따라 운동수행능력이 달라지는데, 그 두 가지를 합한 것이 최대가 되는 점을 적정 불안수준으로 본다.

● 그밖에 반전이론과 카타스트로피이론 등도 있다.

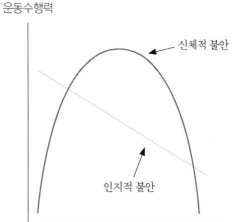

그림 3-10. 불안과 운동수행의 다차원적 이론

불안이 어떤 형태로 경기수행에 영향을 미치든 관계없이 과도한 불안은 경기수행에 부정적인 영향을 미친다는 데는 모두가 동의하고 있다. 그러므로 과도하게 경쟁불안을 느끼고 있을 때 그것을 해소하는 방법도 알아야 한다. 다음은 책에 많이 나오는 불안해소 기법들을 요약한 것이다.

● **바이오피드백 훈련**……근육의 활동정도, 피부온도, 심박수, 뇌파 등을 측정하여 본인에게 보여줌으로써 불안과 각성을 조절하여 경기수행을 잘할 수 있도록 훈련하는 방법이다.

● **명상**……아침이나 저녁에 자기 전에 조용히 앉아 눈을 감고 근육을 이완시킴으로써 자신의 정신을 통제하는 방법을 익히는 것이다.

● **자생훈련법**……팔다리, 허리, 배 등에 온기와 무게감을 유발시키는 기술이다. 명상이 지루하다고 느끼는 사람이 잘 이용한다.

● **점진적 이완훈련**……온몸의 근육을 차례차례 수축했다가 이완시키는 훈련을 하여 빠른 시간 내에 온몸을 이완시키는 방법이다.

● **인지재구성법**……불안이 생기는 근본 원인을 찾아내어 불안을 통제하려고 하는 것이다. 선수 자신이 시합에 대비하여 부적절한 믿음을 버리고 합리적인 생각을 가짐으로써 불안을 감소시키고, 자신감을 증대시키는 것이다.

● **호흡조절법**……숨을 들이쉬고 내쉬는 과정을 복부로 깊고 천천히 의도적으로 반복함으로써 긴장을 완화시키고, 혈액공급량을 늘려 경기수행력을 향상시키는 방법이다.

(3) 동기

스포츠를 향한 마음가짐, 운동을 지속하려는 의욕, 자기가 목표로 하는 것을 달성하고자 하는 욕구 등을 동기라 한다. 동기는 개인의 특성과 개인이 처해 있는 환경이 상호작용하여 만들어지는 것으로 내적 동기와 외적 동기로 구분한다.

유능감의 욕구, 자기결정의 욕구, 다른 사람과의 교류성 등을 만족시키기 위한 동기를 내적 동기라 하고, 다른 사람의 인정이나 상과 벌 같은 외적인 목적을 달성하기 위한 동기를 외적 동기라 한다. 연구결과에 의하면 내적 동기와 외적 동기는 서로 영향을 미치고, 내적 동기가 외적 동기보다 바람직하다고 한다. 그러므로 경기수행을 잘하기 위해서는 내적 동기를 강화해야 할 필요가 있다.

다음은 내적 동기를 강화할 수 있는 방법이다.

● 성공경험을 갖게 한다.
● 칭찬을 많이 자주 한다.
● 연습의 내용과 방법 또는 순서에 변화를 준다.
● 목표설정과 의사결정에 참여시킨다.
● 과제성취 목표를 설정한다.

동기를 원하는 행동에 따라서 참가동기, 지속동기, 성취동기 등으로 나누기도 한다. 스포츠에 참가하려는 참가동기, 스포츠를 지속하려고 하는 지속동기, 어떤 과제를 달성하려고 하는 성취동기를 모두 강화해야 하지만, 여기에서는 성취동기에 대해서만 언급한다.

성취동기이론에서는 인간은 어떤 상황이나 과제를 해결하고 성취하기 위해서 행동을 한다고 보고, 행동의 방향 · 강도 · 지속성 등은 성취동기에 의해서 결정된다고 가정한다. 인간의 성취동기는 개인적 요인과 환경적 요인의 영향을 모두 받는다. 여기에서 개인적 요인은 개인에 따라서 어떻게든지 성공을 성취하려고 하는 동기(성공성취 동기)와 어떻게든지 실패를 피해보려고 하는 동기(실패회피 동기)가 강한 사람과 약한 사람이 있다는 것이고, 환경적 요인은 성공을 하면 자기에게 돌아올 이득(성공의 유인가치)과 실제로 성공할 수 있는 가능성(성공의 가능성)을 저울질하여 성취동기의 정도가 결정된다는 것이다.

인간이 무엇인가를 달성하고 싶어하는 욕구를 성취동기라고 한다면, 달성하고 싶은 무엇이 무엇인가를 성취목표라 하고, 성취목표를 달성하기 위해서 행동으로 옮긴 것이 성취행동이다. 즉 성취목표를 달성하고자 하는 욕구가 성취동기이고, 성취동기가 행동으로 나타난 것이 성취행동이다.

성취목표의 종류에 따라 성취행동이 달라진다는 것에 관한 연구를 성취목표 이론이라고 한다. 성취목표 이론에서는 성취목표를 크게 '과제지향형 성취목표(=과제목표=학습목표)'와 '자아지향형 성취목표(=자아목표=성과목표=결과목표)'의 두 가지로 분류한다.

과제지향형 성취목표와 자아지향형 성취목표를 분류하는 기준은 비교대상이다. 즉 나 자신과 비교하면 과제목표, 다른 사람과 비교하면 자아목표가 된다. 예를 들어 어떤 선수가 운동연습을 한 다음에 자신의 기술이 어제보다 오늘 조금 더 향상되어서 기쁘다고 느낀다면 과제목표이고, 어제는 A보다 못했는데 오늘은 내가 더 잘해서 기쁘다고 느낀다면 자아목표이다. 누구나 다 과제목표와 자아목표를 가지고 있는 것으로 생각이 되지만, 어느 목표를 더 중하게 생각하느냐는 개인차가 있고, 환경의 영향도 받는 것으로 알려져 있다.

여러 학자들의 연구결과에 의하면 과제목표를 갖는 것이 자아목표를 갖는 것보다 바람직하다고 한다. 예를 들면 다음과 같은 것이 있다.

- 과제목표 지향적인 학생은 스포츠의 가치를 최고로 치고, 협력하고 선량한 시민이 되는 것을 중요하다고 생각하는 반면에 자아목표 지향적인 학생은 자존심과 사회적 지위를 더 높은 가치로 생각한다.
- 스포츠에서 성공하기 위해서는 무엇이 필요하다고 생각하느냐는 질문에 과제목표 지향적인 학생은 노력과 협력이라고 대답한 반면에 자아목표 지향적인 학생은 높은 능력이라고 대답했다.
- 스포츠에 참가하게 된 동기를 묻는 질문에 과제목표 지향적인 학생은 체력과 기술의 향상, 친구 사귀기라고 답한 반면에 자아목표 지향적인 학생은 사회적 지위향상과 다른 사람으로부터 인정을 받기 위해서라고 답했다.
- 과제목표 지향적인 학생이 스포츠의 즐거움을 더 잘 안다, 더 탐구적이다, 경기에 대한 의욕과 유능감이 더 높다.
- 자아목표 지향적인 학생은 스포츠맨십이 부족하고, 공격적인 행동에 대하여 관용적이다.

(4) 귀인

사람은 항상 자신 또는 다른 사람의 행동의 원인을 추측한다. 이와 같이 행동의 원인을 인지하고 해석하는 것을 원인의 귀속 또는 귀인이라 한다. 귀인에는 행동의 원인을 자기

탓으로 돌리는 내적 귀인과 다른 사람이나 환경의 탓으로 돌리는 외적 귀인이 있다.

개인이 자신의 행동이나 다른 사람의 행동의 원인을 내적 요인 또는 외적 요인으로 귀인하면, 그것에 따라서 경기성적 향상에 대한 기대와 자부심이나 수치심과 같은 감정이 생기기 마련이다. 그러므로 귀인은 그 사람의 다음 행동에 크게 영향을 미칠 수밖에 없다.

Weiner 등은 내적 요인으로 능력과 노력, 외적 요인으로 과제의 난이도와 운, 그리고 자신이 통제할 수 있는 것과 다른 사람이 통제할 수 있는 것으로 한정하고, 귀인을 측정할 수 있는 척도를 개발하였다. 그러나 그 실효성에는 의문이 많다.

(5) 주의

주의는 정신기능을 높이기 위한 준비자세 또는 어떤 순간에 환경 안에 있는 여러 가지 정보 중에서 나머지는 버리고 특정한 정보에만 정신력을 집중시키는 것이다. 그러므로 주의에는 선택성, 배분성, 경계성이 내포되어 있다. 선택성은 필요한 곳에만 선택적으로 주의를 기울이는 것이고, 배분성은 어떤 상황에서 정신력을 두 가지 이상의 대상에 효과적으로 배분하는 것이며, 경계성은 순간적으로 일어날지도 모르는 상황에 적절하게 대응하기 위해서 경계를 늦추지 않는 것을 말한다.

Nideffer는 운동경기에서 주의 유형을 '주의의 폭'과 '주의의 방향'을 이용하여 2차원적으로 분류하였다. 주의의 폭은 어떤 순간에 얼마나 많은 정보에 주의를 기울여야 하는지를

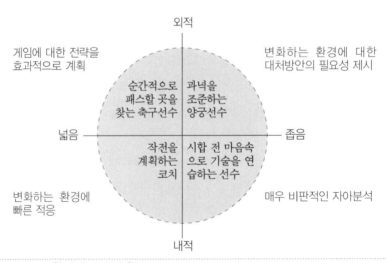

그림 3-11. 스포츠 상황에서 주의 유형

나타내는 것으로 '넓다'와 '좁다'로 나누었고, 주의의 방향은 자신의 감정이나 생각과 같은 '내적인 정보에 주의를 집중시키는 것'과 관중이나 스코어와 같은 '외적인 정보에 주의를 집중시키는 것'으로 나누었다.

주의를 정보처리이론으로 설명하는 경우가 많다. 정보처리 이론으로 접근할 때에는 주로 자동화, 역량(용량), 기민성에 초점을 맞춘다.

정보처리이론에서는 운동연습을 하는 초기단계에는 동작 하나하나를 중추신경계통에서 제어해야 하기 때문에 속도가 느리고 의식적으로 노력해야 되지만, 숙달되면 속도가 빠르면서도 정확하고 의식적인 노력을 별로 할 필요가 없게 되는 것을 자동화라고 한다.

정보처리이론에서는 인간의 두뇌를 컴퓨터로 보기 때문에 컴퓨터의 용량에는 한계가 있다고 생각한다. 그러므로 주의용량에도 한계가 있어서 어느 정도 이상은 주의를 기울일 수가 없게 된다.

기민성은 컴퓨터의 데이터 처리속도라고 생각하면 된다. 주의를 정보처리 이론으로 설명할 때는 주의의 폭이 넓으면 데이터(정보)가 많아져서 처리하는 시간이 많이 걸리기 때문에 주의의 폭을 좁혀야 하고, 각성수준이 높아지면 주의의 폭이 좁아진다고 생각한다. 그러므로 각성수준이 높아지면 빠른 시간 안에 정보를 처리할 수 있다는 장점이 있지만 정보가 너무 적으면 잘못 판단할 가능성이 커지므로 적정 각성수준을 유지해야 한다고 한다.

(6) 자신감

자신감은 자기가 원하는 행동을 성공적으로 수행할 수 있다는 신념을 말한다. 그러므로 막연한 낙관적 생각이 아니고 수행해야 할 과제의 난이도와 자신의 능력을 비교·검토하여 판단한 것이 자신감이다.

자신감과 운동수행의 관계에 대한 연구를 요약하면 다음과 같다.

- 성공을 경험한 선수는 그렇지 못한 선수보다 강한 자신감을 갖고 있다.
- 예선을 통과한 선수와 그렇지 못한 선수를 비교했더니 통과한 선수들은 성공적으로 기술을 발휘하는 장면을 더 많이 떠올린다.
- 엘리트선수와 비 엘리트선수를 비교한 결과 엘리트선수들이 높은 자신감과 안정된 자신감을 갖고 있었다.

그러므로 자신감을 향상시키기 위한 노력과 연습계획이 필요한데, 그 방법은 다음과 같다.

● 성공의 경험이 자신감을 향상시키듯이 실제상황과 비슷한 환경에서 연습을 한 수행경험도 자신감을 향상시킨다.

● 선수가 자신 있는 행동이나 표정을 하면 상대선수의 자신감을 낮추는 효과가 있고, 지도자가 자신감 있는 행동을 하면 선수의 자신감을 높이고, 위기상황에서 기분을 전환시킬 수 있다.

● 부정적인 생각을 버리고 긍정적인 생각을 하면 자신감이 향상된다.

● 자신의 성공적인 수행장면을 머릿속으로 그려보는 심상도 자신감 향상에 긍정적으로 작용한다.

● 신체적 컨디션을 좋게 유지하면 자신감이 향상된다.

● 시합에 대하여 철저하게 준비하면 자신감이 향상된다.

(7) 공격성

심리적 또는 신체적으로 다른 사람이나 자신에게 해를 입힐 수 있는 언어적·신체적 행동을 공격적인 행동이라 하고, 다른 사람이나 사물에게 상해를 입히려는 의도를 공격성이라고 한다. 다른 사람을 해칠 수 있는 신체적·언어적 행동을 적대적 공격성이라 하고, 승리·돈·칭찬과 같은 보상을 얻으려고 하는 공격적인 행동을 수단적 공격성이라고 한다. 스포츠 상황에서는 수단적 공격성을 자주 볼 수 있다.

이와 같은 공격적인 행동을 하는 원인을 설명하는 몇 가지 이론이 있다.

● 본능이론……사람에게는 공격적인 욕구가 있어서 그것을 적당한 방법으로 발산하지 않으면 과격한 공격행동으로 나타난다.

● 좌절−공격가설……어떤 목표를 달성하려고 할 때 방해를 받으면 좌절하게 되고, 좌절하면 공격성이 발생된다.

● 사회학습이론……인간의 모든 행동은 모방과 보상에 의해서 학습되어진다고 보고, 공격성도 학습의 결과로 얻어진 것이라고 본다. 선수들은 자신의 공격적인 행동에 대하여 죄책감이 적은데, 죄책감이 적은 이유는 성취기대가 크고, 공격적인 행동을 통하여 팀에 공헌하려는 욕구가 크기 때문이다.

운동수행과 공격성의 관계에 대한 연구결과를 요약하면 다음과 같다.

● 상대선수가 의도적으로 공격적인 행동을 했다고 인지한 선수는 공격적인 행동을 할

가능성이 높다.

- 처음에는 공격적인 행동에 대한 보복이 두려워서 공격적인 행동을 자제하지만, 일단 공격이 시작되면 역공격성으로 이어져 공격적인 행동이 급속하게 촉진된다.
- 선수들은 시합 전이나 시합 중에 가족·팬·지도자 등에 의해서 공격성이 강화되고, 좋아하는 선수의 흉내를 내려 하기(모델링) 때문에 공격적인 행동을 하게 된다.
- 심판의 불공정한 판정이 공격성을 유발시킨다.
- 시합에 지고 있을 때(특히 점수 차이가 많이 났을 때) 공격적인 행동을 하게 된다.
- 원정팀이 홈팀보다 공격적이고, 스포츠 종목에 따라서도 공격성이 다르다.
- 팬과 관중의 공격성이나 폭력은 선수들의 공격적인 행동을 관찰한 결과에 의해 유발된다.

2) 외적 요인

(1) 부상

운동수행과 관련이 있는 외적 요인 중에서 부상은 스포츠의학에서 다루기 때문에 여기에서는 부상의 심리적인 영향에 대해서만 간단히 언급하기로 한다.

부상을 입으면 계속하여 오던 훈련을 중단할 수밖에 없다. 선수에게는 부상의 심리적인 영향이 경기력에만 영향을 미치는 것이 아니라 그밖의 일에도 파급되는 경우가 많다. Feltz는 부상을 신체적인 것으로만 생각하지만, 거기에는 경기복귀에 대한 스트레스, 자존심 저하, 정서혼란 등과 같은 심리적인 손상도 있다고 하였다.

Rotella는 부상의 재발, 다른 부위의 부상, 자신감의 저하 등으로 인하여 운동수행력의 저하와 복귀의욕의 저하를 가져올 수가 있다고 하였다. 그밖에도 긴장, 우울, 분노, 혼란 등 부정적인 정서가 많다고 하였다.

中込의 연구에 의하면 부상으로 6개월 동안 훈련을 못했을 경우 부상 전의 운동수행력으로 회복하려면 연습 재개 이후 약 1년이 걸린다고 한다. 그리고 부상 전과 비교했을 때 심리적 기능의 저하, 정서적 억제, 방어적인 태도와 경계적인 태도의 증가, 내성적인 성향의 증가 등을 확인할 수 있었다고 한다.

부상을 가급적이면 피해야 하지만 어쩔 수 없이 부상을 당했을 때는 그에 대한 대처를 잘해야 한다. 그때 가장 중요한 것이 부상의 수용이다. 부상의 수용이란 부상을 당했다는 사실을 인정하고, 부상을 올바르게 인지하여 유용한 대처행동을 한다는 의미이다. 대부분의 선수들이 부상을 당하면 과장되게 받아들이거나, 중대성을 무시하는 경우가 많다.

부상을 당했을 때 점진적 이완훈련, 복식호흡, 명상, 심상 등이 치료 이미지의 효과가 있는 것으로 알려졌다. 부상을 당한 선수는 신체적인 측면에서 통증과 증상, 심리사회적인 측면에서 불안감 · 소외감, 그리고 정신적인 측면에서 존재감의 동요 · 선수생활에 대한 의문 등과 같은 아픔이 있다고 한다.

(2) 응집력

집단의 구성원들을 집단에 남아 있게 하는 심리적인 힘 또는 구성원들이 집단에 남아 있고 싶어하는 정도를 응집력이라 하는데, 집단의 응집력에는 사회적 응집력과 과제 응집력이 있다. 사회적 응집력은 구성원들이 집단의 동료들을 서로 좋아하는 정도이고, 과제 응집력은 공동목표를 달성하기 위해서 구성원들이 힘을 모아서 노력하는 정도이다.

집단의 생산성은 구성원 한 사람 한 사람의 생산성을 합한 것보다 항상 작다. 그 이유는 구성원들이 최선을 다 하지 않기 때문이고(사회적 태만), 사회적 태만의 원인은 구성원 각자가 한 일의 양이 겉으로 드러나지 않기 때문이다. 그러므로 집단의 생산성을 높이기 위해서는 구성원 각자의 노력의 정도를 확인할 수 있도록 만들어야 한다. 한 집단의 응집력에 영향을 미치는 요인에는 환경적 요인, 개인적 요인, 리더십 요인, 팀 요인 등이 있다.

응집력에 대한 연구결과들을 요약하면 다음과 같다.

- 같은 숙소에서 함께 머물고, 같은 버스로 이동하면 응집력이 향상된다.
- 다른 집단과 차별성이 있으면 응집력이 향상된다.
- 팀의 구성원들이 문화, 인종, 사회경제적으로 동질성이 있으면 응집력이 좋다.
- 팀의 안정성이 높으면(구성원이 자주 교체되지 않으면) 응집력이 좋다.
- 팀의 구성원이 너무 많으면 응집력이 생기기 어렵다.
- 지도자의 지도유형에 따라서 응집력이 영향을 받는다.

집단의 응집력이 좋다고 해서 그 팀의 수행성공률 또는 팀에 대한 만족도가 반드시 높은 것은 아니다. 그 이유는 운동종목에 따라서 구성원들의 협동이 절실하게 필요한 종목도 있고, 개인적인 능력이 더 중요한 종목도 있기 때문이다.

(3) 지도자

초보자에서 프로선수에 이르기까지 우수한 지도자가 필요하다고 한다. 그러나 어떤 지도자가 우수한 지도자인지는 분명치 않고, 지도자에게 요구하는 자질과 지도자에게 거는 기대도 각기 다르다.

지도자의 입장에서 보면 스포츠 지도자는 기술지도와 작전지도와 같이 경기력과 직접적인 관계가 있는 것에서부터 필요한 용기구의 확보, 보호자에 대한 대응, 선수 개개인의 고민에 대한 상담까지 할 일이 너무 많다.

현실적으로는 Hiddink처럼 맡고 있는 팀의 성적이 우수하면 그 지도자를 우수한 지도자라고 할 수밖에 없다. 따라서 지도자가 어떤 신념이나 철학을 가지고 선수들을 지도하느냐 하는 문제는 매우 중요할 수밖에 없다.

石井은 우수한 지도자들을 대상으로 지도이념을 조사한 결과 우수한 지도자는 '학생의 인간적인 성장'을 가장 중요하게 생각하고, 구체적인 관점은 노력·자주성·겸손이라고 하였다.

北村은 우수한 지도자들이 중요하게 여기는 관점으로 '숙달화 – 선수의 기술향상을 목표로 하는 지도', '의식화 – 자발적으로 연습하고 사고력을 향상시키는 지도', '지원—환경조성과 선수의 고민과 불안을 해소하기 위한 지원'이라고 보고하였다.

지도자는 어떤 형태로든 선수들에게 영향력을 미친다. 어떤 사람이 다른 사람에게 영향을 미칠 수 있는 힘을 '세력'이라 한다. 세력에는 일반적으로 '보수세력 – 다른 사람에게 봉급을 주거나 어떤 이득을 줄 수 있는 힘', '강제세력 – 다른 사람에게 벌을 주거나 강제적으로 시킬 수 있는 권력', '정당세력 – 지위나 역할 때문에 다른 사람들이 당연한 권리라고 인정하는 권력', '참조세력 – 인간성이나 신체적인 매력 때문에 갖는 힘', '전문세력 – 전문적인 지식이나 능력을 갖고 있기 때문에 갖는 힘' 등이 있다고 한다.

森이 선수들을 대상으로 지도자가 어떤 세력을 갖고 있어서 그의 지도에 따르는지 조사한 결과 전문(참조) 세력 > 벌(강제) 세력 > 이익(보수) 세력 > 지도의욕 세력 > 정당 세력 > 친근(수용) 세력이었다고 하였다. 지도의욕 세력과 친근 세력은 스포츠에만 있는 세력이다.

지도자로서의 영향력과 운동부에 대한 선수들의 만족도 함께 조사한 결과 전문 세력·지도의욕 세력·이익 세력이 큰 지도자일수록 영향력과 만족도가 컸다. 그러므로 우수한 지도자가 되려면 전문 세력·지도의욕 세력·이익 세력을 갖추어야 하고, 친근 세력이 큰 지도자에 대한 만족도가 가장 높았으므로 친근 세력도 갖추어야 한다고 하였다. 따라서 리더십은 '집단의 목표달성을 위하여 어떤 한 사람이 집단의 구성원들과 집단활동에 적극적으로 영향을 주는 과정'이라고 정의할 수 있다.

한편 지도자가 선수들을 지도할 목적으로 하는 행동을 '지도행동'이라고 한다. 지도행동에는 연습과 지시행동, 민주적 행동, 전제적 행동, 사회적 지원행동, 피드백 행동 등이 있다. 그중에서 연습과 지시행동은 전문(참조) 세력·지도의욕 세력과의 관련이 크고, 지도자의 영향력을 높이는 데 아주 중요한 지도행동이다. 전제적인 행동을 많이 하는 지도자는 벌 세력이 강하고, 민주적 행동을 많이 하는 지도자는 여자선수들이 선호하였다. 반면에 남자선수들은 사회적 지원행동을 많이 하는 지도자를 친근 세력이 높은 것으로 평가하였다.

지도행동에 영향을 주는 요인으로는 기대와 감정이 있다. 기대는 지도자가 '이 선수는 나중에 이렇게 될 것'이라고 예견하는 것인데, 그 예견이 합리적일 때도 있지만 편견일 수도 있으므로 주의해야 한다.

지도자가 선수의 실제능력보다 더 좋은 기대를 가졌기 때문에 그 선수가 실제로 더 좋아지는 것을 피그말리온효과(Pygmalion effect) 또는 당근효과라 하고, 지도자가 선수의 능력보다 낮은 기대를 가졌기 때문에 그 선수가 실제로 나빠지는 것을 채찍효과라고 한다.

기대와 마찬가지로 감정도 지도행동에 영향을 미친다. 지도자가 학생들에게 불쾌감을 갖는다든지, 선수들이 지도자에게 억울하고 섭섭하다는 감정을 가져서 좋을 것이 없으므로 감정을 잘 다스려야 한다.

(4) 사회적 촉진

다른 사람(관중)이 옆에 있는 것을 '임석'이라 하고, 임석이 선수의 과제수행에 영향을 미치는 것을 '관중효과' 또는 '사회적 촉진'이라고 한다.

관중은 그림 3-12와 같이 분류한다. 수동적 관중은 선수가 과제수행을 하는데 전혀 관여

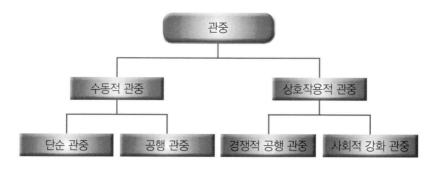

┃ 그림 3-12. 관중의 분류

하지 않는 관중이고, 상호작용적 관중은 선수와 무엇인가 상호작용을 하는 관중이다.

상호작용적 관중은 당연히 선수의 과제수행에 영향을 미칠 것이므로 관중효과에서는 제외되고, 수동적 관중이 미치는 영향을 관중효과라고 한다. 단순관중은 야구장에 갔을 때 관람석에 앉아 있는 관중과 같이 단순히 구경만 하는 관중이고, 공행관중은 헬스클럽에 갔을 때 나와는 아무런 상관도 없지만 우연히 옆에서 같이 운동을 하게 된 사람과 같은 관중이다.

경쟁적 공행관중은 골프, 사격, 양궁경기에서 상대선수처럼 나와 같이 경쟁을 하면서 내가 경기하는 것을 구경하기도 하는 관중이고, 사회적 강화관중은 감독이나 코치처럼 작전지시를 하거나 비판을 하면서 내가 경기하는 것을 구경하기도 하는 관중이다. 관중이 야유를 보내거나 격려를 하면 그 사람은 단순관중이 아니고 사회적 강화관중이 된다.

단순관중이라 하더라도 선수의 과제수행에 영향을 미치는 정도는 관중의 크기(수), 연령, 성별, 사회적 지위, 관중과 선수 사이의 물리적 거리 등에 따라 미치는 영향의 정도가 다르다. 또, 관중이 경기에 대하여 잘 알고 있는 정도(숙련도)에 따라서도 달라진다.

선수가 관중의 영향을 받는 이유를 설명하는 이론들을 요약하면 다음과 같다.

● 관중의 존재가 선수의 경쟁충동을 자극하여 수행성과를 증대시킨다.
● 공행관중이 있으면 수행력이 향상된다.
● 임석이 경기자의 욕구수준을 증가시키고, 욕구수준이 선수의 기술수준보다 높으면 수행을 저하시키고, 욕구수준이 선수의 기술수준보다 낮거나 같으면 수행을 향상시킨다.
● 관중이 선수의 과제수행 능력을 높게 평가할는지 낮게 평가할는지 걱정이 되는 평가우려 때문에 과제수행에 영향을 받는다.
● 선수가 과제를 수행하는 데에 타인이 있으면 주의가 분산되어 나빠질 수도 있지만(주의분산의 효과) 대신 선수가 그것을 극복하려고 더 많은 노력을 할 수도 있다(추동). 결과적으로 추동의 효과와 주의분산의 효과의 크기에 따라서 수행이 향상 또는 저하된다.
● 선수의 숙달정도가 낮을 때는 운동수행력이 저하되고, 높을 때는 오히려 향상된다.

6. 운동과 정신건강

신체뿐만 아니라 마음의 건강을 위해서 운동과 스포츠가 수행되기 때문에 운동을 적극적으로 이용하여 정신의 건강을 돌보려고 하는 연구영역을 운동건강심리학이라고 한다. 즉 이는 운동의 심리적인 효과와 정신건강의 관계를 밝히고, 효과적인 운동처방과 운동을 계속할 수 있도록 촉진시키는 방법을 찾으려는 것이다.

1) 운동의 심리적 효과

운동이 심리적인 면에 영향을 미치는 이유는 몸과 마음이 서로 관련이 있기 때문인데, 예를 들면 다음과 같다.

- 긴장하거나 불안해하면 신체에도 무엇인가 변화가 온다. 그러한 변화는 미세하거나 감지하기 어려운 형태이기 때문에 그것을 눈으로 보거나 귀로 들을 수 있도록 바꾸어 주는 것이 바이오피드백(biofeedback)이고, 거꾸로 신체의 자세나 움직임을 바꾸어 줌으로써 심리적인 변화를 이끌어 내려고 하는 것이 보디워크(bodywork)이다.
- 심리적인 문제가 몸을 통해서 밖으로 드러나는 것을 심신증이라고 한다. 그러므로 마음의 상태를 알지 못하고는 심신증을 해결할 수 없다.
- 선수들은 시합 전에 심호흡, 스트레칭, 손발 흔들기 등을 한다. 이것은 단순히 근육을 이완시키는 것이 아니고 심리적인 긴장을 풀기 위해서이다.

다음에 운동의 심리적 효과에 대한 연구 중에서 비교적 공통점이 많은 것들을 요약하였다.

- Harris는 우울증환자를 대상으로 상담과 조깅을 병행하였더니 상담만 한 것보다 효과가 좋았다고 보고하였고, Dunn은 우울증을 가볍게 하는 데는 중간 또는 고강도의 운동이 효과적이라고 보고하였다.
- Petruzzello는 운동이 불안경감 효과가 있다는 것을 밝혔고, O'Connor는 불안장애 환자들에게 운동을 시켰더니 불안이 경감되었다고 보고하였다.
- 자긍심(self-esteem)은 불안이나 우울과 같은 심리변수가 중요한 요소이다. Sonstroem은 운동을 하면 자긍심이 변하는데, 그 중간역할을 하는 것이 자기효능감(self-efficacy), 자기유능감(self-competence), 자기수용감(self-acceptance)이라고 하였다.
- 최근에는 장애가 있어서 학교에 가지 못하는 청소년들이 야외활동을 주로 하는 단기간의 치료캠프에 참가할 때의 인성변화에 대한 연구와 보고가 급증하고 있다. 결과는

모두 인성변화가 뚜렷하게 나타났다고 보고하고 있다.

2) 심리기술 훈련

심리기술 훈련은 '심리상태를 조절하여 최상의 수행을 하고 긍정적인 태도로 시합에 임하는 데 도움이 되는 정신기술을 향상시기 위하여 개발된 교육프로그램'으로, 멘탈트레이닝, 이미지트레이닝, 심리적 준비, 대처전략 등의 이름으로 불려지고 있다.

(1) 심리기술 훈련의 목적

심리기술 훈련을 하는 목적도 점차 달라지고 있다.

- 심리적인 문제 때문에 경기에서 자기실력을 발휘하지 못하는 선수들이 많이 사용하고 있다.
- 바람직한 심리상태를 만들기 위해서 모든 선수들이 적극적으로 준비하고 있다.
- 높은 수준의 경기에 자주 출전해야 하는 톱클래스의 운동선수나 연예인들이 스트레스를 해소시켜 정신건강을 유지하려고 사용하고 있다.
- 체력향상 또는 기술향상을 위해서 하는 트레이닝의 효과를 향상시키기 위하여 사용하고 있다.

(2) 심리기술

심리기술 훈련을 통하여 강화하려고 하는 심리적 요인들이 긴장과 불안 해소, 집중력 향상, 스트레스 해소, 자신감 부여 등으로 다양하듯이, 심리기술 훈련에서 사용하는 심리기술도 여러 가지가 있다. 심리기술 훈련을 할 때에는 한두 가지 심리기술을 사용하겠지만, 한 가지 심리기술이 한 가지 심리적 요인만을 강화하는 것이 아니라는 점이 신체적 트레이닝과 다르다.

심리기술 훈련에서 자주 사용하는 심리기술에는 다음과 같은 것들이 있다.

① 액세스(acess)……심리검사, 면접, 관찰 등을 통해서 문제점을 파악하고, 그것을 해결하기 위해서 어떤 방법으로 접근할 것인가를 결정하는 것이다.

② 목표설정기법……자신의 능력을 알고, 그것을 기초로 행동목표를 명확히 하고, 그 목표를 달성하기 위한 트레이닝 계획을 작성하는 것이다. 계획에 따라서 매일매일 트레

이닝을 지속적으로 해야 하고, 행동목표는 구체적이고, 도전적이며, 현실에 맞고, 달성 가능해야 하며, 측정이 가능해야 한다.

③ 이완기법……긴장과 불안이 증가하면 수행에 악영향을 미치는 경우가 많다. 그러므로 긴장과 불안을 경감시켜야 하는데, 그 방법으로 신체를 이용하는 것이다. 즉, 신체를 이완시킴으로써 심리적인 긴장과 불안을 경감시키는 것이다. 신체를 이완시키는 방법에는 호흡법, 자율조련법, 근육이완법, 바이오피드백을 이용하는 방법, 동작훈련법 등이 있다. 이완기법의 훈련이 어느 정도 되면, 반대로 마음을 이완시켜서 신체의 이완을 이끌어낼 수도 있다.

④ 심상기법……자기 마음속으로 어떤 형상(이미지)을 그리는 것을 심상기법이라고 한다. 시합을 하는 장면 또는 최고의 수행을 하는 장면을 마음속으로 그려보는 것이다. 마음속으로 이미지를 그리면 어떤 행동을 유도할 수도 있고, 어떤 행동을 형성할 수도 있다고 한다. 심상기법을 이용할 때 가장 중요한 것은 이미지를 명확하게 그리는 것이다. 처음부터 어떤 경기장면을 그릴 수는 없으므로 운동장과 같이 정지하고 있는 것부터 그리기 시작해야 한다.

⑤ 클러스터링기법……자신이 가장 멋진 플레이를 했던 때의 심리상태를 쉽게 떠올릴 수 있도록 포도송이 같은 것을 만드는 방법이다. 넓은 종이의 한 가운데에 자신이 멋진 플레이를 했던 시합의 이름을 적어 놓고, 틈날 때마다 그당시를 머릿속에 떠올려 작은 부전지에 적어서 적당한 위치에 붙인다. 부전지에 적는 내용은 당시의 심리상태일 수도 있고 폼일 수도 있는데, 그것이 너무 길면 안 되고, 자신만이 알아볼 수 있는 암호나 표시이어도 된다.

⑥ 암시기법……어떤 의미를 가지고 있는 말, 제스처, 심볼 등을 이용하여 자기 자신에게 영향을 주어 마음이나 행동을 원하는 방향으로 이끌어가는 것을 '자기암시'라고 한다. 예를 들어 혼잣말로 "나는 최고다."라고 함으로써 바람직한 동작이 나오도록 하는 것이다. 모자를 꾹 눌러 씀으로써 집중력을 유지하는 선수도 있다.

⑦ 모니터링기법……자신의 행동을 주의 깊게 관찰하고 기록해서 잘못된 행동이나 습관을 수정하는 것이다. 예를 들어 자신의 훈련일지를 매일매일 적고 그것을 다시 읽고 반성한다든지, 자신이 경기하는 장면을 촬영한 비디오를 반복적으로 보면서 잘못된 부분을 수정해나가는 것이다.

참고문헌

고흥환, 김기웅, 장국진(1994). 운동행동의 심리학. 서울 : 보경문화사.

구해모, 김병현, 한명우(2003). 스포츠 심리학. 서울 : 국민체육진흥공단 체육과학연구원.

김기웅, 장국진(2002). 운동학습의 기초. 서울 : 보경문화사.

김상두(2001). 스포츠심리학 개론. 서울 : 대경북스.

김성옥(2000). 스포츠 행동의 심리학적 이해. 서울 : 태근문화사.

김용운(1980). 카타스트로피 이론 입문. 서울 : 도서출판 우성.

노형진(2007). SPSS/AMOS에 의한 사회조사분석. 서울 : 형설출판사.

류정무, 이강헌(1990). 스포츠심리학. 대우학술총서 50, 서울 : 민음사.

박경애(1997). 인지정서행동치료. 서울 : 학지사.

박정근(1996). 스포츠심리학. 서울 : 대한미디어.

엄한주(1998). 스포츠 심리학 연구 : 관행과 문제점. 서울 : 태근문화사.

이강헌, 구우영, 정구인, 정용각(2006). 운동행동과 스포츠심리학. 서울 : 대한미디어.

이강헌, 김병준, 안정덕(2004). 스포츠심리검사지 핸드북. 서울 : 레인보우북스.

이병기 외(2010). 스포츠심리학 플러스. 서울 : 대경북스.

정청희 외 19명(2009). 스포츠심리학. 서울 : 레인보우북스.

정청희(2003). 경기력 향상을 위한 심리기술훈련. 서울 : 레인보우북스.

정청희, 김병준(2009). 스포츠심리학의 이해. 서울 : 금광.

최영옥 · 이병기 · 구봉진(2002). 스포츠 행동의 심리학적 이해. 서울 : 대한미디어.

한국스포츠심리학회(2005). 스포츠심리학 핸드북. 서울 : 무지개사.

中込四郎 · 山本裕二 · 伊藤豊彦(2007). スポーツ心理學. 培風館.

Alderman, R. B.(1980). Sport psychology : Past, present, and future dilemmas. In P. Klavora & K. A. W. Wipper(Eds.), *Psychological and Sociological Factors in Sport*(pp. 13-19). Toronto, ON : University of Toronto.

Allison, M. T.(1988). Breaking boundaries and barriers : Future directions in cross-cultural research. *Leisure Sciences, 10*.

Ames, C.(1992). Achievement Goals motivational climate & student motivation processes. In Roberts, G. C.(Eds.), *Motivation in Sport & Exercise*(pp. 161-176). Champaign, IL : Human Kinetics.

Apter, M. J.(1984). Reversal theory and personality: A review. *Journal of Research in Personality, 18*, 265-288.

Bandura, A.(1986). *Social Foundations of Thought and Actions : A Social Cognitive Therapy.* Englewood Cliffs, NJ : Prentice Hall.

Bandura, A.(1997). *Self-Efficacy. The Exercise of Control.* New York, NY : Freeman.

Bass, B. M., & Avolio, B. J.(1990). Form transactional to transformational leadership : Learning to share the vision. *Organizational Dynamics*, 18-31.

Berkowitz, L.(1993). *Aggression : Its Cause, Consequences, and Control.* Philadelphia : Temple University Press.

Bird, A. M., & Williams, J. M.(1980). A developmental attributional analysis of sex role stereotypes for sport performance. *Developmental Psychology, 16*, 319-322.

Bull, S. J., Albinson, J. G., & Shambrook, C. J(1996). The Mental Game Plan : Getting Psyched for Sport. *Sports Dynamics*, BN : UK.

Burton, D.(1992). The jekyll/hyde nature of goal : Reconceptualizing goal setting in sport. In T. S. Horn(Eds.), *Advances in Sport Psychology*(pp. 267-294). Champaign, IL : Human Kinetics.

Calson, N. R.(1987). *Psychology.* FL : Allyn and Bacon Co.

Carron, A. V., & Spink, K. S.(1993). Team building in an exercise setting. *The Sport Psychologist, 7*, 8-18.

Chelladurai, P.(1984). Discrepancy between preferences and perceptions of leadership behavior and satisfaction of athletes in varying sports. *Journal of Sport Psychology, 6*, 27-41.

Cohen, R., Montague, P., Nathanson, L., & Swerdick, M.(1988). *Psychological Testing : An Introduction to Tests & Measurement.* Mountain View, CA : Mayfield Publishing Company.

Courneya, K. S., & Carron, A. V.(1992). The home advantage in sport competitions : A literature review. *Journal of Sport and Exercise Psychology, 14*, 13-27.

Cox, R. H.(2005). Sport Psychology : *Concepts and Applications(6th ed.).* New York, NY : McGraw-Hill.

Cratty, B. J.(1989). *Psychology in Contemporary Sport.* Upper Saddle River, NJ : Prentice-Hall.

Daniels, F. S., & Landers, D. M.(1981). Biofeedback and shooting performance : A test of disregulation and system theory. *Journal of Sport Psychology, 4*, 271-282.

David, C. R., David, M. A., & Kristin, C. J.(1999). School Context and Genetic influences on Aggression in Adolescence. *American Psychological Society, 10*, 227-280.

Deci, E. L., & Ryan, R. M.(1985). *Intrinsic Motivation and Self-Determination in Human Behavior.* New York, NY : Plenum.

Deffenbacher, J. L.(1980). Worry and emotionality in test anxiety. In I. G. Sarason(Eds.), *Test Anxiety : Theory Research and Application*(pp. 111-128). Hillsdale, NJ : Lawrence Erlbaum

Associates.

DeVellis, R. F.(2003). *Scale development : Theory and application(2nd ed.)*. Thousand Oaks, CA : Sage Publishing.

Dishman, R. K.(1988). *Exercise Adherence : Its Impact on Public Health*. Champaign, IL : Human Kinetics.

Duncan, T. E., & McAuley, E.(1987). Efficacy expectations and perceptions of causality in motor performance. *Journal of Sport Psychology, 9*, 385-393.

Feshbach, R. D.(1983). *The Development of Aggression*. FL : John Wiley and Sons Co.

Fine, G. A.(1987). *With the Boys-Little League Baseball and Preadolescent Culture*. Chicago, IL.

Frijda, N. H.(1993). Moods, emotion episodes, and emotions. In M. Lewis, & J. M. Haviland(Eds.), *Handbook of Emotions*. New York, NY : Guilford Press.

Gill, D. L.(1999). Gender and competitive motivation : From the recreation center to the Olympic arena. In D. Bernstein(Eds.), *Gender and Motivation, Nebraska Symposium on Motivation*(vol. 45, pp. 173-207). Lincoln, NE : University of Nebraska Press.

Gochman, D. S.(1988). *Handbook of Health Behavior Research : Personal and Social Determinants*. New York, NY : Plenum Press.

Gould, D.(1996). Sport Psychology : Future directions in youth sport research. In F. L Smoll, & R. E. Smith(Eds.), *Children and Youth Sport : A Biopsychosocial Perspective*(pp. 405-422). Madison, WS : Brown & Benchmark.

Green, R. G.(1980). The effects of being observed on performance. In P. B. Paulus(Eds.). *Psychology of Group Influence*. Hillsdale, NJ : Lawrence Erlbaum Associates.

Hanin, T. L.(1980). A study of anxiety in sports. In W.F. Straub(Eds.), *Sport Psychology : An Analysis of Athlete Behavior*(pp. 236-249). Ithaca, NY : Mouvement Publications.

Hardy, L., Jones, G., & Gould, D.(1996). *Understanding Psychological Preparation for Sport*. Chichester, England : John Wiley & Sons.

Hellstedt, J. C.(1987). Sport psychology at a ski academy : Teaching mental skills to young athletes. *The Sport Psychologist, 1*, 56-68.

Hogg, M. J.(1995). *Mental Skill for Competitive Swimmers*. Edmonton, AB : Sports Excel Publishing Inc.

Jacobson, E.(1938). *Progressive Relaxations*. Chicago, IL : University of Chicago Press.

Jones, G., & Swain, A.(1995). Predispositions to experience debilitative and facilitative anxiety in elite and nonelite performers. *The Sport Psychologist, 9*, 201-211.

Kischenbaum, D. S.(1984). Self-regulation and sport psychology : Nuturion an energing symbiosis. *Journal of Sport Psychology, 6*, 159-183.

Krane, V., & Williams. J.(1988). Performance and somatic anxiety, cognitive anxiety and confidence changes prior to competition. *Journal of Sport and Behavior, 10(1)*, 47-56.

Landy, F. L.(1985). *Psychology of Work Behavior*. Homewood, IL : Dorsey Press.

Lazarus, R. S. & Folkman, S.(1984). *Stress, Appraisal, and Coping*. New York, NY : Springer.

Locke, E. A., & Latham, G. P.(1990). *A Theory of Goal Setting and Task Performance*. Englewood Cliffs, NJ : Prentice-Hall.

Magill, R. A.(1989). *Motor Learning. Concept and Applications(3rd ed.)*. Iowa, WM : C. Brown Publishers.

Marsh, H. S.(1998). Foreword. In J. L. Duda(Eds.). *Advances in Sport and Exercise Psychology Measurement*. Morgantown, WV : Fitness Information Technology, Inc.

Martens, R.(1987). Science, Knowledge, and Sport Psychology. *The Sport Psychologist, 1*, 29-55.

McCall, M. W., Jr. & Lombardo, M. M.(1983). *Off the track : Why and How Successful Executives Get Derailed*. Greensboro, NC : Centre for Creative Leadership.

Moore, W. E., & Stevenson, J. R.(1994). Understanding Trust in the performance of complex automatic skills. *The Sport Psychologist, 5*, 281-289.

Morgan, A. P.(1996). *The Psychology of Concentration in Sport Performers : A Cognitive Analysis*. Psychology Press, Publishers. UK

Neiss, R.(1988). Reconceptualizing arousal : Psychobiological states in motor performance. *Psychological Bulletin, 103*, 345-366.

Nelson, D., & Hardy, L.(1990). The development of an empirically validated tool for measuring psychological skill in sport. *Journal of Sports Science, 8*, 71.

Nelson, J. K.(1989). Measurement methodology for affective tests. In M. J. Safrit & T. M. Wood(Eds.), *Measurement Concepts in Physical Education*(pp. 271-295). Champaign, IL : Human Kinetics.

Nicholls, J. G.(1989). *The Competitive Ethos and Democratic Education*. Cambridge, MA : Harvard University Press.

Nideffer, R. M.(1985). *Athlete's Guide to Mental Training*. Champaign, IL : Human Kinetics.

Ogilvie, B., & Tutko, T.(1986). *Problem Athletes and How to Handle Them*. London : Pelham.

Ostrow, A.(1996). *Directory of Psychological Tests in the Sport and Exercise Sciences(2nd ed.)*. Morgantown, WV : Fitness Information Technology, Inc.

Paulus, P. B.(1983). Group influence on individual task performance. In P. B. Paulus(Eds.), *Basic Group Process*. New York, NY : Springer-Verlag.

Reeve, J., Olson, B. C. & Cole, S, G (1985). Motivation and performance : Two consequences of winning and losing in competition. *Motivation Emotion, 9*, 291-298.

Roberts, G. C.(1992). *Motivation in Sport & Exercise : Conceptual Constraints & Convergence*. Champaign, IL : Human Kinetics.

Ryan, R. M., Vallerand, R. J. & Deci, E. L.(1984). Intrinsic motivation in sport : A cognitive evaluation theory interpretation. In W. Straub, & J. Williams(Eds.), *Cognitive Sport*

Psychology(pp. 231-242). Lansing, NY : Sport Science Associates.

Sanders, G. S.(1981). Driven by distraction : An integrative review of social facilitation theory and research. *Journal of Experimental Social Psychology, 17*, 227-251.

Scanlan, T. K. & Simon, J. P.(1992). The construct of sport enjoyment. In G. Roberts(Eds), *Motivation in Sport and Exercise*. Champaign IL : Human Kinetics.

Schmidt, S. R.(1991). Can we have a distinctive theory of memory? *Memory & Cognition, 19*, 523-542.

Seiler, R.(1992). Performance engagement : A psychological approach. *Sport Science Review, 1*, 29-45.

Silva, J. M.(1984). Personality and sport performance: Controversy and challenge. In J. M. Silva & R. S. Weinberg(Eds.), *Psychological Foundations of Sport*(pp. 59-69). Champaign, IL : Human Kinetics.

Suinn, R. M.(1986). *Seven Steps to Peak Performance*. Toronto and Lewiston, NY : H. Huber Publishers.

Thompson, C. E., & Wankel, L. M.(1980). The effect of perceived activity choice upon frequency of exercise behavior. *Journal of Applied Social Psychology, 10*, 436-443.

Trice, H. M., & Beyer, J. M.(1986). Charisma and its routinization in two social movement organizations. *Research in Organizational Behavior, 8*, 113-164.

Unestahl, L-E.(1986). *Sport Psychology : In Theory and Practice*. Orebro, Sweden : Veje Publishing Inc.

Vallerand, R. J., Gauvin, L. I., & Halliwell, W. R.(1986). Effects of zero-sum competition on children's intrinsic motivation and perceived competence. *Journal of Psychology, 126*, 465-472.

Vealey, R. S.(2005). *Coaching for the Inner Edge*. Sheridan Books.

Weinberg, R. S., & Gould, D.(1995). *Foundations of Sport and Exercise Psychology*. Champaign, IL : Human Kinetics.

Weiner, B.(1985). An attributional theory of achievement motivation and emotion. *Psychological Review, 92*, 548-573.

Weiss, M. R., & Chaumeton, N.(1992). Motivational orientation in sport. In T. Horn(Eds.), *Advances in Sport Psychology*(pp. 61-99). Champaign, IL : Human Kinetics.

Whitehead, J.(1986). A cross-national comparison of attributions underlying achievement orientations in adolescent sport. In J. Watkins, T. Reilly, & L. Burwitz(Eds.), *Sports Science*(pp. 297-302). London : E. & F. N. Spon.

Willis, J. D., & Campbell, L. F.(1992). *Exercise Psychology*. Champaign, IL : Human Kinetics.

Zajonc, R. B.(1980). Copresence. In P. Paulus(Eds.), *Psychology of Group Influence*. Hillsdale, NJ : Lawrence Erlbaum Associates.

제4장 스포츠사회학

1. 스포츠사회학이란

1) 스포츠사회학의 정의와 영역

여러 사회현상들을 과학적으로 설명하고 이해하려고 하는 학문을 사회학이라고 한다면, 스포츠를 사회현상으로 보고 사회학적 이론과 연구방법으로 설명하고 이해하려고 하는 학문이 스포츠사회학이다.

봉건주의적 계급사회에서는 지배계층의 시각에서 여러 가지 사회현상을 이해하고 해석하였다. 그러나 이것으로는 자본주의와 시장경제가 발달되고, 자유주의 이념이 공통적인 사상으로 자리 잡았으며, 시민사회가 고도로 발달된 현대사회를 이해하고 설명하기에는 역부족이라는 것을 깨닫고 19세기 중반부터 사회의 여러 현상과 제도 등을 실험적으로 또는 이론적으로 연구하기 시작한 것이 사회학이다.

스포츠사회학은 1921년에 프랑스의 사회학자 Risseh가 처음으로 사용한 이후, 스포츠를 하나의 사회현상으로 보고 사회학적으로 연구할만한 가치가 있다고 여기는 학자들을 중심으로 발전하게 되었다.

현대사회에서는 스포츠가 운동선수나 체육인들에게만 관계가 있는 것이 아니고, 온국민이 공유하고 일상생활 속에 깊숙이 파고들어 있으며, 정치 · 경제 · 사회적으로 중요한 역할을 하고 있다.

사회적으로 볼 때 스포츠가 인격형성 · 집단 간의 화합 · 집단 내의 단합과 같은 순기능도 있지만, 승리지상주의 · 상업주의 · 일탈 등 역기능도 있다. 그러므로 스포츠사회학 연구를 통하여 스포츠의 순기능을 극대화하고, 역기능을 최소화하는 것이 스포츠사회학 연구의 궁극적인 목적이라고 할 수 있다.

스포츠사회학의 연구영역은 학자에 따라 제각각이지만, 그중에서 공통적인 영역을 분류하면 그림 4-1과 같다.

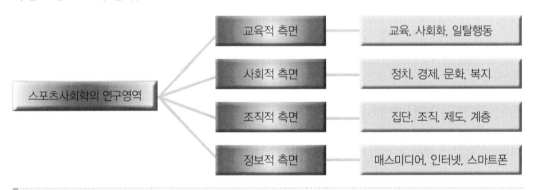

그림 4-1. 스포츠사회학의 연구영역

2) 스포츠사회학의 주요이론

사회학이론은 사회에서 일어나는 여러 가지 현상 또는 현상 간의 관계를 설명하고, 이해하며, 예측할 수 있도록 해주는 관념적 체계이다. 1960년대 중반 이후부터 많은 스포츠사회학 이론들이 나왔지만 이 책에서는 6가지만 개론적으로 다루고 넘어가기로 한다.

(1) 구조기능주의이론

인체는 근육 · 골격계통, 호흡 · 순환계통, 신경계통, 소화계통 등과 같은 여러 기관(구조)들로 구성되어 있고, 각 기관들은 고유의 기능이 있으며, 그 기능들이 큰 차질없이 수행되어야 인체를 유지 · 존속할 수 있다. 이와 마찬가지로 사회는 가정, 교육, 정치, 경제, …, 스포츠 등의 구조가 있고, 각 구조들은 고유의 기능이 있으며, 그 기능들이 상호보완적이면서 조화를 이루어야 사회가 유지·존속될 수 있다고 보는 것이 Parsons 등이 주장하는 구조기능주의이론이다.

즉 구조기능주의이론에서는 사회를 '연관성이 있는 것들이 모여서 일종의 틀을 만든 시스템'으로 보고, 사회체제가 유지·발전하기 위해서는 "사회를 이루고 있는 구조들이 모두 그 기능들을 정상적으로 수행해야 한다."는 것이다.

그러므로 사회에는 기본적으로 적응(adaptation), 목표달성(goal attainment), 통합(integration), 잠재적 패턴 유지(latent pattern maintenance) 등 4가지 기능(AGIL)이 있어야 한다고 한다.

구조기능주의이론은 다음과 같이 스포츠에 적용할 수 있다.

- 적응……스포츠가 자연과 사회환경으로부터의 도전에 대응할 수 있는 준비를 할 수 있게 한다.
- 목표달성……스포츠맨십과 페어플레이정신은 목표(승리와 성공)를 달성하는 행동규범(사회적 기강)을 제시하는 것으로, 사회질서 유지의 기초가 된다.
- 통합……스포츠가 구성원들의 사회적인 결속과 집단 간의 통합에 기여한다.
- 체제유지 및 긴장해소(잠재적 패턴 유지)……스포츠 집단에서 구성원들이 공통적인 가치관 내지 규범을 갖게 되고, 긴장과 공격성을 안전하고 효과적인 방법으로 방출할 수 있게 해준다.

(2) 갈등이론

갈등이론은 '사회에는 항상 갈등과 경쟁 또는 투쟁이 있고, 갈등관계에 있는 두 집단 중한 집단이 상대집단을 복속시킴으로써 사회변동이 일어난다고 보는 것'으로 Marx주의에서 파생된 것이다.

갈등이론의 관점에서는 스포츠를 "일부 권력이나 자본을 가진 집단에 의해서 조작되고, 그들의 이익을 위해서 이용되며, 대중을 그들의 소비자로 만들어서 이윤을 취하고, 국민들의 사회적·정치적·경제적 관심을 스포츠로 돌려버림으로써 사회적 안정성을 얻는 데 이용되는 것으로 본다."

(3) 비판이론

제1차 세계대전으로 국제사회가 미국을 중심으로 하는 자본주의와 소련을 중심으로 하는 공산주의 체제로 나뉘면서 양진영 간의 대립이 시작되고, 세계 경제공황이 일어났던 시기에 독일 프랑크푸르트대학 부설 사회연구소의 학자들을 중심으로 만들어진 이론이다.

비판이란 "어떤 지식이나 명제가 과연 옳은가?"라는 것으로 모든 학문에서 반드시 필요한 것이지만 비판론자들의 비판은 폭로와 비슷한 뜻으로 '어떤 이론이나 현실의 배후에 체계적으로 은폐되어 있는 것'을 까발림으로써 기존의 현실이 '역사적으로 만들어진 것, 일시적인 것, 부정적인 계기가 포함된 것'이라는 것을 밝혀내는 것이다.

비판이론은 인간의 의식이나 지식이 사회적 · 경제적 · 정치적 제약 밑에서 형성된다고 본다. 그래서 인간의 자유로운 의식 형성을 억압하고 왜곡하는 요인들을 분석하고 비판하여 사회적 억압이나 지배로부터 벗어난 자유롭고 합리적인 인간과 사회를 형성하고자 한다.

비판론자들은 주로 다음과 같은 것들을 비판한다.

● 인간의 행복을 위해서 자본주의 체제를 만들어서 대량생산을 하였는데, 인간이 과연 행복해졌는가? 단순 · 반복적이고 기계적인 노동으로 인간소외만 생기지 않았는가!

● 자본주의 체제에서는 생산된 사회적 자원을 산업체제에 예속되어 있는 사람들에게 자유를 증진시킬 수 있는 방식으로 사용하지 않고 오히려 더 많은 부를 생산하려는 데만 급급해 왔다.

● 소련식 마르크스주의가 개인의 자유를 희생해가면서 경제적 성장을 기하려고 한다.

● 이데올로기는 불평등한 권력관계의 은폐와 정당화를 목적으로 하는 현실 왜곡이고, 기존체제의 지속적인 지배를 유지하도록 작용한다.

● 현대 예술품의 대다수가 상품화되었고, 문화 자체도 산업으로 변질되었다고 주장하면서 현대문화를 억압적인 이데올로기가 복제되고 보급되는 방식이라고 비판했다.

● 교육이 사회적 · 경제적 · 정치적 제약과 억압 속에서 이루어져 그릇된 신념과 지식, 즉 이데올로기를 전달하여 지배계층에 유리한 사회구조를 재생산하고 있다. 교육이 지배계급의 이데올로기를 주입함으로써 획일적이고 몰개성적인 인간들을 만들어내고 있다.

비판이론의 관점에서는 스포츠는 더 이상 자기계발을 위한 여가가 아닌 상품으로 변질되고 있다. 스포츠는 개인의 성공과 사회적 지위를 과시하기 위한 수단이 되었다.

(4) 상징적 상호작용론

상징적 상호작용론은 Mead가 처음으로 주장하였고 Blumer에 의해서 발전된 이론이다.

그들은 "인간의 실체는 다른 사람들과의 상호과정(커뮤니케이션)에서 만들어지고, 사회는 대립과 갈등의 관계가 아니라 공동체이다."로 본다.

상징적 상호작용론의 의의는 개인을 '사회에서 요구하는 대로 행동하는 유기체, 또는 문화적으로 정해진 규범에 따라서 행동하는 유기체'로 보지 않고, '자기의 주관에 따라서 대상과 상황을 규정하고, 자기의 세계를 능동적으로 이끌어가는 주체'로 보는 것이다.

인간은 생활환경을 구성하는 모든 사물에 주관적으로 의미를 부여한다. 따라서 모든 사물은 개인이 주관적으로 해석한 의미(그 사물에 부여한 의미)를 지니게 되는데, 그것을 "모든 사물에는 상징성이 있다."고 표현할 수 있다. 그러므로 인간의 모든 행위는 대상과 의미(상징성)를 주고받는 것일 뿐이다.

Mead는 자아발전의 3단계를 주장하면서 그것을 야구로 설명하였다.

- 1단계······자기 팀의 몇몇 구성원(他者)의 시각만을 생각할 수 있다.
- 2단계······팀의 모든 구성원들의 역할을 상징적으로 생각할 수 있다.
- 3단계······일반화된 他者의 역할을 할 수 있다. 팀에 대한 전반적인 전망을 할 수 있고, 일반적인 신념·가치·규범 등을 생각할 수 있다.

상징적 상호작용론을 스포츠에 적용하면 다음과 같다.

- 야구에서 투수에 대한 일반화된 타자(他者)의 개념은 팀의 중심이고, 볼을 잘 던져야 한다.
- 경기를 하기 전에 또는 중간에 어떤 의식(예 ; 기도)을 행하는 것은 상징적인 힘이 있어서 선수들에게 부가적인 자신감을 준다.
- 팀의 구성원들이 공유하고 있는 가치관·신념·전통과 같은 팀의 독특한 문화는 집단의 응집력, 만족감, 우월감 등을 불러일으킨다는 의미가 있다.

(5) 교환이론

Homans가 주장한 이론으로, "인간은 이윤을 추구하는 존재로 자신이 지출한 원가나 투자액에 비하여 이윤이 있다고 판단되어야 행동을 취하고, 일반적으로 최대한의 이익을 기대하고 행동한다."는 것이다. 다시 말해서 인간의 '사회행위'를 주고받는 '교환행위'로 보는 것이다. 여기에다 학습이론을 도입하여 학습자가 과거에 보상을 받은 경험이 있는 활동은 반복할 가능성이 크다고 주장했다.

오늘날의 교환이론은 개인과 개인의 관계뿐만 아니라 사회적 상호작용의 한 형태로 이해되고 있다. 개인 간의 관계에서 물질적이거나 정신적인 보상을 기대하여 행동하듯이, 개인과 집단, 집단과 집단의 관계에서도 어떤 보상(물질적인 것뿐만 아니라 권력 · 명예 · 지위와 같은 사회적 자산)을 얻으려는 기대 때문에 교환관계가 성립된다고 본다.

비용 · 보수 · 사회적 자산 등 3가지의 비율관계가 다른 사람과 비교해서 유리하면 이제까지 취한 행동을 지속하고, 불리하다고 판단되면 그 관계를 개선하거나 중지해서 새로운 비율관계로 지향한다는 것으로 호수성(互酬性 ; 서로 대가를 지불하는 것), 분배 정의, 경쟁을 기초개념으로 설정한다.

교환이론에 따르면 현실의 사회관계는 약탈 · 경쟁 · 협동 · 사랑의 4가지 유형으로 구분한다. 약탈은 교환관계의 폭력적 해결, 사랑은 약탈과 정반대로 교환의 보편적 지양(교환을 하지 않고 일방적으로 주는 것), 경쟁과 협동은 그 중간 형태로서의 의미를 가진다.

스포츠에 교환이론을 적용하면 다음과 같이 될 수 있다.

- 선수가 좋은 성적을 냈을 때 그에 따르는 보상 · 칭찬이 있어야 더 좋은 성과를 기대할 수 있다(분배적 정의).
- '선수는 자기가 받을 수 있는 보상 × 성공할 가능성'이 최대가 되는 방향으로 행동을 한다(합리성).
- 선수가 상을 자주 받으면 그 선수에게는 그 상의 가치가 점점 떨어진다(포화-박탈).
- 선수가 기대 이상의 능력을 발휘했을 때 보상 · 칭찬을 주지 않으면 선수가 화를 내고, 지도자가 선수에게 생각지도 않았던 보상 · 칭찬을 주면 선수가 기뻐한다.

(6) 문화연구

문화연구는 영국의 버밍엄대학에서 1964년에 '현대(대중)문화연구소(CCCS : The Center for Contemporary Cultural Studies)'를 설립하면서 시작된 것으로 Williams가 정립한 '문화유물론'에 기반을 두고 있다.

초대 소장 Hoggart는 '문화'는 "오페라, 클래식, 음악, 발레 등 상류층이 즐기는 것(전통자본주의 시각)만을 뜻하는 것이 아니라 경제적 토대에 의해 파생되는 단순한 효과(마르크스주의 시각)이며, 계급투쟁에 이용돼야 할 영역이 아니고 문화 자체가 독자적인 연구대상이어야 한다."고 생각했다. 특히 하위 노동자 계급의 문화는 "왜 이런 문화가 지금 유행하고 있으며 그 배경에는 어떤 경제적 · 계급적 모순이 담겨 있는지를 연구해야 한다."고 해서 문화를 유물론적 관점에서 새롭게 해석할 것을 주장했다.

Stuart Hall이 2대 연구소장으로 취임한 이후 탈구조주의, 페미니즘, 포스트모더니즘, 포스트식민주의 등과 같이 정치, 경제, 사회, 문학, 철학, 대중매체, 스포츠 등 모든 학문 영역과 관련이 있는 주제에 대하여 연구하기 시작했다. 문화연구에서는 "미디어는 사회적 문제를 야기하는 부정적인 힘의 원천이고, 대중문화는 문화를 저질화하기 때문에 두 가지 모두 정화시켜야 한다."고 본다.

문화연구는 대중문화, 바꾸어 말해서 우리들의 일상생활 자체를 연구대상으로 한다. 버밍엄(Birmingham) 그룹 이전의 Leavis는 대중문화의 위험성을 지적하고, 위험과 혼란을 막기 위해서 훈련이 필요하다고 한 반면에, 버밍엄 그룹들은 대중문화의 생산자들에게 초점을 맞추어 비판하였고, 1980년대 이후에는 대중문화를 향유하고 있는 일반 사람들의 창조성과 쾌락을 적극적으로 인정하는 방향으로 나가고 있다.

다음은 문화연구의 특징이다.

● 하위문화를 지배계급과 관련이 있는 사회적 실천으로 본다.
● 문화를 복합형태로 보고, 사회적 · 정치적 맥락을 분석하려 한다.
● 정치적 비판과 정치적 행동을 연구목표로 한다.
● 지식체계를 노출시키고 조화시킴으로써 암묵적인 문화적 지식과 총체적인 지식의 괴리를 극복하려 한다.
● 현대사회의 윤리적 평가와 정치적 행동의 근본적인 선에 동의한다.
● 학문영역이 불분명한 학제 간 연구(interdisciplinary studies)이다.

2. 스포츠사회학의 교육적 측면

1) 스포츠와 교육

사회에서 바람직하다고 여겨지는 가치관, 태도, 생활양식, 지식 등을 가르쳐서 익히도록 하는 것을 '교육'이라고 한다. 그렇다면 교육의 본질은 무엇인가? 그에 대한 대답은 시대 또는 관점에 따라서 달라질 수 있지만, 사회학적인 측면에서 보면 '사회화의 과정'이라고 할 수 있다.

Durkheim은 교육을 사회의 하위체계로 보고, '사회의 구성원을 그 사회에 적합한 인간으로 만드는 사회화 기능을 담당하는 것'이라고 하였다. 이와 같이 교육을 사회화와 같은 개념으로 파악하면 학교교육에서 학생들에게 가르쳐야 할 핵심적인 내용은 지식이 아니라 보편적인 가치, 즉 도덕교육이 된다.

Durkheim에 의하면 학교는 가정과 구별되는 구조적인 특징이 있어서 사회적 규범을 가르치는데 매우 효과적인 기관이다. 그러므로 교육내용도 지적인 지식 중심의 교과내용보다는 태도의 변화를 중시하는 내용으로 짜야 한다는 것이다.

(1) 스포츠교육의 목표

최의창은 스포츠교육이란 '스포츠를 가르치고 배움으로써 인간의 내면적인 성장을 가져오려는 노력'이라고 하였고, Siedentop은 '스포츠에 참가하기 위한 기술을 갖게 하고, 훌륭한 스포츠인이 되도록 도와주는 것'이라고 하면서 다음과 같이 스포츠교육의 목표를 제시하였다.

- 강건한 신체 및 정신을 배양시킨다.
- 도덕적 가치와 인간애적 태도를 확립시킨다.
- 민주적인 사고를 함양하고, 절차를 준수하도록 한다.
- 미적인 탐구자세를 고취하고 생활화한다.
- 적응력이 있는 사회구성원으로 기른다.

(2) 스포츠교육의 문제점

스포츠교육은 신체적으로는 운동기능과 체력을, 정서적으로는 감정의 표현능력과 감상능력을, 사회적으로는 올바른 가치관과 민주적인 생활태도를 기르는 데 초점을 맞추어야 하는데도 불구하고, 현실적으로는 스포츠교육이 방향감각을 잃고 있어 많은 문제점들이 지적되고 있다. 그중에서 몇 가지만 지적하면 다음과 같다.

① 승리지상주의적 스포츠교육……승리에 지나치게 집착하면 과도한 훈련과 경쟁을 유발시켜 정신적 · 신체적으로 상해를 입기 쉽고, 스포츠를 즐기는 것이 아니라 노동으로 전락하게 된다.

② 엘리트스포츠의 조장……소수의 선수들에게만 스포츠교육을 집중하면 승리지상주의와 엘리트의식을 조장하고, 일반학생들이 스포츠에 참여할 수 있는 기회를 제한하거

나 박탈함으로써 미래의 스포츠 소비자를 줄이게 된다.

③ 제한적인 여성의 스포츠교육……말로는 남녀평등이라고 하지만, 현실은 여성들의 스포츠 참여가 제한적이고 남자의 조력자 정도로 취급되고 있다.

2) 스포츠와 사회화

사회화(socialization)란 '인간이 성숙해가면서 사회가 기대하는 여러 가지 행동을 배워나가는 과정'을 말하는 것으로 사회의 문화에 동조한다는 뜻을 내포하고 있다. 김경동은 사회화를 '생물학적인 유기체에 지나지 않는 인간이 소속집단에 적응하기 위해 사회적 제도·지식·규범 등을 타인과의 상호작용을 통해서 취득하여 나가는 과정'이라고 정의하였다.

많은 학자들에 의하면 사람이 사회화되어가는 과정에는 그림 4-2처럼 7가지 요소가 있다고 한다.

┃ **그림 4-2. 사회화과정 모델**(원영신, 2004)

(1) 스포츠사회화

사람들이 어떤 스포츠에 참가하여 스포츠사회의 한 구성원이 되고, 스포츠를 통하여 사회에서 필요한 무엇인가를 배우게 되는 것을 '스포츠사회화'라고 한다. Kenyon과 McPherson은 스포츠사회화를 '스포츠라는 소사회에서 개인이 스포츠를 통하여 집단구성원이 공통으로 가지고 있는 가치관, 신념, 태도 등을 집단 내의 다른 구성원들과의 상호작용을 통하여 자신의 지위에 상응하도록 습득하는 과정'이라고 정의하였다.

스포츠사회화에는 '내면으로서의 사회화'와 '상호작용으로서의 사회화'가 있다. 백지상태의 인간이 사회의 영향을 받아 수동적으로 사회화되는 것을 내면으로서의 사회화라 하고, 다른 사람들과 상호의존적인 상호작용을 통하여 능동적으로 사회화되는 것을 상호작용으로서의 사회화라고 한다.

다른 분류방법으로 '스포츠에로의 사회화'와 '스포츠를 통한 사회화'가 있다. 개인이 '누구' 또는 '무엇'의 영향을 받아서 스포츠에 참가하게 되는 것을 스포츠에로의 사회화라 하고, 스포츠에 참가한 사람이 스포츠경험을 통하여 무엇인가를 얻게 되는 것을 스포츠를 통한 사회화라고 한다.

(2) 스포츠사회화 이론

개인이 스포츠사회화되는 과정을 이론적으로 설명하려는 데는 몇 가지 이론이 있다.

가. 사회학습이론

Leonard의 사회학습이론을 스포츠적으로 접근하는 것이다.

- 강화……자극과 반응을 통하여 행동유형을 발전시켜나가는 것으로, 정적인 강화(보상과 칭찬)를 주면 같은 행동을 반복하고, 부적인 강화(벌과 비난)를 주면 같은 행동을 하지 않는 과정을 통해서 바람직한 행동을 학습한다.
- 코칭……부모나 코치가 직접 지도하거나 학습동기를 부여해서 새로운 지식과 새로운 기술을 학습한다.
- 관찰학습……타인의 행동을 관찰하여 모방함으로써 학습한다.

나. 역할이론

인간의 행동을 어떤 내재적인 소질, 재능, 욕망 등의 표현으로서가 아니고 집단 속에서 차지하는 지위와 역할을 통해서 설명하려는 이론이다. 연기자에게 특정한 역할이 있는 것처럼 개인에게도 특정한 사회적 역할이 있다는 것이다. 사회생활을 하는 개인이 무난하게 역할수행을 하기 위해서는 반드시 다음과 같은 자기조직화가 있어야 한다.

- 자기역할을 정확하게 인식해야 하고,
- 역할행위가 내면화되어 자동적으로 일어날 수 있어야 하며,
- 역할행위에 대한 어느 정도의 해석과 평가가 따라야 한다.

다. 준거집단이론

개인은 자신의 행동이나 판단의 기준이라고 생각하는 준거집단이 있고, 준거집단의 행동·태도·감정 등을 보고 따라 해서 사회에 적응한다는 이론이다.

(3) 스포츠의 탈사회화

스포츠에 참가하여 활동하던 사람이 스포츠 활동을 중지하고 이탈하는 것을 '스포츠의

탈사회화'라고 한다. 일반인이든 선수이든 언제인가는 탈사회화를 해야 한다.

일반인이나 어린 학생의 경우는 스포츠를 그만두어도 별 영향이 없지만, 프로선수, 엘리트 아마추어선수, 부상과 같은 예기치 못했던 일로 그만두게 된 사람 등은 후유증이 심각한 경우를 종종 볼 수 있다.

스포츠 활동으로부터 이탈하여 다른 활동에 적응하기 위해서는 여러 과정을 거치게 된다. 적응과정에서 어려움을 느끼는 정도는 성·연령·교육정도·사회적 계층과 같은 **환경적 변인**, 다른 직업에 취업할 수 있는 능력이나 기회와 같은 **취업변인**, 개인의 정서에서 스포츠가 차지하는 정도와 같은 **정서변인**, 다른 역할에 대한 사전준비나 주위로부터의 지원을 받을 수 있는지 여부와 같은 **인간관계 변인** 등에 따라서 달라진다.

3) 스포츠와 일탈행동

어떤 사회의 사회적 규범이나 가치 등의 기준에 따르지 않거나 상반되는 행동을 하는 것을 '일탈행동'이라 한다.

그런데 사회적 규범은 극히 다양하여 문화에 따라서 다르고, 같은 문화라도 시대에 따라서 다르며, 하위문화에 따라서 다를 수도 있다. 따라서 일탈행동도 다양하여 범죄, 비행, 마약, 매춘, 폭행, 속어, 비어, 은어의 사용, 신(神)에 대한 모독, 정치·경제에 대한 과격한 언동 등이 일탈행동에 포함된다.

(1) 일탈이론

인간은 교육 등을 통하여 자신이 속한 사회의 중심적인 규범을 배우고, 그것에 동조하는 방법을 몸에 익히지만, 동시에 사회적인 규범에 의해 개인의 욕구나 행동이 다양하게 규제되고, 그것이 개인 속에서 갈등을 일으켜 일탈행동을 한다고 한다.

일탈행동이 발생하는 원인을 설명하는 이론에는 다음과 같은 것들이 있다.

가. 생물학적 이론

Lombroso의 생득적 범죄인학설에 의하면 범죄자는 원시인의 신체적 특징을 닮았다고 한다. 즉 격세유전의 결과로 범죄자가 나온다고 한다. Sheldon은 강인하고 근육질이고 기민한 신체적 특징을 가진 소년들이 키가 작고 뚱뚱하거나 키가 크고 마른 특징을 가진 소년들 보다 범죄성향이 높다고 주장하였다. 그 외에 초남성(XYY)의 성염색체를 가진 사람이 폭력범죄 성향이 있다는 연구도 있다.

나. 심리학적 이론

개인의 경험이 감정조절과 성격특성에 영향을 미치고, 그 성격특성이 다시 범죄행동에 영향을 미친다는 이론이다. Freud의 정신분석학적 이론에 의하면 비정상적 성장, 본능의 통제, 부모와의 잘못된 관계, 성적 억압 때문에 심리적 갈등이 생기는데, 그러한 정신병·정서장애·정신장애가 겉으로 표출된 것이 바로 일탈행위라고 한다. 다시 말해서 비행자나 범죄자는 비정상적이거나 부적절한 범죄적 성격을 가지고 있다는 것이다.

다. 사회학적 이론

사회적인 어떤 원인 때문에 비행이나 범죄가 발생한다는 이론으로 다음 3가지 이론이 있다.

- **아노미이론**······급격한 사회변동으로 규범이 혼란상태에 빠지는 아노미(anomy)현상을 일탈 행동의 원인으로 보는 이론이다. Durkheim은 규범이 약하거나 없을 때 아노미현상이 발생한다고 하였고, Merton은 문화적 목표와 그 목표를 달성할 수 있는 제도적 수단 사이에 괴리가 있을 때 아노미현상이 발생한다고 주장하였다.
- **차별적 교제이론**······일탈자 또는 일탈집단과의 상호작용을 통하여 일탈행동을 배우게 된다는 이론으로 유유상종, 맹모 삼천지교 등이 이에 해당된다.
- **낙인이론**······사회집단이 어떤 행위를 일탈로 규정하거나, 한 개인을 일탈행위자로 낙인찍을 경우 낙인찍힌 사람이 일탈행동을 하게 된다는 이론이다.

(2) 스포츠일탈행동

스포츠에서 규범은 스포츠에서 바람직한 가치 및 행동유형을 명시하고 이의 실현을 위한 행동준칙을 제시하는 것이다. 일반적으로 참가자격 규정, 경기규칙 등과 같은 법적 규범과 스포츠맨십, 페어플레이 정신 등과 같은 도덕적 규범으로 구분된다.

스포츠일탈행동은 '스포츠의 장에서 법적 규범과 도덕적 규범을 벗어나는 행동을 하는 것'이라고 정의할 수 있다. 스포츠일탈행동에는 경기규칙을 위반하는 행동(부정행위, 심판의 판정에 항의, 시합거부), 스포츠맨십이나 페어플레이 정신 등과 같은 보편적 가치에서 벗어나는 행동(약물복용, 도박, 승부조작, 부정선수), 비합법적으로 사람·용구·재산에 손해를 가하는 행동(폭력, 의도적인 과잉공격, 선수 혹사) 등이 있다.

사회적 동의에 의한 규범이나 규칙이 존재하는 한 그것을 위반하는 일탈행동이 일어나기 마련인데, 어디까지를 일탈, 어디까지를 동조(사회적 가치 및 규범에 부합하는 행동)로 볼 것인가에 따라서도 일탈과 동조가 달라진다.

스포츠일탈행동이 일어나는 원인은 무엇보다도 승리 지상주의로 인하여 지나치게 승부욕이 강하기 때문이다. 승리 지상주의가 순수한 아마추어리즘을 무너뜨렸고, 스포츠관계자들에게 주는 승리에 대한 보상은 금전획득·명예추구·지위확보 등을 위한 도구가 되어버렸으며, 선수는 자신이 하는 일탈행동이 시합의 원활한 운영을 위하여 정당하다고 생각하게 되었다. 그 결과 부정적이고 부도덕적인 일탈행동을 조장, 방조, 제시하는 꼴이 되었다.

그밖에 양립 불가능한 가치지향(참가 vs 승리), 역할갈등(일반학생=학업, 선수=운동과 승리), 경쟁적 보상구조, 가치-규범과 성공-강박 간의 불일치 등도 스포츠일탈행동의 원인으로 볼 수 있다.

3. 스포츠사회학의 사회적 측면

1) 스포츠와 정치

'권력을 잡거나 유지하려고 경쟁하는 것과 권력을 행사하는 것'을 정치라고 한다면 스포츠는 '금전이나 명예를 얻거나 유지하려고 경쟁하는 것과 자신의 능력을 행사하는 것'이라고 할 수 있다. 다시 말해서 스포츠와 정치는 닮은 점이 많다.

McIntosh는 "스포츠는 정치로부터 결코 자유로울 수 없다."고 했는데, 그것은 스포츠가 정치의 영향을 받을 뿐 아니라 스포츠 자체에 정치적인 속성이 있다는 의미이다. Eitzen은 스포츠의 정치적 속성을 다음과 같이 설명하였다.

- 경기 전에 거행하는 의식(행사)은 충성을 재확인하는 상징성이 있다.
- 스포츠조직은 권력이 불평등하게 배분되어 있어서 권력투쟁의 소지가 있다.
- 스포츠와 행정기구가 결합하여 조세감면과 같은 혜택을 준다.
- 스포츠의 제도적 특성은 법과 질서의 표본이다.

스포츠와 정치의 관계를 보면 정치는 정치적 목적을 달성하기 위해서 스포츠를 이용하고, 스포츠는 스포츠의 가치를 인정받고 스포츠세력을 확대하기 위해서 정치를 이용하는 공생관계라고 할 수 있다. 체력향상·인격형성·오락적 활동과 같은 스포츠의 목적이 정치가 바라는 복지국가 실현과 국민의 삶의 질 향상이라는 국가적 목적과 서로 상통하는 점이 많기 때문에 정치와 스포츠가 결합하여 스포츠시설이나 행사에 정치가 개입하고, 스포츠를 활성화하기 위해서 제도적인 후원을 한다.

정부가 스포츠에 개입하는 이유는 다음 중 하나 이상이다.

- 공공질서를 보호하기 위해서……정부가 스포츠를 하는 장소, 스포츠에 참여할 수 있는 대상, 팀의 소유자와 후원자, 선수의 권리와 의무 등을 규칙이나 법률로 만들어 공공질서를 보호하려고 한다.
- 체력과 신체적 능력을 유지·증진시키기 위해서……정부는 국민들의 건강을 증진시키기 위해서 국가예산을 들여서 스포츠를 후원하고 있다.
- 국력을 과시하기 위해서……정부나 일반국민들은 올림픽이나 월드컵과 같은 대회에서 좋은 성적을 올리면 국가의 위신이 높아진 것으로 여기고, 반면에 성적이 저조하면 국력이 쇠해졌다고 느낀다.
- 소속감과 통일성을 높이기 위해서……국제대회를 할 때 온국민이 하나가 되어 우리나라를 응원하면서 소속감과 통일성을 느낀다. 정부는 소속감과 통일성이 높은 국민을 선량하고 애국적인 국민이라고 생각한다.
- 경제성장을 촉진시키기 위해서……대규모 국제경기를 유치하면 경제적인 파급효과가 대단히 크다. 세계의 각국과 인적교류와 무역교류가 확대되고, 항만·공항·교통·통신·숙박 등 편의시설이 확충되어 경제적으로 큰 효과를 얻을 수 있다.
- 통치이념을 확산시키고 국민들의 가치관을 정부 쪽으로 돌리기 위해서……6공화국 시절에 각종 스포츠와 문화행사를 많이 열고 올림픽을 유치하기 위해서 애를 쓴 것은 통치 이념을 확산시키고 국민들의 가치관을 당시의 정부에 유리하도록 하기 위해서였다.

2) 스포츠와 경제

제조업 중심의 산업사회를 거쳐 금융·보험·교육 등을 중심으로 하는 후기 산업사회가 되면서 여가시간이 증가하고 경제적인 여유가 생겨 일반인들도 스포츠에 참여하는 기회가 늘었다. 긴장을 해소하고 신체를 단련할 수 있는 스포츠를 대중들이 즐기게 되면서 스포츠에도 여러 가지 변화가 나타났다.

(1) 스포츠의 상업화

현대스포츠의 형성과 발전에 크게 영향을 미친 요인으로 산업화, 도시화, 교통과 통신의 발달 등을 들 수 있다. Betts는 "도시화는 상업화된 관람스포츠의 필요성을 제공하였고, 산업화는 생활수준의 향상과 여가시간의 증대를 시킴으로써 스포츠 발전에 기여하였다."고 했으며, 교통과 통신의 발달로 대중매체를 통하여 먼 거리에 있는 사람들에게도 직접 스포츠 메시지를 전달할 수 있게 되었다.

현대사회에서 스포츠는 만국 공용어가 되었고, 대중문화의 중심을 차지하게 되었으며, 막대한 이윤을 창출하는 고부가가치 산업으로 인식되게 되었다. 자연히 이윤추구를 목적으로 하는 기업들이 스포츠에 개입하게 되면서 스포츠의 상업화가 가속화되었다.

스포츠가 일부 귀족들의 독점물이었던 시절에는 스포츠를 상품화하기 어려웠지만 대중들이 관심을 갖고 필요로 하게 되면서 스포츠를 상품화할 수 있게 되었다. 스포츠상품은 일반상품과 달리 경기장과 대중매체를 통하여 소비자들에게 직접 전달되고, 스포츠가 가진 불확실성과 의외성 때문에 똑같은 규격제품을 생산할 수 없으며, 국경을 초월하여 전 세계를 대상으로 시장을 넓힐 수 있다는 이점이 있기 때문에 일반상품보다 시장성이 더 좋다.

스포츠는 소비자를 장시간 동안 직접 붙들어 놓을 수 있기 때문에 광고와 홍보에 중요한 요소로 부각되고 있다. 스포츠를 통해서 회사나 상품의 인지도를 높이고, 그 과정에 스포츠스타의 명성을 접목시킴으로써 목표고객을 재빨리 설득시켜 홍보효과를 극대화시킬 수 있다는 장점도 있다. 스포츠상품의 시장성과 홍보효과 때문에 스포츠 상업주의가 만연되고, 스포츠에 상업주의적인 자본이 유입되어 자본이 선수나 스포츠관계자들보다 더 우세한 지위를 차지하게 되면서 스포츠 자체에도 다음과 같은 많은 변화가 생겼다.

- 규칙의 변화……배구와 배드민턴의 랠리포인트제, 사격과 양궁의 올림픽시스템, 농구의 3점 슛과 쿼터시스템 등이 그 예이다.
- 심미적 가치보다 영웅적 가치의 중시……스타플레이어가 일탈행동에 가까운 행동을 하여도 매스컴이나 관중들은 관용적이거나 오히려 옹호한다.
- 오락화……관중과 시청자 위주로 프로그램을 구성하여 선수나 경기보다 개·폐회식과 대중매체의 중개를 더 중시하고, 경기내용도 보여주려고 하는 쇼 성향이 커졌다.
- 극적인 동작을 강조……신종 X-게임들은 한결같이 위험을 무릅쓰고 극적인 동작을 강조하도록 구성되어 있다.

(2) 프로스포츠

생계를 목적으로 하는 스포츠를 프로스포츠라 한다. 프로스포츠를 운영하기 위한 재원은 입장료, 관객의 투기자금, 스폰서의 출연금 등으로 나누어진다.

로마시대에도 직업적으로 스포츠를 하는 사람이 있었지만 18세기에 영국에서 자본주의 경제체제가 갖추어지면서부터 프로스포츠가 시작된 것으로 본다. 우리나라에서는 1950년대 후반에 프로레슬링연맹이 창설된 것이 시초이고, 1982년에 한국프로야구위원회가 발족되면서 본격적으로 발달하기 시작했다. 현재는 야구, 축구, 농구, 배구, 테니스, 복싱, 레슬링, 씨름, 골프, 경마, 경륜, 경정 등에 프로선수들이 있다.

프로스포츠는 다음과 같은 순기능이 있다.

- 관중에게 활력소를 제공하고, 의식을 융합시키는 사회통합적인 기능이 있다.
- 아마추어선수들에게 진로를 개척할 수 있는 기회를 준다.
- 아마추어스포츠의 활성화를 촉진시킨다.
- 관련업계의 활성화를 촉진시킨다.
- 일반대중들의 스포츠참여 동기를 유발한다.

프로스포츠에는 다음과 같은 역기능도 있다.

- 아마추어리즘을 퇴조시킨다.
- 스포츠의 본질을 상업주의적으로 변질시킨다.
- 아마추어리즘과 프로페셔널리즘으로 이원화시킨다.
- 사행심을 부추긴다.

(3) 스포츠산업

스포츠산업은 학자들에 따라 그 정의가 다양하지만 그것을 종합하여 '스포츠와 관련된 재화 및 서비스를 생산하고 유통시키는 산업활동'이라고 할 수 있다.

스포츠산업은 다음과 같은 특징이 있다.

- 공간·입지중심형 산업이다. 장소를 확보해야 스포츠를 할 수 있다.
- 시간소비형 산업이다. 소비자의 자유시간을 가공하는 산업이다.
- 서비스업으로서 중요하다.
- 최종소비재를 다루고 소비자와 직접 접촉하는 산업이다.

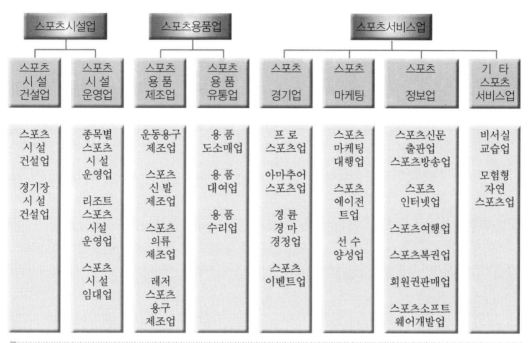

그림 4-2. 스포츠산업의 분류(체육백서, 2004)

- 소비자의 능동적인 참여로 산업이 성립된다.

스포츠산업은 크게 스포츠시설업, 스포츠용품업, 스포츠서비스업으로 나누고, 세부산업은 그림 4-2와 같다.

3) 스포츠와 문화

'문화'는 일상생활 용어로도 많이 사용하고 학문적인 용어로도 많이 사용한다. 그러나 무엇이 문화라고 정의를 내리기는 곤란하다. 문화는 문화생활·문화인처럼 서구적 요소나 편리성이 있는 것을 의미하기도 하고, 문화인·문화재·문화국가처럼 높은 교양과 깊은 지식, 우아하고 세련됨, 예술적인 것을 의미하기도 하며, 인간이 사회로부터 습득하거나 전달받은 생각과 행동양식 전체를 의미하기도 한다.

문화를 정의하는 데는 학자마다 의견이 다르지만 문화의 특성에 대해서는 거의 의견이 일치한다. 다음은 문화의 특성이다.

- 문화는 사회구성원들 사이에 공통적으로 나타나는 경향으로 '공유되는' 특성이 있다.
- 문화는 어려서부터 사회화과정을 거쳐 학습된다.
- 문화는 경험적 지식으로 다음 세대에 전해지고 축적된다.
- 문화는 지식 · 신앙 · 예술 · 도덕 · 관습 · 법 등 많은 부분으로 구성되어 있고, 각 부분들이 서로 긴밀한 관계를 유지하면서 하나의 시스템을 이루고 있다.
- 문화는 정체되어 있지 않고 끊임없이 변화한다.
- 과거의 문화와 현재의 문화는 연속성이 있다.

(1) 대중문화와 스포츠

대중문화는 'mass culture'로서의 대중문화와 'popular culture'로서의 대중문화로 구별해서 파악하는 것이 보통이다.

매스컬처로서의 대중문화는 '대중매체에 의해 대량으로 생산되고 재생산되어 다수의 문화수용자에 의하여 대량 소비되는 대중 지향적 상업주의 문화'를 의미하며, 대중문화에 대한 부정적 관점이다. 반대로 포퓰러컬처로서의 대중문화는 '많은 사람들의 취향에 따라 만들어지고, 많은 사람들이 소비하는 문화'를 의미하며, 대중문화에 대한 긍정적 관점이다.

긍정적인 관점으로 보는 대중문화는 다음과 같다.

- 대중문화는 현대 산업사회의 발전에 따라 생활수준의 향상, 교육수준의 향상, 여가시간의 증가로 일반대중의 문화적 욕구의 증가에 대응해서 나타난 문화이다.
- 대중매체의 발달로 대중매체가 생산하고 재생산한 문화가 이전에는 상상할 수 없었던 문화적 풍요와 폭발을 일으켜 일부 소수층만이 즐겼던 문화를 대다수 시민들도 즐길 수 있게 되었고, 이에 따라 문화적 민주주의가 이루어졌다.
- 대중문화는 고급문화를 애용하는 사람들과 전체사회에 해로움을 주는 것이 아니며, 고급문화의 애용자와 달리 경제적 · 교육적 기회를 가지지 못한 사람들이 선택한 취향문화의 하나라는 점에서 고급문화와 다를 것이 없다.

부정적인 관점으로 보는 대중문화는 다음과 같다.

- 대중문화는 영리추구를 위하여 조직된 기업에 의하여 이루어진다. 이러한 이윤추구를 위해서는 대중에게 영합하여 동질적이고 규격화된 제품을 만들어내고, 이와 같은 과정 속에서 창작자의 고유한 가치나 기술적 표현은 포기된다.

- 고급문화를 모방하여 고급문화를 격하시키며 질을 떨어뜨린다.
- 대중문화는 대중을 모방문화에 익숙하게 하여 폭력과 성(性)을 강조하여 대중을 저속화시킨다. 그리하여 대중으로 하여금 현실을 왜곡하고 현실을 도피하게 만들기 때문에 지적으로나 문화적으로 파괴적이다.
- 대중문화가 사회적으로 널리 퍼지면 문화 또는 문명의 질을 떨어뜨릴 뿐 아니라 수용자들을 독재자의 선동 내지 설득기술에 쉽게 말려들게 만들기 때문에 전제주의에 이르게 될 위험성을 가중시킨다.

현대사회에서 스포츠는 대중문화의 커다란 영역을 차지하고 있고, 스포츠 스타는 사회에서 유력한 유명인으로 대우받고 있다. 우리나라에서는 6.25전쟁의 후유증에서 벗어나기 위해서 스포츠와 영화가 대중문화로 등장하였고, 아시안게임과 올림픽, 그리고 월드컵축구대회를 개최한 것이 스포츠가 대중문화로 자리매김하는 데 결정적인 역할을 하였다.

현대사회에서는 스포츠가 소비재의 하나로 청소년과 젊은이들에게 커다란 영향을 미치고 있다. 젊은 사람들은 스포츠웨어·신발·모자 등을 일상생활의 복장으로 즐겨 착용하고 있고, 스포츠가 책·영화·드라마의 주제로 심심치 않게 등장하고 있다.

일반인들도 스포츠 용어를 자주 사용하고, 프로스포츠 이야기로 꽃을 피운다. 주말이면 각기 스포츠를 즐기기 위해서 운동장을 찾거나 산이나 들로 나간다. 심지어는 노인들도 스포츠를 즐기는 사람이 태반이고, 큰 스포츠 경기가 열리면 온 나라가 떠들썩해진다.

(2) 하위문화와 스포츠

어떤 사회에서 일반적으로 받아들여지는 가치관과 행동양식을 전체문화 또는 주류문화라고 할 때 전체문화에 속하면서도 어떤 독자적인 특성을 나타내는 소집단의 문화를 하위문화(sub-culture) 또는 부차문화라고 한다. 이것은 '문화 안의 문화'라고 하기도 하고, 하위문화 안에 또 하위문화가 있을 수도 있다. 예를 들어 청소년문화 안에 중학생문화라는 하위문화가 있을 수 있고, 중학생문화 안에 다시 중학교 여학생의 문화가 있을 수도 있다.

하위문화는 전체문화 속에서 채울 수 없는 욕구를 충족시켜주고, 문화의 획일화를 방지하고, 문화에 활력을 불어넣는 역할을 한다. 하위문화는 그 독자성을 통해서 지배적인 전체문화를 보완하고, 전체문화의 존속에 공헌하는 경우가 많다. 그러나 하위문화가 잘못 인식되면 파벌이 될 수도 있다는 단점도 있다.

스포츠에서도 하위문화가 존재한다. 예를 들어 같은 스포츠클럽에 소속되어 있으면서도 직업이 같은 회원들끼리만 공유하고 있는 하위문화가 그것이다.

(3) 소비문화와 스포츠

자본주의 초기에는 상품과 서비스에 대한 소비자의 수요가 공급보다 더 많았기 때문에 소비는 생산의 부차적인 영역에 불과하였지만, 생산력의 급속한 발전으로 공급이 수요를 초과함에 따라 소비자의 기호와 능력이 중요한 것으로 부각되게 되었다.

현대사회에서 소비자는 소비행위를 통하여 만족과 즐거움을 찾고, 소비자의 기호와 능력에 따른 특정 소비행위는 개인의 가치나 주체성을 행동으로 표현하는 문화의 개념으로 받아들여지고 있다. 즉, 현대사회에서 소비는 합리적인 경제행동이라기보다는 개인의 정체성을 드러내는 문화적인 행동인 것이다.

미국인들은 10센트짜리 할인쿠폰을 들고 수퍼마켓에서 장사진을 치고, 호주인들은 쓰던 헌 가구를 내다 파는 개래지세일(garage sale)을 하고, 영국인들은 거품을 뺀 노브랜드(no-brand) 상품을 많이 사고, 프랑스에서는 양 많고 값싼 화장품이 불티나게 팔리고, 독일인들은 열 번을 돌아보지 않고는 구매하지 않는다. 가까운 일본은 소득이 증가하여도 소비증가율은 마이너스를 기록하고 있다. 이와 같은 소비문화가 언제나 우리나라에도 정착될 수 있을까?

직접 또는 간접적으로 스포츠에 참여하는 행위와 관련제품을 소비하는 행위가 '사회적 관계, 행동양식, 자기 정체성 등을 형성하는 데 중요한 역할을 하는 것'을 '스포츠 소비문화'라고 할 수 있다. 예를 들어 골프를 하는 것이 부와 지위를 상징하는 것처럼 비쳐지기 때문에 골프웨어를 입고 출근하면서 자랑스러워한다든지, 등산가면서 값비싼 유명 브랜드의 등산복을 입어 자기의 정체성을 드러내려 하는 것 등이다.

학생들은 특정 브랜드의 운동화나 점퍼를 착용하지 않으면 학교를 안 가려고 한다든지, 프로야구의 어떤 팀을 응원하지 않으면 또래사회에서 대화에 참여하지 못하는 것도 스포츠 소비문화의 하나라고 할 수 있다.

프로스포츠는 신문·TV·영화·대중잡지 등과 함께 소비문화의 전형적인 예이다. 현대 스포츠의 대중화와 고도화는 스포츠의 기업성과 상업주의적 성격을 더욱 강하게 함으로써 아마추어스포츠까지도 상품화·흥행화되어 소비문화 쪽으로 기울어지는 경향이 강하다.

4) 스포츠와 사회복지

시민들이 전 생애에 걸쳐서 행복하고 안정된 삶을 살 수 있도록 만들려는 사회적 노력을 사회복지라 하고, 사회복지에는 개인이나 가족에 대한 서비스뿐 아니라 사회제도를 수정 또는 변화시키려는 노력까지도 포함된다.

전통사회에서는 사회복지를 위한 노력을 개인이나 종교단체가 자발적으로 했지만, 현대 사회에서는 국가에 의존하려는 경향이 크다. 그 이유는 복지가 인간의 권리이고, 사회적 · 국가적 책임이라는 인식이 커졌기 때문이다.

(1) 사회복지의 개념

가. 협의적 개념으로서 사회복지

사회복지를 소극적이고 한정적인 협의의 개념으로 받아들이는 견해이다. 개인과 그 가족의 삶에 대한 일차적 책임은 먼저 그 개인에게 있다는 자유주의적 사상과, 삶을 위한 모든 재화는 시장에서 얻어야 한다는 시장경제의 원칙을 바탕으로 하며, 국가와 사회의 공동체적 책임과 노력은 그다음의 문제로 인식한다. 이 개념을 따른다면 사회복지의 혜택을 받는 사람은 비정상적이며 병리적인 사람으로 간주되어 사회적 낙인(stigma)이 찍히게 할 위험이 크다.

나. 광의적 개념으로서 사회복지

사회복지를 넓은 의미로 받아들이는 광의적 개념은 전 국민을 대상으로, 국민생활의 각 측면에 나타나는 비복지(diswelfare)를 다루거나 해결하고자 하는 것이다. 사회복지는 특수한 처지에 놓인 요보호자만을 대상으로 하는 일시적 · 선별적 · 보충적 개념이 아니라, 모든 사회구성원을 대상으로 하는 항구적 · 보편적 · 제도적 개념으로서, 모든 인류가 생애의 전 과정을 통해서 언제 · 어디서나 제공받는 개념이다.

(2) 사회복지의 목적

가. 인간다운 생활보장

사회복지의 목적은 무엇보다도 모든 국민의 인간다운 생활을 보장하는 것이다. 이는 곧 생존권적 기본권을 의미하며 우리나라는 국민의 생존권을 보장하기 위해 헌법 제34조 제1항에 "모든 국민은 인간다운 생활을 할 권리를 갖는다."라고 규정되어 있다.

나. 자립적 생활 추구

사회복지의 주요한 목적은 개인이 의존에서 벗어나 자기 스스로 삶을 영위하도록 하는데 있다. 사회복지는 각종 제도적 보장과 함께 요보호자가 스스로 판단하고 결정하며 스스로 책임지는 능력을 기를 수 있도록 요보호자에게 내재되어 있는 잠재적 능력을 최대한 발휘되도록 도와주는 것을 포함한다.

다. 사회통합

사회통합이란 사회의 구성원 또는 집단 간에 서로 결속력을 갖도록 해주는 것을 말한다. 현대사회에서의 사회복지는 요보호자를 사회에서 제거시키려는 것이 아니라 그들을 경제적으로 자립시키거나 신체적으로 재활시켜 생산적인 인간으로 만들어 사회통합을 이루려는 데 목적을 두고 있다.

(3) 사회보장제도

소득이 적거나 실업·질병·노쇠·재해 등의 사유로 생활에 불안과 위협을 받고 있는 경우 국가가 최소한의 인간다운 생활을 보장하는 제도를 말한다. 그 밖에 교육보장·의료보장·주거보장 정책 등을 통하여 국민들이 최소한 인간다운 삶을 살 수 있도록 보장한다.

사회보장은 비용 부담자가 누구냐에 따라 사회보험과 공적부조로 나눈다. 개인, 고용주, 국가가 나누어서 부담하는 것이 사회보험이고, 보험료를 부담할 능력이 없는 빈곤자에게 국가가 모든 비용을 부담해주는 것이 공적부조이다.

개인을 빈민으로 보고 부족한 소득이나 생활용품을 나누어주는 것으로 끝나는 것이 아니라 그 사람이 자립하여 더 낳은 인간관계를 달성할 수 있도록 도와주는 것을 사회복지서비스라고 한다. 우리나라에서는 그림 4-3과 같이 사회보장제도를 시행하고 있다.

(4) 여가서비스

여가활동을 수요와 공급의 논리로 볼 때 수요는 사람들이 여가활동을 하고자 하는 욕구가 된다. 그리고 사람들이 여가활동을 할 수 있도록 장소와 시간을 마련하고, 관련 제품을 생산하고, 관련 서비스를 제공하는 것 등을 공급이라고 할 수 있다. 그때 공급에 해당하는 것 모두를 총칭하여 '여가서비스'라고 한다.

최근 소득과 여가시간의 증대로 여가와 관련된 지출이 늘고 관련 사업이 높은 성장세를 보이고 있다. 여가활동을 중시하고, 여가시간을 가치 있게 활용하고자 하는 욕구가 증가하

┃ 그림 4-3. 사회보장제도의 틀

면서 다양한 여가활동이 생기고, 여가서비스가 고부가가치산업으로 도약하고 있다.

등산과 걷기 열풍에 힘입어 과거에는 패션산업의 변방에 머물렀던 아웃도어 시장이 고성장을 지속하고 있고, 올레길 등의 영향으로 제주도의 관광수입이 전년 대비 수십 퍼센트 증가하였으며, 자전거 길을 확충함으로써 자전거 산업의 발전은 물론이고, 자전거로 출퇴근하는 학생과 직장인도 증가한 것 등이 여가서비스를 통하여 산업이 발전하고 생활양식이 변화한 예이다.

요즈음에는 편하게 쉬는 여가보다 건강, 자아실현, 사회적 교류 등 구체적 목표를 실현하기 위한 여가활동이 확산되고 있다. 앞으로는 자전거 출퇴근, 쇼핑몰에서 여가활동을 즐길 수 있는 몰링(malling)이 확산될 것이고, 고기능·고성능의 전문레저용품이 사람들의 관심을 모을 것이다. 또한 유명 관광지를 둘러보는 단순관광 대신 문화체험, 생태체험이 각광을 받고, 문화예술을 접목한 여가서비스가 확산될 것이다.

4. 스포츠사회학의 조직적 측면

1) 스포츠와 사회조직

(1) 사회집단의 정의

두 사람 이상이 모인 것을 집단이라 하고, 집단 중에서 다음의 여건을 충족시키는 집단을 사회집단이라고 한다.

- 구성원 사이에 공통적인 관심의 대상(목표)이 있다.
- 어느 정도 안정된 지속적 상호작용이 있다.
- 일정한 역할분담에 의한 조직성이 있다.
- 구성원이 공통적인 집단활동에 참가한다.
- 규범이 형성되어 구성원의 행동을 규제한다.
- 공동의 소속감이 있는 집단이다.

다시 말해서 공동목표를 가진 구성원들이 조직체계를 갖추고 있는 집단을 사회집단이라고 한다. 집단과 조직을 개념이 서로 같은 것으로 보고 구별 없이 사용하는 것을 흔히 볼수 있다. 그러나 집단은 조직에 비하여 체계화·구조화가 덜 되어 있고 동태성이 보다 강할 뿐만 아니라, 조직은 구조적·제도적 측면에서 파악하는 개념이고, 집단은 인간의 집합체적·심리적 측면에서 파악하는 개념이다. 예를 들어 협회라는 단체를 조직이라는 관점에서 보면 자발적 결사조직이고, 집단이라는 관점에서 보면 결사체적 이익집단이다.

보통 집단이라고 하면 조직 내에서 자연히 생겨나는 자생집단, 즉 공식조직 내의 비공식집단을 가리킨다. 그렇지만 계나 친목단체와 같이 조직 밖에서 집단이 형성되는 경우도 있다.

(2) 사회집단의 구조

사회집단 내에서의 구성원의 행동은 동일하지 않으며, 저마다 다른 행동유형에 따라 상호작용이 행해진다. 예를 들어 직장집단에서 각 구성원은 사장→부장→과장→과원과 같이 저마다 다른 지위관계에서 상대방에게 서로 다른 역할을 수행한다. 이와 같이 구성원 사이의 '상대적으로 안정된 지위-역할관계의 조직'을 '집단의 구조'라 한다.

일반적으로 집단의 구조는 매우 복잡하다. 예를 들어 가족집단만 하여도 남편-아내, 아버지-자식, 어머니-자식, 형제 등 4가지의 서로 다른 지위-역할관계가 포함되어 있다. 따라서 집단의 구조는 다차원적이고, 지위-역할이 구성원 간에 다르기 때문에 구성원 사이의 힘이나 영향력에 불균형 관계가 성립된다.

한 개인이 사회집단(단체, 조직)에서 차지하고 있는 자리를 '사회적 지위'라고 한다. 사회적 지위는 친족의 배경에 따라서 얻어지는 '귀속적 지위'와 자신의 노력에 의해서 얻어지는 '성취적 지위'(의사, 변호사, 국회의원 등)로 나누지만, 그마저도 한계가 분명하지 않다. 예를 들어 어떤 사람이 교수가 되었다고 할 때 그 사람의 능력만으로 성취한 것인지 아니면 가정적 배경 때문에 덕을 본 것인지 판단하기 어려운 때가 많다. 스포츠에서 유명한 프로선수가 되었다고 할 때도 그 선수가 부모로부터 타고난(귀속적 요소) 체격·체력적인 요소가 없어도 자신의 노력(성취적 요소)만으로 가능하였을까?

어쨌든 사회적 지위가 다르면 사회적 역할도 달라질 수밖에 없다. 한 개인이 어떤 지위를 차지하고 있을 때 그에 상응하는 역할이 있는데, 그 역할을 본인이 실제로 수행하는 것을 '역할수행', 주위 사람들이 그 지위에 있는 사람이 해주기를 바라는 것을 '역할기대'라고 한다. 역할수행과 역할기대가 일치하거나 비슷하면 문제가 없지만 그렇지 못하면 역할수행과 역할기대 사이에 갈등이 생기고, 그 갈등이 심하면 그 지위를 계속해서 차지하기 힘들게 된다.

그런데 한 개인의 지위가 여러 가지 있다면 자연히 역할수행도 다양하게 되고, 역할기대도 다양할 수밖에 없게 된다. 그래서 한 개인이 사회에서 맡은 역할이 아주 많다는 것을 '역할군', 그것을 그림으로 그려 놓은 것을 '역할군도', 역할도 많고 역할기대도 다양하다는 것을 한꺼번에 '역할레퍼토리'라고 한다.

무엇이라고 표현하든 간에 한 개인이 맡은 역할이 많고, 역할기대도 제각각이기 때문에 세상 일 모두를 순탄하게 실행하기는 쉽지 않다. 아들 노릇을 잘하면 남편 노릇을 잘못할 수도 있고, 직장에서 맡은 역할을 중시하다 보면 가정에서 맡은 역할을 소홀히 할 수밖에 없는 경우가 많다. 즉 현대인은 항상 갈등 속에서 살아갈 수밖에 없다.

그러한 역할 갈등 중에서 동일한 지위에 대해서 서로 양립될 수 없는 역할기대가 있으면 '역할긴장'이라고 한다. 예를 들어 학생이란 지위에 대한 역할기대에서 "공부를 열심히 해야 하고, 수업에 잘 참석해야 한다."는 역할기대와 "다른 학생보다 운동을 더 잘 했으면 좋겠고, 연습도 열심히 해서 기술이 많이 향상되기를 바란다."는 역할기대는 양립될 수 없는

데도 그것을 바라는 사람들이 주위에 많다.

(3) 조직의 유형

조직은 분류기준에 따라 다양하게 분류된다. Parsons는 조직이 사회에 기여하는 바에 따라 생산조직, 정치조직, 통합조직, 유형유지조직 등으로 분류하였고, Etzioni는 상하 복종관계와 관여도에 따라 강제적 조직, 공리적 조직, 규범적 조직 등으로 분류하였다.

Simon은 조직의 수혜자가 누구냐에 따라 다음과 같이 분류하였다.

- 조직의 구성원이 주 수혜자가 되는 호혜조직(노동조합 · 의사회 · 변호사회 등)
- 조직의 소유자 또는 경영권자가 조직의 주 수혜자가 되는 사업조직(은행 · 회사 등)
- 조직의 이용자가 주 수혜자가 되는 봉사조직(이용자가 조직의 성원도 되는 학교 · 고아원 · 양로원 등과, 이용자는 조직의 성원이 아닌 병원 · 신문사 · 방송국 등)
- 일반대중이 수혜자가 되는 공익조직(정부의 관료조직, 군대 · 경찰 · 소방서 등)

(4) 관료제

공식조직의 유형 중에서 가장 대표적이고 능률적인 것으로 관료제가 있다.

Weber는 관료제의 특징으로 다음 다섯 가지를 들었다.

- 분업과 전문화……능률을 극대화하기 위해 구성원의 역할이 분업화 전문화되어 있다.
- 위계적 권위구조……상하가 분명하고 권위주의적인 구조로 되어 있다.
- 인원의 교체……전보 · 승진에 의하여 인원의 재결합을 시도한다.
- 정실의 배제……사적인 정실을 배제하고 규범에 따라서 역할수행을 한다.
- 보수체계……지위 및 역할에 따라 보수가 책정된다.

현대사회에서는 무수한 집단의 조직이 거대화되고, 능률주의에 따라 기능적으로 합리화되어가고 있다. 이같은 조직의 거대화와 기능적 합리화는 조직 속의 인간을 기계의 톱니바퀴처럼 바꾸어가는 경향이 있기 때문에 조직과 인간소외라는 문제가 크게 부각되고 있다.

2) 스포츠와 사회제도

인간(구성원)의 기본적인 욕구와 사회가 유지 · 존속되는데 필요한 사회적 요건들을 충족시켜주기 위해서 만들어낸 역할과 규범체계를 '사회제도'라고 한다. 사회제도는 만들 때 목적한 바를 성취시키기도 하지만 목적한 바와는 달리 엉뚱한 결과를 초래하는 잠재적인 역기능도 가지고 있다. 사회제도는 분류의 관점에 따라 여러 가지 유형으로 분류할 수 있지만, 일반적으로 다음 여섯 가지 사회제도를 기본적인 사회제도로 본다.

- **가족제도** : 사회구성원의 충원과 양육 및 보호
- **정치제도** : 정치권력을 통해 국가 통치, 사회질서 유지, 공공복리 증진
- **경제제도** : 사람들이 살아가는 데 필요한 재화와 서비스의 생산 · 분배 · 소비
- **교육제도** : 지식 · 기술 · 가치 · 규범 등을 전달하여 구성원들을 사회화시킨다.
- **문화제도** : 사상의 형성 및 가치 전파(예술 · 희극 · 오락)
- **종교제도** : 개인에게 삶의 의미와 방향 제시

사회제도는 서로 의존적으로 조화를 이루고, 복합적으로 형성된다. 원시사회에서는 사회제도가 통일된 단일 구성체계였지만 사회가 발달되면서 여러 제도로 분화하였다. 특히 현대사회에서는 '전문화', '관료조직화'하는 경향이 두드러지고 있다.

현대사회에서는 스포츠가 사회의 구석구석에 영향을 미치면서 자리하고 있기 때문에 스포츠도 하나의 사회제도로 본다. 사회제도로서의 스포츠에 관한 연구는 미미한 형편이다.

3) 스포츠와 사회계층

인간은 원시사회에서부터 현대까지 완전히 평등한 사회에서 살아 본 경험이 없다. 재산 · 수입 · 직업 · 교육 · 종교 · 인종 · 혈연 등에 따라서 불평등한 대우를 받으며 살아왔고, 그러한 불평등한 대우 때문에 개인이나 집단의 생활기회와 생활양식에 차이가 생겼다.

위와 같이 불평등한 사회 속에서 객관적으로 볼 때 어느 정도 비슷한 대우를 받는 사람들 전체를 '사회계층' 또는 '사회성층'이라 한다. 그러므로 사회계층이 몇 개라고 정해진 것도 없고, 다른 사람이 볼 때는 두 사람이 같은 사회계층이지만 자기들끼리는 다른 계층이라고 생각할 수도 있다.

(1) 사회계층 이론

사회계층을 설명하는 이론에는 Marx의 일원론과 Weber의 다차원론이 있다. 두 이론의

표 4-1. Marx의 일원론과 Weber의 다차원론 비교

구분	마르크스의 일원론	베버의 다차원론
사회적 의미	● 생산수단에 대하여 공통적인 관계를 가지고 있는 사람들의 집단	● 다양한 요인에 의하여 불평등하게 서열화 된 사람들의 집단
계층구분의 기준	● 생산수단을 가지고 있는 집단(자본가 계급)과 없는 집단(노동자 계급)	● 경제적 계급(마르크스와 같다) ● 사회적 지위 ● 정치적 권력이 복합적으로 작용
구조	● 비연속적인 자본가 계급과 노동자 계급으로만 구분	● 다양한 요인에 의하여 불평등한 분배상태가 범주화하여 연속적인 서열로 계층화함.
관점	● 불평등은 지배집단이 현재의 기득권과 지배적인 위치를 유지하기 위해서 만들어 낸 것일 뿐이다(갈등론적 관점).	● 사회는 유기체와 같아서 모든 구성요소가 다 필요하지만 중요도나 기능적인 면에서 차별은 당연하다(기능론적 관점).
가치배분	● 지배집단에 유리하도록 불공정하게 배분	● 개인의 자질과 능력에 따라 구성원들의 합의 하에 배분
사회적 기능	● 계층구조가 불평등을 고착화하여 사회통합을 저해한다.	● 계층구조가 성취동기를 부여하고, 사회적 효율성을 높인다.

차이점은 표 4-1과 같고 Marx와 Weber의 이론을 확장하거나 혼합시켜서 만들어진 것이 Wright의 계급이론과 Parkin의 사회적 닫힘이론이다. 그밖에 Pierre Bourdieu의 '구별 짓기'와 '아비투스'(habitus)도 있지만, 자세한 것은 사회학 시간에 공부하기 바란다.

(2) 스포츠와 사회계층

스포츠를 사회문화 내지는 사회제도의 하나로 보고 스포츠와 사회계층의 관계에 대하여 연구한 것들도 다수 있다.

그 연구방향은 사회계층과 스포츠참여의 관계를 규명하려는 것, 사회계층과 참여하는 스포츠종목과의 관계를 규명하려는 것, 사회계층의 이동과 스포츠의 관계를 알아보려는 것, 스포츠 자체의 계층적 구조와 관련된 것, 스포츠선수들 사이의 계층에 관한 것 등이다.

이 책에서는 원영신이 스포츠계층을 '스포츠 내의 사회적 불평등의 하위형태로, 사회적 희소가치가 스포츠체계 내의 구성원 사이에 불균등하게 배분되어 구조화되고 제도화된 체계를 이루고 있는 현상'으로 규정하면서 스포츠상황에서 발생하는 사회적 불평등현상이라고 지적한 '스포츠계층의 특성'을 살펴보는 것으로 마무리한다.

● **스포츠계층의 사회성**……스포츠계층의 불평등은 한두 가지 원인에 의한 것이 아니고 보다 광범위하고, 다양한 사회문화적인 현상이다.

● **스포츠계층의 역사성**……현대스포츠에서 제도화된 불평등은 일반사회의 불평등과 역

사를 같이 한다.

● 스포츠계층의 편재성……스포츠계층은 어느 곳에나 존재하는 보편적인 사회문화적 현상이다.

● 스포츠계층의 다양성……스포츠사회에서는 완전히 평등한 것과 완전히 불평등한 것으로 이분화될 수 없고 그 불평등의 정도가 다양하다.

● 스포츠계층의 영향성……다른 영역들과 마찬가지로 스포츠도 사회계층적 차이의 영향을 받을 수밖에 없다.

5. 스포츠사회학의 정보적 측면

현대사회를 정보화사회라고 한다. 정보가 일반적인 재화보다 더 가치가 높다고 인정받아 사고팔게 된지는 오래 되었고, 요사이는 한쪽에서는 정보를 지키려고 안간 힘을 쓰고, 다른 쪽에서는 정보를 얻으려고 불법도 자행하는 일이 비일비재하고 있다.

정보의 유통이 편지나 책 보다는 매스미디어, 인터넷, 스마트폰 등을 매체로 이루어지는 경우가 훨씬 많아졌다. 정보의 유통매체가 우리의 일상생활에 미치는 영향과 스포츠에 미치는 영향을 중심으로 간략하게 살펴보기로 한다.

1) 매스미디어란

미디어란 매체·수단이란 뜻으로 다수의 사람들에게 대량의 정보전달을 매개하는 기계적·기술적·조직적 수단을 말한다. 매스미디어는 특정 수용자를 대상으로 하지 않고, 불특정의 모든 대상에게 공적·간접적·일방적으로 대량의 정보를 전달하는 매체를 뜻하며, 우리말로는 '대중매체'라고 한다.

TV, 신문, 라디오, 잡지, 영화, 광고 등 정보전달의 대상을 특정할 수 없는 매체를 전통적으로 매스미디어라고 해왔지만, 퍼스널컴퓨터의 발달로 정보전달의 대상은 특정하면서도 전통적인 매스미디어와 근사적인 성질을 갖춘 매체, 즉 인터넷이 등장하게 되었다. 최근에는 이러한 상황에 대응하여 지금까지의 매스미디어 개념을 확대하여 인터넷, 박물관, 공공도서관, 종교, 정치까지도 매스미디어로 보는 견해도 있다. 최근에는 휴대폰으로도 인터넷과 똑같은 기능을 거의 다 할 수 있기 때문에 휴대폰도 매스미디어의 범주로 본다.

매스미디어가 성립하게 된 기반으로는 근대산업의 발달에 따른 인구의 도시집중, 교육의 확산, 경제적 여유와 여가시간의 증가, 정치의 대중화, 자본주의 경제의 발전에 따른 전국 시장의 형성 등을 들 수 있다.

2) 매스미디어의 장점과 단점

매스미디어의 주요 장점으로는 많은 정보를 빠르게 전달할 수 있는 대량성과 신속성 등을 들 수 있고, 단점으로는 메시지의 전달방향이 대체로 일방적이라는 점, 수용자의 참여가 극히 제한되어 있다는 점, 피드백이 간접적이고 지연적이라는 점 등을 들 수 있다. 그러나 그러한 단점들을 극복하기 위해서 매스미디어와 대인미디어의 장점을 결합시킨 여러 가지 뉴미디어들이 개발되고 있다.

오늘날의 매스미디어는 대부분 사기업이 운영하고 있다. 사기업은 이윤추구가 목적이기 때문에 내용의 저속화, 상업화, 타성에 흐르기 쉽다는 것도 단점 내지는 경계해야 할 점으로 지적되고 있다. 그밖에 매스미디어가 정부나 특정 정당, 특정 대기업과 유착관계를 가지면 그 피해가 온국민에게 돌아간다는 것도 간과해서는 안 될 점이다.

매스컴의 수신자가 증가하면 할수록 매체는 정치, 경제, 사회, 문화 전반에 걸쳐 고도로 산업적·기계적이 되고, 그 조직은 일반인들에게는 접근하기 어려운 존재로 되어간다. 다시 말해서 매스미디어가 대중을 지배하고, 정부나 사회단체에 대한 영향력이 막강해지기 때문에 매스미디어에도 윤리강령 같은 것이 있어야 한다는 목소리가 점점 커지고 있다.

매스컴의 발달에 의하여 확실히 세계는 좁아졌다. 그로 인해 사람들 사이에 '유사성'과 '획일성'이 만연하여 개별성과 창조성을 저해하고, 사람들을 소외시킨다는 지적도 있다.

휴대폰의 발달로 때와 장소의 구분 없이 원하는 사람과 접속할 수 있게 되어 편리해진 것은 사실이다. 그러나 원하지 않는 전화를 받아야 하고, 스팸성 내지는 사기성 전화 때문에 여러 가지 불이익을 당하며, 사람과 사람이 얼굴을 마주 대할 기회가 점점 더 줄어간다는 역기능도 있다.

날로 복잡해지고, 각박해지는 세상에서 자기만의 세상을 꿈 꿀 수 있는 사이버 세계를 누릴 수 있다는 장점보다는 사이버세계에 중독되어 하는 반사회적인 행동과 비윤리적인 성격장애를 겪게 되는 단점이 더 큰 사회문제로 부각되고 있는 것도 현실이다. 통신의 정보 사회라고 불리는 현대는 점점 더 인간의 마음을 차갑게 만들어서 인간관계를 소원하게 하는 것도 인간관계에 중대한 위기가 아닐 수 없다.

현대사회에서의 매스미디어는 대규모조직이 되어 쉴새없이 활동하고 있으므로 일반사람들에게 미치는 영향력은 막대하다. 이와 같이 강한 영향력을 발휘하는 정보매체인 매스미디어의 미디어와, 지배·정부·정체 등을 뜻하는 크래시(cracy)의 합성어인 미디어크래시(mediacracy)와 매스미디어를 지배하는 사람이란 뜻으로 미디어크래트(mediacrat)라는 신조어가 나오는 것만 보아도 매스미디어가 현대생활에 얼마나 큰 영향을 미치고, 매스미디어의 횡포(?)가 심각할 정도의 수준이라는 것을 알 수 있다.

3) 매스미디어와 스포츠

(1) 매스미디어와 스포츠의 만남

스포츠기사가 신문에 처음으로 게재된 것은 1733년 보스턴 가제트(Boston Gazette)였다. 1855년에는 신문에 스포츠난이 생겼고, 1920년에 라디오 중계방송이 시작되었다. 1936년 베를린올림픽 때 처음으로 TV 중계방송을 했고, 베를린올림픽의 경기장면들을 촬영하여 영화로 만들었다. 1964년 도쿄올림픽은 인공위성을 통한 스포츠 중계방송이 이루어졌고, 1984년 LA올림픽에서는 정부의 지원 없이 매스미디어 중계료만으로 흑자를 냈다.

우리나라에서는 1927년에 경성방송국이 문을 열었고, 1928년에 라디오로 전국 중등학교 축구 조선예선전을 중계방송하였다. 1957년에는 전국 고교축구선수권대회를 처음으로 TV 중계방송을 하였다. 1960년대에 민영방송이 시작되면서 스포츠 중계방송이 더욱 활발하여졌고, 해설자도 등장하였다.

1970년대에는 각 방송사들이 스포츠 중계방송을 위한 경쟁시대로 들어섰고, 1980년대에 프로야구와 프로축구 등이 생기면서 본격적으로 스포츠와 매스미디어가 서로의 이익창출을 위한 공생을 시작했고, 뉴스시간에 스포츠뉴스를 별도로 편성하기 시작하였다. 1988년 서울올림픽에서는 LA올림픽보다 더 많은 중계료 수입을 올렸고, 1995년에는 스포츠방송(케이블 TV)이 생겼고, 2002년 한일월드컵대회를 전후하여 스포츠 전문채널이 생겼다.

신문에서도 1960년대에는 스포츠면이 고정적으로 지면을 차지하게 되었고, 1969년에는 스포츠 전문일간지가 발행되기 시작하였다.

(2) 스포츠와 매스미디어의 관계

매스미디어와 스포츠가 만난 역사를 살펴보아서 알 수 있듯이 새로운 매스미디어 기술이 등장하면 그 기술을 바로 스포츠중계나 스포츠뉴스에 이용해 왔다. 그것은 매스미디어가 스포츠를 필요로 한다는 간접적인 증거이기도 하다. 또, 정권이 스포츠를 이용해서 이데올로기를 선전한다든지, 국민들의 마음을 한곳으로 모으려고 할 때는 어김없이 매스미디어를 동원한다. 그래야 비판없이 많은 사람들에게 한꺼번에 전달할 수 있기 때문이다. 그것은 권력이 대중을 선동하려면 스포츠와 매스미디어를 모두 필요로 한다는 증거이다.

스포츠는 매스미디어로부터 중계료를 받아서 그 재원으로 유지하고, 매스미디어는 제작비가 저렴하게 먹히는 방송원을 구할 수 있음은 물론이고, 많은 사람들에게 전달하기 때문에 광고료를 많이 받을 수 있다. 현재 대부분의 매스미디어들은 구독료나 시청료로 운영하는 것이 아니라 광고료가 대부분의 수입원이다.

이와 같이 스포츠와 매스미디어는 서로에게 꼭 필요한 존재이고, 상부상조하는 관계인 것이다. 그러다보니 서로에게는 유순하고, 가급적이면 이해하려고 하는 태도를 보인다. 서울올림픽 때 매스미디어의 요구를 스포츠에서 받아들여 경기일정과 경기시간을 바꾼 것과 매스미디어가 스포츠 스타를 영웅으로 만들어주는 것 등이 그 예이다.

(3) 매스미디어가 스포츠에 미친 영향

매스미디어는 스포츠중계와 보도를 통해서 스포츠에 직·간접적으로 영향을 미치고 있다. 매스미디어가 스포츠에 미친 영향을 요약하면 다음과 같다.

- 스포츠에 대한 정보를 대중들에게 전한다.
- 선수의 동기수준을 높여 스포츠의 저변확대와 스포츠기술 발전에 도움을 준다.
- 대중들에게 스포츠의 이미지를 긍정적으로 형성시켜서 스포츠 발전에 이바지 한다.
- 스포츠의 경기수준을 향상시키고, 흥미진진하게 만든다.
- 재정적인 도움을 준다.
- 페어플레이나 스포츠맨십의 감동적인 스토리를 대중들에게 전파하여 선수와 팬들의 도덕심을 고양한다.
- 스포츠의 문제점을 지적하고 비판하여 스포츠가 올바른 방향으로 나가도록 이끈다.

매스미디어가 스포츠의 중요한 재원 중의 하나이기 때문에 매스미디어가 스포츠에 영향을 주는 것은 많지만, 스포츠가 매스미디어에 영향을 주는 것은 거의 없다고 보아야 한다.

스포츠가 매스미디어에 미친 영향으로 방송기술의 향상, 매스미디어 종사자들의 전문화 등을 드는 사람도 있지만, 그러한 것들도 매스미디어가 필요로 해서 매스미디어 측에서 개발한 것이지 스포츠의 요구에 부응하기 위해서 그렇게 했다고 보기는 어렵다. 다시 말해서 매스미디어와 스포츠는 공생의 관계이기는 하지만 평등한 관계는 아닌 것이다.

위에서 매스미디어가 스포츠에 영향을 미친 것으로 7가지를 들었지만, 그밖에도 경기규칙의 변경, 경기장 환경의 변화, 스포츠용품의 변화, 경기단체 조직의 변화 등 수 많은 것들이 더 있다. 그러한 변화들이 스포츠발전에 긍정적인 것인지 아니면 부정적인 것인지 판단할 겨를도 없이 일방적으로 매스미디어에게 맞도록 변화가 이루어진 것도 사실이다.

참고문헌

강복창(2001). 스포츠사회학개론. 서울 : 태근출판사.

강준만 외(1988). 대중매체와 사회. 서울 : 세계사.

강현두, 최정호, 오택섭(1995). 매스미디어와 사회. 서울 : 나남출판.

강효민, 남재화(2001). 스포츠 미디어 & 미디어스포츠. 서울 : 대한미디어.

권수미(2000). 디지털 언론, 디지털 포토그래피. 서울 : 나남출판.

김경동(1986). 현대의 사회학 : 사회학적 관심. 서울 : 박영사.

김광득(2003). 21세기 여가와 현대사회. 서울 : 백산출판사.

김덕영(1999). 몸의 문화사회학적 비교. 전통과 현대, 여름호, 132-152.

김도균(2000). 스포츠 비즈니스. 서울 : 오성출판사.

김동일(1994). 성의 사회학. 서울 : 문음사.

김문겸(1993). 여가의 사회학. 서울 : 한울아카데미.

김범식 외 9인 공저(2002). 현대사회와 스포츠. 서울 : 도서출판 홍경.

김사엽(1998). 현대스포츠사회학의 이해. 서울 : 학문사.

김선종 역(1996). 스포츠와 정치 그리고 공산주의. 서울 : 도서출판 대한미디어.

김숙영(2001). 스포츠 소비문화 특성에 관한 연구. 연세대학교 대학원 박사학위논문.

김영석(2000). 스포츠와 미디어 그리고 마케팅. 서울 : 신아출판사.

김운용(1990). 위대한 올림픽. 서울 : 동아출판사.

김은엽(1998). 현대 스포츠사회학의 이해. 서울 : 학문사.

김재봉(2000). 디지털 혁명과 매스미디어. 서울 : 나남출판.

김창남(1998). 대중문화의 이해. 서울 : 한울아카데미.

대한올림픽위원회(1996). KOC 50년사. 서울 : 대한올림픽위원회.

문화관광부, 한국체육과학연구원(2006). 2005 체육백서.

문화방송 아나운서국(2000). 2000 올림픽 총서. 서울 : 문화방송.

문화제육관광부(2010). 2010년도 스포츠 산업 경영정보

문화체육관광부(2010). 스포츠산업 경영정보.

문화체육관광부(2010). 체육백서.

박홍규 외 3명(1994). 스포츠사회학. 서울 : 나남출판.

박홍규, 정홍익, 임현진(1994). 스포츠사회학. 서울 : 나남출판.

방열(2002). 스포츠보도론. 서울 : 대경북스.

배현석 역(2001). 미디어 내용분석 방법론. 서울 : 커뮤니케이션북스.

변시민(1988). 스포츠사회학개론. 서울 : 전영사.

성종림(1985). 체육사회학. 전북 : 원광대학교 출판국.

송석록(2002). 스포츠스폰서십. 서울 : 도서출판 신일상사.

송해룡(1993). 스포츠 커뮤니케이션론. 서울 : 전예원.

송해룡(1999). 스포츠 방송과 영상산업. 서울 : 커뮤니케이션북스.

송해룡(2000). 영상시대의 미디어스포츠. 서울 : 커뮤니케이션북스.

송해룡(2001). 디지털 커뮤니케이션과 스포츠 콘텐츠. 커뮤니케이션북스.

송해룡, 최동철(1999). 미디어스포츠와 스포츠 커뮤니케이션. 서울 : 커뮤니케이션북스.

안계춘(1998). 현대사회학의 이해. 서울 : 법문사.

안영필(1997). 스포츠사회학. 부산 : 동아대학교 출판부.

안우홍, 임수원(1994). 스포츠사회학. 서울 : 형설출판사.

오준석(2003). 디지털시대의 스포츠마케팅. 서울 : 무지개사.

원영신(2013). 스포츠사회학 플러스 제2전정판. 대경북스.

원영신 · 함은주(2010) 미디어 스포츠 플러스, 대경북스

이동연(1997). 문화연구의 새로운 토픽들. 서울 : 문화과학사.

이상철(1990). 스포츠사회학 개론. 서울 : 형설출판사.

이승희(1994). 여성운동과 정치이론. 서울 : 도서출판 녹돌.

이영자(1993). 성평등의 사회학. 서울 : 한울출판.

이윤희(2000). 사회학. 서울 · 학문과 사상사

이재호(2000). 대중매체와 사회. 서울 : 양지.

이종각(1975). 체육 · 스포츠사회학 : 체육 · 스포츠문화, 사회. 서울 : 경림출판사.

임계춘(1988). 현대사회학의 이해. 서울 : 법문사

임번장(2000). 사회체육개론. 서울 : 서울대학교 출판부.

임번장(2008). 스포츠 사회학 개론. 서울 : 레인보우북스

정성태, 감창규 공역(1984). 올림픽의 사회학. 서울 : 중앙일보사.

조명렬(1985). 체육사회학. 서울 : 형설출판사.

조한범, 김선종 공역(2001). 스포츠와 국제정세. 서울 : 도서출판 홍경.

최재현 (1987). 현대사회학개론. 서울 : 형설출판사.

한경희, 유연식(1998). 스포츠사회학. 서울: 교학연구사.

한경희, 유연식, 정종찬(2000). 스포츠사회학. 서울 : 교학연구사

한광걸(2001). 스포츠의 사회학적 이해. 경북 : 영남대학교 출판부.

한성일(1986). 스포츠사회학. 서울 : 동화문화사.

한이석(2001). 현대스포츠사회학. 서울 : 형설출판사.

한이석(2002). 스포츠미디어연구론. 형설출판사.

현승일(1990). 사회학. 서울 : 박영사.

菅原禮(1984). スポーツ社會學の基礎理論, 東京 : 不昧堂出版, 昭和 60.

近藤義忠(1972). 體育研究における社會學の役割 : 社會學の方法論的檢討, 體育社會學の方法と課題, 1-22, 東京 : 道和書院.

Ahheier, H. K., Gerhards, J., & Romo, F. P.(1995). Forms of Capital and Social Structure in Cultural Fields: Examing Bourdieu's Social Topology, *American Journal of Sociology, 100*, 859-903.

Allison, L.(2000). Sport and national ism. In *Handbook of Sports Studies*(pp. 344-55), edited by J. Coakley and E. Dunning. London: Sage.

Arnold, P.(1999). The virtues, moral education, and the practice of sport. *Quest, 51(1)*, 39-54.

Barry, D., McPherson, J. D., Curtis, J. E., & Loy, J. W.(1989). *The Social Significant of Sport: An Introduction of the Sociology of Sport*. Human Kinetics Books.

Calhoun, O.(1981). *Sport, Culture and Personality*. West Point, NY : Leisure Press.

Coakley, J. J.(1986). *Sport in society : Issues and Controversies(2nd ed.)*. St. Louis, MI : C. V. Mosby.

Coakley, J.(2011). *Sports in Society*. America: McGraw-Hill.

Drucker, P. F.(1993). *Post-capitalist Society(1st ed.)*. New York : Harper Business.

Dumazedier, J. (1967). *Toward a Society of Leisure*. New York: The Free Press, 16-17.

Dumazedier, J.(1974). *Sociology of Leisure*. New York : Elsevier.

Dunning, E., & Maguire, J.(1996). Process-sociological notes on sport. Gender relations and violence control. *International Review for the Sociology of Sport, 31*.

Eitzen, D. S., & Sage, G. H.(1983). *Sociology of American Sport*. Dubuque, IW : Wm. C. Brown.

Ellias, N.(1982). *The Civilizing Process. 2 vols.* New York : Pantheon.

Ellias, N.(1986a). *An Essay On Sport and Violence, in Quest for Excitement,* ed. by N. Elian and E. Dunning, Oxford : Blackwell.

Fiske, J.(1987). *Television Culture.* NY: Routledge.

Fiske, J.(1990). *Introduction to Communication Studies.* NY: Routledge.

Frank, A. W.(1991). *For a Sociology of the Body: an Analytical Review,* Mike Featherstone, Mike Hepworth.

Giddens, A.(1992). *The Transformation of Intimacy.* Stanford Univ. Press.

Godbey, G.(1981). *Leisure in your life.* Saunders Publishing.

Gould, D., Tuffey, S., Udry, E., & J. Loehr(1997). Burnout in competitive junior tennis players: Ⅲ. Individual differences in the burnout experience. *The Sport Psychologist, 11(3),* 257−76.

Gruneau, R.(1983). *Class, Sport and Social Development.* Amherst, MA : University of Massachusetts Press.

Hannigan, J.(1998). *Fantasy City: Pleasure and Profit in the Postmodern Metropolis.* London: Routledge.

Hargreaves, J.(1982). *Sport, Culture and Ideology,* London: Routledge & Kehan Paul.

Hargreaves, J.(1986). *Sport, Power and Culture,* New York, St. Martin's Press.

Higgs, C. T., & Weiller, K. H.(1994). Gender bias and the 1992 summer olympic games ; An analysis of television coverage. *Journal of Sport and Social Issues, 18(3),* 234−246.

Houlihan, B.(1994). *Sport and International Politics.* Hemel Hempstead, England: Harvester Wheatsheaf.

Houlihan, B.(2000). Politics and sport. In *Handbook of Sports Studies*(pp. 213−27), edited by J. Coakley and E. Dunning. London: Sage.

Ingham, A. G., Blissmer, B. J., & Davidson, K. W.(1996). The expendable prolympic self: Going beyond the boundaries of the sociology and psychology of sport. *Sociology of Sport Journal, 16(3),* 236−68.

Iso-Ahola, S. F.(1980). *The Social Psychology of Leisure and Recreation.* William. C. Brown Company Publishers.

John, Horne, Alan, Tomlinson, & Garry Whannel(2000). *Understanding Sport.* London & New York:

Johnson, H. M.(1980). *Sociology: A Systematic Introduction.* New York: Macmillan.

Katz, D.(1960). The functional approach to the study of attitudes. *Public Opinion Quarterly, 24,* 163−204.

Kelly, J. R.(1990). *Leisure(2nd ed.).* Englewood Cliffs, NJ : Prentice−Hall.

Leonard, W. M.(1980). *A Sociological Perspective of Sport.* Minesota : Burgess Publishing Company.

Linder, S.(1970). The Harried Leisure Class. NY : Columbia University Press.

Loy, J. W., McPherson, B. D., & Kenyon. G.(1978). *Sport and Social System*. Reading, MA : Addison-Wesley.

MacNeill, M.(1994). Active women, media representations, and ideology. In Susan, B. & Cheryl, L. C.(eds.), *Women, Sport and Culture*. Human Kinetics.

Maguire, J.(1994). Globalization, sport and national identities: "The Empires Strike Back?", *Society and Leisure 16*: 293-323.

Maguire, J.(1998). Globalization and sportization: A figurational process/sociological perspective. *Avante 4(1)*: 67-89.

MaKay, J., & Rowe, D.(1987). Ideology, the media, and Australian Sport. *Sociology of Sport Journal, 4*, pp. 258-273.

Malinowski, B.(1982). *Magic, Science and Religion and Other Essays*. London: Souvenir Press.

McElory, M.(1980). Significant Others Professionalized Sport Attitude. *Research Quarterly, 51*.

McGuire, W. J.(1969). The nature of attitudes change. In G. Lindzey and E. Aronson(ed.). *The Handbook of Social Research Journal, 8*, 435-445.

McPherson, B. D., Curtis, J., & Loy, J. W.(1989). *Social Significance of Sport*. Champaign, IL : Human Kinetics.

Meek, A.(1997). Sport Industry Analysis. *Sport Marketing Quarterly, 6(4)*, 15-22.

Messener, M. A., & Sabo, D. F.(1990). *Sport, Men and the Gender Order: Critical Feminist Perspectives*. Champaign, IL: Human Kinetics

Meyer-Drawe, K.(1996). *Menschen im Spiegel ihrer Mashinen*, Munchen.

Mullin, B. J.(1984). What is sport management?, *Journal of Sport Management, 1(1)*, 1-11.

Murphy, J. (1975). *Recreation and Leisure Services*. Iowa: William C. Brown, 6~15.

Overman, S. J.(1997). *Rip off the Big Game: The Explanation of Sports by the Power Elite*, New York: Anchor Doubleday.

Parente, D. E.(1977). The interdenpence of sports and TV. *Journal of Communication, 27*, 128-136.

Parker, S. R. (1971). *The Future of Work and Leisure*. London: MacGibbon and Knee, 20.

Parkhouse, B. L.(1991). *The Management of Sport-It's Foundation and Application*. St Louis : Mosby-Year Book Inc.

Patricia, J. M.(1988). Sport and gender. In Leonard, W. M Ⅱ.(ed.), *A Sociological Perspective of Sport*. London: Macmillan Publishing Company.

Riff, D., & Lacy, S., & Fico, F. G.(1998). *Analyzing Media Messages*. Lawrence Erlbaum Associates, Inc.

Rothing, P., Großing, S.(1995). *Sport und Gesellschaft*, 2. Aufl. Wiesbaden.

Rowe, D.(1999). *Sport, Culture and the Media*. Philadelphia: Open University Press.

Shilling, C.(1993). *The Body and Social Theory*. London : Sage Publications.

Simon, R. L.(1985). *Sports and Social Values*. Englewood Cliffs. NJ : Prentice-Hall.

Smith, C., & Freedman, A.(1973). *Voluntary Association : Perspectives on Literature*. Cambridge, MA : Harvard University Press.

Thompson, L. A.(1986). Professional Wrestling in Japan: Media and Message. *Insternational Review for Sociology of Sport, 21*.

Torkildsen, G.(1983). *Leisure and Recreation Management*. London : E. & F. N. Spon.

Turner, B. S.(eds)(1991). *The Body : Social Process and Cultural Thoery*. London : SAGA Publication.

Turner, J. H.(1990). *The Structure of Sociological Theory*, Wadsworth Pub. Co.

Waddington, I.(2000). Sport and health: A sociological perspective. In *Handbook of Sports Studies*(pp. 408-21), edited by J. Coakley & E. Dunning. London: Sage.

Whannel, G.(1992). *Television Sport and Cultural Transformation*, Fields in Vision. London: Routledge.

Whitson, D., & D. McIntosh(1996). The global circus: International sport, tourism, and the marketing of cities. *Journal of Sport & Social Issues, 20(3)*: 278-95.

Wilbert Marcellus Leonard Ⅱ(1993). *A Sociological Perspective of Sport*. New York: Macmillian Publishing Company.

Wilson, J.(1994). *Playing by the Rules: Sport, Society and the State*. Detroit, MI: Wayne State University Press.

Wright, L.(1987). Physical education and moral development. *Journal of Philosophy of Education, 21(1)*, 93-102.

Zastrow, C.(2000). *Introduction to Social Work and Social Welfare*. New Leaf Publishing Services.

제5장 스포츠경영학

1. 스포츠경영이란

1) 스포츠산업

　스포츠산업은 스포츠와 관련된 경제활동을 총칭하는 말이다. 산업은 생산되는 물질 또는 제공되는 서비스의 종류나 사업의 기술적 구조, 원재료의 성질 등에 의하여 분류하는데, 스포츠산업은 여러 가지 산업에 걸쳐 있기 때문에 종래의 산업분류 개념으로는 분류하기 곤란하다.

　따라서 스포츠산업은 건설업, 제조업, 도매업, 소매업, 통신업, 서비스업 등에 속해 있는 사업 중에서 스포츠와 관계가 있는 사업들을 선별하여 취급하는 산업이라고 할 수 있다. 굳이 정의를 한다면 '스포츠와 관련된 활동에 참가하는 스포츠소비자들의 욕구를 만족시키기 위해서 각종 재화나 서비스를 생산·유통·제공하는 스포츠단체나 기업의 활동'이다.

　스포츠산업은 다음과 같은 특성이 있다.

● 복합적 산업구조……스포츠산업은 스포츠를 중심으로 여러 가지 산업들이 수평적으로 연결된 산업이기 때문에 산업구조가 복합적이다.

● 서비스화 산업……우리나라의 표준산업분류표에서는 스포츠산업을 스포츠용품제조업, 스포츠시설업, 스포츠서비스업 등 세 부문으로 분류하고 있다. 세 부문 중에서 스포츠서비스업이 차지하는 비중이 일반적인 산업보다 크다.

● 최종소비재 산업……스포츠산업의 제품은 대부분이 최종소비자를 위한 것이고, 소비자의 적극적인 참여 없이는 산업 자체가 성립될 수 없다.

● 공간과 입지중시형 산업……스포츠를 하기 위해서는 일정한 공간이 필요하고, 스포츠시설이나 사업소의 입지가 아주 중요하다.

● 시간소비형 산업……스포츠산업은 소비자들이 스포츠를 즐기는 것이 소비이고, 스포츠를 즐기기 위해서는 소비자의 시간이 반드시 있어야 한다.

● 오락성 · 공익성 산업……스포츠산업은 소비자(국민)들이 여가시간을 즐겁게 보내려고 참여하는 것이므로 오락성이 중심개념이고, 국민들의 삶의 질을 향상시키기 위한 산업이기 때문에 공익사업의 성격을 가지고 있다.

● 감동과 건강지향 산업……스포츠산업은 소비자들에게 감동을 주기 위해서 기획되어야 하고, 소비자들의 건강에 도움이 되어야 한다.

2) 스포츠경영

조직의 책임자(경영자)가 자원의 효율적 활용과 조직목표의 달성을 위해 이해당사자들의 지지를 받으면서 계획 · 실행 · 평가기능을 반복적(연속적)으로 수행하는 과정을 '경영'이라고 한다.

그러나 위의 정의는 '과정' 측면에서 경영을 보았을 때의 정의이고, '업무' 측면에서 보았을 때와 '의사결정' 측면에서 보았을 때는 그 정의를 다르게 할 수 있다. 여기에서는 그 내용을 세부적으로 다룰 수는 없으므로 그들의 상호관계를 요약하여 그림 5-1에 나타냈다.

즉 기업의 목표를 달성하기 위해서 계획을 세우고, 그 계획을 수행하기 위하여 조직을 구성하고, 지휘하며, 통제하는 활동을 업무측면에서 보면 생산관리 · 인사관리 · 재무관리 · 마케팅 등의 부문으로 나누어지고, 경영활동의 과정 중에서 의사결정은 계층별로 이루어진다. 그러므로 경영활동은 어느 한 부문만 떼어서 보기보다는 종합적으로 이해하여야 한다.

경영의 대상을 무엇이라고 생각하느냐에 따라서도 경영이 달라질 수 있다. 앞의 정의에서는 기업을 경영의 대상으로 보았을 때이고, 기업이 아닌 가정 · 학교 · 공공기관까지도 경

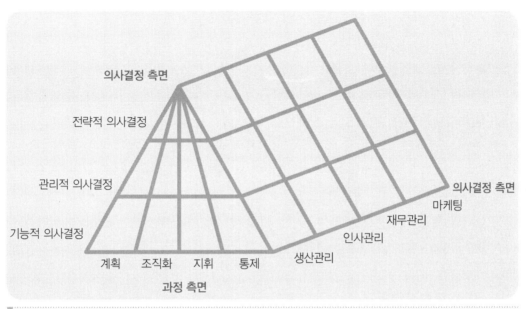

그림 5-1. 경영에 대한 종합적 관점(지호준, 2000)

영의 대상으로 보는 학자도 많다.

스포츠경영을 '스포츠와 관련된 것들의 경영', 즉 스포츠산업에 대한 계획 · 조직 · 지휘 · 통제활동이라고 하면 '스포츠경영'의 대상에 학교와 스포츠단체는 물론이고 공공기관도 포함되어야 한다.

Mullin은 스포츠경영을 '스포츠 또는 건강과 관련된 활동이나 관련제품 및 서비스의 제공을 주목적으로 하는 조직의 계획 · 조직 · 지휘 · 통제기능'이라고 정의하였다. 스포츠서비스의 생산을 위해서는 인적자원, 기술자원, 지원자원, 환경자원 등이 필요하다. 스포츠경영은 그러한 자원들의 조정을 통해서 스포츠서비스를 효율적으로 생산하고 마케팅할 수 있도록 만드는 것이다.

과거에는 경영활동이 이루어지기 위해서는 토지 · 노동 · 자본이 반드시 필요하였고, 그러한 자원들을 효율적으로 관리하는 것이 경영이었다. 그러나 현대사회에서 정보화가 급격히 이루어져 국제적인 경쟁이 치열해지면서 토지의 중요성은 사라졌는데, 그 자리를 정보와 전략이 차지하게 되었다.

스포츠경영도 일반 기업경영과 마찬가지로 다음과 같이 사람, 자본, 정보, 전략이 있어야 경영을 할 수 있게 되었다.

- 사람…… '인사가 만사'라고 하듯이 적절한 사람을 채용하여 그 사람의 생산성을 높여 주어야 경영목표를 달성할 수 있다.
- 자본……스포츠단체나 스포츠시설을 운영하거나 스포츠용품을 생산·유통시키기 위해서는 자본이 필요하다. 필요한 자금을 필요한 시기에 조달할 수 있는지 여부가 경영의 성패를 좌우한다.
- 정보……정보는 기업에서 인적자원과 자본의 중요성 못지 않게 중요한 자원이고, 사회의 정보화가 더 진전될수록 그 중요성이 더 커질 것이다.
- 전략……기업이 어떤 방향으로 나가야 하고, 그러기 위해서는 어떤 방법으로 해야 하는지를 결정하는 것을 '전략'이라 한다. 흔히 기업이나 조직에는 "비전이 있어야 한다."고 하는 바로 그 비전이 전략이다.

3) 스포츠경영환경

경영행동을 직접·간접적으로 규제하는 모든 환경(요인)을 '경영환경'이라고 한다. 즉, 정치적·경제적·사회적·기술적·정보적인 제약 때문에 경영활동에 방해 내지 지장을 주는 모든 것들이 경영환경에 속한다.

시장만을 경영환경으로 생각하던 때도 있었으나 지금은 출자자, 노동조합, 압력단체, 정부, 소비자, 자재 공급자 등의 목소리가 커지고 정보환경과 자연환경 등의 중요성이 부각되면서 내부와 외부의 모든 요인들을 경영환경으로 인식하게 되었다. 기업이 환경에 적응하지 못하면 살아남을 수 없기 때문에 경영환경은 매우 중요하다.

근본적으로 경영환경은 복잡하고, 서로 엉켜 있으며, 수시로 변하기 때문에 불확실할 수밖에 없다. 그러므로 경영자는 환경의 변화를 늘 주목하고 분석하여 대응전략을 세워야 한다. 경영환경은 종업원·조직의 시스템·주주와 같은 '내부환경'과 경쟁자·금융기관·공급업자·소비자와 같은 '외부환경'으로 분류하기도 하고, 환경이 경영활동에 직접적으로 영향을 주는 '과업환경'과 간접적으로 영향을 미치는 '일반환경'으로 분류하기도 한다.

(1) 스포츠경영환경의 변화

우리나라에서는 최근 스포츠경영환경이 급속도로 변화하고 있는데, 그 주요원인으로 프로스포츠의 발전, 생활체육의 확산, 스포츠경영의 글로벌화 등을 들 수 있다.

다음은 이러한 내용 등을 요약한 것이다.

① 프로스포츠의 발전……우리나라도 프로야구와 프로축구의 출범으로 본격적인 프로스포츠 시대에 진입하게 되어 현재는 프로스포츠가 있는 종목이 10여개나 된다. 막강한 자본력을 가진 대기업들이 프로스포츠 시장에 대거 진입함으로써 스포츠산업이 활성화되고, 국민들의 스포츠참여도 날로 증가하고 있다.

② 생활체육의 확산……소수 특권층의 전유물이었던 스포츠가 근대에 접어들면서 중산층으로 확산되었고, 현재는 청소년·노인을 포함한 일반인으로 확산되었고, 앞으로는 모든 사람을 위한 스포츠로 변화될 것이다. 이와 같이 생활체육이 확산되게 된 원인에는 국민소득의 증가, 삶의 질을 추구하는 방향으로 가치관의 변화, 정부의 생활체육 장려정책과 주 5일 근무제도의 도입 등이 있다.

③ 스포츠경영의 글로벌화……현재는 스포츠가 국경을 넘어 지구촌 어디에서나 성행하고 있고, 그것을 통해서 마케팅이 이루어지고 있다. 이와 같이 스포츠가 글로벌화 된 배경에는 과거 제국주의 국가들이 식민지를 용이하게 통치하기 위해서 자국의 스포츠를 식민지에 보급한 점, 동서 냉전시대에 민족주의 사상의 확산으로 스포츠에서 승리를 자기 나라의 승리로 인식하였던 점, 올림픽과 월드컵 경기의 인기와 상업주의가 결합하여 스포츠에 대한 비즈니스적 접근이 용이하게 된 점 등을 들 수 있다.

(2) 스포츠경영환경의 분석

기업의 내부환경을 분석하여 강점과 약점을 발견하고, 외부환경을 분석하여 기회와 위협을 찾아내어 이를 토대로 강점은 살리고 약점은 줄이고, 기회는 활용하고 위협은 억제하는 마케팅전략을 수립하는 것을 '경영환경 분석'이라고 한다.

분석에 사용되는 4가지 요소 강점(Strength), 약점(Weakness), 기회(Opportunity), 위협(Threat)의 머리글자를 따서 SWOT 분석이라고도 한다. 강점은 경쟁기업과 비교하여 소비자로부터 강점으로 인식되는 것은 무엇인지, 약점은 경쟁기업과 비교하여 소비자로부터 약점으로 인식되는 것은 무엇인지, 기회는 외부환경에서 유리한 기회요인은 무엇인지, 위협은 외부환경에서 불리한 위협요인은 무엇인지를 찾아내는 것이다. 기업 내부의 강점과 약점을, 기업 외부의 기회와 위협에 대응시켜 기업의 목표를 달성하기 위한 마케팅전략을 수립하는 것이다.

현재 우리나라 스포츠산업의 SWOT 분석은 다음과 같다.

S : 스포츠 강대국 진입 및 프로선수의 해외진출

국제대회 개최 및 지속적인 유치에 따른 스포츠 저변 확대

정부의 스포츠산업 육성에 대한 강한 의지

W : 스포츠산업 자본의 영세성

스포츠미디어 개발 여건 미성숙

프로스포츠의 마케팅 여건 제약

O : 세계 스포츠시장의 지속적 성장

여가·건강 등 삶의 질에 대한 가치관의 변화

생활체육 활성화에 따른 스포츠참여 증가

T : 해외 프로스포츠와 마케팅업계의 시장 선점

국내 스포츠 용품시장의 경쟁력 약화

해외 유명 브랜드 선호도의 심화

다른 엔터테인먼트산업의 투자 증가

4) 스포츠경영전략

(1) 스포츠경영전략이란

기업이나 조직이 목표를 달성하기 위해서 미래에 수행해야 할 방향을 정하는 것을 '경영 전략'이라 한다. 한마디로 미래에도 경쟁에서 이길 수 있는 방법을 마련하는 것이 경영전략 이다. 그러기 위해서는 구체적인 목표를 설정하고, 경쟁상황을 정확하게 알고, 자신과 경 쟁자의 경영자원을 정확하게 평가하여 가장 효율적인 방법을 선택한 다음, 그 전략을 효과 적으로 실행에 옮겨야 한다.

전략은 최고 경영자만 세우는 것이 아니라 의사결정의 중요성과 범위에 따라 기업전략, 사업부전략, 기능별전략으로 나누어서 각기 수준에 맞는 전략을 수립해야 하고, 그에 상응 하는 책임을 져야 한다. 전략경영의 핵심은 변화하는 경영환경 속에서 경쟁우위를 확보하 기 위해서 앞을 바라보고 조직의 전략적 지위를 높게 획득하는 데 있다.

(2) 사업구조분석

한 기업에서 여러 가지 사업을 벌이고 있을 때 그 사업들의 구성형태를 '사업구조'라 하

고, 현재 벌이고 있는 사업 중에서 어떤 사업은 확장하고 어떤 사업은 축소하거나 접어야 할 것인지를 결정하기 위해서는 먼저 분석을 해야 하는데, 그때 실시하는 것을 '사업구조분석'이라 한다.

사업구조분석을 할 때 주로 사용하는 방법이 포트폴리오기법이다. 포트폴리오는 원래는 '서류가방' 또는 '자료수집철'이란 뜻이지만, "투자가는 최대의 이익을 바라고 투기를 목적으로 투자하는 것이 아니라, 투자의 안전성과 리스크(위험성)의 균형을 고려하여 운용자금을 적절히 분산하여 투자해야 한다."라는 '유가증권 선택이론'에 따라서 여러 회사의 주식에 나누어서 투자하는 것을 뜻하기도 한다.

안전성과 리스크를 나타내는 정도를 상하 또는 상중하로 구분하여 X축을 안전성, Y축을 리스크로 잡는다면 그림 5-2와 같이 4개 또는 9개의 구역으로 나누어지는데, 그 위치에 따라서 어떻게 해야 할는지 의사결정을 한다. 위험성이 높고 안전성이 낮은 구역에 위치한 사업에 투자를 더 하겠다고 결정하는 사람은 없을 것이고, 안전성이 높고 위험성이 낮은 사업에서 손을 떼겠다고 결정하는 사람도 없을 것이다.

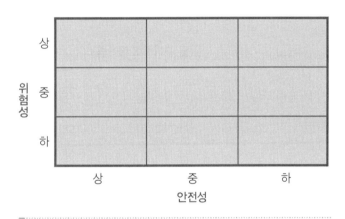

▌그림 5-2. 안전성과 리스크를 나타내는 정도

(3) BCG매트릭스

안전성과 위험성을 나타내는 요인을 어느 것으로 잡느냐는 기업의 특성과 환경 또는 기업이 어떤 요인을 가장 중요하게 생각하느냐에 따라 달라진다.

미국의 보스턴컨설팅그룹(BCG : Boston Consulting Group)이 GE(General Electrics)사의 요청에 따라서 제품 및 사업 포트폴리오를 작성한 것을 BCG매트릭스라고 한다. 이 모델은 주식투자에서 사용하는 안전성과 위험성 대신에 기업의 경쟁능력을 나타내는 시장점유율과, 그 시장에 더 투자하고 싶은 매력의 크기를 나타내는 시장성장률을 두 축으로 잡았다는 것이 특징이다.

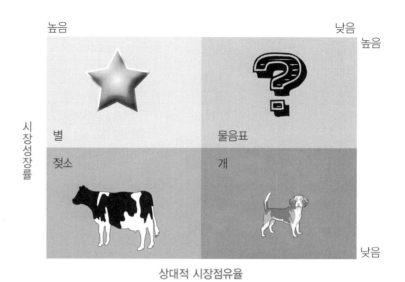

그림 5-3. BCG 매트릭스(강호정 외, 2004)

그림 5-3에 있는 '별'은 사업의 유지 또는 확대, '젖소'는 사업의 유지, '개'는 사업의 축소, '?'는 사업을 확대할 것인지 철수할 것인지에 관한 고민을 상징적으로 나타낸 것이다.

(4) GE매트릭스

미국의 맥킨지컨설팅사가 GE사의 사업구조분석을 해주면서 사업의 강점과 시장매력도를 두 축으로 잡아서 만든 포트폴리오이다. 사업의 강점을 평가할 때 고려한 요소들은 시장점유율, 재정적 능력, 기술적 강점, 인력자원, 기타 등이었고, 시장매력도는 시장의 크기, 성장률, 이익성, 경쟁, 노동시장, 사회적 · 정치적인 요소들을 고려하였다.

기업이 앞으로 나갈 방향을 어떻게 잡느냐 또는 선호도에 따라서 강 · 약점이 있겠지만 GE매트릭스가 BCG매트릭스보다 좀 더 발전된 모델이라고 할 수도 있다.

(5) 성장전략

기업을 경영하는 사람이면 누구나 마찬가지이겠지만, 어떻게 해서든지 자사제품을 많이 팔거나 고부가가치를 올려서 기업을 성장시키려는 전략을 '성장전략'이라 한다. Ansoff는 성장전략의 모델로 다음과 같은 것을 제시하였다.

시장을 기존시장과 신시장, 제품을 기존제품과 신제품으로 나누어 도표로 그리면 그림 5-4와 같은 매트릭스가 만들어진다.

기존 시장 기존 제품	신 시장 기존 제품
기존 시장 신제품	신시장 신제품

그림 5-4. 시장과 제품의 매트릭스

- 시장침투전략……기존시장에서 기존제품으로 시장점유율을 높이려는 전략
- 제품개발전략……기존시장에 신제품을 출시하여 자사제품 판매를 늘리려는 전략
- 시장개발전략……기존제품을 가지고 새로운 시장을 개척하려는 전략
- 다각화전략……새로운 제품을 개발하여 새로운 시장에 뛰어들려는 전략으로 가장 공격적인 성장전략이라고 할 수 있으나, 자금력·기술력·유통능력이 없을 때에는 위험하다.

(6) 경쟁전략

시장에서 자사와 경쟁관계에 있는 기업이 있을 때 어떻게든지 해서 경쟁우위를 확보하려는 전략이다. 경쟁전략에는 무엇을 경쟁하고, 경쟁의 목표는 어디까지이고, 목표달성을 위해서 어떤 방법(수단, 정책)을 이용할 것인가를 분명하게 결정해야 한다. 경쟁전략을 세우기 전에 다음과 같은 사항을 점검해보아야 한다.

- 지금 경쟁하려고 하는 사업이 과연 장기적으로 수익성을 보장할 수 있는 매력적인 사업인가를 꼼꼼히 따져보아야 한다. 왜냐하면 장래에 수익성도 없는 사업을 가지고 상대와 경쟁하면 이긴다고 해도 남는 것이 없기 때문이다.
- 경쟁하려는 사업에서 경쟁지위의 수준이 어느 정도 이상이 되어야 하는지 꼼꼼히 따져보아야 한다. 왜냐하면 만약 경쟁지위 수준이 독과점에 해당할 정도라면 법적 규제가 나올 수도 있고, 경쟁업체가 수백 개인데 확보해야 할 경쟁지위가 전체의 20% 수준이라고 하면 목표 달성이 어렵기 때문이다.

만약 어떤 기업이 현재 타사에 비하여 경쟁우위를 차지하고 있다면 그 경쟁우위를 계속해서 유지하려고 할 것이다. 경쟁우위를 계속해서 유지할 수 있을 가능성은 다음과 같은 요인으로 분석할 수 있다.

● 지속성……경쟁우위가 얼마나 오래 동안 지속될 수 있는지 알아보는 것이다. 경쟁우위를 차지하게 된 자원으로는 특허권, 기술력, 경영능력, 소비자들의 평판(브랜드 등) 등을 들 수 있다. 그러한 자원들이 계속해서 유지될 수 있는가?

● 자원의 획득가능성……경쟁우위를 창출하는 자원이 기술력이라면 그 기술을 쉽게 획득할 수 있는지 여부에 따라서 경쟁우위가 바뀔 수도 있다.

● 모방가능성……경쟁우위를 창출하는 자원을 상대기업에서 모방할 수도 있다. 모방하기 쉽다면 경쟁우위를 유지하기 어려워진다.

현재의 경쟁력에 변화가 생기면 업계의 판도가 달라질 수밖에 없다. Porter는 경쟁력에 영향을 미치는 외부환경요인으로 다음 5가지 요인을 들고 있다.

● 신규진입 위협……현재의 업계에 새로운 기업이 진입한다면 경쟁력의 상태에 변화가 올 수밖에 없다. 경쟁력이 막강한 대기업이 신규로 진입하면 기존의 소규모 업체들은 쓰러질 수밖에 없다. 업계마다 그 업계에 신규로 진입하는 것을 저지하려는 진입장벽이 있기 마련이다. 그 진입장벽의 높이에 따라서 신규진입의 위협이 달라진다.

● 기존기업들 간의 경쟁강도……경쟁업체들 간에 최소한의 상도의가 지켜지고 있는가? 비슷비슷한 소규모의 업체들이 난립하고 있지는 않은가? 이 업계에서 떠나도 다른 사업을 할 수 있는가?

● 대체재의 위협……현재의 상품보다 가격도 싸고 성능도 더 좋은 다른 제품이 나올 가능성은 없는가?

● 구매자의 교섭력……혹시 현재의 상품을 소비하는 소비자들이 극히 제한적이어서 그들이 뭉쳐서 한두 업체로 공급자를 제한할 가능성은 없는가?

● 공급자의 교섭력……혹시 제품을 생산하는데 필요한 원자재의 공급자가 제한적이어서 공급자가 횡포를 부릴 위험은 없는가? 원자재 공급자 자신이 직접 제품을 생산하려는 의향은 없는가?

Porter는 기업이 경쟁사와 비교하여 경쟁우위를 차지하여 사업성과를 지속적으로 유지하기 위해서 반드시 필요한 본원적인 경쟁전략을 다음과 같이 제시하였다.

● 비용우위전략……기업이 타사에 비해서 비용우위를 가져야 하는 것은 절대적이라고 할 수 있다. 비용우위를 차지하기 위해서는 규모의 경제를 누릴 수 있는 설비를 갖추

어야 하고, 원가 · 서비스 · 판매 · 광고 등의 비용을 최소한으로 줄이려고 하는 비용절감노력을 해야 한다.

● **차별화전략**……기업이 제공하는 제품이나 서비스를 차별화하여 구매자에게 독특하게 인식시켜야 한다. 차별화를 통하여 비용증가보다 더 높은 가격을 받아 고부가가치를 창출할 수 있다.

● **집중화전략**……특정시장, 특정구매자, 제품의 일부분, 특정지역 등을 집중적으로 공략하여 자기만의 시장으로 만드는 전략이다.

2. 스포츠마케팅이란

1) 스포츠마케팅의 개요

(1) 스포츠마케팅의 정의

단순하게 상품을 시장에 내다 파는 것은 판매이고, 비슷한 기능을 하는 여러 상품이 있을 때 소비자로 하여금 내 상품을 사도록 만드는 것을 마케팅이라고 한다. 그러므로 마케팅을 하려면 소비자의 구미에 맞는 상품과 서비스를 효과적으로 전달하여야 한다.

스포츠상품에는 골프채나 축구공과 같은 유형상품과 경기가 끝나면 사라져버리는 무형상품이 있다. 그러므로 스포츠상품을 마케팅하는 기업들은 경쟁구단이나 학교, 스포츠용품업자들뿐만 아니라 쇼핑몰, 영화관, 인터넷제공업자, 콘서트기획자, 그리고 박물관업자들까지도 경쟁상대라는 것을 알아야 한다.

Mullin 등은 스포츠마케팅을 '일련의 교환과정을 통하여 스포츠소비자의 필요와 욕구를 충족시키기 위해서 계획된 행동'이라고 정의하면서, '스포츠의 마케팅'과 '스포츠를 통한 마케팅'으로 나눌 수 있다고 하였다. 스포츠상품과 서비스를 소비자에게 직접 판매하는 것이 스포츠의 마케팅이고, 다른 소비재 및 산업재의 판매를 촉진하는 수단으로 스포츠를 이용하는 것이 스포츠를 통한 마케팅이다.

그러므로 스포츠용품이나 관련 서비스를 고객의 욕구에 맞게 효율적으로 제공할 목적으로 하는 모든 활동을 스포츠마케팅이라고 할 수 있다.

(2) 스포츠마케팅의 필요성

경제의 발달로 소득수준이 올라가고, 스포츠경기를 관람하는 즐거움을 알게 되고, 건강의 중요성을 인식하게 되자 일반 소비자들의 스포츠에 대한 관심과 참여욕구가 점점 더 커지고 있다. 그에 따라 스포츠와 관련된 사업이 다양해지고 시장이 확대되면서 스포츠시장은 황금알을 낳는 거위가 되었고, 스포츠마케팅의 필요성이 증대되고 있다.

스포츠마케팅의 필요성을 다음과 같이 정리할 수 있다.

- 스포츠산업 규모의 확대……우리나라의 경우 스포츠산업의 규모가 연간 수십조 원에 이르고, 미국의 경우 자동차산업이나 전기전자산업보다 스포츠산업의 규모가 더 커졌다. 이와 같이 스포츠산업의 규모가 커지게 되어 스포츠상품을 가만히 앉아서 판매하지 않고 적극적으로 마케팅해야할 필요성이 증대되었다.
- 스포츠소비자들의 만족도 증진……스포츠시장에서 경쟁이 치열하게 되면서 스포츠용품들의 차이와 특징을 설명해주어야 하고, 경기관람에 필요한 사항들을 알려주어야 하며, 경기장의 특징적인 시설과 장비를 소비자들에게 인식시켜서 소비자들의 만족도를 증진시켜야 할 필요성이 증대되었다.
- 기업의 커뮤니케이션 수단……정보통신 기술의 발달로 스포츠와 멀티미디어를 효율적으로 연계시킬 수 있게 되었다. 그에 따라 소비자들은 안방에서 스포츠경기를 관람할 수 있게 되었고, 관람하는 도중에 많은 광고를 접하게 되었다. 스포츠를 이용한 광고의 효과가 크다는 것을 알게 된 기업들은 커뮤니케이션의 수단으로 스포츠마케팅을 이용하게 되었다.

2) 스포츠마케팅 전략

최근에 스포츠시장의 환경이 급속하게 변화하고, 스포츠상품의 순환주기가 무척 짧아졌다. 그와 같은 변화가 스포츠 기업에게는 기회도 되고 위협도 되기 때문에 자연히 스포츠 경영자들에게는 스포츠마케팅 전략을 수립해야 할 필요성이 증가되었다.

스포츠마케팅 전략을 수립하기 위해서는 시장을 세분화(segmentation)하여 목표시장을 선정(targetting)한 다음 포지셔닝(positioning)을 하고, 마지막으로 마케팅믹스(marketing mix)를 해야 한다.

(1) 시장세분화

스포츠소비자들이 모두 동일한 취향을 가지고 있지는 않다. 그러므로 취향에 따라서 스포츠소비자들을 몇 개의 집단으로 나눌 수 있다. 스포츠소비자들의 욕구가 다양화될수록 스포츠소비자들의 집단도 다양화되는데, 스포츠소비자들을 자신의 필요에 따라 몇 개의 집단으로 나누는 것을 '시장세분화'라고 한다.

시장세분화의 목적은 스포츠소비자들을 특성에 맞게 분류하고, 분류한 집단에 대하여 차별화된 서비스를 제공하여 소비자의 참여와 용품구매를 극대화하는 데에 있다. 시장세분화는 표 5-2와 같은 분류기준에 따라서 다양하게 분류할 수 있다.

표 5-2. 시장세분화의 분류기준과 특징

분류기준	분류 방법	특징
인구통계학적 기준	나이, 성별, 인종,	정보를 쉽게 얻을 수 있고, 소비행위와 밀접한 관계가 있다.
사회경제학적 기준	수입, 교육, 직업	소득에 따라 상류, 중류, 하류로 구분하고 교육과 직업을 보충자료로 이용한다.
심리학적 기준	성향, 개성, 관심	세분시장에 대한 설명력이 높고, 세분시장에 속하는 소비자들은 관심, 행동, 의견이 유사할 뿐 아니라 스포츠상품에 대한 선호도도 유사하다.
지리적 기준	대륙, 국가, 도시, 기후	지역에 따라 홈팀이나 구단의 영향력이 막강하고, 기후에 따라 용품의 수요가 달라진다.
소비행위 기준	구매빈도, 구매량	마케팅의 궁극적인 목적인 소비자 유치와 유지를 만족시킬 수 있는 분류기준이다.
소비자편익 기준	욕구, 필요	소비자의 욕구를 만족시킨다는 마케팅의 콘셉트와 일치한다.

(2) 목표시장의 선정

소비자들의 특성에 따라 시장을 세분화한 다음에는 세분화한 시장 중에 어떤 시장을 목표로 마케팅을 할 것인지를 결정해야 한다. 목표시장을 설정하기 위해서는 시장의 규모, 접근 가능성, 측정 가능성 등을 따져보아야 한다.

목표시장을 선정할 때 제일 먼저 고려해야 할 것이 시장의 규모이다. 현재의 시장규모뿐만 아니라 향후 시장의 성장 가능성도 예측하여야 한다. 시장의 규모가 너무 작으면 마케팅비용에 비하여 돌아오는 수익이 너무 적고, 시장이 너무 크면 대중적·비차별화된 시장으로 발전할 가능성이 크기 때문에 고객의 필요와 욕구를 만족시키기 어렵다.

　시장의 크기 다음으로 고려해야 할 것이 목표시장의 접근 가능성이다. 수익성이 확실하게 보장되는 시장일지라도 마케팅 활동을 할 수 없는 시장이면 포기해야 한다. 마케팅활동을 하는 수단으로는 TV, 신문, 잡지, 인터넷, 휴대전화, 전단지 등을 고려해 보아야 한다.

　목표시장을 선정하기 위해서 시장의 규모와 접근 가능성을 고려해야 된다고 했는데, 말로는 그렇지만 실제로 그것을 측정 가능한지 여부를 알아보아야 한다. 실제로는 시장의 규모를 파악할 수 있는 수단이 전혀 없는데 말로만 시장의 규모가 '크다, 작다'라고 하면 공염불에 지나지 않기 때문이다.

(3) 포지셔닝

　포지셔닝은 세분한 시장 가운데에서 목표시장을 선정한 다음 해당 소비자들에게 자사의 상품이나 서비스의 위치를 그 사람들의 마음속에 심어주는 것이다. 포지셔닝은 내 상품을 어디에 진열할 것이지를 결정하는 것이 아니라 소비자들에게 내 상품을 어떻게 인지시키느냐 하는 것이다.

　스포츠상품을 포지셔닝하는 방법에는 속성, 용도, 가격 대비 품질, 경쟁사 등이 있다.

　속성은 세분한 시장 중에서 목표로 선정한 소비자들에게 내 상품의 특징을 효과적으로 전달하는 것이다. 예를 들어 우리 피트니스센터가 세계에서 가장 시설이 좋다고 선전한다든지, 우리가 파는 골프채가 가장 비거리가 멀리 나가는 골프채라고 선전하는 것이다.

　상품이나 서비스의 용도를 포지셔닝에 이용하는 예로는 우리 구장은 축구전용 구장이기 때문에 선수들의 숨소리까지 들을 수 있다고 선전한다든지, 우리 테니스장은 클레이코트이기 때문에 하드코트보다 공을 정교하게 컨트롤할 수 있다고 선전하는 것이다.

　가격 대비 품질을 포지셔닝에 이용하는 예로는 우리 호텔 헬스장은 대한민국에서 가장 좋고 값도 가장 비싸다고 선전한다든지, 우리 구청에서 운영하는 테니스코트는 1일 사용료를 천 원밖에 안 받는다고 선전하는 것 등이다.

　경쟁사를 포지셔닝에 이용하는 방법의 예로는 우리 등산복과 경쟁사의 등산복의 땀 흡수 능력을 비교해서 소비자들에게 보여주는 방법이다.

(4) 마케팅믹스

　마케팅은 여러 가지 요인들의 영향을 받는다. 그러므로 효율적으로 마케팅을 하려면 각

요인들의 중요도를 적절하게 배분해야 하는데, 그것을 '마케팅믹스'라 한다. 즉 마케팅믹스는 목표시장에서 마케팅목적을 달성하기 위해서 제품(상품), 가격, 판촉, 유통을 종합적으로 결정하는 것이다.

스포츠 관람객, 스포츠 참가자, 스포츠 스폰서들의 욕구를 충족시키기 위해서 제작된 상품·서비스·경기 및 시설물을 모두 합하여 '스포츠상품'이라고 한다. 스포츠상품은 참여스포츠 상품, 관람스포츠 상품, 스포츠용품으로 분류할 수 있고, 유형상품의 특성과 무형상품의 특성을 모두 가지고 있다. 또한 스포츠상품은 이질적이고, 예측하기 힘들며, 생산과 동시에 소멸된다는 특성을 가지고 있다.

스포츠상품의 가치를 나타내는 척도를 '스포츠가격'이라 하는데, 스포츠가격은 변동의 폭이 크고, 가격책정의 틀이 정형화되어 있지 않으며, 소비자와 판매자 간의 교섭능력에 크게 영향을 받는다는 특성이 있다. 스포츠가격은 관람스포츠 가격, 참여스포츠 가격, 스포츠용품 가격으로 분류할 수 있고, 가격을 책정하는 전략에는 가격차별화 전략, 신상품가격 전략, 묶음가격 전략, 원가기준가격 전략이 있다.

스포츠소비자들에게 스포츠경기나 선수 및 용품을 알려서 소비자들이 자사의 상품을 선택하게 만드는 마케팅 커뮤니케이션을 '스포츠판촉'이라 한다. 판촉방법에는 광고, 인적판매, 이벤트, 공적관계를 이용하는 방법, 스폰서십을 이용하는 방법 등이 있고, 한 가지 판촉방법만 이용하는 것이 아니라 여러 가지 판촉방법을 동시에 동원하여야 한다.

스포츠유통은 일반상품의 유통특성과 스포츠 특유의 유통특성을 모두 가지고 있다. 스포츠용품, 시설, 관람상품을 생산업체로부터 최종소비자에게 전달하는 최적의 유통경로를 구축하는 것을 '스포츠유통의 설계'라 한다. 스포츠유통은 입장권 유통경로, 방송중계권 유통경로, 스폰서십 유통경로, 선수계약 유통경로 등으로 세분화할 수 있다.

3. 스포츠스폰서십이란

1) 스포츠스폰서십의 정의 및 특성

(1) 스포츠스폰서십의 정의

기업이 마케팅커뮤니케이션을 목적으로 선수, 팀, 연맹, 협회가 주관하는 행사에 현금·

물품·노하우 등을 제공하는 모든 활동을 '스포츠스폰서십'이라 한다. 후원은 어떤 대가를 받지 않지만 스폰서십은 대가를 바라고 하는 활동이라는 점에 차이가 있다. 그리고 스포츠스폰서십은 스폰서를 하는 대상을 스포츠와 관련이 있는 선수, 팀, 이벤트, 단체로 한정한다는 데에서 일반적인 스폰서십과 차이가 있다.

광고와 스폰서십은 다르다. 광고는 시청각 메시지를 만들어서 시청자들에게 전달하지만, 영국의 한 프로축구팀을 스폰서하는 삼성은 삼성제품을 홍보하지 않고 선수들이 삼성이라고 써진 유니폼을 입고 경기를 할 뿐이다.

(2) 스포츠스폰서십의 특성(6p)

Gray에 의하면 스폰서(sponsor)를 하는 기업과 스폰서를 받는 개인이나 스포츠단체 간에는 다음과 같은 6가지 요건을 갖추어야 좋은 스폰서십 관계라고 할 수 있다.

- 플랫폼(platform)……스폰서를 받는 개인이나 스포츠단체는 스폰서를 제공하는 기업(스폰서)에게 기업을 홍보할 수 있는 발판 역할을 해야 한다. 즉 그 기업이 왜 존재하고(mission), 앞으로 어떤 기업이 되려고 하고(vision), 그 기업이 가지고 있는 의의나 중요성은 어떤 것인지(value)를 소비자들에게 알릴 수 있는 기회를 제공해야 한다.
- 파트너십(partnership)……스폰서와 스폰서를 받는 기업은 이익을 주고받는 관계를 넘어서서 서로 동반자관계를 구축해야 한다.
- 편재(presence)……스폰서와 스폰서를 받는 기업은 어느 곳에서나 함께 있어야 한다.
- 선호(preference)……스폰서의 기업이미지 또는 제품의 특성이 스폰서를 받는 기업의 이미지와 부합되어야 소비자들이 스폰서를 받는 기업에 갖고 있는 좋은 이미지가 스폰서에게 그대로 전이된다.
- 보호(protection)……스폰서를 받는 기업은 스폰서를 보호해야 할 의무가 있다. 매복마케팅으로 경쟁관계에 있는 기업이 스폰서보다 더 좋은 광고효과를 누린다면 어떤 기업이 스폰서를 하겠는가?
- 구매(purchase)……스폰서 활동을 통해서 스폰서 기업의 인지도와 선호도가 증가되어서 소비자들의 구매를 촉진시키는 결과로 연결되어야 한다.

그림 5-5. 스폰서십의 형태

2) 스포츠스폰서십의 분류

스폰서십의 형태는 재화의 제공형태, 명칭의 사용 정도에 따라 그림 5-5와 같이 분류한다.

독점스폰서는 팀과 관련된 스포츠상품의 모든 권리를 갖는다. 비용이 많이 들고 이벤트가 실패할 경우 그 피해도 독점기업에 돌아가기 때문에 점차 줄어드는 추세이다. 타이틀스폰서는 대회의 이름 앞에 기업의 이름을 넣는 방식이다. 나라별로 좋아하는 스포츠가 다르기 때문에 나라별로 차등화한 마케팅방법으로 많이 쓰인다. 제품부문스폰서는 자동차부문스폰서, 정보통신부문스폰서 등과 같이 특정 제품을 제공하는 형태이다.

공식공급업체는 경기를 치르는 데에 필요한 기술, 장비, 용품, 용구를 제공하고 경기와 관련된 스포츠상품을 이용할 수 있는 권리를 갖는 형태이다.

기업이나 자사 제품의 이미지를 향상시킬 목적으로 선수나 팀을 후원하고, 그들을 광고에 등장시키거나, 경기 중에 자사 제품을 착용하거나 사용하도록 하는 형태의 스폰서십을 '엔도스먼트(endorsement)'라고 한다. 삼성이 박세리 선수를 후원한 것과 KTF가 김미현 선수를 후원한 것이 그 예이다. 선수의 입장에서는 부수입으로 볼 수 있지만, 기업의 입장에서는 자사 제품을 보증하고 매출 증대 효과를 얻을 수 있으므로 홍보비용으로 볼 수 있다.

3) 스포츠스폰서십의 효과

기업이 스폰서십을 제공하는 목적은 한마디로 기업과 자사 제품의 인지도를 높여서 소비자들과 장기적이고 안정된 관계를 구축하려는 것이라고 할 수 있다. 스포츠스폰서십의 효과를 다음과 같은 3가지 측면에서 살펴볼 수 있다.

가. 관계마케팅

마케팅관리자와 고객·중간상·공급업자들 상호간에 유대관계를 강화하여 장기적이고 신뢰할 수 있는 관계를 구축함으로써 기업의 수익증대를 기대할 수 있는 마케팅을 '관계마케팅'이라고 한다. 경기장에서 반복되는 방송을 통해서 반복적으로 스폰서기업과 접하게 되면 소비자는 그 기업에 대한 평가를 좋게 내리게 되고, 소비자가 좋은 평가를 내리면 그 제품을 먼저 선택하게 되는 경쟁효과와 평소에 호의를 가지고 있으면 우발적인 문제나 실수를 관대하게 보아주는 쿠션효과를 얻을 수 있다.

나. 기업의 이미지전략

소비자는 기업에 관한 여러 가지 소식과 그 기업의 제품과의 만남을 통하여 기업에 대한 이미지를 갖게 된다. 기업은 스폰서십을 통하여 사회적 책임을 성실하게 이행하는 기업이라는 기업이미지를 창출할 수 있고, 좋은 기업이미지는 소비자의 신뢰와 구매의도를 증대시킬 뿐 아니라 기업 구성원들의 자부심을 높여주는 효과도 있다.

다. 마케팅커뮤니케이션

스포츠스폰서십의 가장 큰 효과는 광고효과이다. 광고를 하지는 않지만 소비자들은 경기가 끝날 때까지 스폰서기업의 로고나 상품명을 본다. 대부분의 스폰서십은 일부문 일사(one category, one company)의 원칙을 기본으로 하고 있다. 그렇게 하여야 독점적인 권리를 이용해서 경쟁우위를 확보할 수 있다. 그리고 대회에 영향력이 있는 고객이나 유통업자들을 초청하여 편의를 제공함으로써 그들과 좋은 관계를 맺을 수 있고 그것은 매출과 직결된다. 마지막으로 스포츠는 언어와 문화의 장벽을 넘어서는 특성이 있기 때문에 세계의 어느 곳에서나 자연스럽게 소비자들에게 자기 기업이나 상품을 노출시킬 수 있다는 장점이 있다.

4) 올림픽마케팅

현재 전 세계적으로 가장 큰 스포츠이벤트는 올림픽과 월드컵이다. 올림픽파트너프로그램(TOP：The Olympic Partner Program)은 동·하계올림픽경기대회, 모든 국가올림픽위원회(NOC), 소속된 올림픽 팀, 그리고 올림픽위원회(IOC)에 대한 독점적인 스폰서십의 권리를 제공하는 전 세계적인 마케팅프로그램이다.

TOP에 참여하는 기업들은 IOC, NOCs, OCOGs에 마케팅 권한을 행사할 수 있고, 올림픽휘장과 올림픽이미지를 기업의 이미지향상과 제품광고에 사용할 수 있다.

한편 올림픽과 월드컵과 같은 초대형 이벤트의 경우 스폰서십을 획득하는 데 드는 비용이 대단히 많기 때문에 스폰서십을 얻지 못한 기업들이 작은 비용을 들여서 마치 스폰서 기업인 것처럼 홍보를 하여 효과를 얻으려고 하는 것을 '매복마케팅(ambush marketing)'이라고 한다.

매복마케팅을 공식적으로 막으려고 다각도로 노력하고 있지만 매복마케팅을 하는 수법이 아주 교묘해서 그것을 차단하기가 쉽지 않다. 어쨌든 도덕적으로 볼 때 매복마케팅을 하는 기업을 건전한 기업이라고 보기는 어렵다. 따라서, 기업 스스로 매복마케팅이 좋지 않다는 인식을 갖도록 하는 것이 최선의 방지책이다.

4. 스포츠에이전시

스포츠에이전시는 '특별한 전문성이 요구될 때, 전술적 유연성이 필요할 때, 선수가 협상 테이블에 직접 나서면 우호관계를 형성하기보다는 대립관계를 조성할 가능성이 높을 때' 선수 대신에 대리인을 내세워 협상을 할 필요가 생긴다.

그때 협상을 대신하는 사람 또는 기업을 '스포츠에이전시(sport agency)'라고 하는데, 스포츠에이전시가 하는 역할을 다음과 같이 분류할 수 있다.

- 대형 스포츠에이전시에서 자신들의 계획에 따라서 스포츠이벤트를 주관할 경우, 그 이벤트를 계획하고, 실행·관리하는 사람을 '스포츠이벤트 매니저(sport event manager)'라고 한다. 그들은 선수를 대리하여 어떤 일을 처리하는 것이 아니고 스폰서십의 판매, 광고, 티켓판매, 방송, 기금마련 등의 업무를 담당한다.
- 스포츠에이전시에서 운영하는 스포츠이벤트와 자신이 관리하는 스포츠선수들과 관련이 있는 마케팅과 스폰서십 활동을 펼쳐 나기는 사람을 '스포츠마케팅 책임자'라고 한다. 그들은 스포츠이벤트의 포로모션, 스포츠이벤트에 선수를 참가시키는 일

등을 한다.

- 우리가 보통 생각할 때 선수를 대리하여 계약을 체결하거나 그에 준하는 역할을 하는 사람을 '스포츠에이전트(sport agent)'라고 한다. 스포츠에이전트를 계약체결 전문가('계약에이전트'), 로고나 상품권 보호를 전담하는 '라이센싱에이전트(licensing agent)', 스포츠 이외의 사업에 선수를 모델로 활용하는 '마케팅에이전트(marketing agent)'로 구분하기도 한다.

- 프로선수가 구단이나 대기업과 입단계약, 연봉계약, 스폰서계약을 할 때 선수가 최대의 수익을 올릴 수 있도록 돕기 위해서 선수 대신에 협상 테이블에 나서는 사람을 '스포츠에이전트'라고 한다. 즉, 에이전시는 좀더 광범위한 대리인이고, 에이전트는 계약만 하는 대리인인 셈이다.

- 스포츠에이전트는 선수에이전트와 매치에이전트로 구분할 수 있다. 선수에이전트는 선수를 육성 · 발굴하거나 선수를 클럽에 소개하여 구단 또는 스폰서와 계약을 맺을 수 있도록 중개하는 사람이고, 매치에이전트는 국가와 국가, 클럽과 클럽, 지역과 지역 사이에 경기를 하려고 할 때 중간에 서서 가교역할을 해주는 사람이다. 매치에이전트는 한 경기를 중개하는 것으로 일단 임무가 끝나지만 그 중요성이 점차 확대되는 추세이다.

참고문헌

강호정(2004). 현대스포츠경영학. 학현사.

김 종(2000). 스포츠 마케팅 어떻게 할 것인가. 보경문화사.

김규정(1994). 행정학원론. 법문사.

김도균(2000). 스포츠비즈니스. 오성출판사.

김용만(2003). 스포츠마케팅 커뮤니케이션. 학현사.

김용만, 박세혁, 전호문(2009). 스포츠마케팅. 학현사.

김치조(1996). 스포츠마케팅. 태근문화사.

백광 외(2003). 스포츠마케팅. 대경북스.

서성우(1992). 경영학 원론. 경문사.

양성국 외 역(1999). 스포츠 마케팅. 대경북스.

오준석(1995). 스포츠경영학. 태성미디어.

이병기 외(2009). 스포츠마케팅. 대경북스.

정수영(1990). 신 경영학원론. 박영사.

정영근 외 1인(1995). 스포츠경영관리학. 태근문화사.

지호준(2000). 21세기 경영학. 법문사.

채서일(1998). 마케팅. 학현사.

최승욱(2001). 경영학 이해. 무역경영사.

최종필 외 역(2003). 스포츠경영학 개론. 대경북스.

추현(1991). 현대경영학원론. 형설출판사.

황복주 외 2인(1996). 현대경영학원론. 도서출판 두남.

宇土正彦 외 2人(1989). 體育經營管理學講義, 東京 : 大修館書店.

宇土正彦(1990). 社會體育ハシドブツフ, 東京 : 大修館書店.

Baade, R. A., & Tiehen, L. A.(1990). An Analysis of Major League baseball Attendance. *Journal of Sport and Social Issues. 11(3)*.

Bagozzi, R. P.(1975). Marketing as Exchange. *Journal of Marketing, 39*.

Chelladurai, P.(1994). Sport management : Defining the field. *European Journal of Sport Management, 1*. 7-21.

Daft, R. L.(1989). *Organizational Theory and Design(3rd ed.)*. St. Paul : West.

Dalrymple, D. J. & Parsons, L. J.(2000). *Marketing Management(7th Eds)*. NY : John Wiley & Sons. p. 91.

Eroglu, S. A. & Machleit, K. A.(1990). An empirical study of retail crowding : antecedents and consequences. *Journal of Retailing, 66*.

Etzioni, A.(1964). *Modem Organization*. Englewood Cliffs. NJ: Prentice-hall.

Featherstone, M.(1991). The Body in Consumer Culture. In : Featherstone, M., Hepworth, M. & Turner, B. S.(Eds.) *The Body : Social Process and Cultural Theory*. Sage.

Gerson, R. F.(1989). *Marketing Health/Fitness Services*, Human Kinetics Books.

Hawkins, D., Coney, K. A. & Roger, J.(1992). *Consumer Behavior : Implications for Marketing Strategy*, Dallas(Tax): Business Pub.

Hui, M. K. & Bateson, J.(1991). Received control and the effects of crowding and consumer choice on the service experience. *Journal of Consumer Research, 18*.

James, A., F. Stoner and R. Edward Freeman(1989). *Management*, New Jersey Englewood Cliffs : Prentice-Hall.

Kotler, P.(1991). *Marketing Management, Analysis, Planing, Implementation and Control. 7th ed*. Prentice-hall.

Melnick, M. J.(1993). Searching for sociability in the stands : a theory of sports spectating. *Journal of Sport Management, 7(1)*. 153-172. Human Kinetics Publishers, Inc.

Miller, L. K., & Fielding, L. W.(1997). Ticket distribution agencies & professional sport franchises : The successful partnership. *Sport Marketing Quarterly, (1)*, 47-60.

Mullin, B. J., Hardy, S., & Sutton, W. A.(1993). *Sport Marketing*. Champaign, IL: Human Kinetics.

Parsons, T.(1956). Suggestion for a sociological approach to the theory of organizations. *Administrative Science Quarterly, 1*, 63-85.

Ricky, W. Griffin(1987). *Management*, Houghton Mifflin.

Schofield, J. A.(1993). Performance and attendance at professional team sports. *Journal of Sport Behavior, 6(4)*.

Westbrook, R. A. & Oliver, R. L.(1991). The dimensionality of consumption emotion pattern and consumer satisfaction. *Journal of Consumer Research, 18*.

II

체육의
자연과학적 연구

제1장 인체해부학

1. 해부학의 개관

　인체는 여러 가지 구성단위들이 모여서 이루어진다. 그 구성단위들의 모양(형태)과 구조를 연구하는 학문이 바로 해부학이다. 모양이나 구조가 어떻게 생겼는지 알기 위해서는 잘라볼 수밖에 없는데, 'anatomy'는 "잘라 떼어내서 살펴본다."라는 데서 유래된 말이다.

　해부학에서 인체의 형태와 구조가 어떻게 생겼다고만 한다면 학문으로서의 가치가 별로 크지 않겠지만, 형태나 구조가 그렇게 생긴 데에는 다 그럴만한 생물학적 법칙이 숨겨져 있다. 그 법칙을 발견하고 정리하여 계통을 세우는 것도 해부학의 중요한 역할이다.

　인체의 구조나 방향과 움직임을 기술할 때 기준이 되는 자세를 '해부학적 자세'라 한다. 해부학적 자세를 구체적으로 설명하면 '팔은 몸에 붙이고, 시선은 수평전방에 두고, 발가락과 손바닥을 얼굴과 같은 방향으로 향하며, 상체와 하체를 똑바로 세운 자세'이다.

1) 해부학 용어

　해부학에서는 면, 축, 방향, 움직임, 형태를 나타내는 용어를 정의해서 사용한다. 그 정의를 일상생활에서 차용하여 시용하는 경우가 많고, 물리적인 정의와는 다르다. 예를 들어 머리쪽 방향을 '위'라고 정의하고, 누워 있거나 물구나무 서 있어도 머리쪽이 무조건 위 방향이 된다.

해부학 용어를 그 전에는 모두 한자어로 사용했지만 현재는 가급적 순수한 우리말로 고쳐가는 중이고, 일부는 한자어와 우리말을 혼용해서 사용하고 있다. 그리고 보조로 사용하는 영어 단어는 가급적 라틴어에 어원을 두고 있는 단어를 사용해야 한다.

(1) 면과 축을 나타내는 용어

인체의 움직임을 정확하게 기술할 목적으로 3개의 면을 정의한다.

● 시상면(sagittal plane)……해부학적 자세로 서 있을 때 인체를 좌우 동형으로 나누는 면을 '정중시상면'이라 하고, 정중시상면과 평행한 면들을 '시상면'이라고 한다. 시상면이라는 단어는 '화살(矢)이 가슴에 꽂혀 있을 때 화살 전체를 볼 수 있는 면이라는 뜻'이지만, 말이 어려우므로 앞뒤가 잘 보이는 면이라는 뜻으로 '전후면'이라고도 한다.

● 좌우면 · 이마면 (frontal plane)……'frontal plane'이라는 것은 '앞에서 바라본 면'이라는 뜻이고, 그 뜻을 한자로 옮기다 보니까 '관상면', '전두면', '전액면'이라고 하는 어려운 용어들을 사용하게 되었다. 그러나 요즈음에는 좌우가 다 잘 보이는 면이라는 뜻으로 '좌우면'이라고 한다. 수학적으로 정의한다면 시상면과 직교하는 면들을 '좌우면'이라 한다.

● 횡단면 · 가로면(transverse plane)……해부학적 자세를 취하고 서 있을 때 인체를 가로로 잘라서 상하로 나누는 면을 '횡단면'이라고 한다. 수학적으로 정의할 때는 전후면과 좌우면에 모두 수직인 면을 횡단면이라 하고, 가끔 수평면이라고도 하지만 사람이 누워 있을 때 횡단면을 수평면이라고 하면 너무 이상하기 때문에 잘 안 쓴다.

인체가 회전운동을 할 때는 "어떤 직선을 축으로 해서 돈다."라고 표현하는 것이 편리하기 때문에 축을 정의하게 된다. 전후면을 직각으로 뚫는 직선을 '전후축', 좌우면을 직각으로 뚫는 직선을 '좌우축', 횡단면을 직각으로 뚫는 직선을 '횡단축' 또는 '수직축'이라고 한다.

(2) 방향 등을 나타내는 용어

해부학적 자세로 서 있는 사람의 머리 한가운데에서 양쪽 발꿈치 사이로 직선을 그렸다고 생각할 때, 그 직선을 '정중선(正中線, midline)'이라고 한다. 정중선에서 가슴이나 배쪽을 앞(前, anterior), 정중선에서 등쪽을 뒤(後, posterior)라 한다. 정중선에 가까운 쪽을 안(內, medial), 먼 쪽을 밖 또는 가(外 또는 側, lateral)라고 한다. 그리고 입안(구강) 내, 외라고 할 때의 內(internal)와 外(external)는 어떤 구조물(기관)의 안과 밖을 말한다.

위를 上(superior), 아래를 下(inferior)라 하고, 신체의 상피(껍데기)에서 가까우면 표면(表 또는 淺, superficial), 상대적으로 멀면 심부(深, deep)라고 한다. 左右로 볼 때 같은 쪽이면 같은쪽(ipsilateral), 반대쪽이면 반대쪽(contralateral)이라 하고, 배를 깔고 엎드려 있는 것을 엎드린 자세(腹臥位, prone position), 등을 대고 누워있는 것을 누운 자세(仰臥位, supine position)라고 한다.

팔다리가 몸통에 붙어 있다고 볼 때 몸통에 가까이 있는 쪽을 몸쪽(근위, proximal), 몸통으로부터 멀리 있는 쪽을 먼쪽(원위, distal)이라고 한다. 몸통 안에서 근위, 원위를 따질 때는 골반을 가장 근위로 본다.

(3) 인체의 움직임을 나타내는 용어

움직임을 나타내는 용어는 운동이 일어나는 면을 중심으로 구분하는 것이 원칙이다. 예를 들어 걷는 동작을 살펴보면 전신이 앞뒤로 움직인다. 다시 말해서 걷는 동작은 전후면 상의 운동이다.

가. 굽힘(굴곡, flexion)과 폄(신전, extension)

전후면상의 운동을 표현할 때 관절의 각도가 작아지는 것을 굽힘, 각도가 커지는 것을 폄이라고 한다. 그러나 걸을 때 위팔과 넙다리도 움직이는데, 이때 각도가 커지는 것인지 작아지는 것인지 애매하다. 그럴 경우에는 해당관절에서 위쪽으로 가상의 선을 긋고, 그 선을 기준으로 각도를 측정한다. 그러므로 넙다리나 위팔을 앞으로 들어 올리는 것은 굽힘이고, 뒤로 들어 올리는 것은 폄이다.

해부학적 자세를 취했을 때 팔다리의 관절들은 180도를 이루고 있고, 굽혔다폈다 하더라도 180도 이상은 커지지 않는 경우가 대부분이다. 그러나 굽히기나 펴기를 할 때 180도를 넘는 경우도 있는 데(예;등배운동), 그때는 '과다폄' 또는 '지나치게 굽힘'하는 식으로 말을 만들 수는 있지만 보통 '과신전' 또는 '과굴곡'과 같이 한자어를 사용한다.

특수한 경우로 팔을 좌우로 벌린 상태에서 아령을 하거나 윗몸을 좌우로 굽히는 것은 전후면 상의 운동은 아니지만 그냥 굽힘과 폄이라 하고, 꼭 구별해야 할 필요가 있을 경우에는 '가쪽굽힘(측굴)'이라고 한다.

나. 벌림(外展, abduction)과 모음(内展, adduction)

양발을 옆으로 벌리면서 팔을 옆으로 들어올리는 동작과 같은 좌우면상의 운동을 표현할 때, 팔다리와 전후면 사이의 거리가 멀어지게 하는 것을 벌림, 가까워지게 하는 것을 모음이라고 한다. 그때 다리는 그렇지 않지만 팔이 수평면 이상으로 올라가면 전후면까지의 거리가 오히려 가까워져도 벌림이라고 한다.

양팔을 앞으로 90도로 들어올리는 것은 굽힘이지만, 그 상태에서 옆으로 벌려서 비행기 날개와 같이 만드는 것은 분명히 벌림이다. 그러나 그 동작은 좌우면상의 운동이라기보다는 수평면상의 운동이다. 그러므로 좌우면상의 운동인 벌림이나 모음과 구별하기 위해서 수평벌림, 수평모음이라고 한다.

다. 회전(rotation)과 회선(circumduction)

한 점을 중심으로 빙글빙글 도는 것을 원운동(circular motion), 한 직선을 축으로 빙글빙글 도는 것을 회전(rotation)이라고 한다. 인체에서 원운동을 할 수 있는 것은 어깨관절밖에 없고, 나머지는 불완전한 원운동밖에 못한다. 그 불완전한 원운동을 휘돌림(回旋, circumduction)이라고 한다.

해부학적 자세에서 팔꿈치를 90도로 굽힌 다음에 팔꿈치 이하를 수평면상에서 벌리거나 모으면 위팔(어깨관절)이 회전운동을 한다. 그때 아래팔을 벌릴 때의 회전운동을 가쪽회전, 아래팔을 모을 때의 회전운동을 안쪽회전이라고 한다.

그러나 팔꿈치를 완전히 뻗거나 90도로 굽힌 상태에서 손바닥을 엎었다 뒤집었다 해도 아래팔 또는 위팔이 회전운동을 한다. 그때는 회전운동이 눈에 띠는 것이 아니라 손바닥을 엎었다 뒤집었다 하는 것이 눈에 띠기 때문에 엎침(回内, pronation)과 뒤침(回外, supination)이라고 한다.

손목만이 할 수 있는 동작에 엎침과 뒤침이 있다면 발에서만 할 수 있는 것이 안쪽번짐(내반, inversion)과 가쪽번짐(외반, eversion)이다. 의자에 앉아서 발을 살짝 들고 발목을 틀면 발바닥이 옆에서 보일 수 있게 할 수 있다. 그때 발바닥이 안쪽을 향하게 하는 것을 안쪽번짐, 가쪽을 향하게 하는 것을 가쪽번짐이라고 한다.

마지막으로 손과 발에는 손바닥, 발바닥, 손등, 발등과 같은 이름이 있기 때문에 펴기라는 단어를 사용하지 않고 손바닥쪽굽힘, 손등쪽굽힘이라고 한다든지, 손가락과 발가락들의 사이가 멀어지게 하는 것을 벌림, 모음이라고 하는 것 등은 일상생활에서 사용하는 용어와 해부학에서 정의하는 용어에 차이가 있으면 혼란이 생기기 때문에 그 혼란을 피하기 위한 방편이다.

그밖에 형태, 돌출부, 함몰부, 선, 공간(빈곳, 腔) 등을 나타내는 용어가 많지만 이 책에서는 생략하니 해부학 시간에 공부하기 바란다.

2) 인체의 기본적 구성요소

물리학이나 화학에서 모든 물질의 가장 기본적인 입자가 원자이고 원자들이 모여서 분자를 이룬다고 했다가 과학이 발전하면서 "원자보다 더 작고 더 기본적인 입자가 소립자, 소립자보다 더 기본적인 것이 쿼크(quark), 쿼크보다 더 작은 것이…"라고 하는 식으로 바뀌었다. 해부학에서도 물리학이나 화학처럼 더 작고 기본적인 입자를 찾을 수 있을는지는 모르지만, 그러한 연구는 물리학이나 화학에 미루어 두고 분자에서 시작하여 점차 상위단계로 설명해나가는 것이 보통이다.

분자들이 모여서 거대한 분자를 만드는데, 그런 일은 생체에서만 일어나기 때문에 그것을 '생체고분자(macromolecule)'라고 한다. 그것들은 아직 생명을 유지하기 위한 독특한 기능을 수행하지는 못하기 때문에 '화학적 분자단계(chemical molecular level)'라고 한다.

화학적 분자단계의 여러 가지 물질(소포체)들이 모여서 구조적 · 기능적 · 유전적으로 가장 기본이 되는 단위가 된 것을 '세포(cell)'라고 한다. 한마디로 세포단계부터는 생명이 있고, 세포에 따라서 모양, 기능, 크기, 수명이 다르다.

구조와 기능이 비슷한 세포들이 모여서 세포보다 더 독특한 기능을 수행할 수 있도록 형성 · 분화된 것을 '조직(tissue)'이라고 한다. 조직은 그 구조와 기능에 따라서 상피조직(껍데기조직, epithelial tissue), 결합조직(연결조직, connective tissue), 신경조직(nervous tissue), 근조직(muscular tissue)로 나눈다.

구조와 기능이 비슷한 조직들이 조직보다 더 독특한 기능을 수행하기 위해서 결합된 것을 '기관(organ)'이라고 한다. 기관에는 속이 꽉 차있는 기관(실질기관)과 속이 비어는 기관(유강기관)이 있다.

기능적으로 분류하기 위해서 몇 개의 기관들을 합해서 하나의 이름으로 부를 때 그것을 '…계통(system)'이라고 한다. 계통은 표 1-1과 같이 분류하고, 해부학을 공부할 때에는 보통 그 하나하나의 계통에 대하여 공부하게 된다.

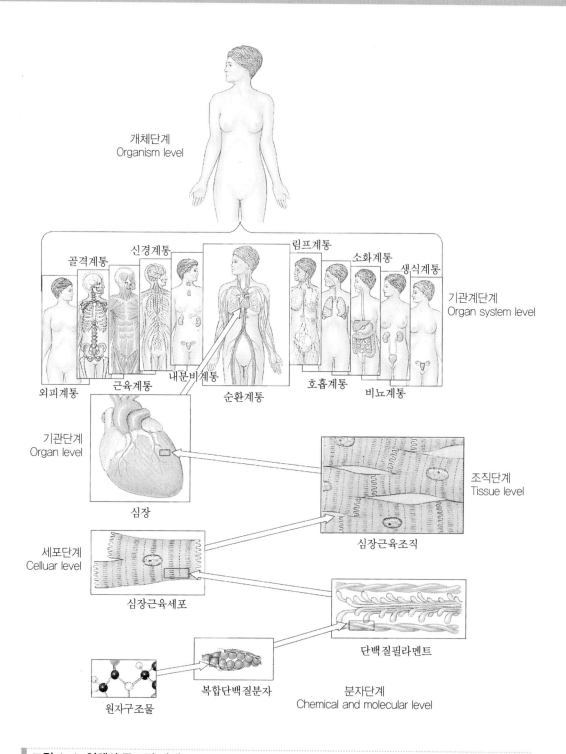

개체단계
Organism level

골격계통 신경계통 림프계통 소화계통 생식계통

기관계단계
Organ system level

외피계통 근육계통 내분비계통 호흡계통 비뇨계통
순환계통

기관단계
Organ level

심장

조직단계
Tissue level

심장근육조직

세포단계
Celluar level

심장근육세포

단백질필라멘트

복합단백질분자

분자단계
Chemical and molecular level

원자구조물

그림 1-1. 인체의 구조적 단계

표 1-1. 인체의 계통과 역할

계통	구성 및 기능
골격계통	● 뼈, 연골, 관절 ● 수의적 운동기관으로 신체를 구성하고 지주역할과 장기보호 기능을 한다.
근육계통	● 뼈대근육, 심장근육, 평활근, 근막, 힘줄, 힘줄막, 윤활주머니 등으로 구성되고, ● 수의적 운동장치의 부속기관들이다.
순환계통	● 심장, 혈액, 혈관, 림프, 림프관, 지라, 가슴샘 등으로 구성되고, 영양분, 가스, 노폐물을 운반하고, ● 림프구와 항체를 생산하여 방어기능을 담당한다.
신경계통	● 중추신경과 말초신경으로 구성되고, ● 신체의 감각, 운동, 환경에 대한 적응기능을 담당한다.
감각계통	● 피부, 눈, 코, 귀, 혀 등으로 구성되고, ● 감각을 감수한다.
호흡계통	● 코, 인두, 후두, 기관, 기관지, 허파 등으로 구성되고, ● 호흡을 담당한다.
소화계통	● 입에서 항문에 이르기까지의 소화기관과 그 부속기관인 간, 이자, 쓸개로 구성되고, ● 소화, 흡수, 배설을 담당한다.
비뇨계통	● 콩팥, 요관, 방광, 요도로 구성되고, ● 소변의 생산과 배설을 담당한다.
생식계통	● 남성의 고환, 생식기관, 그 부속기관, 여성의 자궁, 난소, 생식기관, 그 부속기관으로 구성되고, ● 성호르몬, 난자, 정자의 생산과 분비를 담당한다.
내분비계통	● 뇌하수체, 갑상샘, 이자, 부갑상샘, 부신 등으로 구성되고, ● 호르몬의 생산과 분비를 담당한다.

2. 인체의 조직

인체의 기본적인 구성요소에서 설명하였듯이 같은 방향으로 분화·발육한 세포들이 모여서 형태적·기능적으로 분업체제를 이루고 있는 것을 조직(tissue)이라고 한다. 그러므로 조직을 이루기 위해서는 두 개 이상의 세포들이 결합하여야 한다.

세포가 결합하는 방법에는 두 개의 세포였던 것이 발생 또는 발육하는 도중에 합쳐져서 한 개의 세포처럼 되는 합포체, 두 개의 세포 사이에 접합제가 들어 있는 연접복합체, 두 개의 세포 사이에 다리(bridge)가 있는 세포사이다리, 한 세포는 凹모양이고 상대세포는 凸모양이어서 서로 끼어맞추는 손가락돌기접착 등이 있다.

인체의 조직에는 상피조직, 지지조직, 근조직, 신경조직이 있다.

1) 상피조직

몸의 표면, 體腔(body cavity ; 주요 장기를 수용하는 빈 공간)의 안쪽 면, 中腔性기관(창자처럼 중간에 빈 공간이 있는 기관)의 안쪽 면, 분비를 담당하는 장기에 있는 분비세포 등이 상피조직이고, 담당하는 기능에 따라서 그림 1-2와 같이 분류한다.

덮개의 역할을 하는 상피를 덮개상피(covering epithelium, 피부상피)라 하고, 덮개상피를 세포층의 수에 따라 단층상피와 중층상피로 나누기도 하고, 모양에 따라 편평상피, 입방상피, 원주상피로 분류하기도 한다.

그림 1-2. 상피조직의 분류

덮개상피에서 분화되어 분비능력이 있는 상피를 샘상피(glandular epithelium)라 하고, 분비물을 운반하는 도관이 있는 샘을 외분비샘, 도관이 없는 샘을 내분비샘이라고 한다. 샘의 종류를 분비물의 성질에 따라서 장액샘, 점액샘, 복합샘, 기름샘으로 분류하기도 하고, 샘의 생김새에 따라서 대롱샘, 꽈리샘, 대롱꽈리샘으로 나누기도 한다.

작은창자나 큰창자에 있는 상피조직과 같이 물질을 흡수하는 기능을 가지고 있는 상피를 흡수상피(absorptive epithelium)라 하고, 혀의 미각세포, 코의 후각세포, 망막의 막대원뿔세포, 귀의 털세포처럼 감각을 담당하는 상피조직을 감각상피(sensory epithelium)라고 한다.

정자를 만들어 내는 정소와 난자를 만들어 내는 난소에 있는 상피를 배상피(germinal epithelium)라 하고, 허파꽈리의 표면에 있는 상피처럼 혈액과 공기 사이에 가스교환을 하는 상피를 호흡상피(respiratory epithelium)라고 한다.

2) 지지조직

세포, 조직, 기관을 결합하고, 고정하고, 지지하고, 보호하는 역할을 하는 조직을 지지조직(supporting tissue)이라 하는데, 결합조직, 연골조직, 골조직으로 나눈다.

(1) 결합조직

결합조직은 세포성분과 섬유성분으로 되어 있다. 세포성분에는 고정세포와 유주세포(돌아다닐 수 있는 세포)가 있고, 섬유성분에는 콜라겐·엘라스틴·피브로넥틴·라미닌 등이 있다.

결합조직은 모양과 성질에 따라 여러 가지로 분류할 수 있지만 여기에서

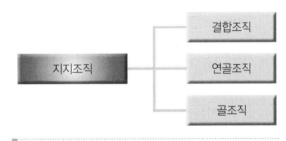

그림 1-3. 지지조직의 분류

는 몇 가지만 소개한다. 성긴결합조직은 콜라겐과 세포들이 드문드문 분포되어서 느슨하게 결합하는 조직이고, 치밀결합조직은 반대로 치밀하게 분포되어서 치밀하게 결합하는 조직이며, 교양조직은 가열하면 아교 모양으로 되는 조직이고, 세망조직은 가느다란 망 모양으로 결합되어 있는 조직이다.

지방조직, 색소조직, 탄성조직, 혈액, 혈구, 림프구, 조직액 등은 모두 다른 조직과 결합하는 성질이 있기 때문에 결합조직으로 분류한다.

(2) 연골조직

결합조직보다 단단하고 탄성이 있는 조직으로 연골세포와 바탕물질(기질)로 되어 있다. 연골표면은 섬유성 연골조직으로 만들어진 연골막으로 덮여 있고, 혈관과 신경이 분포되어 있다. 연골은 유리같이 보이는 유리연골, 탄성이 좋은 탄성연골, 콜라겐섬유가 잘 발달되어 질긴 섬유연골로 나눈다.

(3) 뼈조직

결합조직 중에서 가장 단단한 조직으로 뼈세포와 기질로 되어 있다. 뼈조직의 구조는 그림 1-4와 같고, 간단히 말해 골조직은 뼈막, 치밀질, 뼈속막, 해면질로 구성되어 있다.

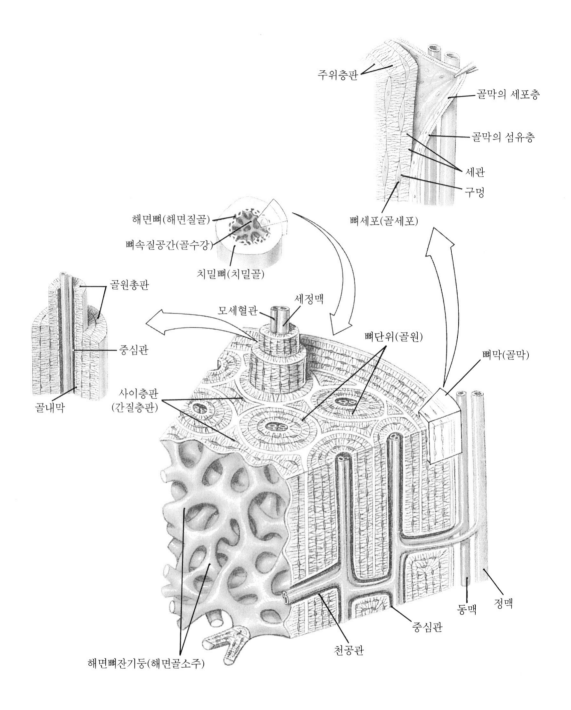

그림 1-4. 치밀질과 해면질

3) 근육조직

근육조직은 인체를 구성하는 조직과 기관들의 운동을 담당하는 조직으로 근육세포(muscle cell, 근육섬유(muscle fiber)라고도 부른다)들이 모인 것이다. 근육세포는 근육원섬유(myofibril)와 근육형질(sarcoplasm)로 구성되어 있다.

근육섬유(근육세포)를 형태상으로 분류할 때는 민무늬근육(smooth muscle)과 가로무늬근육(striated muscle)으로 나누고, 기능상으로 분류할 때는 맘대로근육(voluntary muscle)과 제대로근육(involuntary muscle)으로 나눈다. 또, 많이 분포되어 있는 기관에 따라서 분류할 때는 뼈에 붙어 있는 뼈대근육(skeletal muscle), 심장에 있는 심장근육(cardiac muscle), 장기에 붙어 있는 내장근육으로 나눌 수 있지만, 내장근육이라는 말은 잘 사용하지 않고 그냥 민무늬근육이라고 한다.

민무늬근육은 무늬가 없다고 해서 붙여진 이름이며, 가로무늬근육은 가로로 줄무늬가 있기 때문에 붙여진 이름이다. 한편 맘대로근육은 자신의 의사(지)에 따라서 마음대로 움직일 수 있는 근육이라는 뜻이다.

⑴ 민무늬근육

주로 소화관, 혈관, 요관, 방광 등의 벽과 분비샘을 구성하는 근육으로, 자율신경의 지배를 받아 수축하는 제대로근육이다. 수축·이완의 속도가 완만하여 가로무늬근육이 0.1초쯤 걸려 수축하는 데 비해, 민무늬근육은 몇 초에서 수십 초 걸리고, 핵은 근육 섬유의 중앙부에 1개 있다.

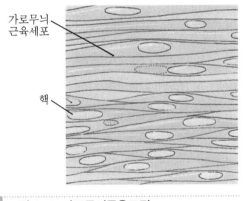

가로무늬
근육세포

핵

그림 1-5. 가로무늬근육조직

⑵ 뼈대근육

뼈와 연골에 부착되어 운동을 담당하는 근육조직이다. 현미경으로 보면 가로로 무늬가 보이는데, 근육원섬유가 가는 액틴필라멘트와 굵은 미오신필라멘트로 구성되어 있기 때문에 그렇게 보이는 것이다. 근육세포의 표면층에는 핵이 여러 개 있는데, 그 이유는 발생과정에 여러 개의 근육모세포(myoblast, 근육세포의 씨앗세포)가 합체되어서 한 개의 근육

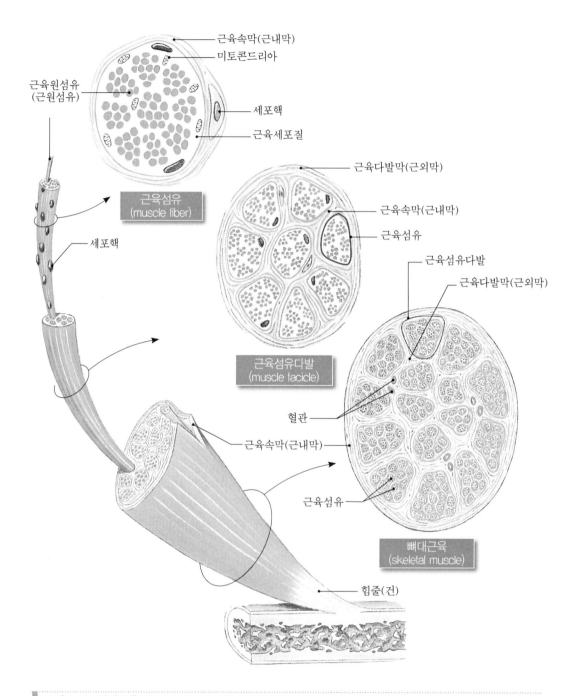

근육속막(근내막)
미토콘드리아
근육원섬유
(근원섬유)
세포핵
근육세포질
근육섬유
(muscle fiber)
세포핵
근육다발막(근외막)
근육속막(근내막)
근육섬유
근육섬유다발
근육다발막(근외막)
근육섬유다발
(muscle facicle)
혈관
근육속막(근내막)
뼈대근육
(skeletal muscle)
근육섬유
힘줄(건)

그림 1-6. 뼈대근육의 구조

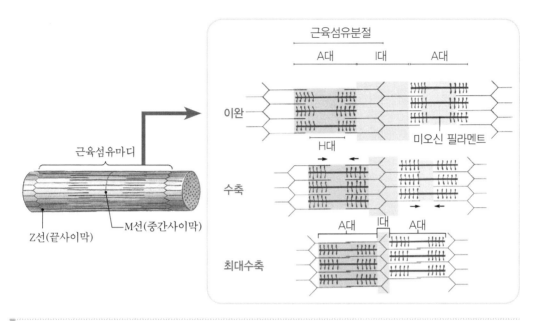

근육섬유분절
A대 I대 A대
이완
근육섬유마디
미오신 필라멘트
H대
수축
Z선(끝사이막)
M선(중간사이막)
A대 I대 A대
최대수축

그림 1-7. 근육섬유의 구조

섬유로 되었기 때문이다.

　근육섬유(근육세포)에서 근원섬유를 제외한 세포질을 근육세포질이라고 한다. 근육세포질에는 골지기관이나 사립체와 같은 세포소기관이 들어 있고, 근육소포체가 잘 발달되어 있으며, 세포막이 깊게 함입해서 만들어진 T소관이 근형질 속을 가로 달리지만 민무늬근육섬유에는 T소관이 없다.

　근원섬유들이 모여서 다발을 이룬 것을 근육섬유, 근육섬유들이 다발처럼 묶여 있는 것

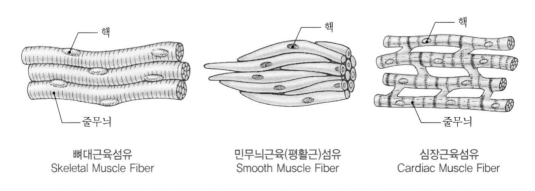

핵　　　　　　　　　핵　　　　　　　　　핵

줄무늬　　　　　　　　　　　　　　　　　줄무늬

뼈대근육섬유　　　　민무늬근육(평활근)섬유　　　심장근육섬유
Skeletal Muscle Fiber　　Smooth Muscle Fiber　　Cardiac Muscle Fiber

그림 1-8. 근육조직의 유형

을 근육섬유다발, 근육섬유다발들이 모여서 더 큰 다발을 이룬 것을 근육이라고 한다. 다발마다 막으로 덮여 싸여 있는데, 그 막들을 차례로 근육섬유막(근육속막), 근육섬유다발막, 근육막(근막)이라고 한다.

(3) 심장근육

심장근육은 심장을 불수의적으로 수축시켜 혈액을 유입·유출시킨다. 뼈대근육과 민무늬근육의 중간 성격을 띠고, 핵이 근육섬유의 중앙에 있다는 것과 근육섬유들끼리 서로 겹쳐 있다는 것이 특징이다.

4) 신경조직

신경조직은 신경세포(neuron)와 신경아교세포(neuroglia)로 구성되어 있다. 신경세포는 보통 신경원이라 하고, 자극(흥분)을 전달하는 역할을 한다. 신경아교세포는 신경세포의 세포막을 격리 및 보호하고, 신경조직을 지지하며, 사이질액의 성분을 조절하고, 신경조직에 미생물이 침범하지 못하도록 하는 역할을 하는 세포로 아교와 같이 접착시키는 역할을 한다고 해서 붙여진 이름이다.

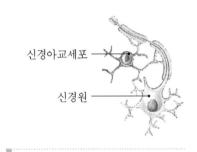

그림 1-9. 신경아교세포

신경원은 세포체와 돌기로 구성되어 있다. 돌기는 세포체에서 나무가지 또는 가시처럼 뻗어 나온 것이라고 해서 가지돌기라 하고, 굵은 가지는 밧줄처럼 생겼다고 해서 축삭이라고 한다.

세포체 안에는 핵, 니슬소체(Nissl body), 신경원섬유(neurofibril), 색소과립(색깔이 있는 작은 알갱이-리포크롬) 등이 들어 있고, 니슬소체는 여러 개의 리보소체(Ribosome)들이 모여 있는 것이다.

세포체에서 뻗어 나온 돌기(가지) 전체를 의미할 때는 신경섬유(nerve fiber)라는 말을 더 많이 사용한다. 가지돌기(dendrite)는 신경자극을 세포체 쪽으로 전달하고, 축삭(axon)은 반대쪽으로 전달한다. 축삭은 대부분 말이집(myelin)으로 둘러싸여 있지만 그렇지 않은 것도 있다. 축삭을 싸고 있는 말이집도 세포이기 때문에 슈반세포라 하고, 슈반세

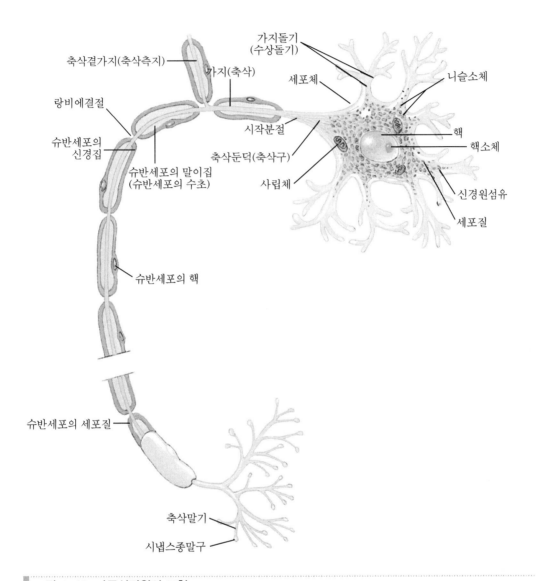

축삭곁가지(축삭측지)

가지(축삭)

가지돌기
(수상돌기)

세포체

니슬소체

랑비에결절

슈반세포의
신경집

슈반세포의 말이집
(슈반세포의 수초)

시작분절

축삭둔덕(축삭구)

사립체

핵

핵소체

신경원섬유

세포질

슈반세포의 핵

슈반세포의 세포질

축삭말기

시냅스종말구

▌ 그림 1-10. 다극신경원의 모형

포와 슈반세포 사이에 말이집으로 싸여 있지 않은 부분을 랑비에결절이라고 한다.

그리고 신경원은 신경섬유(돌기)의 상태에 따라서 단극, 이극, 다극신경원으로 분류한다. 신경원의 맨끝부분(돌기의 끝 부분)을 신경종말(nerve endings)이라 하는데, 다른 신경원과 연결되면 시냅스(synapse), 뼈대근과 연결되면 운동신경종말(motor nerve ending), 감각기와 연결되면 감각신경종말(sensory nerve ending)이라고 한다.

3. 골격계통

골격계통은 뼈, 관절, 인대로 구성되어 있으며 몸통을 지지하고 주요 장기를 보호하면서 팔다리의 운동을 가능하게 한다.

1) 뼈

뼈는 사람의 골격을 이루는 가장 단단한 조직으로, 다량의 뼈바탕질을 가지고 있다. 뼈바탕질은 아교섬유(collagen fiber)를 포함하는 유기질 성분이 전체의 35%를 차지하고, 칼슘 등의 무기질 성분은 45%, 수분 20%로 구성된다.

뼈를 성분이 아니고 겉모양으로 보면 바깥쪽으로부터 뼈막, 뼈속막, 뼈속질(치밀질과 해면질)로 구성되어 있다.

뼈는 몸통을 지지하는 틀을 형성하고, 주요 무기질의 저장고 역할을 하며, 이온의 양을 조절하고 유지하는 데 관여하고, 중요한 내장기관을 보호한다. 또한 뼈속질에는 줄기세포가 존재하며 혈액을 생산하거나 다양한 조직으로의 분화에 중요한 역할을 한다.

인체는 그림 1-11처럼 206개의 뼈로 구성되어 있다.

뼈는 모양에 따라서 다음과 같이 6종류로 분류한다.

- 긴뼈……넙다리뼈와 같이 긴 관 모양의 뼈. 중앙부는 뼈몸통(골간), 양쪽 끝은 뼈끝(골단)이라고 한다. 뼈몸통은 주변부는 치밀질, 중심부는 해면질로 되어 있고 해면질의

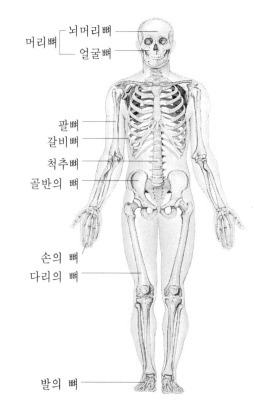

그림 1-11. 몸통의 골격

머리뼈 — 뇌머리뼈 / 얼굴뼈

팔뼈
갈비뼈
척추뼈
골반의 뼈

손의 뼈
다리의 뼈

발의 뼈

중심부에 있는 공간을 뼈속질공간(골수강)이라 하는데, 그 안에 뼈속질이 들어 있다.

- 짧은뼈……손목뼈와 같이 짧은 뼈. 주변부는 치밀질이 얇은 층을 이루고, 중심부는 해면질이 있으나 뼈속질공간이 없다. 소량의 뼈속질이 해면질에 들어 있다.

- 납작뼈……마루뼈(두정골)와 같이 얇은 판 모양의 뼈. 치밀질로 되어 있는 바깥판과 안판이 있고, 바깥판과 안판 사이에 해면질이 들어 있는데, 그것을 판사이층(판간층)이라 한다.

- 공기뼈……위턱뼈와 같이 골질 내부에 빈 공간이 있는 뼈

- 불규칙뼈……망치뼈처럼 앞의 4가지 뼈와 다르게 생긴 뼈

- 종자뼈……무릎뼈와 같이 종자(씨앗)처럼 생긴 뼈

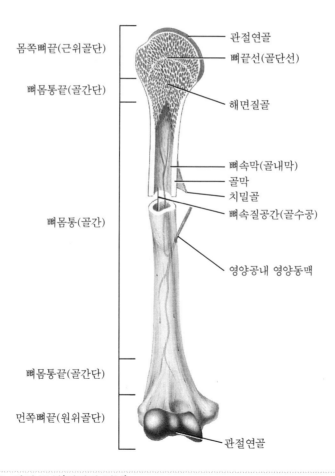

그림 1-12. 뼈의 구성(긴뼈의 일부)

2) 관 절

관절은 두 개 이상의 뼈가 만나서 이루는 부분이다. 두 개의 뼈가 결합질로 연결되어서 움직일 수 없는 경우에는 부동결합이라 하고, 결합하는 뼈 사이에 빈 공간이 있어서 서로 움직일 수 있는 경우에는 가동결합 또는 관절이라고 한다.

부동결합에는 연골결합, 뼈결합, 섬유연골결합 등이 있고, 관절의 부문별 명칭은 그림 1-13과 같다. 모든 관절이 그림과 같은 구조를 가지고 있는 것은 아니다.

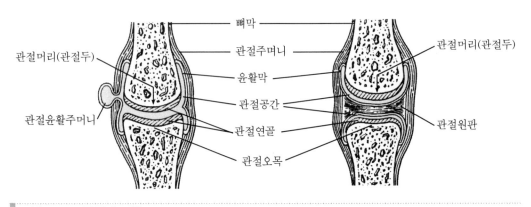

그림 1-13. 관절의 모형

보통 팔다리에 있는 관절은 그림 1-13과 같은 윤활관절이어서 다양한 운동범위를 가진다. 윤활관절은 관절연골로 덮여 있는데, 관절연골은 세 층으로 되어 있다. 층마다 세포와 아교섬유의 배열이 다르고, 관절연골에는 혈관·신경·림프관이 없으며 연골세포의 영양 공급은 윤활액으로부터 확산에 의해서 이루어진다. 관절에 있는 연골은 뼈 사이의 직접적인 접촉에 의한 마모를 예방하고 관절운동을 돕는다.

관절은 관절면의 모양에 따라서 아래와 같이 분류한다.

- **평면관절(planar joint)**······돌기사이관절처럼 두 뼈의 관절면이 거의 평면인 관절
- **두융기관절(bicondylar joint)**······노손목관절(요골수근관절)처럼 관절머리는 타원형이고, 관절오목은 그에 적합하게 생겼다. 관절머리의 장축과 단축방향으로 움직일 수 있다.
- **경첩관절(hinge joint)**······위팔뼈와 자뼈의 관절처럼 관절머리는 원주모양이고 그 측면이 관절면을 이룬다. 관절오목은 그에 적합하게 생겼고 관절축 주변만을 움직일 수 있다.

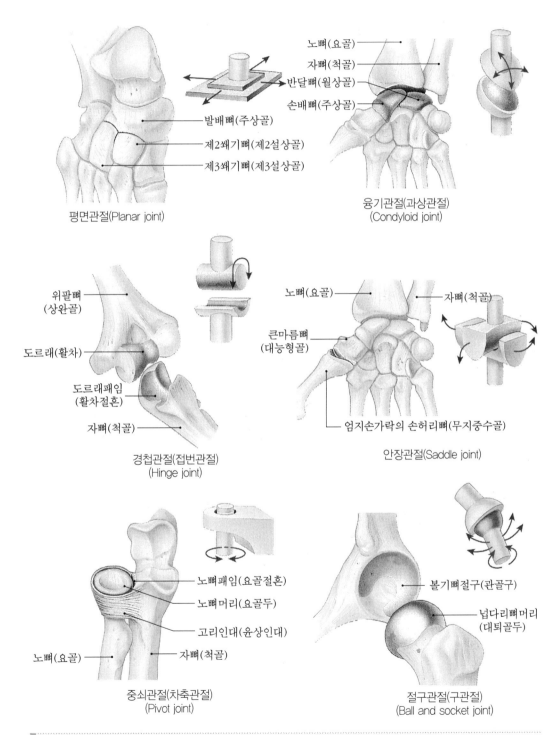

평면관절(Planar joint)

노뼈(요골)
자뼈(척골)
반달뼈(월상골)
손배뼈(주상골)
발배뼈(주상골)
제2쐐기뼈(제2설상골)
제3쐐기뼈(제3설상골)

융기관절(과상관절)
(Condyloid joint)

위팔뼈
(상완골)
도르래(활차)
도르래패임
(활차절흔)
자뼈(척골)

경첩관절(접번관절)
(Hinge joint)

노뼈(요골)
자뼈(척골)
큰마름뼈
(대능형골)
엄지손가락의 손허리뼈(무지중수골)

안장관절(Saddle joint)

노뼈패임(요골절흔)
노뼈머리(요골두)
고리인대(윤상인대)
노뼈(요골)
자뼈(척골)

중쇠관절(차축관절)
(Pivot joint)

볼기뼈절구(관골구)
넙다리뼈머리
(대퇴골두)

절구관절(구관절)
(Ball and socket joint)

그림 1-14. 가동관절의 종류

- 안장관절(saddle joint)······엄지손가락의 손허리뼈처럼 관절면이 안장 모양이어서 서로 직각인 두 방향으로 움직일 수 있다.
- 중쇠관절(pivot joint)······노뼈와 자뼈의 관절처럼 관절머리가 관절오목에 길게 끼어 들어가 있어서 회전운동만 가능하다.
- 구관절과 절구관절(spheroid joint & ball and socket joint)······관절머리가 공 모양인 것은 같고, 구관절은 관절오목이 얕은 편이어서 운동이 아주 자유롭고, 절구관절은 관절오목이 훨씬 더 깊어서 운동이 약간 제한된다. 어깨관절이 구관절이고, 고관절이 절구관절이다.

3) 인 대

인대는 뼈와 뼈 사이를 연결하는 강한 섬유성 결합조직으로, 대부분 제1형 아교섬유로 이루어진 세포바탕질과 소수의 섬유모세포로 이루어져 있다. 인대에 있는 아교섬유는 인대의 종축과 평행하게 배열되어 장력에 강하다.

인대는 뼈에 직접적 혹은 간접적으로 부착된다. 인대가 부착되는 부위는 형태학적 변화를 보이며 대부분은 뼈에 간접적으로 부착된다. 인대가 직접 부착된 부위는 인대, 섬유성 연골, 무기질화 섬유성 연골, 뼈 등으로 변화하고, 간접적으로 부착할 때는 가쪽은 직접 뼈막과 연결되나 안쪽은 샤피섬유(Sharpey's fiber) 조직을 통해서 부착된다.

인대는 혈관이 비교적 적은 조직이며, 혈관은 보통 인대부착 부위에서 들어온다. 지금까지 인대는 신경조직이 없는 것으로 알려져 있었으나 고유수용 감각과 유해요소 감각을 담당하는 특수한 신경이 존재하는 것이 밝혀졌다.

인대는 주로 관절에 위치하여 관절이 안정하게 유지되도록 한다. 인대가 손상되면 정도에 따라 관절의 불안정성이나 탈구가 유발될 수도 있고, 그로 인해 이차적인 관절연골손상과 퇴행성관절염이 초래될 수도 있다.

4. 근육계통

근육계통은 개체가 움직일 수 있도록 하는 해부학적인 조직으로 뼈대근육, 심장근육, 내장근육으로 나눌 수 있고, 뼈대근육은 맘대로근육이고 심장근육과 내장근육은 제대로근육이다. 뼈대근육은 신체의 형태 유지와 움직임을 담당하고, 내장근육은 내장기관들의 구조와 움직임을 담당며, 심장근육은 심장의 운동기능을 담당한다. 그밖에도 열생산, 혈액순환, 호흡, 배설, 음식물의 이동 등의 역할을 근육계통이 한다.

근육계통의 하위기관으로는 근육과 연결조직이 있다.

● 근육……근육은 근육세포와 결합조직으로 이루어진 조직으로, 수축운동을 통해 이동과 자세유지, 체액분비 등을 담당하는 신체기관이다.

● 연결조직……근육을 힘을 발휘할 수 있는 지점에 고정하고 형태를 유지하는 등의 기능을 하는 조직으로, 근막·힘줄 등이 이에 포함된다.

1) 뼈대근육의 분류

뼈대근육은 그 모양에 따라서 그림 1-15와 같이 분류한다.

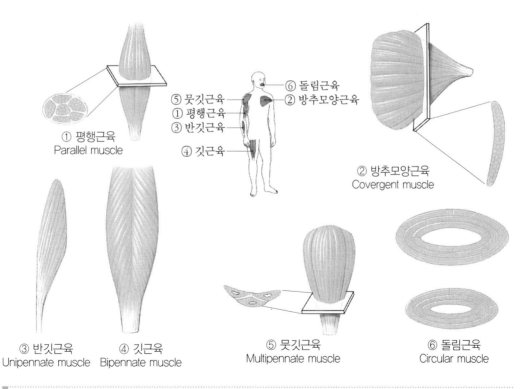

그림 1-15. 뼈대근육의 형태적 분류

2) 근수축의 분류

근육이 수축하는 정도에 따라서 다음과 같이 분류한다.

● 연축(twitch)……한 번의 자극에 의해서 수축과 이완을 하는 것
● 강축(tetanus)……연속적으로 자극을 주었을 때 수축과 이완이 융합되어서 근육이 수축상태로 있는 것
● 긴장(muscle tone)……자세를 유지하거나 운동을 할 때에는 몸통이나 그밖의 부분이 정해진 위치에 고정되어야 하는데, 이것은 근육이 일종의 수축상태를 지속해야 가능하다. 이것이 긴장이다. 강축과는 달리 근육에 두드러진 활동전위가 발생하지 않고, 쉽게 피로해지지 않는 특성이 있다.
● 경직(tetany)……몸이 굳어진 상태

3) 뼈대근육의 구조

뼈대근육은 그림 1-16처럼 근육과 힘줄 및 기타 기관으로 구성되어 있다. 구성요소의 일부만 있는 경우가 더 많다.

● 근육의 갈래(muscle head)……근육의 머리에 해당하는 부분
● 근육의 꼬리……근육의 꼬리에 해당하는 부분
● 이는곳(origin)……근육과 뼈가 붙어 있는 곳 중에서 근육이 수축하여 뼈가 움직일 때 움직임이 없거나 작은 곳
● 닿는곳(insertion)……이는곳의 반대. 그러므로 근육의 이는곳과 닿는곳은 정해져 있는 것이 아니라 운동의 형태에 따라서 바뀐다. 예를 들어 의자를 잡고 서 있는 사람이 의자를 잡아당길 때와 의자 쪽으로 몸을 기울여 기댈 때는 팔근육들의 이는곳과 닿는곳이 뒤바뀐다.
● 근육의 힘살(muscle belly)……근육의 머리와 꼬리 사이 중간 부분
● 힘줄(tendon)……근육의 머리 또는 꼬리가 뼈와 연결되는 것을 중개하는 물질(기관)로, 결합조직의 다발로 되어 있다.
● 근막(fascia)……하나 또는 여러 개의 근육을 둘러싸고 있는 섬유성 결합조직의 막. 근육의 외형을 유지하고 보호한다.

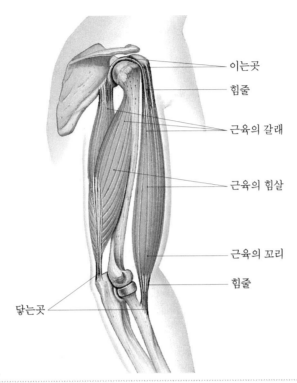

이는곳

힘줄

근육의 갈래

근육의 힘살

근육의 꼬리

힘줄

닿는곳

▋그림 1-16. 근육의 구성요소

- 윤활주머니(synovial bursa)……윤활액이 들어 있는 주머니. 근육과 힘줄의 주위에 분포되어 있고, 근육과 힘줄의 운동이 원활하게 이루어지도록 돕는다.
- 종자골(seasamoid bones)……힘줄이나 인대 속에 생긴 작은 뼈로 힘줄과 뼈의 마찰을 줄여주는 역할을 한다.

5. 순환계통

인체의 모든 조직은 항상 물질대사를 해야 하므로 영양분과 산소를 공급하고, 탄산가스와 노폐물들을 수거하여 배설해야 한다. 인체에서는 그러한 물질들을 일정한 관(파이프)을 통해서 운반하고, 그 관들이 폐쇄회로를 이루기 때문에 순환계통(circulatory system)이라고 한다.

순환계통은 혈액의 순환을 담당하는 혈관계통(blood vascular system)와 림프의 순환을 담당하는 림프계통(lymphatic system)으로 구성되어 있다.

1) 혈관계통

혈관계통은 심장, 동맥, 정맥, 모세혈관으로 구성되어 있고, 동맥·정맥·모세혈관은 모두 일종의 파이프이기 때문에 합하여 혈관(blood vessel)이라고 한다.

혈관은 주행 도중에 가지를 쳐서 둘 이상으로 갈라지기도(分枝)하고, 합쳐지거나 연결되기도(吻合)한다. 그때 갈라져 나온 혈관은 곁맥관(colatteral vessel), 합쳐지거나 연결된 혈관은 연결맥관(anastomotic vessel)이라고 한다.

동맥이 갈라져서 동맥이 되거나 동맥이 합쳐져서 동맥이 된 것을 동맥얼기(arteriel plexus), 정맥이 그럴 경우에는 정맥얼기(venous plexus)라 한다.

일반적으로 혈액은 동맥→모세혈관→정맥으로 흐른다. 그러나 특수한 형태로 혈액이 흐르는 경로가 동맥→모세혈관→동맥이면 모세동맥연결(rete mirabile)이라 하고, 동맥→정맥이면 동정맥연결(arteriovenous anastomosis)이라고 한다.

혈관은 근본적으로 3층 구조로 되어 있다. 가장 안쪽에 있는 편평내피를 속막, 민무늬근 근육섬유와 탄성섬유로 구성되어 있는 가운데층을 중간막, 결합조직과 약간의 민무늬근육섬유로 구성되어 있는 맨 바깥층을 바깥막이라고 한다.

동맥은 정맥에 비하여 중간막이 잘 발달되어 있다. 대동맥은 중간막의 탄성섬유가 잘 발달되어 있어서 심장에서 밀려나오는 혈액의 압력에 잘 대응할 수 있도록 되어 있고(탄성형동맥), 중소동맥은 중간막의 민무늬근섬유가 잘 발달되어 있어서 혈액을 말초까지 잘 송출할 수 있도록 되어 있다(근성형동맥).

정맥은 동맥에 비하여 중막이 발달되어 있지 못한 대신에 정맥판(venous valve)이 여러 군데에 있다. 그것은 혈액을 중력에 거슬러서 심장으로 보낼 수 있도록 하는 장치이다.

모세혈관은 3층 구조가 아니고, 편평한 내피세포와 바탕막으로 구성되어 있다. 모세혈관을 사이에 두고 혈액과 조직액 사이에 물질교환이 이루어진다.

혈관은 자율신경의 하나인 혈관운동신경의 지배를 받고, 혈관운동신경 중에서 교감신경이 흥분하면 혈관이 수축되고, 그에 대응하기 위해서 심장활동이 항진된다. 부교감신경이 흥분하면 반대 현상이 일어난다.

2) 림프계통

림프계통은 림프관(lymphatic vessel)과 림프절(lymph node)로 구성되어 있고, 림프를 혈관계통으로 보내는 작용과 면역기능을 담당한다.

(1) 림프관

그림 1-17을 보면 모세혈관, 조직세포, 모세림프관이 보인다. 혈관은 소동맥→모세혈관→소정맥으로 연결이 되어 있어서 혈액이 바깥으로 빠져나가지 못하게 되어 있다.

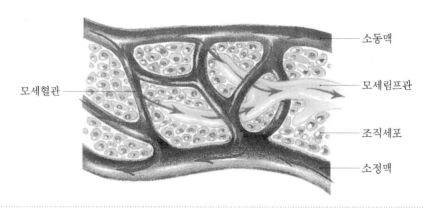

소동맥

모세림프관

모세혈관

조직세포

소정맥

▌ 그림 1-17. 모세혈관과 모세림프관

반면에 모세림프관은 조직세포 사이에서 시작되고(끝이 나고) 있다. 즉 림프관은 폐쇄회로를 이루지 못하고 있기 때문에 "림프관은 한쪽 끝은 조직세포 사이에 열려 있고, 다른 한쪽 끝은 정맥과 연결되어 있다."라고 표현한다.

혈액이 모세혈관에 다다르면 혈액의 유형물질(적혈구, 백혈구, 혈소판 등)은 크기가 크기 때문에 빠져나가지 못하고 모세혈관을 따라 계속 이동하지만 혈장은 모세혈관벽을 뚫고 세포간질로 빠져나갔다가 다시 모세혈관 안으로 빨려 들어온다. 그동안에 물질교환이 이루어져서 동맥혈이 정맥혈로 바뀐다.

빠져나갔던 혈장이 100% 모세혈관 안으로 다시 유입되는 것이 아니라 일부는 모세림프관으로 유입되어 이동하게 된다. 그러므로 림프액은 혈장과 비슷한 물질이라고 할 수 있다. 모세림프관이 여러 개 모여서 보다 굵은 림프관을 이루고 림프관 안에는 역류를 방지하기 위해서 첨판이 있다.

(2) 림프절

림프관이 주행하는 도중에 있는 밤톨에서 콩알만한 크기의 결절을 말하고, 세균이나 이물질을 처리해서 정화된 림프액을 혈관계로 보내기 위한 일종의 여과장치이다. 림프절은 홀로 있는 경우도 있고 여러 개의 림프절이 모여 있는 경우도 있으며, 대부분 정맥 옆에 있다.

(3) 가슴림프관과 오른림프관줄기

모세림프관에서 출발한 림프액은 중간 중간에 있는 림프절에서 정화된 다음 점차적으로 합류해서 가슴림프관(thoracic duct)과 오른림프관줄기(right rymphatic trunk)에 집결하고, 최종적으로는 좌우의 정맥각(venous angle)으로 들어가서 혈액과 합류한다.

오른림프관줄기에는 오른쪽 상반신에서 발원한 모든 림프액들이 다 모이고, 가슴림프관에는 오른쪽 상반신을 제외한 모든 인체 조직에서 발원한 림프액들이 다 모여든다.

6. 신경계통

신경계통은 신체의 내·외부로부터 오는 자극을 받아들이거나, 그 자극에 대한 반응을 일으키는 기관 전체를 가리킨다.

1) 신경계통의 주요 용어

- 회색질(gray matter)……뇌와 척수에서 신경세포들이 많이 모여 있는 곳으로 척수에서는 중심부에 있고, 대뇌와 소뇌에서는 표면층에 분포되어 있기 때문에 겉질(피질, cortex)이라 하고, 뇌줄기에 있는 것은 신경핵(nerve nucleus)이라고 한다.
- 백색질(white matter)……뇌와 척수에서 신경섬유들이 많이 모여 있는 곳으로 척수에서는 주변부에 있고, 대뇌와 소뇌에서는 중심부에 있기 때문에 속질(수질, medulla)이라 하고, 뇌줄기에서는 회색질과 섞여 있다.
- 신경뿌리(nerve root)……말초신경계통과 중추신경계통이 만나는 곳에 있고, 여러

개의 신경섬유다발로 구성되어 있다.

- 신경절(nerve ganglion)……말초신경계통에서 신경세포들이 모여 있는 곳으로, 지각신경절과 자율신경절이 있다.
- 신경얼기(nerve plexus)……말초신경계통에서 신경섬유들이 많이 모여 있는 곳이다.
- 수막(meniges)……뇌와 척수의 피막으로 가장 바깥쪽에 있는 것을 경질막(dura matter), 가운데에 있는 것을 거미막(지주막, arachnoid), 가장 안쪽에 있는 것을 연질막(pia matter)이라고 한다.

2) 신경계통의 분류

신경계통은 기능적으로 중추신경계통과 말초신경계통으로 분류하고, 중추신경계통은 뇌와 척수를 말하고, 말초신경계통은 뇌신경과 척수신경으로 나뉜다.

(1) 중추신경계통(central nervous system)

중추신경계통은 뇌와 척수로 이루어지고, 수많은 뉴런이 모인 곳으로 자극에 대한 감각이 일어나고, 그에 대한 판단과 명령을 내린다.

뇌는 두개골 안에 들어 있고 대뇌, 소뇌, 사이뇌, 중뇌, 숨뇌(연수)로 구분된다. 척수는 척주 속에 들어 있고, 숨뇌와 연결되어 있다.

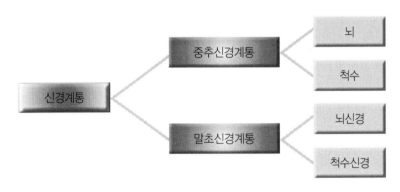

그림 1-18. 중추신경계통의 분류

(2) 말초신경계통(peripheral nervous system)

말초신경계통은 뇌와 말초 사이의 연락을 담당하는 뇌신경과, 척수와 말초 사이의 연락을 담당하는 척수신경으로 되어 있다. 중추신경계통에서 만들어진 반응을 말초에 전달하고, 말초신경계통에서 얻어진 감각 등을 중추신경계통에 전달하는 역할을 한다.

(3) 말초신경계통의 분류

말초신경계통을 구조상으로 분류하지 않고 그 기능상으로 분류할 수도 있다. 신경계 전체를 분류한 것이 아니고 말초신경계통만 분류한 것이므로 계통(system)이라는 단어 대신에 부(division)를 사용하는 사람도 있지만 우리나라에서는 '계통'을 사용하는 경우가 더 많다. 말초신경계통을 기능상으로 분류할 때는 말초신경계통 자체를 '뇌와 척수에서 연장된 모든 신경'이라고 정의하는 것이 원칙이다.

┃ 그림 1-19. 말초신경계통의 분류

말초신경계통은 1차적으로 체성신경계통(somatic nervous system)와 자율신경계통(autonomic nervous system)으로 나눈다.

체성신경계통은 자율신경계통에 대비하기 위해서 사용한 말이므로 '비자율신경계' 또는 '수의신경계' 정도로 이해하면 된다. 체성신경계통은 감각신경과 운동신경으로 구성되어 있고, 수의신경계이다. 뇌에서 나와 얼굴에 퍼져 있는 12쌍의 뇌신경과 척수에서 나와 온몸에 퍼져있는 31쌍의 척수신경의 대부분이 대뇌의 지배를 받는 체성신경계통에 속한다. 감각신경은 말초신경에서 중추신경으로 흥분을 전달하는 구심성신경이고, 운동신경은 중추신경에서 말초신경으로 흥분을 전달하는 원심성신경이다.

자율신경계통(autonomic nervous system)은 불수의신경이고, 심장, 혈관, 허파, 소화기관 등의 내장에 분포하는 말초신경으로 대뇌의 직접적인 영향을 받지 않고, 자율적으로 내장기관의 작용을 조절한다. 자율신경계통에 대한 상위중추는 척수, 뇌줄기, 시상하부, 또는 둘레계통(limbic system, 변연계)에 위치한다.

자율신경계통은 교감신경계통(sympathetic division)과 부교감신경계통(parasympathetic division)으로 나뉜다.

교감신경은 몸을 많이 움직일 때 공포와 같은 상황에서 스트레스가 증가하면 활발해지고, 혈압상승, 심장박동의 증가, 동공확대, 소름 등의 증상이 나타난다. 소화관에는 억제작용이 나타나 소화액의 분비를 억제한다.

부교감신경은 편안감이 있을 때 활발해지고, 심장·혈관계통에는 억제적으로 작용하여 심장박동의 감소, 혈압강하 등이 보이고, 소화관에는 항진작용(accentuation, 강화)을 하여 소화액, 체액, 담즙의 분비를 촉진한다.

부교감신경의 75%가 숨뇌의 미주신경을 통해 장기에 분포하므로 부교감신경의 작용을 미주신경의 작용이라고도 한다.

참고문헌

김용수 외(2012). 비주얼 아나토미. 대경북스.

김창국 · 진영완 · 최기수(2005). 인간 움직임을 이해하기 위한 인체해부학. 대경북스.

노민희(2000). 인체해부학. 정담.

신문균(1998). 인체해부학. 현문사.

이한기, 권오헌 외(2011). 인체해부학. 서원미디어.

한국해부생리학교수협의회(2003). 인체해부학. 현문사.

Anne M Gilroy(2008). *Atlas of Anatomy*. Thieme.

Frank H. Netter(2010). *Atlas of Human Anatomy: with Student Consult Access, 5e*. Saunders.

Kevin T. Patton(2009). *Anatomy & Physiology*. Mosby.

제2장 운동생리학

1. 운동생리학의 기초

인간은 항상 움직이면서 살아가고 있다. 그러한 움직임은 어떻게 해서 이루어지는가? 운동을 지속적 또는 반복적으로 하면 인체에 어떠한 변화가 생기는가? 그 변화에 대하여 인체는 어떻게 대응하는가? 등을 밝히고, 그러한 지식들을 바탕으로 인간이 더 건강하게, 더 활기차게 살아갈 수 있는 방법을 모색하는 것이 '운동생리학'이라고 할 수 있다.

그러므로 운동생리학은 인체에 대하여 연구하는 모든 자연과학 분야의 다른 학문들과 관련이 깊고, 스포츠지도자와 운동선수들에게는 더없이 중요한 과목이다.

1) 항상성

인체를 몸속과 몸 밖으로 나누었을 때 몸속의 상태를 내부환경, 몸 밖의 상태를 외부환경이라고 한다. 외부환경이 자연적·인위적으로 수시로 변화한다는 것은 쉽게 알 수 있지만 내부환경도 수시로 변한다. 예를 들어 운동을 하면 탄수화물을 사용하고 탄산가스를 내놓기 때문에 인체의 조직 안에 있는 탄수화물의 양은 줄고 탄산가스의 양은 증가하게 되므로 내부환경에 변화가 생기게 된다. 그러한 내·외부환경의 변화에도 불구하고 내부환경을 어떤 범위 안에서 일정하게 유지하려고 하는 성질이 인체뿐만 아니라 모든 생물체에 있는데, 그것을 항상성(homeostasis)이라고 한다.

내·외부환경에는 온도나 대기압과 같은 물리적인 것도 있지만, 산도(pH)나 체액의 성분과 같은 생화학적인 것도 있다. 그러므로 항상성을 유지하기 위해서는 환경의 변화에 적절히 대응할 수 있는 반응을 해야 하는데, 그 반응은 자동조절 시스템인 피드백 작용에 의해서 이루어진다.

항상성 유지를 위해 인체가 자동으로 조절하는 것을 영어는 'negative feedback response'라 하고, 우리말로는 그냥 '반응(反應)'이라고 한다. 반응은 "반대로 응한다."는 뜻이다. 즉, 체온이 올라가면 내리려고 하고, 영양분이 부족하면 채우려고 하는 것이다. 만약 인체가 반응을 하지 않고 '순응(順應, positive feedback response)'을 하면 항상성이 깨져서 살아남기 힘들게 된다.

항상성은 우리 몸의 조절계인 신경계통과 내분비계통의 단독 또는 협력 작용에 의해 유지되고 있다고 알려져 있다. 그밖에 콩팥에서 혈당량을 조절하고, 근육 자체에서 탄수화물이나 산소의 양을 조절하는 것과 같이 기관 자체에서 항상성을 조절하는 것을 '내인성경로(intrinsic pathway)에 의한 반응(조절)'이라고 한다.

이상과 같은 원래의 의미에서의 항상성을 '생리적 항상성'이라 하고, '생태적 항상성', '유전자적 항상성', '발생적 항상성' 등과 같이 더 넓은 개념으로 확장되었다. 또, 항상성이 깨졌을 때 그 상태에서 다시 항상성을 찾아서 유지하는 것을 '돌연변이' 또는 '카타스트로피(catastrophe)'라고 한다.

2) 인체를 이루는 물질

인체는 수많은 물질들이 유기적으로 결합되어 이루어져 있다. 이 절에서는 그러한 물질 중에서 중요한 역할을 하거나 자주 입에 오르내리면서도 정확하게 모르고 있는 물질들에 대하여 간략하게 설명한다. 모르는 것이 있더라도 다시 읽어보기를 반복하면 이해가 될 것이다.

(1) 산, 염기, 염

일반적으로 어떤 물질이 물에 녹으면 +이온과 −이온으로 분리된다. 그때 'H⁺'이온을 내놓으면 산, 'OH⁻'이온을 내놓으면 염기, 그밖의 이온으로 분리되면 염(소금이라는 뜻이 아님)이라 한다. 예를 들어 HCl(염산)이 물에 녹으면 H^+와 Cl^-로 분리되기 때문에 산, NaOH(가성소다)가 물에 녹으면 Na^+와 OH^-로 분리되므로 염기, NaCl(소금)이 물에 녹으면 Na^+와 Cl^-로 분리되므로 염이다. 특수한 경우이지만 물도 일부는 이온상태로 존재하는데, 그때 $H_2O=H^++OH^-$이기 때문에 산도, 염기도, 염도 아니다.

염을 다르게 설명하는 경우도 많다. 예를 들어 "산과 염기가 만나면 물과 염이 생긴다."고 한다. 그것을 예를 들 설명하면 다음과 같다.

$$HCl+NaOH =H^++Cl^-+Na^++OH^- =H+OH^-+Na+Cl^- =H_2O+NaCl =물+염$$

보통 이야기할 때는 산성물질, 알칼리성(염기성)물질, 중성염이라고 한다. 그 이유는 산은 대부분 신맛을 내고, 염기는 쓴맛을 내거나 미끌미끌하고, 염은 산성도 알칼리성도 아닌 중성이기 때문이다. 물질 이름의 끝에 '산'자가 붙어 있으면 거의 100% 산이지만, 이름 끝에 '염'자가 붙어 있으면 염기라는 뜻이 아니고, 염이라는 뜻일 때가 대부분이다.

(2) 유기물(질)과 무기물(질)

처음에는 유기물은 '생명이 있는 동식물에서 생성되는 화합물', 무기물은 '유기물이 아닌 것'이라고 정의하고, 무기물로는 유기물을 합성할 수 없다고 생각했었다. 영어로 유기물을 organic substance라고 하는 것도 생명체의 기관에서 만들어진 물질이라는 뜻이다.

그러나 Wöhler가 무기물인 시안산암모늄에 무기물인 이산화탄소를 넣어서 유기물인 요소를 합성한 이후로 정의를 바꿀 수밖에 없게 되었다. 그래서 종래에 유기물이라고 생각하였던 물질들의 분자구조를 자세히 연구하였더니 모두 탄소를 가지고 있었기 때문에 유기물을 '탄소의 화합물'이라고 다시 정의하게 되었다.

그렇게 정의를 하다 보니까 이전에 무기물로 간주했던 산화탄소, 시안화탄소, 탄산염 등도 탄소를 함유하고 있으므로 유기물이라고 해야 되는데, 기존의 개념을 바꿀 수가 없어서 지금도 무기물로 취급한다. 아직까지도 유기물은 생명체가 합성하는 것이라는 개념이 강하게 남아 있어서, 다른 별에 생명체가 있는지 없는지를 판단할 때 그 별에 물, 탄소, 질소가 존재하는지 여부가 중요한 단서가 된다.

인체를 구성하고 있는 물질의 거의 대부분이 물이지만 인체는 생명체이기 때문에 반드시 유기물을 흡수하거나 스스로 합성하여 가지고 있어야 한다. 그래서 우리가 먹는 음식물은 대부분 유기물을 섭취하기 위한 것이고, 덤으로 무기물도 섭취한다. 그렇다고 해서 무기물은 없어도 된다는 것이 아니라, 유기물에 비하여 소량만 있어도 된다는 뜻이다.

(3) 탄수화물

탄수화물은 말 그대로 탄소와 수소의 화합물(carbohydrate)인데, 물에 녹는다. 탄수화물의 분자식은 $C_6H_{12}O_6$이고, 탄수화물을 가장 많이 함유하고 있는 물질이 설탕이기 때문에 보통 '당'이라고 한다. 또, 탄수화물을 탄소와 물의 화합물이라고 할 때도 있는데, 그 이유는 분자식을 탄소 6개와 물 6개로 해석할 수도 있기 때문이다.

앞에 쓰여 있는 분자식은 탄수화물 분자 하나를 나타낸 것이라고 해서 '단당'이라 하고, 대부분의 음식물에 들어 있는 탄수화물은 분자가 한 개 씩 따로따로 떨어져 있지 않고 두 개 또는 그 이상의 분자들이 결합한 상태이기 때문에 '이당', '다당'이라고 한다.

위의 설명은 화학시간에 하는 설명이고 일상생활에서는 과일 속에 많이 들어 있는 것을 '과당', 포도 속에 많이 있는 것을 '포도당', 젖 속에 많이 들어 있는 것을 '젖당 또는 유당', 곡식 속에 많이 들어 있는 것을 '전분' 또는 '녹말'이라고 한다. 체내에서 실제로 사용하는 것은 단당인데, 우리가 섭취하는 것은 이당이나 다당이 많기 때문에 단당으로 분해하여야 한다. 그 분해과정에서 산이 생긴 것을 '젖산'이라고 한다.

마지막으로 글리코겐, 글루코스, 락테이트 등도 모두 탄수화물이다. 그런데 체내에 있는 탄수화물과 음식물 속에 들어 있는 탄수화물의 구조가 약간 다르기 때문에 어떤 구조의 탄수화물인지 분명히 하기 위해서 붙여진 이름일 따름이다.

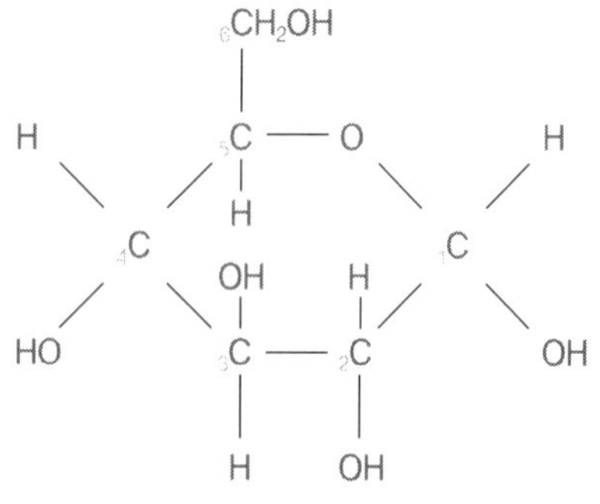

그림 2-1. 글루코스의 분자구조

(4) 지 방

지방(fat)도 탄수화물과 똑같이 탄소, 수소, 산소로 구성되어 있다. 그래서 체내에서는 필요에 따라 지방을 탄수화물로, 탄수화물을 지방으로 전환하여 사용하거나 저장한다. 다른 점은 지방은 탄수화물보다 탄소와 수소의 수는 많고 산소의 수는 적으며, 탄수화물은 많아야 3~4개의 분자들이 결합되어 있지만, 지방은 그 보다 훨씬 많은 분자들이 결합된 상태로 존재한다는 것이다.

지방을 지방산(fatty acid)이라고 하는 이유는 지방의 분자에는 $COOH^-$(초산기, 카복실산 또는 카복실기)가 반드시 붙어 있고 지방을 가수분해하면 글리세롤과 지방산으로 분리되기 때문에 붙여진 이름이다. 참고로 기(基; group, radical)는 두 개 이상의 원자가 결합하여서 마치 한 개의 이온처럼 항상 붙어 다니는 것을 말한다.

지방산분자는 탄소원자들이 일렬로 나열되어 있고, 각 탄소원자마다 수소가 1개 또는 2개 붙어 있으며, 긴 탄소사슬의 끝에 카복실기가 붙어 있는 형태이다. 그러므로 분자식을 $C_nH_{2n}+O_2$와 같은 형식으로 쓴다. 쉽게 말해서 탄소 n개에 수소 2n개와 산소 2개가 결합되어 있다는 뜻이다.

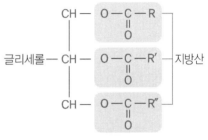

▌그림 2-2. 지방의 구조

그런데 탄소 n개에 수소가 반드시 2n개가 있는 것이 아니라 그보다 적게 있을 수도 있다. 만약 수소가 1개 모자라면 그 자리를 탄소와 탄소의 이중결합으로 메꾸어 준다. 수소가 0개 모자라면 포화지방산(saturated fatty acid), 1개 모자라면 모노(mono; 1이라는 뜻) 불포화지방산, 2개 이상 모자라면 폴리(poly; 다수라는 뜻) 불포화지방산이라고 한다.

지방 분자는 탄소의 수가 많을수록 탄소사슬(chain)의 길이가 길어진다. 그래서 탄소가 4~8개이면 short chain, 9~16개이면 midium chain, 그 이상이면 long chain이라고 한다. midium chain을 섭취하면 몸에 좋다는 것이 최근 연구에서 밝혀지자, 등푸른생선에서 채취한 MC3라고 선전하는 것이 바로 그것이고, 들기름에 훨씬 많이 들어 있다. 또, 병원에서 수술 후에 개(犬)고기를 먹으라고 하는 이유는 개고기에 들어 있는 기름이 불포화지방산이고,

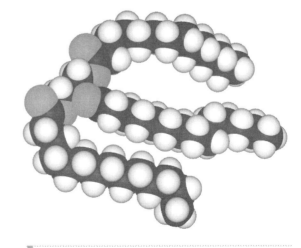

▌그림 2-3. 트리글리세라이드

불포화지방산은 소화가 잘 되기 때문이다.

　인지질(phospholipid)도 책에 많이 나오는데, phospo는 인의 화합물이라는 뜻이고, lipid는 기름이라는 말 대신에 지방이라고 하듯이 영어의 한자어(라틴어)라고 생각하면 된다. 즉 지방분자에 인산기(PO_3^-)가 붙어 있는 물질로, 세포막 형성에 결정적인 역할을 하는 물질로 알려져 있다.

(5) 단백질

　단백질(protein)을 흰자질이라고도 하는 이유는 계란의 흰자를 이루고 있는 고분자 유기물질이기 때문이다. 단백질의 '蛋'자도 '새알 단'자 이다. 단백질은 탄소, 수소, 산소 외에 질소 또는 황을 포함하고 있다는 점에서 탄수화물이나 지방질과 다르다.

　단백질은 아미노산이라는 작은 분자로 구성되어 있다. 아미노산은 한 개의 탄소원자 양쪽에 카복실기($COOH^-$)와 아미노기(NH_2^-)가 결합되어 있고, 상하의 한쪽에는 수소, 다른 쪽에는 다른 基가 결합되어 있는 형태이다(참고로 탄소는 4개의 결합을 할 수 있고, 4개의 결합을 다 했을 때 안정적이다). 그때 다른 기를 곁사슬(side chain) 또는 R이라 한다. 어떤 기가 붙어 있느냐에 따라서 아미노산의 종류가 달라지며, 대략 20종류의 아미노산이 있다.

　단백질을 고분자 유기물질이라고 하는 이유는 아미노산의 종류만 해도 20여 가지가 있고, 몇 십 개에서 몇 천 개의 서로 다른 아미노산들이 결합해야 비로소 단백질이 되기 때문이다. 그때 아미노산분자들이 결합하는 것을 펩타이드결합(peptide bond)이라고 한다. 그냥 결합이라고 하면 될 것을 특별히 펩타이드결합이라고 이름을 붙인 것은 보통 분자들이 결합하는 것과는 달리 3차원 구조로 결합하기 때문이다.

　단백질은 아미노산들이 펩타이드결합을 많게는 수 천 번 해야 되고, 그렇게 되었을 때 고유의 기능을 갖게 된다. "단백질이 고유의 기능을 갖게 된다."는 말은 체내에서 "효소의 역할, 항체의 역할 등을 할 수 있게 된다."는 의미이다. 적혈구나 백혈구도 하나의 단백질 분자일 따름이다. 그래서 단백질의 분자식을 $(NH_2CHR_nCOOH)_n$으로 쓴다. 그 뜻은 아미노기(NH_2), 탄소(C), 수소(H), 곁사슬(R) n개, 카복실기(COOH)가 결합한 것(아미노산)들이 다시 n개 결합하여 만들어진 물질이라는 뜻이다. 그러므로 단백질은 덩치가 커서 세포막이나 혈관벽을 통과하기 어렵다.

　학자들에 의하면 단백질이 만들어지려면 4단계를 거쳐야 한다고 한다. 1단계는 여러 가지 아미노산 중에서 어떤 아미노산이 어떤 순서로 결합되어 있는가?, 2단계는 1차 구조가 반복적인 구조를 하되 공간배치가 어떻게 되었는가?, 3단계는 2차 구조들이 곁사슬을 포함해서 어떻게 배치되어 있는가?, 4단계는 두 개 이상의 3차 구조들이 결합하여 완전한 단백질구조를 갖추는 것이다. 3차 구조부터 기능이 발현되고, 더 이상의 기능이 필요하지 않으면 4차 구조로 발전하지 않는다. 그리고 3차 구조부터 접히는(주름 잡히는, folding) 구조가 된다.

① 1차구조

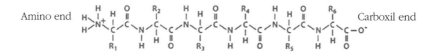

Amino end   Carboxil end

② 2차구조

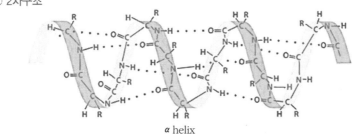

α helix

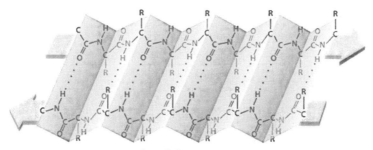

Pleated sheet

③ 3차구조

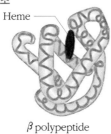

Heme

β polypeptide

④ 4차구조

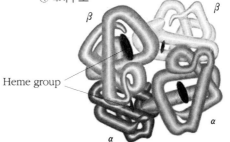

β β

Heme group

α α

그림 2-4. 단백질의 구조

단백질의 구조는 상호작용하는 다른 분자들과 환경(가열, 건조, 교반, 압력, X선, 초음파, 진동, 동결과 같은 물리적 요인과 산, 염기, 효소, 유기용매, 중금속, 계면활성제 등과 같은 화학적인 요인)에 의해서 바뀔 수 있다. 이러한 구조의 변형은 단백질의 생물학적 기능인 촉매작용, 다른 분자와의 결합, 기계적 움직임 등에 매우 중요한 역할을 한다.

(6) 핵 산

핵산(nucleic acids)은 모든 생물의 세포 속에 들어 있는 고분자 유기물의 한 종류로서 Miescher가 처음으로 발견하였고, 더 작은 분자인 뉴클레오티드(nucleotide, 핵산의 바탕물질)들이 결합하여 만들어진다. 핵산에도 여러 종류가 있는데, 그중에서 DNA와 RNA가 가장 널리 알려져 있다.

뉴클레오티드는 다음과 같이 염기-당-인산의 결합으로 이루어져 있다.

- **염기**……구아닌(Guanine), 아데닌(Adenine), 시토신(Cytosine), 티민(Thymine), 우라실(Uracil) 등이 있다.
- **당**……탄소 5개로 구성된 5탄당으로 디옥시리보스와 리보스가 있다.
- **인산**……H_3PO_4이지만 핵산 분자 안에서는 두 개의 산소로 각각 당과 결합하며, 남는 두 개의 산소에는 Mg^{++}가 붙어 있다. 인산 때문에 핵산은 강한 산성을 띤다.

그러므로 염기 중에 어떤 것, 당 중에 어떤 것, 인산이 몇 개 결합되어 있느냐 등에 따라서 핵산의 종류가 달라지는데, 대략 20종류의 핵산이 있다. 아데닌이 들어가 만들어진 뉴클레오티드는 고리형으로 만들어져 세포 내 신호전달에 쓰이기도 하고 효소반응의 중요성분으로 작용하기도 한다. 아데닌에 인산기 3개가 연달아 붙은 ATP(아데노삼인산, adeno-tri-phosphate)는 생명체 내의 에너지원으로 사용된다.

DNA(디옥시리보핵산, Deoxyribonucleic acid)는 핵산의 일종이며, 세포 내에서 생물의 유전정보를 보관하는 물질이다. DNA는 2중 나선구조를 이루는 뼈대와 염기로 구성되어 있다. 뼈대는 디옥시리보스에 인산기가 결합되어 긴 사슬과 같은 형태를 하고 있다. DNA를 구성하는 염기에는 아데닌, 구아닌, 시토신, 티민의 4종류가 있다.

RNA(리보핵산, Ribonucleic acid)는 핵산의 한 종류로 DNA의 일부가 전사되어 만들어지고, 단백질을 합성하는 과정에 작용하며, 일부 바이러스는 DNA 대신에 RNA에 유전물질을 갖기도 한다. RNA는 리보스를 기반으로 하나의 나선이 길게 꼬여 있는 구조를 하고 있다. RNA를 구성하는 염기에는 아데닌, 구아닌, 시토신, 우라실의 4종류가 있다. 최근 RNA 스스로 효소와 같은 기능을 할 수도 있다는 것이 발견되었는데, 그것을 리보자임(ribozyme)이라고 한다.

그림 2-5는 핵산의 구조를 그린 것이다. 가운데 5각형 모양으로 그려진 오탄당이 뉴클레오티드이고, 리보스와 디옥시리보스 2종류가 있다. '염기'라고 써진 곳의 오른쪽에 5종류의 염기들이 결합한다. 그리고 왼쪽에 있는 인산기는 0개에서 3개까지 연속적으로 결합할 수 있다.

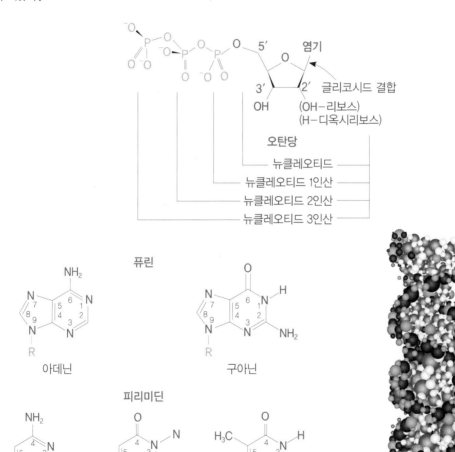

그림 2-5. 핵산의 구조

2. 에너지대사

인간은 음식물을 먹어야 살 수 있다. 음식물은 인간이 체내에서 에너지로 이용할 수 있는 물질을 흡수한다는 뜻이다. 인간은 전기나 석유를 먹는 것이 아니고 음식물을 먹기 때문에 전기에너지나 석유에너지가 아닌 화학에너지를 섭취한다.

에너지는 '일로 바꿀 수 있는 것'이라는 뜻이기 때문에 우리가 섭취한 에너지는 체내·외에서 일로 바뀌고, 그 일을 하기 때문에 생명을 유지할 수 있다. 인체가 하는 일은 크게 '역학적 일'과 '생리적 일'로 나눌 수 있다.

역학적 일은 신체를 움직여서 하는 일을 말하는 것으로, "일을 해야 밥 먹고 살 수 있다."고 할 때의 일을 뜻한다. 생리학적 일은 생명유지를 위해서 꼭 필요한 일을 말한다. 예를 들어 살기 위해서는 숨을 쉬어야 하는데, 숨이 저절로 쉬어지는 것이 아니라 가로막을 움직여서 일을 해야 하고, 혈액을 순환시키기 위해서는 심장이 일을 해야 한다. 그러므로 생리적 일은 미시적으로는 세포 내에서부터 거시적으로는 신체의 일부를 움직이는 데까지 넓게 분포되어 있다.

1) 생물학적 에너지사이클

생물학적인 견지에서 볼 때 에너지는 순환한다. 즉, 식물들은 광합성작용을 통해서 에너지를 합성하여 일부는 자신이 쓰고 일부는 저장한다. 동물들은 식물들이 저장한 에너지를 음식물로 섭취하여 사용하고, 배설물과 시체를 식물들에게 제공하여 광합성작용을 하는 원료로 사용하게 한다.

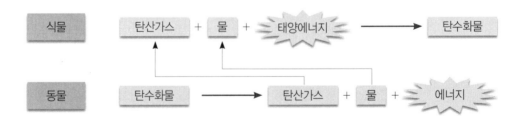

2) ATP의 분해와 합성

(1) ATP의 분해

바로 앞에서 설명하였듯이 아데노신3인산(ATP:adenosine triphosphate)은 아데닌에 3개의 인산기가 결합되어 만들어진 물질이다. 인

에너지

산기와 인산기의 결합이 깨지면 결합에너지가 밖으로 나오게 되는데, 바로 그 에너지를 인체가 이용하여 생리적 일을 한다. 인체가 이용할 수 있는 에너지는 ATP가 분해되면서 나오는 에너지뿐이고, 떨어져 나간 인산(P:phosphate)을 무기질(inorganic) 인산이라 해서 Pi로 표현하고, 남은 것은 아데닌에 인산이 2개 결합되어 있으므로 AD(di;2라는 뜻)P라고 한다.

ATP ⟶ ADP + Pi + 에너지

(2) ATP의 합성

평소에 인체는 조직 속에 상당한 양의 ATP를 저장하고 있지만, ATP를 분해하여 사용하고 나면 언제인가는 다시 합성해서 보충해야 한다.

ATP를 합성하는 가장 기본적인 원리는 ATP를 분해하였을 때 나온 아데노신2인산(ADP:adenosine diphosphate)와 Pi를 다시 결합시켜서 ATP로 만드는 것이다. 그러기 위해서는 에너지가 필요한데, 그 에너지를 어떤 방법으로 충당하느냐에 따라서 합성방법이 달라진다고 할 수 있다.

그림 2-6은 ATP 합성과정을 알기 쉽게 분류한 것이다. 그림에서 무산소과정은 ATP를 효율적으로 합성하려면 산소가 있는 유산소과정이어야 하지만, 짧은 시간 내에 많은 양의 ATP를 사용해야 하고 산소를 공급할 시간적인 여유가 없을 때 비효율적이지만 산소가 없는 상태에서 ATP를 합성하는 방법이라는 의미이다. 그리고 인원질과정은 인(P)과 결합된 물질을 재료로 사용하여 ATP를 합성하는 과정이라는 뜻이고, 해당과정은 당(탄수화물)을 분해하는 과정이라는 의미이다.

(3) ATP-PCr시스템

골격근의 조직 안에는 평소에 크레아틴과 인산기가 결합해서 만들어진 물질인 크레

그림 2-6. ATP의 합성과정

아틴인산(PCr : phosphocreatine)을 저장하고 있다. 이것은 ATP, ADP, 아데노신인산(AMP : adenosine monophosphate, mono는 1이라는 뜻)과 마찬가지로 인산의 화합물이다. 다만 아데닌 대신 크레아틴과 결합하고 있다는 것만 다르기 때문에 인산과의 결합을 깨면 많은 에너지가 방출되는데, 그 에너지를 이용해서 ATP를 합성한다.

여기에서 크레아틴키나제(creatine kinase)는 크레아틴인산의 분해를 돕는 효소이다. 인산과 결합하고 있는 물질의 분해를 돕는 효소는 모두 끝에 '키나제'가 붙는다. 그리고 체중의 약 0.17%에 해당하는 크레아틴이 우리 몸속에 저장되어 있는데, 그 크레아틴의 절반은 음식물을 통해서 섭취하고, 나머지 절반은 간·콩팥·이자 등에서 만들어낸다.

(4) 2ADP-ATP, AMP시스템

ATP-PCr과정과 유사한 과정으로 ADP 2개를 이용해서 ATP 1개와 AMP 1개로 변환시키는 방법도 있다.

ADP → 아데닐레이트키나제 → AMP + Pi + 에너지

ADP + Pi + 에너지 → ATP

(5) 젖산시스템

앞 절의 '인체를 이루는 물질'에서 탄수화물의 분자식은 $C_6H_{12}O_6$이고, 우리가 섭취하는 음식물 속에 들어 있는 탄수화물은 탄수화물 분자들이 여러 개 결합된 것이라고 하였다.

우리가 음식물을 통해서 탄수화물을 섭취하면 소화과정에서 모두 잘라져서 탄수화물 분자가 1개씩 따로따로 떨어져 있는 상태인 글루코스(glucose)로 만든 다음에야 흡수할 수 있다. 흡수한 글루코스는 모두 바로 사용하지는 않기 때문에 다시 저장해야 한다. 저장하는 창고는 간과 근육이다. 이때 글루코스를 그대로 저장하는 것이 아니라 다시 여러 개를 묶어서 덩어리로 만든 다음에 저장하는데, 그것을 글리코겐(glycogen)이라고 한다. 글리코겐은 글루코스의 덩어리이기는 마찬가지지만 식물들이 저장한 탄수화물과는 모양이 다르고, 모든 동물들이 다 글리코겐으로 저장하기 때문에 글리코겐을 동물성 탄수화물이라고도 한다.

ATP를 합성할 때 필요한 것은 글리코겐이 아니라 글루코스이기 때문에 결과적으로 글리코겐을 다시 분해해서 글루코스로 만들어야 한다. 글리코겐을 분해해서 글루코스로 만들었든, 아니면 방금 흡수된 글루코스가 혈액을 따라서 직접 조직으로 전달되었든 간에 글루코스를 분해해서 피루브산(piruvic acid)으로 만드는 과정을 '해당과정'이라 하는데, 해당과정에서 2개의 ATP가 합성된다.

글루코스가 해당과정을 거쳐서 피루브산이 되면서 2개의 ATP가 합성되는 것까지는 젖산시스템이나 다음 절에 나오는 유산소과정은 똑같다. 다만 새로 생긴 피루브산이 처한 환경이 산소가 풍부한 환경이면 유산소과정, 산소가 부족한 환경이면 젖산시스템이라고 한다. 지금은 젖산시스템을 설명하는 중이므로

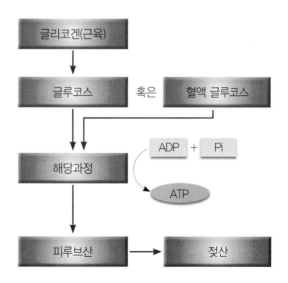

글리코겐(근육) → 글루코스 혹은 혈액 글루코스 → 해당과정 (ADP + Pi → ATP) → 피루브산 → 젖산

피루브산이 산소가 부족한 환경에 처하면 젖산으로 변한다.

(6) 유산소과정(탄수화물의 에너지대사, Crebs cycle)

피루브산(piruvic acid)은 자극적인 냄새를 가진 액체로 화학식은 $CH_3COCOOH$인데, 식에서 밑줄 친 부분은 '초산기'이므로 '초성포도당 또는 초성포도산'이라고도 한다.

피루브산은 생물체 내에서 물질대사의 중간물질로 매우 중요한 물질이고, 동식물이나 미생물의 체내 분해과정에서 해당과정, 발효과정, TCA회로에 의한 산화의 접점에 위치하고 있다. 바꾸어 말해서 피루브산이 해당과정, 발효과정, 산화 중에서 어느 길로 들어서는가

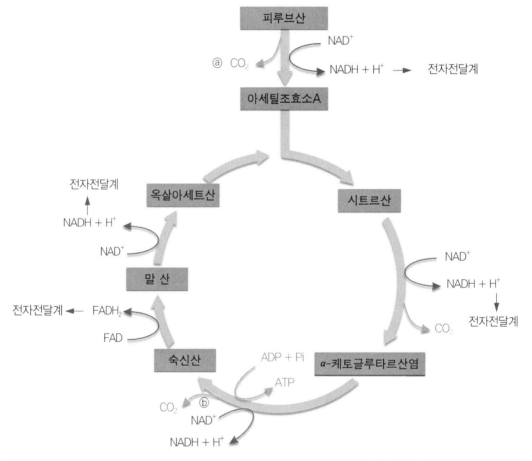

그림 2-7. 크렙스회로(구연산회로) (정일규, 2010)

피루브산이 CO_2, 전자 및 수소이온으로 분해되는 과정(이때에는 한 분자의 글루코스에서 2개의 피루브산이 생성된다는 점을 기억해야 한다)

는 그때의 환경에 달려 있다.

산소가 풍부한 환경에서는 세포질 안에 있던 피루브산이 미토콘드리아 안으로 들어간다. 미토콘드리아 안으로 들어간 피루브산이 그림 2-7과 같은 여러 과정을 거치면서 물과 탄산가스로 완전히 분해된다. 피루브산이 미토콘드리아 안에서 분해되는 과정을 'Crebs(발견자 이름) cycle', '구연산(시트르산)회로', 'TCA(tricarboxylic acid)회로' 등 여러 가지 이름으로 부르고, 그때 총 36개의 ATP분자를 만들어낸다.

그림 2-7에서 니코틴아미드 아데닌 디뉴클레오티드(NAD : nicotinamide adenine dinucleotide)는 살아 있는 모든 세포에서 발견되는 조효소(효소의 보조역할을 하는 물질)로서 산화환원반응(redox, 한 반응에서 다른 반응으로 전자를 옮겨주는 역할)에 관계한다. 그러므로 NAD는 생물세포 내에서 2가지 형태로 발견된다.

NAD^+는 산화형인데, 이것이 다른 분자로부터 전자를 받아서 환원되면 NADH로 변한다. 그러므로 NADH는 다른 분자에게 전자를 제공할 수 있는 NAD의 환원형이다. 유기체 내에서는 아미노산 또는 아스파틱산으로부터 NAD^+를 합성할 수도 있고, 나이신(nisin)이라고 하는 비타민으로부터도 섭취할 수 있다.

(7) 지방의 에너지대사(β-산화)

지방은 탄수화물과 똑같이 탄소, 수소, 산소로 구성되어 있고, 탄소의 개수가 많을수록 긴 체인(사슬) 모양으로 결합되어 있기 때문에 지방을 분해하여 에너지원으로 사용하기 위해서는 탄수화물이 거치는 크렙스회로보다 더 복잡한 과정을 거쳐야 한다.

Knoop가 동물체내에서 지방산이 산화되는(에너지생성) 과정은 지방산의 카복실기로부터 탄소 2개의 단위(아세틸-CoA)로 순차적으로 잘려나가는 것이라고 주장한 것을 β-산화라고 한다. 그림 2-8은 지방이 산화되는 과정을 모식화한 것이다.

그림 2-8에서 알 수 있듯이 지방이 지방산으로 분해(활성화)된 다음에 β-산화과정을 1바퀴 도는 동안에 1개의 아세틸기가 떨어져나온 다음 조효소 A와 결합하여 아세틸조효소 A(활성아세트산)가 되고, 아세틸조효소A가 크렙스회로를 1바퀴 도는 동안에 36개의 ATP를 만들어낸다.

그러므로 지방산에 탄소가 20개 연결되어 있었다면 β-산화과정을 9바퀴 돌아야 모두 아세틸기로 변환할 수 있고, 그때마다 크렙스회로를 1바퀴씩 돌아야 완전히 분해되어 물과 탄산가스로 변한다. 즉 지방을 에너지원으로 사용하려면 지방산분자를 모두 아세틸기로 바

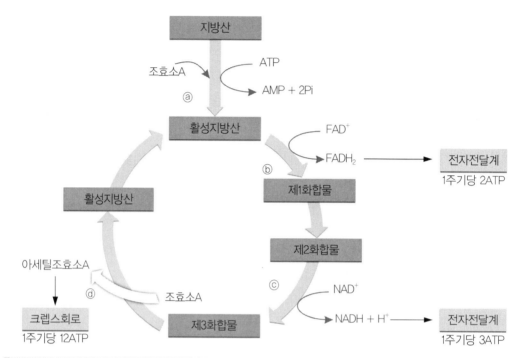

그림 2-8. 지방산의 베타-산화과정(정일규, 2010)

꾼 다음 아세틸기를 크렙스회로에 돌려서 ATP를 만들어내야 한다.

(8) 단백질의 에너지대사

단백질을 에너지원으로 사용하는 경우는 극히 드물다. 오래 동안 굶거나, 오래 동안 운동을 지속적으로 해서 탄수화물과 지방이 모두 소진되면 단백질을 에너지원으로 이용할 수밖에 없다.

단백질을 에너지원으로 이용하기 위해서는 일단 가장 간단한 형태인 아미노산으로 변환시켜야 한다. 아미노산에는 탄소, 수소, 산소 이외에 아민기(NH_2)가 결합되어 있기 때문에 맨 먼저 아민기를 떼어내야 한다. 아민기를 떼어내는 것을 '탈아미노반응(deamination)'이라 하고, 떨어져 나온 아민기는 간에서 요소로 전환되어서 소변으로 배설된다.

아민기가 떨어져 나가고 남은 것을 알라닌(alanine)이라 하고, 알라닌을 간에서 피루브산으로 전환하면 탄수화물과 똑같은 에너지원이 된다.

지방과 단백질의 에너지대사를 한마디로 간추린다면 "지방이나 단백질을 분해해서 크렙스회로로 들어갈 수 있는 물질로 변환해서 에너지원으로 이용한다."라고 할 수 있다.

(9) 운동과 ATP의 이용

사람이 생명을 유지하기 위해서 사용할 에너지(ATP)는 대부분 즉각적으로 유산소과정을 통해서 합성하여 보충하므로 별로 문제가 되지 않는다. 그리고 큰 짐승에 쫓겨서 도망치거나, 다른 동물을 잡기 위해서 급하게 ATP를 사용해야 되는 경우를 대비해서 근육이나 간에 ATP와 PCr을 저장해두지만, 그 양은 제한적이어서 100m 달리기와 같이 격렬한 운동은 8초 이상 할 수 없다.

그때를 대비한 것이 젖산시스템이다. 젖산시스템으로 버틸 수 있는 시간이 약 3분이고, 그 이상은 격렬한 운동을 지속할 수 없다. 그 이상 운동을 지속하려고 해도 젖산이 쌓여서 근육의 효율까지 떨어지기 때문에 탈진상태가 된다. 탈진을 피하려면 탄수화물을 크렙스회로에 회전시키는 유산소적인 방법으로 ATP를 보충하는 수밖에 없다.

일단 탄수화물을 크렙스회로에 회전시키기 시작하면 안정권에 들어섰기 때문에 2~3시간 정도는 무리없이 운동을 지속할 수 있다. 그러나 크렙스회로에서 생산하는 ATP보다 더 많은 에너지를 사용하면 문제가 되는데, 그러한 현상을 오버페이스(overpace)라고 한다.

체내에 있는 탄수화물도 한계가 있기 때문에 탄수화물이 바닥나면 지방을 탄수화물로 전환해서 ATP를 합성하게 된다. 이것이 운동선수들이 지방이 적고, 운동을 하면 체중조절을 할 수 있다고 하는 한 가지 이유이다.

지방도 바닥이 나면 별 수 없이 단백질을 끌어다 쓰는 수밖에 없다. 단백질을 에너지원으로 사용하면 근육 자체가 줄어들기 때문에 문제가 된다. 그러므로 단백질을 끌어다 쓸 정도로 운동을 심하게 하는 것은 건강에 좋지 않다고 본다.

3) 에너지물질의 상호전환

지금까지는 ATP의 합성 즉, 영양물질을 소비하는 데에 초점을 맞추어서 설명하였다. 그러나 인체는 한 번 흡수한 영양물질을 그냥 내버리는 일은 거의 없고, 가급적이면 훗날을 대비해서 저장한다.

탄수화물을 너무 많이 섭취해서 글리코겐으로 더 이상 저장할 수 없게 되면 지방으로 전환시켜서 저장한다. 그래서 당분을 너무 많이 먹으면 살이 찌게 된다. 지방으로 저장하는 데에는 거의 한계가 없기 때문에 체중이 200kg 이상인 사람도 있는 것이다.

그러나 탄수화물이나 지방이 아무리 많아도 단백질로 전환해서 저장되지도 않고, 단백질을 많이 먹는다고 해도 많이 흡수되지도 않는다. 그 이유는 단백질은 에너지원으로 사용하는 경우는 극히 드물고 근육이나 호르몬 등을 만드는 데에 사용하기 때문이다.

3. 운동과 근육계통

1) 근수축의 메커니즘

(1) 뼈대근육의 구조

뼈대근육(골격근)의 해부학적인 구조는 해부학에서 설명하였고 여기에서는 기능적인 면에 초점을 맞추어서 설명한다. 그림 2-9의 (a)는 육안 또는 저배율현미경으로 근육을 본 그림이고, (b)는 액틴과 미오신을 전자현미경으로 본 그림이다.

그림 2-9의 (a)에서 근육을 이루고 있는 근육미세섬유는 액틴과 미오신이라고 하는 수축성 단백질로 구성되어 있다. Z선에서 Z선까지를 근육원섬유마디라 하고, 근육이 수축하는 단위이며, 마디의 길이가 짧아지면 근육이 수축한다고 한다. A띠, I띠, H역으로 표시되어 있는 곳은 액틴과 미오신이 겹쳐지는 정도에 따라서 명암이 다르게 보인다는 것을 나타낸 것이다.

그림 2-9의 (b)에서 미오신은 굵은 근육미세섬유이다. 미오신머리는 굵은 근육미세섬유에서 돌출된 단백질로 액틴과 연결다리(cross bridge, 교차결합)를 형성하는 역할을 한다. M다리는 미오신들을 고정시키는 역할을 하는 단백질로 육면체 모양을 하고 있는데, 이것은 그림 2-9의 (a)에서 M선으로 표시된 부분이다.

가는근육미세섬유인 액틴은 미오신 사이사이에 위치하여 있고, 트로포닌과 트로포마이신이 붙어 있다. 트로포닌과 트로포마이신은 액틴과 미오신의 결합과 분해를 도와주는 역할을 하는 물질이다.

(2) 근육의 수축과 이완과정

● 운동종판에 신경임펄스가 도착하면 아세틸콜린이 분비된다.

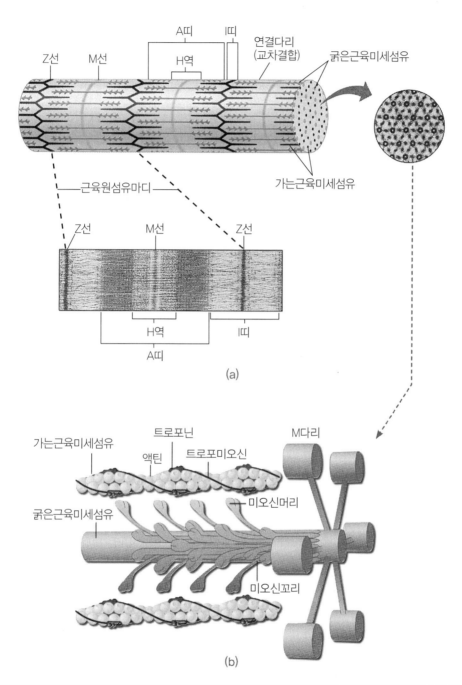

그림 2-9. 근육미세섬유의 배열과 미오신, 트로포미오신, 트로포닌의 육면체 구조

- 아세틸콜린이 분비되면 근육세포를 따라서 임펄스가 전달되고, 그러면 근육세포질세망에서 칼슘이 유리된다.
- 유리된 칼슘이 확산되어 액틴에 있는 트로포닌과 결합하면 트로포닌의 모양이 변형되면서 트로포마이신을 잡아당겨서 미오신이 액틴과 결합할 수 있는 자리를 만들어 준다.
- 미오신머리가 액틴과 결합한 다음 M선 쪽으로 회전하면 액틴이 M선 쪽으로 끌려간다(활주설, sliding theory). 그러면 그림 2-9 (a)의 H역이 없어지고 Z선과 Z선 사이의 거리가 짧아진다. 이때에는 ATP가 ADP와 Pi로 분해되면서 나온 에너지를 사용하고, 에너지가 소진되면 자동적으로 연결다리(교차결합)가 분리된다.
- 유리되었던 칼슘은 다시 근육세포질세망 안으로 흡수된다.
- 새로운 신경임펄스가 다시 전달되면 같은 과정을 되풀이한다.

(3) 근수축력

근육이 수축하기 위해서는 신경임펄스가 전달되어야 한다. 그런데 신경임펄스는 약 $0.2\mu V$ 정도 되는 전기자극이기 때문에 사람이나 동물에게 전기자극을 주면 근수축이 일어난다. 높은 전압의 자극을 주면 당연히 근수축이 일어나지만 너무 낮은 전압의 자극을 주면 근수축이 일어나지 않는다. 즉, 어떤 역치(threshhold) 이상의 자극을 주어야만 근수축이 일어나고, 역치 이상의 자극은 아무리 자극이 커져도 근수축 자체는 커지지 않는데, 이것을 실무율(all or none rule)이라고 한다.

신경임펄스 1개가 근육에 전달되었을 때 일어나는 근수축을 연축(twitch)이라고 한다. 연축에서 신경임펄스가 전달된 때부터 실제로 근수축이 일어날 때까지를 잠복기, 근수축이 일어난 다음부터 근수축력이 최대가 될 때까지를 수축기, 수축기 이후 수축력이 0이 될 때(근육이 완전히 이완될 때)까지를 이완기라고 한다.

2개 이상의 신경임펄스가 연속적으로 근육에 전달되면 수축력이 0이 되기 전에 다음 번 수축이 일어나기 때문에 최대 근수축력이 더 커지게 되는 것을 가중(summation)이라고 한다. 그러므로 근수축력을 크게 하기 위해서는 1차적으로 신경임펄스를 빠른 빈도(고주파수)로 근육에 전달하여야 한다. 그러나 아무리 주파수를 올려도 더 이상 근수축력이 증가하지 않는 한계가 있고 근수축력이 가중되는 근수축을 강축(tetanus)이라고 한다.

근수축력의 크기에 영향을 미치는 요인에는 다음과 같은 것이 있다.

- 신경임펄스의 빈도(주파수)가 클수록 수축력이 커진다.
- 동원된 운동단위의 크기와 수가 많을수록 수축력이 커진다(운동단위＝운동신경 하나에 매달려 있는 근육섬유의 수가 부위에 따라서 1개~수백 개까지 있고, 1개의 근육에는 수백–수천 개의 운동단위가 있다).
- 근육의 굵기(단면적)가 굵을수록 수축력이 커진다.
- 근육섬유의 종류에 따라서 수축력이 달라진다(다음 절에서 배운다).
- 관절에 따라서 수축력이 최대가 되는 각도가 있다(해부학 시간에 배운다).
- 근육의 길이가 너무 늘어나 있거나 너무 짧게 겹쳐져 있으면 수축력이 작아진다. 미오신과 액틴이 연결다리를 만들 수 있는 공간이 작아지면 수축력이 작아진다.
- 반동을 주면 조직에 일시적으로 저장된 에너지를 이용할 수 있으므로 수축력이 커진다.
- 준비운동을 하면 수축력이 커질 수도 있다. 준비운동을 하면 근육의 온도가 올라가고, 근육의 온도가 올라가면 근육에서 일어나는 모든 화학반응이 촉진된다. 그러나 한계가 있다.

2) 근육섬유의 종류

미오신과 액틴이 연결다리를 형성하여 근수축이 일어나는데, 미오신은 두 종류가 있다. 하나는 수축속도가 빠르면서 수축력도 큰 것이고, 다른 하나는 그 반대이다. 그것을 속근섬유와 지근섬유라 하고, 그 차이점은 표 2-1과 같다.

속근섬유와 지근섬유의 중간에 해당되는 섬유도 있는데, 그것을 중간근섬유(FOG)라고 한다. 일반적으로 저강도의 운동을 할 때는 지근섬유가 동원되고, 운동강도가 높아짐에 따라서 중간섬유와 속근섬유가 차례로 동원되지만 반드시 그런 것은 아니고, 운동의 종류와 운동의 지속시간에 따라서 변한다고 알려져 있다.

운동종목에 따라서 선수들의 근섬유 비율(SO：FOG：FG)에 차이가 있다는 것이 알려져 있지만, 처음부터 그런 사람이 그런 종목의 운동을 했기 때문인지, 운동을 하면서 필요한 근육섬유가 발달되었기 때문인지는 확실하게 결론을 내리지 못하고 있다.

또한 지근섬유가 많은 사람이 속근섬유가 많아야 유리한 종목의 운동을 한다고 해서 속근섬유와 지근섬유의 비율이 달라지는 것은 아니고, 중간근육섬유가 발달해서 부족한 것을

표 2-1. 속근섬유와 지근섬유

	속근섬유(FG)	지근섬유(SO)
미오신ATPase의 활성도	높음	낮음
근육세포질세망	잘 발달됨	발달이 미약함
글리코겐 함량	많음	마이오글로빈 함량이 많음
미토콘드리아 수	적음	많음
모세혈관	발달	미약함
인원질 함량	많음	적음
문턱값(역치)	높음(큰 힘 필요 시 동원)	낮음(작은 힘 필요 시 동원)
지배하는 신경의 신경임펄스 전달속도	빠름	느림
피로속도	빨리 피로해짐	천천히 피로해짐
운동신경 하나가 지배하는 근육섬유의 수	적음	많음

보충하는 것으로 알려져 있다.

3) 훈련과 근육의 적응

근력운동 등으로 훈련을 꾸준히 하면 건장한 체격으로 변화되는 것을 볼 수 있다. 그러한 변화를 훈련에 대한 신체의 적응이라고 한다.

다음은 운동에 대한 신체의 적응을 간추린 것이다.

● 근육의 단면적 변화……훈련을 꾸준히 하면 근육량이 증가하고 근력도 세지는 것을 느낄 수 있다. 이때 근육량이 증가하는 것을 '근육의 단면적 증가', '근육이 굵어짐', '근육이 울퉁불퉁 튀어나옴' 등으로 표현한다. 근육이 굵어진 원인은 근육을 이루고 있는 근육섬유가 비대해진 것이라고 한다. 이 말은 근육섬유의 수가 증가한 것도 아니고, 근육섬유의 종류가 변한 것도 아니라는 뜻이다. 즉 근육섬유의 수와 종류는 유전적인 것이고, 훈련에 의해서 바꿀 수 있는 것은 하나하나의 근육섬유를 굵게 만드는 것(근비대)뿐이라는 의미이다. 운동을 하던 사람이 운동을 멈추면 근위축이 일어나서 원래상태로 돌아가지만, 그 사람이 다시 운동을 하면 근비대를 경험하지 못한 사람보다 빨리 근비대가 된다.

● 모세혈관 밀도의 증가……훈련, 특히 지구성훈련을 하면 모세혈관이 잘 발달된다. 모세혈관이 발달되면 영양물질과 산소의 공급, 그리고 이산화탄소와 노폐물의 제거에

보탬이 된다.

- 결합조직의 변화……훈련을 하면 인대와 힘줄의 탄력성을 증대시켜서 부상의 위험을 감소시킨다.
- 마이오글로빈 함량과 미토콘트리아의 수·크기의 증가……훈련을 하면 근육 속에 산소를 저장하는 마이오글로빈의 함량이 증가하고, 세포 안에서 ATP를 생산하는 미토콘드리아의 수가 많아지고 그 크기도 커져서 유산소에너지 생산능력이 높아진다.
- 뼈밀도의 증가……훈련을 꾸준히 하면 뼈밀도도 증가하는데, 그 원인이 근육량의 증가에 있는 것으로 추정되고 있다.

4. 운동과 신경계통

신경계통의 주 임무는 신경임펄스를 전달하는 것이다. 신경임펄스를 중추쪽에서 말초 쪽으로 전달하는 신경을 원심성신경, 말초쪽에서 중추쪽으로 전달하는 신경을 구심성신경이라고 한다.

1) 신경임펄스의 전달

신경세포는 전체적으로는 긴 실 모양이지만 중간 부분을 확대해서 보면 실이 아니라 작은 관 모양이다. 작은 관 모양을 하고 있는 것이 신경세포의 세포막이기 때문에 관의 안쪽이 세포 안이고, 바깥쪽이 세포 밖이다.

평상시(신경임펄스가 없을 때)에는 세포 밖에 Na^+, 세포 안에 K^+이 주로 분포되어 있고, 세포막에는 선택적 투과성(K^+는 자유롭게 드나들 수 있고, Na^+는 드나들지 못하게 하는 성질)이 있기 때문에 세포막 밖에 있는 +이온의 수가 세포막 안에 있는 +이온의 수보다 더 많다. 결과적으로 세포막 밖의 전위가 안보다 약 70mV 높다.

물리학에서 전위가 높은 쪽을 +, 낮은 쪽을 −라고 하기 때문에 세포 안쪽이 −, 세포 바깥쪽이 +가 된다. 이것을 세포막을 경계로 안과 밖이 +와 −로 나누어져 있다는 의미로 '분극 (polarization)'이라 하고, '안정시막전위(resting potential)가 −70mV'라고 표현한다.

위로부터 전달되어 오던 신경임펄스가 해당 부위에 도달하면 이온펌프(Na^+ 또는 K^+를 강제적으로 세포막 반대쪽으로 품어내는 펌프)가 작동하여 Na^+를 세포 안으로 품어 넣으면 세포 안의 전위가 순간적으로 상승하여 세포 밖보다 더 높아진다(약 30mV). 그것을 세포 안이 −로 분극되어 있던 것이 사라졌다는 의미로 '탈분극(depolarization)'이라 하고, '활동전위(action potential)가 +30mV'라고 표현한다.

그다음에는 즉시 이온펌프가 반대방향으로 작동하여 Na^+를 밖으로 품어내서 평상시 상태로 돌아간다. 이것을 다시 분극되었다는 의미로 '재분극(repolarization)'이라 한다. 분극된 상태에서 탈분극되었다가 재분극되기까지는 약 1/1000초가 걸린다. 재분극 될 때 이온펌프가 지나치게 작동해서 안정시 막전위보다 약간 더 작아지는 경우를 '과분극(hyper polarization)'이라고 한다.

이온펌프는 작동하는 범위가 신경섬유의 극히 일부분이기 때문에 그 부분을 '방아쇠구역(trigger zone)'이라 하고, 이온펌프가 작동하기 위해서는 전달되어 온 신경임펄스에 의해

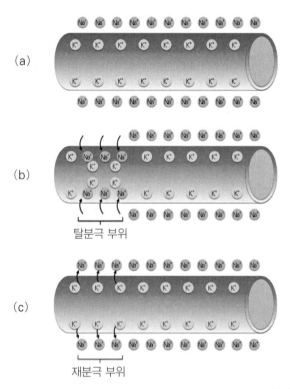

(a)

(b)

탈분극 부위

(c)

재분극 부위

┃그림 2-10. 탈분극과 재분극 시 이온의 이동(정일규, 2010)

(a) 막전위는 약 -70mV
(b) 자극이 문턱값(역치)에 도달할 때 Na^+ 통로가 열리고 Na^+이 세포 안으로 들어오면 탈분극이 일어난다.
(c) 뒤이어 Na^+ 통로가 열려서 Na^+이 세포 밖으로 유출되면서 재분극이 일어난다.

서 안정시막전위보다 일정 한도 이상으로 전위가 높아져야 한다는 것을 "신경임펄스가 역치 이상이어야 한다."고 표현한다. 즉 위에서 전달되어 온 신경임펄스가 너무 작으면 문턱값(역치) 이상이 되지 못하므로 더 이상 전달되지 않고 사라져버린다.

전달되어 온 신경임펄스가 문턱값 이상이어서 탈분극되었다가 다시 재분극되는 사이에 바로 옆에 있는 부분이 탈분극을 시작하기 때문에 임펄스가 계속해서 전달되고, 전달되는 방향은 한쪽 방향이다(일방통행).

위와 같이 신경임펄스를 연쇄적으로 전달하면 전달하는 속도가 느리기 때문에 랑비에결절(Ranvier's node)이 있는 신경섬유에서는 랑비에결절에서 다음 랑비에결절로 신경임펄스가 뛰어넘는 것처럼 전달된다. 전류가 전선을 따라서 흐르다가 형광등 안에서는 전선 없이 뛰어서 흐르는 것과 유사하다.

2) 신경연접부

신경임펄스가 한 신경섬유의 끝에 도달하면 다음 신경섬유로 신경임펄스를 전달해야 한다. 한 신경섬유와 신경섬유가 만나는 곳이 신경연접부(synapse)이다.

신경임펄스를 전달하는 신경섬유의 세포막을 시냅스이전막, 전달받는 신경섬유의 세포막을 시냅스이후막이라 하고, 두 막 사이에 있는 틈새를 시냅스틈새라고 한다.

신경임펄스가 시냅스이전막에 도달하면 소포(vescicle, 작은 주머니)에서 토세포작용(exocytosis, 세포 안에 불필요하거나 유해한 물질이 있으면 세포가 그 물질을 토해내서 세포 밖으로 버리는 작용)에 의해서 신경전달물질이 시냅스틈새에 분비된다.

신경전달물질이 확산되어서 시냅스이후막의 수용체와 결합하면 그 부위가 탈분극된다. 그 이후부터는 재분극, 인접부위가 탈분극되는 식으로 전달된다. 결과적으로 볼 때 신경전달물질이 시냅스이후막의 수용체와 결합함으로써 신경임펄스가 전달되는데, 여기에 약간의 문제가 있다.

뇌세포의 경우에는 한 개의 신경섬유가 수많은 신경섬유와 연접하고 있다. 이때 한 신경섬유에 전달된 신경임펄스를 연결된 모든 신경섬유에 전달한다면 뇌가 뒤죽박죽이 되어버릴 것이다. 그러므로 선택적으로 전달해야 할 필요가 있다.

소포에서 분비되는 신경전달물질에는 두 종류가 있다. 하나는 수용체와 결합하면 +이온을 펌프질해서 연접이후막을 탈분극시키는 것이고, 다른 하나는 −이온을 펌프질해서 연접이후막이 탈분극되는 것을 억제하는 것이다.

그때 연접이후막을 탈분극시키는 전위(+이온펌프가 작동)를 흥분성 시냅스후전위(EPSP), 연접이후막이 탈분극되는 것을 억제하는 전위(−이온펌프가 작동)를 억제성 연접이후전위(IPSP)라고 한다. 그러므로 EPSP+IPES>문턱값이면 신경임펄스가 전달되고, EPSP+IPES<문턱값이면 신경임펄스가 전달되지 못한다.

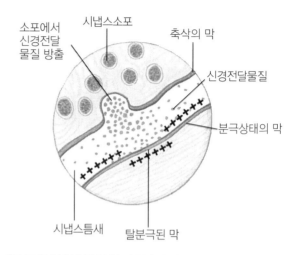

그림 2–10. 시냅스에서의 자극전달

3) 신경근연접부

중추에서 전달되어 온 신경임펄스의 종착지는 근육이고, 신경섬유와 근육섬유가 만나는 지점을 신경근연접부(neuro-muscular synapse) 또는 운동종판(end plate)이라고 한다. 그림 2–11은 신경근연접부에서 신경임펄스가 전달되는 것을 그린 그림이다.

- 신경임펄스가 운동종판에 도착하면 소포에서 아세틸콜린을 분비한다.
- 분비된 아세틸콜린이 시냅스틈새에서 확산되어 근육섬유막의 함입부에 있는 아세틸콜린 수용체와 결합하면 나트륨펌프(+이온펌프)가 작동하여 근육섬유세포의 세포외액에 들어 있는 나트륨이온을 세포 안으로 펌프질한다.
- 그러면 세포 안의 전위가 상승하여 활동전압이 만들어진다.
- 활동전압이 근육섬유막을 따라 전파되다가 T세관으로 들어간다.
- 근수축이 일어난다.

4) 훈련과 신경계통의 적응

꾸준히 운동을 하면 근육도 발달하지만 몸놀림도 빨라진다는 것을 느낄 수 있다. 그러한 현상을 보고 "훈련을 하면 신경계통에도 영향을 미쳐 그 기능을 향상시킨다."고 생각할 수

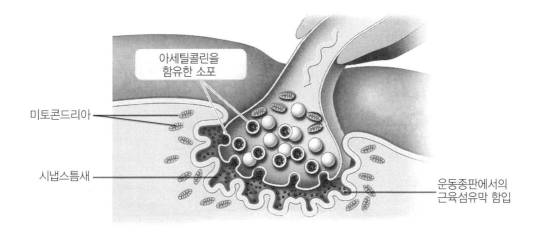

미토콘드리아

시냅스틈새

아세틸콜린을
함유한 소포

운동종판에서의
근육섬유막 함입

그림 2-11. 신경근연접부

있다. 이것을 신경계통의 적응이라고 한다.

신경계통의 적응을 요약하면 다음과 같다.

- 근력운동 초기의 근력증가는 대부분이 신경적응의 결과이다. 근력운동을 한 결과로 근비대현상이 나타나려면 대부분 4주 이상이 걸린다. 그런데 근력운동을 1주일 정도만 해도 근력증가가 나타나는 것은 신경계통의 적응 때문이라고 할 수밖에 없다.

- 오른팔 운동만 하여도 왼팔의 근력이 증가한다. 오른팔 운동에 의해서 향상된 신경계통의 기능이 왼팔로 전이된 것이다.

- 최면에 의해서도 근력이 증가한다. 근력조절에 관여하는 신경계통의 변화 때문이라고 할 수밖에 없다.

- 훈련을 하면 근전도의 진폭과 주파수가 증가된다. 더 많은 운동단위를 동원하고, 신경임펄스의 주파수를 높일 수 있도록 신경계통이 적응한 것이다.

- 지구성 훈련을 시킨 동물의 운동종판이 안 시킨 동물보다 더 크다. 신경근연접부의 기능이 향상되었다.

- 부상으로 관절을 오래 동안 고정시킨 사람은 신경근연접부에 빨리 피로를 느낀다. 오래 동안 훈련을 하면 신경근연접부의 피로를 지연시킬 것이다.

5. 운동과 순환계통

1) 순환계통의 구조와 기능

순환계통은 혈관계통과 림프계통으로 구성되지만 혈관계통만을 간략하게 그림으로 나타
낸 것이 그림 2-12이다.

왼심실에서 나온 혈액이 대동맥 → 온몸 → 대정맥 →오른심방으로 들어오는 것을 온몸
순환 또는 대순환, 오른심실에서 나간 혈액이 → 허파동맥 → 허파 → 허파정맥 → 왼심방

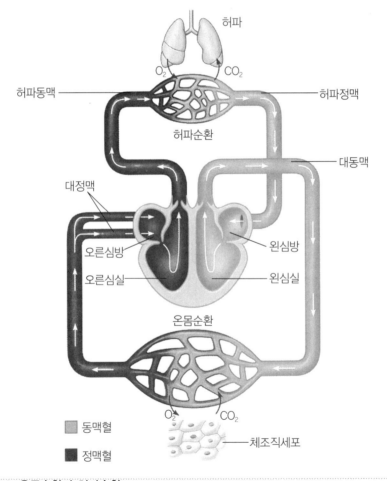

그림 2-12. 온몸순환과 허파순환

으로 들어오는 것을 허파순환 또는 소순환이라고 한다.

(1) 심장의 구조

심장은 2개의 심실과 2개의 심방으로 구성되어 있고, 심실사이막과 심방사이막으로 완전히 나누어져 있다. 오른심방과 오른심실 사이에는 3첨판막, 왼심방과 심실 사이에는 2첨판막이 있어서 혈액이 한 방향으로만 흐르게 되어 있다.

혈액이 심실에서 나가는 혈관을 대동맥, 혈액이 심방으로 들어오는 혈관을 대정맥이라 하고, 심실과 대동맥 사이에도 허파동맥판막과 대동맥판막이 있어서 혈액이 역류하는 것을 방지해준다.

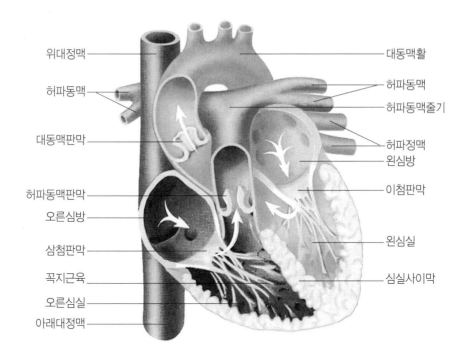

위대정맥

허파동맥

대동맥판막

허파동맥판막

오른심방

삼첨판막

꼭지근육

오른심실

아래대정맥

대동맥활

허파동맥

허파동맥줄기

허파정맥

왼심방

이첨판막

왼심실

심실사이막

┃ 그림 2-13. 심장의 내부구조와 혈액순환

(2) 심장의 자극전도체계

뇌에서 내려온 신경임펄스가 있어야 수축하는 뼈대근육과는 달리 심장은 스스로 움직일 수 있는 능력이 있는데, 그것을 심장의 자동성이라고 한다. 그리고 심장의 자동성이 어디에서 출발하여 어느 곳으로 어떻게 전달되느냐 하는 것을 심장의 자극전도체계라고 한다.

심장박동의 시작은 심장의 동굴(sinus)과 우심방 사이에 있는 동굴-심방결절에서 시작된다. 그곳의 세포들은 세포 표면의 특수한 분자(채널)들 때문에 일정한 주기로 계속해서 흥분할 수 있다.

- 동굴심방결절(sinuatrial node)에서 발생된 신호는 이웃한 오른심방과 왼심방으로 전달되어 두 심방의 수축을 유도하고, 계속 나아가 심방과 심실 사이에 있는 결절(방실결절)에 도착한다.
- 심장의 신호는 굉장히 빠른 속도로 전달되지만 방실결절에서는 그 속도가 훨씬 느리기 때문에 심장의 수축신호는 여기서 약 0.1초 정도 지연된다. 이를 심방-심실 지연 또는 AV delay라 하고, 심방의 수축과 심실의 수축 사이에 시간차가 생기게 한다.
- 방실결절을 통과한 수축신호는 방실다발(히스속)과 푸르킨예(Purkinje)섬유를 타고 양쪽 심실에 전달되어 양쪽 심실을 수축시킨다. 푸르킨예 섬유를 타고 전달되는 심실 수축 신호는 왼심실에서 먼저 시작되고 또 왼심실에서 늦게 끝난다. 결과적으로 온몸으로 피를 보내는 왼심실은 보다 오랫동안 피를 짜내는 역할을 할 수 있게 된다.
- 심실수축이 끝나면 심장근육이 이완되고, 이완되는 시간에 심방에 혈액이 채워진다. 심방에 혈액이 모두 채워지면 다음 번 심방수축이 시작된다.

심방과 심실이 시간차를 두고 수축함에 따라 좌우에 있는 방실판막, 대동맥판막, 허파동맥판막이 차례로 열리거나 닫혀서 혈액이 한 방향으로만 흐를 수 있도록 하고, 심장이 몸 밖으로 떨어져 나와도 동굴심방결절의 자동성 때문에 심장이 뛴다.

심장이 자동성을 가지고 있지만 몸의 상황에 따라 심장의 운동이 달라진다. 그러한 조절은 뇌에서 내려오는 자율신경계통(교감·부교감신경계통)의 작용에 의해서 동굴심방결절의 수축주기가 짧아지거나 길어지기 때문이다. 예를 들어 쉴 때는 부교감신경이 활성화되어서 심박수가 줄고, 운동을 할 때에는 교감신경이 활성화되어 심박수가 증가한다.

안정 시 심장주기는 약 0.8초인데, 그중에서 심방수축기가 약 0.11초, 심방-심실지연이 약 0.1초, 심실수축기가 약 0.27초, 이완기가 약 0.4초 정도 된다.

심박수조절은 자율신경계통에 의해서만 이루어지는 것이 아니고(신경성조절), 부신에서 분비되는 에피네프린과 노에피네프린 등과 같은 호르몬에 의해서도 조절되고(액성조절), 심장근육의 온도와 심방에 들어오는 혈류의 압력과 같은 심장 자체의 원인에 의해서도 조절된다(내인성조절).

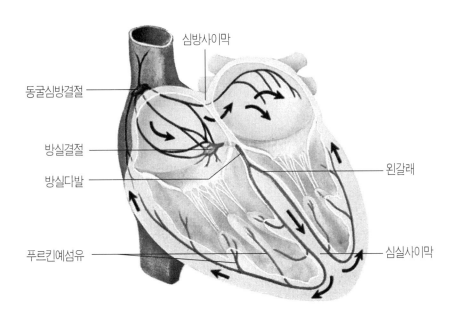

심방사이막
동굴심방결절
방실결절
방실다발
푸르킨예섬유
왼갈래
심실사이막

그림 2-14. 심장의 자극전도계

(3) 심전도

심장근육이 수축-이완될 때 나오는 전기신호를 표면전극을 통해서 수집하여 증폭시킨 다음 육안으로 볼 수 있도록 그림으로 그리거나 모니터상에 나타낸 것을 심전도(electrocardiograph, ECG 또는 EKG)라고 한다.

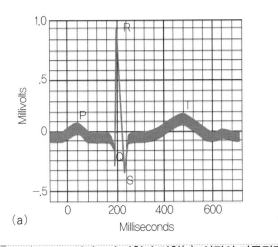

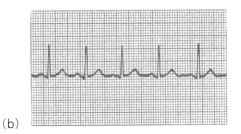

그림 2-15. 심전도의 파형과 명칭(a), 심장의 자극전달에 따른 심전도 파형의 형성(b)

결과적으로 심전도는 심장근육의 활동을 모니터링하는 것이고, 앞에서 설명한 심장의 자극전도체계의 활동이 반영된 것이다.

- 그림 2-15에서 시간이 0초인 점은 동굴심방결절에서 자극이 발생한 시점이다.
- P파는 심방근육이 수축하면서 만들어진 전기신호이다.
- P파가 끝나고 Q점에 도달하기 전까지 그래프가 잠잠한 것은 심방결절에서 자극이 지연되는 동안 아무런 수축도 일어나지 않는다는 것을 나타낸다.
- QRS파는 자극이 심실근육 전체로 퍼지면서 심실근육이 수축할 때 만들어진 전기신호이다.
- S 다음에 그래프가 잠잠한 부분은 심실근육이 이완되는 시기이다.
- T파는 심방근육과 심실근육이 재분극될 때 만들어진 전기신호이다.
- 재분극된 다음에는 다음 자극이 동굴심방결정에서 발생하기를 기다리는 시간이고, 심방에 혈액이 유입되는 시간은 위의 다섯 번재에서 일곱 번째까지이다.

분당심박수는 '1분÷RR시간 간격'으로 계산하고, 각 파동의 모양을 보고 심장근육의 이상 유무를 판단한다. 그리고 안정 시 심전도와 운동 시 심전도를 비교하면 심장의 잠재적 이상을 발견할 수 있다.

2) 운동 시 순환계통의 변화

(1) 심박수의 변화

심박수는 1분 동안에 심장이 박동하는 횟수이지만, 보통 피부에 가깝게 노출된 동맥의 맥압변화(맥박수)로 측정하고, 안정시 심박수는 성인이 60~80회/분, 어린아이는 80~100회/분이고, 운동을 하면 3~4배까지 증가한다.

운동을 시작하기 전의 흥분이나 불안 때문에 심장운동중추가 자극되어 심박수가 증가하고, 운동을 시작하여 근육이 수축하면 근방추에 있는 수용기와 관절에 있는 수용기로부터 신경임펄스가 중추에 전달되어서 심박수가 급속히 상승한다. 운동이 끝나면 근육과 관절에 있는 수용기로부터 중추에 전달되던 신경임펄스가 끊게 되어서 심박수가 급격하게 감소된다.

그밖에 호르몬이나 화학적 변화(예 ; 젖산농도의 변화)와 물리적 변화(예 ; 체온의 변화)도 운동 전후의 심박수 변화에 영향을 미친다.

(2) 심박출량의 변화

심박출량(cardiac output)은 1분 동안에 심장이 박출하는 혈액의 양으로, 성인은 안정 시에 4~6ℓ/분이다. 그러므로 '심박출량=1회박출량×심박수'로 계산할 수 있다. 운동을 하면 심박수와 1회박출량이 모두 증가하기 때문에 심박출량이 30ℓ/분까지 늘어난다.

1회박출량(stroke volume)에 영향을 미치는 요인으로는 정맥을 통해서 심장으로 돌아오는 혈액의 양(정맥환류량), 심장의 수축력, 동맥의 혈압 등을 들 수 있다. 부상을 당해서 출혈이 심하면 정맥환류량이 적기 때문에 1회박출량이 줄어든다. 심장의 수축력이 약하면 혈액을 조금밖에 내보내지 못하는데, 그 이유는 동맥의 혈압이 높으면 수도꼭지에 돌이 끼인 것처럼 혈액을 잘 내보낼 수 없기 때문이다.

안정 시 1회박출량은 여자가 50~70㎖/stroke, 남자가 70~90㎖/stroke이고, 운동 시에는 20~30㎖씩 증가한다. 그 이유는 운동을 하면 정맥환류량과 수축력이 증가하기 때문이다.

(3) 혈류의 변화

평상시에는 전체 혈액량의 약 20%를 뼈대근육으로 보내고 나머지는 내장기관·간·심장·뇌 등으로 보내던 것을 운동을 하면 전체 혈액량의 약 80~90%를 뼈대근육으로 보낸다. 이와 같은 혈액량의 재분배는 혈관벽을 이루고 있는 민무늬근의 수축과 이완에 의해서 이루어진다. 즉 민무늬근육이 수축하면 혈관이 좁아져서 통과하는 혈액량이 줄고, 민무늬근육이 이완되면 혈관이 확장되어 통과하는 혈액량이 증가한다.

운동을 하면 활동근육에서 소비하는 산소의 양이 10~20배로 증가한다. 그것을 보충하기 위해서 활동근육의 혈관을 확장해서 혈류량을 증가시키고, 혈관의 연동운동(장에서 음식물을 이동시킬 때 내장근육이 하는 운동)을 통해서 혈류의 속도를 증가시킨다.

피부를 흐르는 혈류량은 운동 초기에는 감소했다가 체온이 상승하면 열을 밖으로 내보내기 위해서 다시 증가하고, 고온환경에서 운동을 하면 피부혈류가 더욱 더 증가한다. 심장근육으로 흘러들어가는 혈류량은 운동 시 심박수를 늘리고, 수축력을 증가시키기 위해서 최대 5배까지 증가한다.

장시간 운동 시 피하지방조직을 흐르는 혈류량이 4~7배 증가하는데, 그 원인은 지방에서 지방산을 유리시켜서 에너지원으로 사용하기 위한 것으로 보인다. 운동 중에는 대뇌와 소뇌 그리고 척수의 기능을 항진시키기 위해서 뇌혈류도 증가한다.

(4) 혈압의 변화

혈압은 혈액이 혈관벽을 밖으로 미는 힘이다. 수도꼭지에 긴 호스를 연결했을 때 호스 중간에 구멍이 나 있으면 거기에서 물이 새어나온다. 물이 새어나오는 데에 해당하는 것이 혈압이다. 예를 들어 수도꼭지끝에서 물을 막으면 새어나오는 물줄기가 세지는 것처럼 '혈압이 높다'는 혈액의 흐름을 방해하는 무엇이 있다는 뜻이 된다.

대동맥에서 시작된 혈관은 모세혈관으로 갈수록 가늘어지지만 총단면적은 더 넓어진다. 즉 하나의 동맥이 둘로 갈라졌을 때 갈라진 두 혈관의 단면적의 합은 처음 동맥의 단면적보다 크다는 뜻이다. 그래서 모세혈관의 단면적을 모두 합하면 대동맥의 130배가 된다고 한다.

따라서 모세혈관쪽으로 갈수록 호스의 굵기가 점점 더 커지는 결과가 되기 때문에 모세혈관쪽으로 갈수록 혈압이 낮아진다. 그래서 대동맥의 혈압이 수축기에는 약 120mmHg, 이완기에는 약 80mmHg이지만, 모세혈관에서는 수축기와 이완기에 관계없이 4~6mmHg까지 낮아지는 것이다. 또, 수압이 낮으면 수돗물이 졸졸졸 흘러나오고 수압이 높으면 세게 나오듯이, 대동맥 근처에서는 혈류의 속도가 빠르고, 모세혈관 근처에서는 혈류의 속도가 아주 느리다.

또한 모세혈관을 지나서 혈액이 정맥을 통해서 심장으로 다시 돌아올 때는 혈관의 단면적이 점점 줄어드는 셈이 된다. 단면적이 넓은 개울에서 단면적이 좁은 호스로 물을 끌어들이려면 펌프가 있어야 하듯이 혈관에도 펌프가 있다. 정맥에 있는 판막은 혈액이 모세혈관으로 돌아가는 것을 방지하고, 근육이 수축할 때 수축력의 일부로 혈액을 정맥쪽으로 보내고(근수축에 의한 펌프작용), 숨을 쉴 때 가로막이 아래로 내려가면 가슴의 압력이 감소하여(호흡에 의한 펌프작용) 공기가 허파 속으로 들어가고, 혈액이 심방 안으로 유입된다.

수도꼭지에서 흘러나오는 수돗물의 양은 수압에 비례하고, 수돗물이 흘러가는 것을 방해하는 저항에 반비례하듯이, 혈류량은 혈압에 비례하고, 말초저항에 반비례한다. 이것을 수식으로 쓰면 다음과 같다.

$$혈류량(심박출량) = \frac{혈압}{말초저항} \quad 또는 \quad 혈압 = 혈류량(심박출량) \times 말초저항$$

위 식에서 말초저항은 활동하는 근육과 활동하지 않는 다른 기관들의 저항을 모두 합한 것이다. 앞에서 운동을 하면 활동하는 근육은 혈관이 확장된다고 했으므로 저항이 감소되고, 활동하지 않는 기관들에게는 혈액이 흘러들어가지 못하도록 혈관이 축소된다고 했으므로 저항이 증가한다.

결과적으로 활동하는 근육의 저항감소가 다른 기관들의 저항증가보다 더 크기 때문에 운동을 하면 말초저항이 감소해서 혈압이 낮아진다. 그밖에 이완기혈압은 안정 시, 운동 시, 회복기에 큰 변화가 없지만, 수축기혈압은 운동 시에 크게 증가한다. 그 이유는 운동 시에는 심박출량이 크게 증가하기 때문이다.

(5) 혈액성분의 변화

혈액은 세포성분(45%)과 액체성분(55%)으로 구성되어 있다. 세포성분에는 적혈구, 백혈구, 혈소판 등이 있으며, 액체성분(혈장)에는 단백질, 무기염류, 섬유소원 등이 녹아들어 있다. 운동을 하면 혈액성분에 변화가 생기지만, 운동유형·강도·시간에 따라서 차이가 있다. 다음은 1시간 이상 지구성운동을 할 때의 변화이다.

- 혈장량이 최대 15%까지 감소한다. 땀 분비로 인한 수분손실과 모세혈관 밖으로 혈장이 이동한 것이 주요 원인이다(혈액농축).
- 단위부피의 혈액에 들어 있는 적혈구 수가 증가한다. 총적혈구 수가 증가한 것이 아니라 적혈구의 농도가 증가한 것이고, 그 원인은 혈액의 농축과 지라에 저장하고 있던 혈액이 방출되기 때문이다.
- 백혈구 수가 증가한다. 순환혈류가 증가됨에 따라 허파·간·골수·지라에 저장하고 있던 백혈구들이 빠져나왔기 때문이다.
- 운동 시에는 동맥혈액의 산소함량과 정맥혈액의 산소함량의 차이가 증가한다. 근육이 산소를 많이 사용하기 때문이다.
- 혈액의 산성도(pH)가 증가한다. 고강도운동 시 젖산이 생겼기 때문이다.
- 혈액의 온도가 상승한다. 화학에너지의 일부가 열에너지로 변환되었고, 근수축 자체에서 열이 발생하였기 때문이다.

3) 훈련과 순환계통의 적응

꾸준히 훈련을 하면 산소공급체계가 개선되어 허혈성심장질환, 동맥경화증, 뇌졸중, 고혈압 등 순환계통질환에 대한 예방적·치료적 효과가 있는데, 그것을 순환계통의 적응이라고 한다.

● 심장의 변화⋯⋯꾸준히 훈련을 하면 심장의 크기가 커지고 심장벽의 두께가 두꺼워지는 것과 같은 형태적 변화와, 심장근육의 수축력 증가, 1회박출량의 증가, 최대심박출량의 증가, 안정 시와 최대하운동 시 심박수 감소와 같은 기능적 변화가 생긴다.

● 모세혈관 밀도의 변화⋯⋯장기간 지구성 훈련을 하면 활동근육에 분포되어 있는 모세혈관의 수가 증가한다.

● 심박수의 변화⋯⋯동일한 작업량을 수행했을 때 일반인보다 지구성운동을 오래 동안 한 선수들은 심박수가 작다.

● 안정 시 및 운동 시 혈압의 변화⋯⋯장기간 훈련을 하면 안정 시 및 운동 시에 혈압을 안정적으로 유지할 수 있게 된다. 비활동적인 생활을 오래 동안 하면 동맥벽에 지방질이 침착되어 동맥경화를 유발할 가능성이 높아지지만, 꾸준히 운동을 하면 동맥벽의 탄력저하를 예방할 수 있다. 운동을 오래 동안 한 사람은 같은 운동을 하더라도 혈압 상승폭이 작아진다.

● 혈액성분의 변화⋯⋯오래 동안 운동을 지속적으로 하면 적혈구 수는 10~20%, 혈장량은 20~30% 증가한다. 혈장량의 증가는 혈장단백이 증가하기 때문이고, 적혈구의 증가는 적혈구 생산에 관여하는 호르몬의 분비가 촉진되기 때문이다.

6. 운동과 호흡계통

1) 호흡계통의 구조와 기능

인체가 산소를 받아들이고 탄산가스를 배출하는 것을 호흡이라 하며, 호흡은 겉호흡과 속호흡으로 나눈다. 겉호흡은 허파꽈리에서 정맥혈과 공기 사이에 가스교환을 하는 것이고, 속호흡은 조직에서 동맥혈과 세포 사이에 가스교환을 하는 것이다.

호흡활동에 의해서 허파 내외로 공기가 이동하는 것을 환기 또는 허파환기라고 한다. 허파환기를 하는 호흡계통의 구조는 그림 2-16과 같다.

호흡기관은 가슴우리, 기도, 허파꽈리로 구성되어 있다. 가슴우리는 허파가 있을 수 있는 공간을 제공하고, 기도는 공기가 드나들 수 있는 통로역할을 하며, 허파꽈리는 모세혈관과 외부에서 들어온 공기가 접촉할 수 있는 표면적을 넓게 만들어주는 기능을 한다.

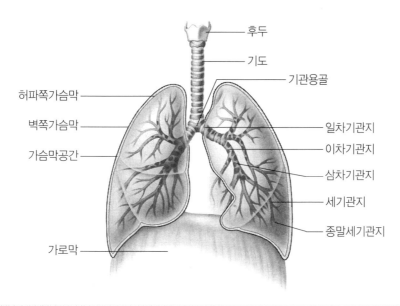

그림 2-16. 허파 속 기관지분포

후두
기도
기관용골
허파쪽가슴막
벽쪽가슴막
가슴막공간
일차기관지
이차기관지
삼차기관지
세기관지
종말세기관지
가로막

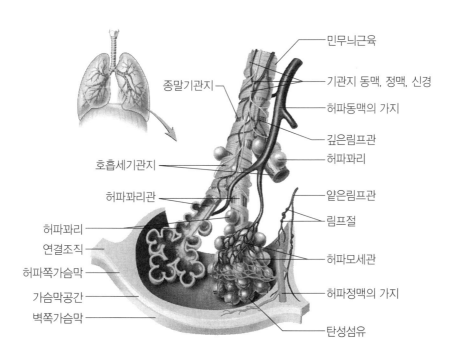

그림 2-17. 허파꽈리의 미세구조

민무늬근육
기관지 동맥, 정맥, 신경
허파동맥의 가지
깊은림프관
허파꽈리
종말기관지
호흡세기관지
허파꽈리관
얕은림프관
림프절
허파꽈리
연결조직
허파쪽가슴막
가슴막공간
벽쪽가슴막
허파모세관
허파정맥의 가지
탄성섬유

(1) 들숨과 날숨의 메커니즘

호흡활동은 호흡중추의 지배를 받아 반자동적으로 이루어진다. 평상시에는 들숨과 날숨이 주로 가로막과 바깥갈비사이근의 수축과 이완에 의해서 된다.

- 들숨(흡기)……가로막(diaphragm)이 수축하여 밑으로 내려가고, 바깥갈비사이근(external intercostal muscles)이 수축하여 갈비뼈와 갈비뼈 사이가 벌어지면서 갈비뼈가 위로 올라간다. → 가슴우리의 부피가 커진다. → 가슴내압이 하강한다. → 외부공기가 기도를 통해서 허파꽈리 안쪽으로 들어간다.
- 날숨(호기)……가로막과 바깥갈비사이근이 이완되면 가로막은 위로 올라가고, 갈비뼈와 갈비뼈 사이가 좁아지면서 갈비뼈가 내려온다. → 가슴우리의 부피가 줄어든다. → 가슴내압이 상승한다. → 허파꽈리 안에 있던 공기가 기도를 통해서 밖으로 밀려나간다.

그러나 운동 시에는 호흡활동이 좀 더 능동적으로 이루어진다. 들숨 시에는 목갈비근이 수축하여 1, 2번 갈비뼈를 들어올리고, 목빗근이 수축하여 가슴뼈를 들어올린다. 날숨 시에는 배근육이 수축하여 아래갈비뼈들을 압박함과 동시에 배의 압력(복압)이 상승하여 가로막을 능동적으로 밀어올린다. 그밖에도 속갈비사이근이 수축하여 갈비뼈와 갈비뼈 사이를 좁혀서 가슴내압을 더욱 더 증가시킨다.

(2) 분당환기량

분당환기량(minute ventilation)은 1분 동안에 들이쉬는 공기의 부피(들숨량, inspiratory volume) 또는 1분 동안에 내쉬는 공기의 부피(날숨량, expiratory volume)를 의미하지만, 대부분 날숨량을 측정한다.

분당환기량은 다음과 같이 계산할 수 있다.

분당환기량(VE)=1회호흡량(TV)×분당호흡수(f)

분당환기량은 개인차가 심하지만 성인이 약 6ℓ/분이고, 분당호흡수(f)가 약 12회/분 정도이므로 1회호흡량(tidal volume)은 약 0.5ℓ/회가 된다.

환기량은 호흡수와 호흡의 깊이(1회호흡량)에 따라서 변한다. 즉 호흡을 깊게 많이 할수록 환기량이 증가한다. 호흡의 깊이를 나타내는 1회호흡량은 휴식 시 0.5ℓ/회에서 심한 운동 시에는 2.5ℓ/회까지 증가하고, 호흡수도 안정 시 12회/분에서 심한 운동 시 50

회/분까지 증가한다. 결과적으로 분당환기량은 약 20배까지 증가하는데, 그것을 과환기(hyperventilation)이라고 한다.

(3) 운동성 과환기의 조절

운동을 시작하기 직전에 환기량이 증가하는 것을 볼 수 있는데, 그 원인은 대뇌가 운동을 예상하여 호흡중추를 자극하기 때문이다. 운동을 시작하면 거의 즉각적으로 환기량이 급증한다. 그 원인은 근육과 관절에 있는 수용체가 신경자극을 호흡중추로 전달하기 때문이다.

최대하운동을 지속적으로 할 때에는 환기량이 어느 정도 증가하다가 더 이상 증가하지 않고 항정상태를 보이지만, 고강도의 운동을 계속하면 환기량이 계속해서 증가하는 현상을 보인다. 그러한 현상으로 보아서 운동 중에는 에너지대사에 의해서 생기는 탄산가스와 젖산 등 화학적인 물질에 의해서 호흡조절이 이루어지는 것으로 보인다.

운동이 끝나면 곧 환기량이 적어지는 것은 근육과 관절에 있는 수용체로부터 신경자극이 전달되지 않기 때문이다.

정리하면 운동 전에는 대뇌의 예상에 의해서, 운동초기에는 수용체의 신경자극에 의해서, 운동 중에는 화학물질에 의해서 호흡중추가 자극을 받아 환기량이 늘어나고, 운동 후에는 수용체의 자극이 없어져서 환기량이 줄어든다.

(4) 무산소역치

혈액 속의 젖산농도는 생산된 젖산량을 그대로 반영하는 것은 아니다. 젖산은 젖산을 생산한 조직이나 다른 근육조직에서 유산소대사를 위한 연료로 이용될 수도 있고, 간에서 글리코겐이나 지방질로 전환되어 저장될 수도 있다. 그러므로 혈중젖산농도(량)='조직에서 생산된 젖산량－다른 조직에서 이용된 젖산량'이라고 할 수 있다.

운동강도를 점진적으로 증가시키면서 운동하는 것을 점증부하운동이라 한다. 점증부하운동을 하면 혈중젖산농도가 일정하게 유지되는 지점에 도달하게 되는데, 이는 젖산의 생산량과 젖산의 제거량이 평형을 이루고 있음을 나타낸다. 이 지점 이하의 운동강도로 운동을 하면 활동근육에서는 순수한 유산소에너지대사만 일어나지 않고 무산소에너지대사도 동시에 일어나고 있다고 하더라도 인체 전체로 볼 때는 유산소대사에 의하여 운동을 지속하기에 충분한 ATP를 공급할 수 있다.

그러나 최대산소섭취량과 비슷한 수준까지 운동강도가 증가하게 되면 무산소대사에 의

한 에너지공급도 상당 수준 증가하기 때문에 젖산이 축적되기 시작한다. 따라서 지구력이 우수한 선수가 되기 위해서는 젖산축적이 일어나지 않으면서 최대산소섭취량 수준에 가깝게 운동을 할 수 있어야 한다.

그림 2-18에서 혈중젖산농도가 일정하게 유지되다가 갑자기 증가하기 시작하는 시점(젖산역치, lactate threshold))과 거의 비슷한 시점에서 분당환기량도 갑자기 증가하기 시작하는 것을 볼 수 있다. 이와 같이 환기량이 갑자기 증가하기 시작하는 점을 무산소역치(anaerobic threshold) 또는 환기역치라고 한다.

그러므로 무산소역치는 순수한 유산소운동에서 무산소대사를 동원해야만 하는 운동으로 전환된다는 것을 의미한다. 따라서 무산소역치는 최대산소섭취량과는 약간 다른 의미의 유산소능력을 나타내는 지표이고, 현재의 지구력 수준을 잘 반영해준다. 무산소역치는 지구력 향상을 위한 적정 트레이닝 강도로 아주 유용하다.

젖산역치와 비슷한 시기에 환기량이 급증하는 원인은 젖산이 축적되기 시작하면 혈액에서 젖산을 빨리 없애기 위해서 젖산을 분해하는 과정에서 탄산가스가 생기고, 그 탄산가스 때문에 혈중 탄산가스함량이 증가하면 호흡중추를 자극하여 환기량이 갑자기 증가하는 것

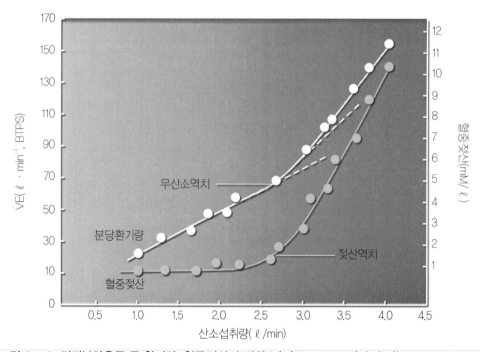

그림 2-18. 점진부하운동 중 환기량, 혈중젖산의 변화(정일규, 2010. 일부 수정)

으로 알려져 있다.

(5) 허파용적과 허파용량

허파의 크기를 나타내는 허파용적(lung volume)에는 다음 4종류가 있다.

- 1회호흡량(tidal volume)······안정상태에서 1회에 들이쉬거나 내쉬는 양. 일반성인은 약 500㎖이다.
- 예비호기량(expiratory reserve volume)······1회호흡량을 내쉰 뒤에 추가로 내쉴 수 있는 양. 일반성인은 약 1,000~1,200㎖이다.
- 예비흡기량(inspiratory reserve volume)······1회호흡량을 들이쉰 뒤에 추가로 들이쉴 수 있는 양. 일반성인은 약 3,000~3,200㎖이다.
- 잔기량(residual volume)······최대로 숨을 내쉬어도 허파 안에 남아 있는 공기의 양. 일반 성인은 약 1,200㎖이다.

허파의 용량을 나타내는 허파용량(lung capacity)에는 다음 4가지가 있다.

- 흡기용량(inspiratory capacity)=1회호흡량+예비흡기량
- 기능적잔기용량(functional residual capacity)=예비호기량+잔기량
- 허파활량(vital capacity)=최대로 숨을 들이쉰 후 최대로 내쉴 수 있는 공기의 양=1회호흡량+예비흡기량+예비호기량
- 총허파용량(total lung capacity)=최대로 숨을 들이쉬었을 때 허파 속에 있는 공기의 양=허파활량+잔기량

그밖에 안정상태에서 호흡을 할 때 코에서 허파꽈리까지의 기도 안에 있는 공기는 가스교환에 참여하지 못한다. 그 공기의 양을 무효공간(dead space)이라 하고, 일반성인의 경우 1회호흡량의 약 30%(약 150㎖)이다. 그러므로 실제로 가스교환에 참여하는 공기의 양은 약 350㎖이고, 그것을 허파꽈리환기량(alveolar ventilation volume)이라고 한다.

(6) 가스교환

대기 중에 있는 공기는 질소, 산소, 탄산가스와 미량의 기타 원소들로 구성되어 있고, 대기압은 약 1기압(760mmHg)이다. 그 1기압 중에 각 원소들이 차지하는 압력을 분압이라

하고, 질소의 분압=79.04%=600.7mmHg, 산소의 분압=20.93%=159.1mmHg, 탄산가스의 분압=0.03%=0.2mmHg이다.

공기가 허파 속으로 들어가면 수증기로 포화되고, 수증기의 분압이 약 47mmHg가 된다. 그러므로 허파꽈리로 들어가기 직전의 공기의 압력은 1기압 중에서 수증기의 분압을 뺀 713mmHg가 되고, 산소의 분압도 낮아져서 149mmHg가 되지만, 탄산가스의 분압은 0.2mmHg에서 거의 변하지 않는다.

그런 공기가 허파꽈리 안으로 들어가면 거기에 남아 있던 공기(산소분압=98mmHg, 탄산가스의 분압=40mmHg)와 섞이기 때문에 산소의 분압=100mmHg로 낮아지고, 탄산가스의 분압=40mmHg로 크게 증가하게 된다.

한편 허파꽈리의 모세혈관을 흐르고 있는 피의 산소분압은 약 40mmHg이기 때문에 허파꽈리 안에 있는 공기의 산소분압 100mmHg보다 낮다. 그러므로 허파꽈리 안에 있던 산소가 모세혈관 안으로 확산되어 들어간다. 그러나 모세혈관을 흐르고 있는 피의 탄산가스 분압은 40mmHg보다 약간 더 높기 때문에 허파꽈리 안으로 확산되어 나간다.

(7) Mets

대사당량(metabolic equivalents)의 약자로 안정시의 산소소비량을 '1Met=3.5㎖/kg·분'이라고 한다. 즉 아무런 운동을 하지 않더라도 생명을 유지하기 위해서는 1분 동안에 체중 1kg당 약 3.5ml의 산소를 소비해야 한다. 운동강도를 나타내는 방법이 여러 가지 있지만 Mets를 사용해서 나타내면 여러 가지 편리한 점이 있다. 예를 들어 9km/분으로 조깅할 때의 운동강도가 8 Mets라고 써져 있다면, 안정 시보다 8배의 에너지가 필요한 운동이라는 뜻이 된다. 그런데 인체가 산소를 소비하면 약 0.005kcal/㎖의 에너지가 나온다(열량을 소비한다)는 것을 아는 사람은 이것으로 총에너지소비량을 계산할 수도 있다.

위의 예에서 체중이 70kg인 사람이 8Mets의 운동강도로 30분 동안 운동을 하였다면 총사용 에너지는 '70kg × 8 × 30분 × 3.5㎖/kg·분 × 0.005kcal/㎖=294kcal'가 된다.

(8) 산소부채

작업이나 운동에 의해 산소섭취량이 증가했을 때 운동이 끝난 다음에도 숨을 몰아쉬게 된다. 다르게 표현해서 운동을 중지한 후의 회복기에 안정시 이상의 산소를 섭취하는 것을 산소부채(oxygen debt)라고 한다.

산소부채가 생기는 원인은 운동 초기 또는 운동 중에 필요한 산소를 여러 가지 원인 때문에 미처 공급하지 못하였기 때문에 운동 후에 그 부족분을 보충하는 것이다. 그래서 미처 공급하지 못한 산소의 양을 산소결핍(oxygen deficit)이라 한다. 산소결핍을 빚을 진 것이라고 생각하면 산소부채는 빚을 갚는 것이다. 그러므로 산소결핍량과 산소부채량은 똑같다.

산소결핍량은 측정하는 방법이 없고, 산소부채량은 회복기 동안에 섭취한 산소의 총합에서 안정시 같은 시간에 섭취하는 산소의 양을 빼면 나온다. 섭취된 산소 1ℓ는 6.7g 정도의 젖산을 산화시킬 수 있고, 단시간 동안에 최대산소섭취량에 도달하도록 운동을 한 후 회복기의 산소부채를 최대산소부채(maximum oxygen debt)라고 한다. 최대산소부채량은 보통 사람이 8~9ℓ, 일류선수는 15ℓ 정도인데, 이는 젖산축적에 대한 내성을 반영하는 수치이다.

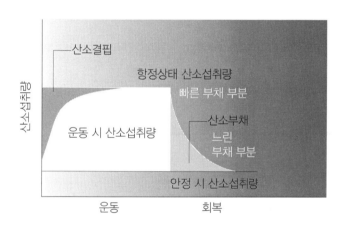

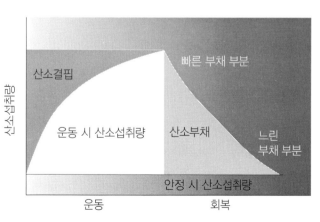

┃ 그림 2-19. 가벼운 운동 시의 산소부채와 힘든 운동 시의 산소부채

그림 2-19는 가벼운 운동 시의 산소부채와 힘든 운동 시의 산소부채를 그림으로 표현한 것이다.

2) 운동 시 호흡계통의 변화

안정 시와 운동 시에 호흡계통 기능의 차이를 요약하면 다음과 같다.
- 안정 시에는 날숨 시 호흡근이 아무런 역할도 하지 않지만 운동 시에는 속갈비사이근과 배근육이 적극적으로 가담하여 환기량을 증가시킨다.
- 운동 시에는 1회호흡량, 호흡수, 환기량이 증가한다.
- 운동 시에는 동정맥산소차가 커진다.
- 최대운동 시 허파의 산소 확산능력이 약 3배까지 증가한다.

3) 훈련과 호흡계통의 적응

꾸준히 운동을 해서 단련된 선수와 일반인의 차이를 요약하면 다음과 같다.
- 단련자는 최대산소소비량과 분당환기량이 더 크다.
- 단련자는 혈중 탄산가스농도가 높아도 견딜 수 있다.
- 단련자는 무산소역치가 높다.
- 단련자는 허파용적과 허파용량이 모두 크다.
- 단련자는 최대산소부채량이 크다.

7. 운동과 환경조건

1) 열환경과 운동

(1) 체온조절

인체는 체온을 일정하게 유지하기 위해서 열생산과 열손실이 평형을 이루도록 조절되고 있다. 체온은 온도수용기, 체온조절중추, 효과기에 의해 조절되고 있다.

온도수용기에는 피부의 온도를 감지하는 말초온도수용기와 시상하부의 앞부분에서 심부체온을 감지하는 심부온도수용기가 있다. 체온조절중추는 시상하부에 있고, 일정한 기준값(37℃)이 정해져 있어서 열을 생산할 것인지 버릴 것인지를 결정하여 효과기에 명령을 내린다.

효과기는 실제로 열을 생산하거나 버리는 기관이나 조직으로 땀샘, 피부혈관, 뼈대근육이 있다. 땀샘은 열리거나 닫혀서, 피부혈관은 확장 또는 수축되어서, 뼈대근육은 떨거나 움츠려서 열을 생산/방출 또는 차단/증대시켜서 체온을 일정하게 유지한다.

(2) 운동수행능력

기온과 습도가 높으면 운동수행력, 특히 지구력이 저하된다. 그 원인은 열을 발산시키기 위해서 피부혈관이 확장되면 활동근육으로 가는 혈액량이 줄고, 피부혈관에 혈액이 저류되면 정맥환류량이 줄어서 1회박출량이 감소하기 때문이다. 1회박출량이 줄면 그것을 보상하기 위해서 심박수가 증가하므로 심장에 부담을 주게 된다.

또한 열환경에서는 땀이 많이 나기 때문에 체내의 수분이 줄고, 자연히 혈액이 농축된다. 혈액이 농축되면 조직에서 가스교환이 순조롭지 못하게 되어 무산소대사에 의한 에너지공급이 늘어나고, 젖산축적이 빠르게 나타나서 운동을 더 이상 지속하기가 어렵게 된다.

(3) 체액

체내에 있는 수분이 체액인데, 이는 체중의 50~70%이다. 체액은 세포내액과 세포외액으로 나눈다. 세포내액은 세포 안에 있는 수분으로 남자는 체중의 약 45%, 여자는 체중의 약 35%이다. 세포외액은 체중의 약 15%를 차지하며, 세포와 세포 사이에 있는 세포사이질액과 혈액 속에 있는 혈장으로 나눌 수 있다. 세포사이질액은 체중의 약 10%이고, 혈장은 체중의 약 5%이다.

체액의 평형은 수분의 섭취와 배설이 균형을 이루어야 달성될 수 있는데, 1일 수분섭취량이 약 2,600㎖이기 때문에 1일 수분배설량도 약 2,600㎖가 되어야 한다. 수분섭취는 음료수로 약 1,500㎖, 음식물에 들어 있는 수분 약 800㎖, 탄수화물이나 지방이 체내에서 분해될 때 나오는 대사수로 약 300㎖를 흡수한다. 배설되는 수분은 소변으로 약 1,500㎖, 대변으로 약 100㎖, 땀이나 숨을 쉴 때 나오는 수증기와 같이 우리가 잘 느끼지 못하는 사이에 배설되는 불감손실량 약 1,000㎖이다.

열환경에서 장시간 운동을 하면 체액이 7~8% 손실되어서 탈수상태가 되고, 탈수상태에서는 심박수와 체온이 상승한다. 그래도 운동을 계속하면 혈장량이 감소되고, 혈장량이 감소되면 심박출량과 혈압을 감소시키는 원인이 된다. 혈장량이 10% 이상 감소되면 갈증이 나고, 한 번 갈증이 나면 체액을 완전히 재보충하는 데에 2~3일이 소요되므로 그 전에 물을 마시는 것이 좋다.

열환경에서 장시간 운동을 하면 체액손실 이외에 땀을 통해서 소금성분이 배출되기 때문에 Na^+과 Cl^-이온도 많이 손실된다. 그러면 근육섬유막 안팎의 이온농도가 변하여 근경련을 일으키기 쉽고, 피부에 남아 있는 소금기가 수분이 증발하는 것을 방해하여 상황을 더욱 더 악화시킨다.

그러므로 열환경에서 운동을 할 때는 수분과 소금성분을 섭취해야 한다. 그 방법을 요약하면 운동을 시작하기 20~30분 전에 400~500㎖ 정도의 음료수를 미리 마신다. 음료수는 Na^+, K^+ 등의 전해질과 포도당이 섞인 것이 좋다. 운동 중에는 15분마다 100~200㎖의 음료수를 마신다. 체중의 3% 이상의 수분이 손실된 경우에는 더 이상 운동을 하지 않아야 한다.

습도는 수분의 증발에 결정적인 영향을 주기 때문에 기온이 별로 높지 않더라도 습도가 높으면 열환경이 된다. 예를 들어 기온이 25℃이고, 습도가 50% 이상일 때 운동을 하면 위험하다. 어쩔 수 없이 기온이 높은 곳에서 운동을 할 때에는 약 2주 전부터 현지적응훈련을 해야 한다. 우리 몸이 적응하는데 약 2주 정도가 걸린다. 몸이 열환경에 적응하고 나면 발한반응이 개선되고, 혈장량이 증가하여 적응되지 않았을 때보다 열환경에서 운동을 오래할 수 있게 된다.

2) 추운 환경과 운동

추운 환경에서의 운동은 열환경에서의 운동보다는 체온조절 문제가 덜 심각하다. 인체가 추위에 노출되면 피부혈관이 수축하고, 뼈대근육을 떨게 해서 열을 생산하여 체온을 유지하려고 한다. 그러나 피부혈관이 수축된 결과로 말초저항이 커져서 혈압이 상승하고, 피부혈류가 심부혈류로 전환되기 때문에 정맥환류량과 1회박출량이 증가한다.

추운 환경에 장시간 운동을 할 때 가장 문제가 되는 것이 동상이다. 동상을 예방하기 위해서는 젖은 옷·양말·장갑 등을 가능한 한 빨리 갈아입어야 하고, 겉옷은 방수와 방풍이 잘 되는 제품, 속옷은 땀을 잘 흡수하는 제품을 착용해야 한다.

근육온도가 내려가면 근수축에 대한 내부저항이 증가하여 순발력이 떨어지고, 심부온도가 낮아지면 심박수·심박출량·최대산소섭취량 등이 저하되어서 운동수행능력이 떨어지게 된다.

3) 고지환경과 운동

고지환경에서 운동을 할 때 가장 문제가 되는 것은 기압이 낮아져서 산소분압이 저하되는 것이다. 평지와 해발 3,000m인 고지를 비교하면, 대기압 760mmHg → 523mmHg, 산소분압 159.1mmHg → 109mmHg, 헤모글로빈의 산소포화도 97% → 90%, 동맥혈의 산소분압 100mmHg → 67mmHg로 낮아진다. 그 결과로 최대산소섭취량이 15~20%감소하고, 동맥혈에서 세포로 산소가 확산되는 것을 저해한다. 한마디로 조직에 산소를 제대로 공급할 수 없기 때문에 유산소에너지대사에 차질이 생겨서 장시간 운동을 하기 어렵게 된다.

산소섭취량이 부족하면 그것을 보충하기 위해서 숨을 깊게 자주 쉬어서 환기량을 늘일 수밖에 없게 되고, 그러면 과환기가 되어서 혈액 속에 있는 탄산가스가 과도하게 배출되어서 혈액의 산성도(pH)가 높아져서 염기성을 띠게 된다.

최대산소섭취량이 감소하면 그만큼 빨리 최대부하운동에 도달하기 때문에 같은 운동을 해도 운동강도가 상대적으로 더 높게 느껴진다. 또, 헤모글로빈의 산소포화도가 약 7% 낮아지기 때문에 조직에 필요한 산소를 공급하려면 심박수를 늘려서 혈류량을 증가시켜야 한다.

사람이 고지환경에 계속해서 머물면 인체가 거기에 적응하게 된다. 고지적응에 걸리는 기간은 고도에 따라 달라서 2,700m이면 7~10일, 3,600m이면 15~21일 걸리고, 개인차가 심하다.

고지에 적응되면 적혈구수가 증가하여 헤모글로빈농도가 증가하고, 장기간 적응하면 조직의 모세혈관밀도, 마이오글로빈농도, 미토콘드리아밀도 등이 증가한다.

4) 수중환경과 운동

스쿠버다이빙과 같이 수중에서 하는 운동은 육상과 환경조건이 전혀 다르다. 평상시의 대기압인 1기압을 '760mmHg' 또는 '1013 밀리바'라고 한다. 앞의 것은 수은 속으로

760mm 들어갔을 때의 압력과 같다는 뜻이고, 뒤의 것은 물속으로 1,013cm(약 10m) 들어갔을 때의 압력과 같다는 뜻이다. 그러므로 물속 10m 깊이로 잠수하면 대기압 1기압과 물의 압력 1기압을 합친 2기압의 압력을, 20m 깊이로 잠수하면 3기압의 압력을 받는다.

다이빙장비들이 대부분 미국산이기 때문에 압력을 나타낼 때 psi(프사이, Pound per Square Inch)라는 단위를 많이 사용한다. 그것은 1평방인치당 1파운드의 압력을 받는다는 뜻으로, 미국과 영국에서만 사용하는 단위이고, 국제공통단위는 Pa(파스칼)과 b(바)이며, 1프사이=68.947333밀리바(mb)이다.

우리 몸속에는 비어 있는 공간이 많이 있다. 그런데 물속에 잠수하면 수압이 온몸을 겉에서 안쪽으로 짓누르기 때문에 비어 있는 공간이 줄고, 혈관이 압박되어서 서맥, 심박출량감소, 젖산축적 등의 현상이 일어난다.

잠수할 때 가장 문제가 되는 것은 숨을 쉬는 공기의 부피가 잠수할 때는 줄어들고, 수면으로 올라올 때는 팽창하는 것이다. 예를 들어 10m 깊이에서 공기통에 있는 공기 1ℓ를 마시고 수면으로 올라오면 부피가 2ℓ로 팽창하기 때문에 허파꽈리가 터질 수도 있다. 그밖에 기흉, 벤드증상(bends), 산소중독, 질소마취, 중이염 등을 일으켜 사망할 수도 있기 때문에 주의해야 한다.

참고문헌

강두희(1985). 생리학, 신광출판사.

김광회 · 남상남 · 여남회 · 옥정석 · 전태원(1992). 운동생리학, 태근문화사.

김용수 외(2005). 비주얼 인체해부학, 대경북스.

김창규 · 남상남(1990). 환경중심의 운동생리학, 한국학술자료사.

나재철(2002). 운동면역학, 대경북스.

신문균(1992). 인체생리학, 현문사.

유호길 · 한승완 역(2009). 입문 운동생리학. 대경북스.

이인모 · 이상목(1994). 인체생리학, 형설출판사.

정영태(1994). 인체생리학, 청구문화사.

정일규, 윤진환(2010). 휴먼 퍼포먼스와 운동생리학 전정판. 대경북스.

정일규(2009). 휴먼 퍼포먼스와 운동영양학. 대경북스.

차영선(1983). 생리학, 연선출판사.

최명애 · 김주현 · 박미정 · 최스미 · 이경숙(1994). 생리학, 현문사.

황수관 · 전세열 · 조수열(1993). 생리학, 광문각.

ACSM(1988). *Resource Manual for Guidelines for Exercise Testing and Prescription*, Lea & Febiger.

ACSM(1995). *ACSM's Guidelines for Testing and Prescription, 5th ed.*, Williams & Wilkins, A Waverly Co.

Appenzeller, O., Atkinson R.(1981). *Sports Medicine*, Urban & Schwarzenberg.

Berne, M. R., N. M. Levy, M. B. Koeppen, A. B. Stanton(1998). *Physiology*, Mosby, Inc.

Borer, T. K.(2003). *Exercise Endocrinology*, Human Kinetics.

Bouchard, C., R. J., Shephard, T. Stephens, J. R. Sutton, B. D. McPherson(1990). *Exercise Fitness and Health*, Human Kinetics Books.

Copstead, L. C., J. L. Banasik(2005). *Pathophysiology*, Elsevier Inc(St. Louis, Missouri).

Despopoulos, A., S. Silbernagl(1986). *Color Atlas of Physiology*, Goerg Thieme Verlag Thieme Inc.

Ehrman, K, J., M. P. Gordon, S. P. Visich, J. S. Keteyian(2003). *Clinical Exercise Physiology*, Human Kinetics.

Fagard, R. H., I. E. Bekaert(1986). *Sports Cardiology*, Martinus Nijhoff Publishers.

Fox, E. L., D. K. Mathews(1981). *The Physiological Basis of Physical Education and Athletics*, Saunders college Publishing.

Franklin, B. A., S. Gordon, G. C. Timmis(1989). *Exercise Modern Medicine*, Williams & Wilkins.

Germann, W. J., C. L. Stanfield(2002). *Principles of Human Physiology*, Benjamin Cummings(San Francisco, CA).

Guyton, A. C.(1986). *Textbook of Medical Physiology*, W. B. Saunders Co.

Hansen, M.(1998). *Pathophysiology*, W. B. Saunders Co.

Hargreaves, M., Thompson, M.(1999). *Biochemistry of Exercise*, Human Kinetics.

Heyward, H. V.(1998). *Advanced Fitness Assessment Exercise Prescription*, Human Kinetics.

Howley, T. E., D. B. Franks(2003). *Health Fitness Instructor's Handbook*, Human Kinetics.

Katch, F. L., W. D. McArdle(1988). *Nutrition, Weight control, and Exercise*, Lea & Febiger.

MacDougall, J. D., H. A. Wenger, H. J. Green(1984). *Physiological Testing of the Elite Athlete*, Canadian Association of Sports Science Co.

Marieb E. N.(2001). *Anatomy & Physiology*, Benjamin Cummings(San Francisco).

Martini, F.(1989). *Fundamentals of Anatomy and Physiology*, Prentice-Hall, Inc.

McAdle, W. D., F. I. Katch, V. L. Katch(2001). *Exercise Physiology :Energy, Nutrition, and Human Performance*, Lea & Febiger(5th ed., Phildadelphia).

Ober, W. C., C. W. Garrison, A. C. Silverthorn(2004). *Human Physiology: an integrated approach(Third ed.)*, Peason: Benjamin Cummings(San Francisco, CA).

Powers, S. K, E. T. Howley(1999). *Exercise Pyysiology*, WCB/McGraw Hill.

Ryan, A., F. L. Allman(1989). *Sports Medicine*, Academic Press, Inc.

Seeley, R. R., T. D. Stephens, P. Tate.(2003). *Anatomy & Physiology(Sixth ed.)*, McGraw Hill Co.(New York).

Shier D., J. Butler, R. Lewis(1999). *Hole's Anatomy & Physiology*, WCB McGraw-Hill(eighth ed., Boston).

Sperryn, P. N.(1983). *Sport and Medicine*, Butterworths.

Wilmore, J. H., D. L. Costill(1994). *Physiology of Sport and Exercise*, Human Kinetic Publishers, Inc.

Wilmore, J., D. L. Costill(1988). *Training for Sport and Activity*, Wm. C. Brown Publishers.

제3장 운동역학

1. 운동역학의 기초

1) 단위

(1) 단위의 의미

단위는 물건의 개수나 양을 숫자로 나타내기 위해서 임의로 만들어서 사용하는 것이다. 예를 들어 시장에 가면 과일이나 채소를 바구니에 담아서 파는데, 그 바구니도 훌륭한 단위이다. 그러므로 단위의 종류는 한없이 많고, 단위를 어떻게 만들어야 한다는 규칙도 없다.

단위를 제멋대로 만들게 되면 상거래에 혼란을 초래하기 때문에 옛날에는 국법으로 중요한 단위를 정해서 사용하였다. 현대에는 국제적으로 공통적인 단위를 정해서 사용하고 있는데, 그것을 'SI 단위체계'라고 한다.

SI 단위체계를 만든 목적은 가급적이면 적은 개수의 단위로 거의 모든 물리량들을 나타낼 수 있도록 하는 것이었다. SI 단위체계에서는 가장 기본적인 단위로 m(미터, 길이), kg(킬로그램, 질량), s(초, 시간), K(캘빈, 절대온도), mole(몰, 그람분자량), A(암페어, 전류), cd(칸델라, 밝기) 등 7가지를 정하고 있다. 그러나 앞으로 과학이 더 발전되면 기본

단위가 추가될 가능성이 있다.

파리의 국제도량형국에 보관하고 있는 kg원기의 질량을 1kg, m원기의 길이를 1m, 1평균태양일/(24×60×60)을 1s라고 정했고, 우리나라의 한국표준과학연구원에도 복사품이 보관되어 있다. 그러나 그것이 정확하지 못하다고 해서 방사성 물질에서 나오는 방사선의 진폭과 진동수를 이용해서 다시 정했다.

운동역학에서는 7가지 기본단위 중에서 m, kg, s만 주로 사용하기 때문에 첫 글자를 따서 'MKS'단위라고 한다.

(2) 단위의 계산

대부분의 학생들이 단위 계산은 어렵고 골치 아픈 것으로 알고 있고, 실제로 단위 계산을 잘 못한다. 그러나 중학교 1학년 때 배운 문자식이 바로 단위 계산방법이다.

아래의 표는 문자식의 계산과 단위의 계산을 비교한 것이다. 모든 것이 똑 같고, 단위 계산을 할 때는 숫자는 숫자끼리 계산을 해서 먼저 쓰고, 문자(단위)는 문자끼리 계산을 해서 뒤에 쓴다는 것만이 다르다. 그리고 단위는 문자의 종류, 문자의 개수, 문자에 붙어 있는 지수까지 완전히 일치해야 같은 단위라 하고, 조금이라도 다르면 다른 단위라고 한다.

표 3-1. 문자식의 계산과 단위의 계산

문자식의 계산	단위계산
① $2A + 3A = 5A$	① $2m + 3m = 5m$
② $2A \times 3A = 6A^2$	② $3m \times 3m = 6m^2$
③ $2A \div 3A = \dfrac{2}{3}$	③ $2m \div 3m = \dfrac{2}{3}$
④ $2A + 3B =$ 간단히 할 수 없음	④ $2m + 3s =$ 계산할 수 없음
⑤ $2A \times 3B = 6AB$	⑤ $2m \times 3s = 6m \cdot s$
⑥ $2A \div 3B = \dfrac{2A}{3B} = \dfrac{2}{3}\dfrac{A}{B}$	⑥ $2m \div 3s = \dfrac{2}{3}m/s$

두 개 이상의 단위를 서로 곱하거나 나누면 새로운 단위가 만들어지는데, 그 단위들을 유도단위라고 한다. 유도단위들은 수없이 많이 만들 수 있지만, 의미가 있는 것도 있고 의미가 없는 것도 있다. 그러나 지금은 의미가 없다고 하더라도 과학이 더 발전되면 의미가 없는 줄 알았던 것이 아주 중요한 의미를 갖게 될 지도 모른다.

유도단위를 읽는 방법은 5m·s와 같이 ·로 연결된 것은 '5 미터세크'와 같이 순서대로 읽고, 5m/s와 같이 /로 연결된 것은 '5 미터퍼세크'와 같이 '/' 대신에 '퍼'를 넣으면 된다. 5 m/s를 한글 식으로 읽을 때는 분모에 1을 붙여서 먼저 읽고, '/'을 '당'이라 읽은 다음, 맨 나중에 숫자와 분자를 읽는다. 즉 '1초당 5미터'라고 읽는다.

'빵 6개÷3사람=2개/사람', 즉 1사람당 2개가 되고, '1000원÷5자루=200원/자루', 즉 1자루당 200원이 되는 것이다. 이것을 거꾸로 '5자루÷1000원=0.005자루/원'으로 계산하였다면 1원당 0.005자루를 살 수 있다는 뜻이 된다.

(3) 단위의 크기

앞에서 기본단위로 m, kg 등 7가지를 정했다고 했는데, 그 기본단위만 가지고는 불편한 점이 많다. 예를 들어 벼룩의 키를 m로 측정한다면 단위가 너무 커서 불편할 것이고, 공사장에서 모래를 kg 단위로 판다면 단위가 너무 작아서 불편할 것이다. 그래서 필요에 따라 기본단위의 수천수만 배로 큰 단위를 만들기도 하고, 수천수만 분의 일로 작은 단위를 만들기도 한다.

기본단위보다 크거나 작은 단위를 만드는 기본원칙은 기본단위에 1,000을 곱하거나 나눌 때마다 새로운 접두어를 붙이고, 큰 단위를 만드는 접두어는 알파벳 대문자, 작은 단위를 만드는 접두어는 그리스어 소문자로 쓰는 것이다. 그러나 그 원칙이 잘 지켜지지 않고, 컴퓨터에서 입력하기 쉽도록 알파벳 대문자와 소문자를 접두어로 붙인다.

표 3-2는 기본단위의 배수를 나타내는 접두어들을 정리한 것이다. 예를 들어 m라는 기본 단위에 k를 붙여서 5km라고 쓰면 5,000m가 되고, E를 붙여서 6Em라고 하면 6×

표 3-2. 기본단위의 배수를 나타내는 접두어

배수	접두어	약자	배수	접두어	약자
10배	deca	da, Da	1/10배	deci	d
100배	hecto	h, H	1/100배	centi	c
1000배	kilo	k, K	1/1000배	milli	m
10^6배	mega	M	10^{-6}배	micro	μ
10^9배	giga	G	10^{-9}배	nano	n
10^{12}배	tera	T	10^{-12}배	pico	p
10^{15}배	peta	P	10^{-15}배	femto	f
10^{18}배	exa	E	10^{-18}배	atto	a

10^{18}m가 된다. 또 μ를 붙여서 7μm라고 쓰면 7×10^{-6}m가 되고, p를 붙여서 8pm라고 쓰면 8×10^{-12}m가 된다.

물리량을 나타낼 때 어떤 단위를 쓰느냐는 정해진 것이 없고, 가급적이면 단위 앞에 있는 숫자가 1에서 1,000 사이가 되도록 만들면 무난하다.

2) 벡터와 스칼라

벡터는 방향과 크기가 모두 있는 것이고, 스칼라는 방향은 없고 크기만 있는 것이다. 여기에서 방향은 동서–남북–상하 또는 전후–좌우–상하를 말하고, 동과 서는 반대방향이 아니고 같은 방향인데 동쪽을 +라고 하면 서쪽은 –가 된다. 그러므로 방향은 3가지가 있고, 직선은 한 방향만 나타낸다고 해서 '1D', '1차원적', '직선적', '선형적'이라고 표현한다. 사진을 찍거나 그래프를 그리면 두 방향만 나타낼 수 있다고 해서 '2D', '2차원적', '평면적'이라고 표현하고, 입체영화나 교실 안의 공간은 세 방향을 모두 표시할 수 있다고 해서 '3D', '공간적', '입체적', '3차원적'이라고 한다.

방향이 없는 스칼라량의 대표적인 것으로 돈과 숫자가 있고, 방향이 있는 벡터량의 대표적인 것으로 힘이 있다. 힘은 앞으로 밀었느냐, 옆으로 밀었느냐에 따라 결과가 판이하게 다르기 때문에 더하기, 빼기, 곱하기, 나누기를 스칼라 양인 숫자와 같은 방법으로 하면 안 된다.

(1) 벡터의 표시

벡터는 5, $\vec{A}$와 같이 크기를 나타내는 숫자 또는 문자 위에 화살표를 붙여서 벡터라는 것을 알 수 있도록 표시해야 한다.

그림으로 나타낼 때는 그림 3–1과 같이

- 점을 찍어서 작용점의 위치를 나타내고,

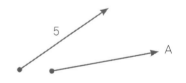

그림 3–1. 벡터의 표시

- 벡터의 방향으로 화살표를 그려서 방향을 나타내고,
- 화살표의 길이는 벡터의 크기에 비례해서 그려야 하고,
- 벡터의 크기를 나타내는 숫자 또는 문자를 화살표의 중간 또는 끝에 쓴다.

(2) 벡터의 합성

두 사람이 힘을 합치면 반드시 한 사람이 하던 일의 두 배를 할 수 있다는 보장이 없기 때문에 "벡터를 더한다."고 하지 않고 "벡터를 합성한다."고 한다. 두 개 이상의 벡터를 합성한 결과로 생긴 벡터를 '합성벡터($\vec{R}$: resultant)'라 하고, +와 −는 방향이 아니라고 했으므로 벡터의 빼기는 없다. 즉 $\vec{5}-\vec{A}=\vec{5}+(-\vec{A})$로 계산한다. 그림으로 나타낸 두 개 이상의 벡터를 합성하는 방법들을 정리하면 다음과 같다(그림 3-2 참조).

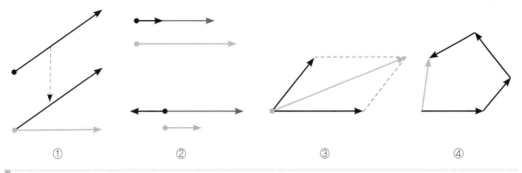

그림 3-2. 벡터의 합성

① 작용점이 다르면 평행이동시켜서 작용점을 일치시킨다.
② 방향이 똑 같으면 합성벡터의 방향은 기존의 벡터와 같고, 크기는 숫자의 합과 같다.
③ 방향이 다르면 두 벡터로 그린 평행사변형의 대각선의 방향과 크기가 합성벡터이다 (평행사변형법).
④ 여러 개의 벡터를 합성할 때는 한 벡터의 끝에 다른 벡터의 작용점이 겹치도록 차례 차례 이동시켜 놓았을 때, 맨 처음 벡터의 작용점과 맨 나중 벡터의 화살표를 연결한 것이 합성벡터이다(다각형법).

다각형법으로 합성하는 것은 그림을 덜 그리려고 꾀를 부린 것일 뿐이고, 기본원리는 평행사변형법과 같다. 위에서 설명한 벡터의 합성법은 반드시 그림을 그려야 하기 때문에 불편해서 잘 사용하지 않는다.

(3) 벡터의 분해

한 개의 벡터를 두 개 이상의 벡터가 합성된 것처럼 나타내는 것을 "벡터를 분해한다."고

하고, 벡터를 분해해서 나온 벡터를 '성분벡터'라고 한다. 다각형법으로 벡터를 합성한 것을 거꾸로 생각하면 "합성벡터는 다각형을 이루는 나머지 벡터들이 모여서 만들어진 것이므로, 한 개의 합성벡터를 여러 개의 벡터로 나누어 놓아도 된다."

수식으로 설명하면 $\vec{A}+\vec{B}+\vec{C}+\vec{D}=\vec{R}$이므로 $\vec{R}=\vec{A}+\vec{B}+\vec{C}+\vec{D}$라고 생각하는 것이다. 그러므로 한 개의 벡터를 분해하는 방법에는 수많은 방법이 있을 수 있다. 그렇다고 해서 제멋대로 분해하라는 것은 아니다. 왜냐하면 제멋대로 분석해봐야 아무런 쓸모도 없기 때문이다.

벡터를 분해할 때는 보통 서로 직각인 두 방향 또는 세 방향으로 분해한다. 그 이유는 직교좌표계가 우리에게 친숙하고 이해하기 쉽기 때문이다. 2D로 생각할 때는 X축과 Y축의 성분으로 분해하고, 3D로 생각할 때는 X축, Y축, Z축의 성분으로 분해한다. 그렇게 하면 수학에서 배운 좌표를 그대로 사용할 수 있어 편리한 때가 많다.

벡터를 X, Y, Z 축 성분으로 분해해 놓으면 벡터의 합성을 굳이 그림으로 그리지 않더라도 아주 손쉽게 계산할 수 있다. 즉 $\vec{P}_{(3,4)}+\vec{Q}_{(5,6)}=\vec{R}_{(8,10)}$이라고 즉석에서 계산할 수 있다.

3D라고 생각할 때 위치벡터 $\vec{P}_{(3,4,5)}$를 분해하면 X축 방향 성분벡터 3, Y축 방향 성분벡터 4, Z축 방향 성분벡터 5가 나온다. 말이 너무 길어지므로 X, Y, Z 축 방향의 단위벡터(크기가 1인 성분벡터)를 i, j k라고 정의하면 $\vec{P}_{(3,4,5)}=P(3i+4j+5k)$라고 간단히 적을 수 있게 된다.

그리고 벡터를 반드시 X, Y, Z 축 성분으로 분해해야 하는 것은 아니고, 편의에 따라서 다른 방법으로 분해할 수도 있다. 예를 들어 경사면에 있는 벽돌에 작용하는 중력을 분해할 때는 X, Y 축으로 분해하는 것보다 그림 3-3처럼 경사면에 평행한 힘과 경사면에 수직인 두 성분으로 분해하는 것이 훨씬 더 편리하고 합리적이다.

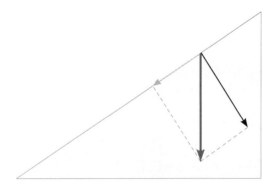

그림 3-3. 벡터의 분해

(4) 벡터의 내적

두 벡터를 서로 곱하는 것을 "곱하기를 한다."고 하지 않고 "적을 구한다."고 한다. 벡터의 적을 구하는 방법에는 내적과 외적이 있고, 그 기본원리는 먼저 성분벡터로 분해한 다음 성분벡터끼리 곱하는 것이다.

어떤 벡터가 X축과 이루는 각도는 arctangent를 이용하면 쉽게 계산할 수 있을 것 같지만 그렇게 쉬운 일이 아니다. 더군다나 두 벡터가 동일평면상에 있지 않을 경우에는 불가능하다. 그 문제를 해결하기 위해서 만들어 낸 것이 벡터의 내적이다.

벡터의 내적은 영어로는 'dot product(점으로 표시하는 곱하기)'라 하고,

$$\vec{A} \cdot \vec{B} = \vec{A}\text{의 크기} \times \vec{B}\text{의 크기} \times \cos\theta \quad \cdots\cdots\cdots\cdots\cdots\cdots \text{(식 3-1)}$$

로 정의하는데, 그 결과는 스칼라량이다. 왜 이렇게 이상하게 정의하였느냐고 물으면 안된다. 우리의 목적이 두 벡터 사이의 각도를 계산하는 것이므로 그 목표를 달성하기 위해서 그렇게 정한 것이다.

예를 들어 $\vec{A}_{(2,3,4)} \cdot \vec{B}_{(5,6,7)}$를 계산한다고 하면 $\vec{A}$의 크기= $\sqrt{2^2 + 3^2 + 4^2} = \sqrt{29}$, $\vec{B}$의 크기= $\sqrt{5^2 + 6^2 + 7^2} = \sqrt{110}$, $\cos\theta$를 구해야 하는데 각도 θ를 모르므로 계산할 수 없다. 그런데 $\vec{A}$와 $\vec{B}$를 분해하였다고 생각하면 (2i+3j+4k)·(5i+6j+7k)=(10ii+12ij+14ik)+(15ji+18jj+21jk)+(20ki+24kj+28kk)에 각각 $\cos\theta$만 곱해주면 된다. i, j, k는 모두 서로 직각이고, 크기는 1이다. cos90도=0, cos(-90)도=0, cos0도=1 이므로 같은 단위벡터끼리 곱하면(각도가 0도) 1이고, 다른 단위벡터끼리 곱하면(각도가 90도 또는 -90도) 0이 된다. 결과적으로 10+18+28=56이 된다. 그러므로

$$\sqrt{29}\sqrt{110}\cos\theta = 56$$

$$56.48008\cos\theta = 56$$

$$\theta = \text{arc}\cos\left(\frac{56}{56.48008}\right) = 0.130477\text{rad} = 7.475791$$

와 같이 두 벡터 사이의 각도를 구할 수 있다.

(5) 벡터의 외적

드라이버로 나사를 돌리면 나사못이 나무 안으로 들어간다. 이때 나사못이 나무를 뚫는 힘을 계산하려고 만든 것이 벡터의 외적이다. 즉 드라이버의 크기와 돌리는 힘의 크기에 따라 나무를 뚫는 힘의 크기가 달라지는 것을 수학적인 개념으로 발전시킨 것이다.

벡터의 외적은 영어로는 'cross product(가위표로 표시하는 곱하기)'라 하고,

$$\vec{A} \times \vec{B} = \vec{A}\text{의 크기} \times \vec{B}\text{의 크기} \times \sin\theta \quad \cdots\cdots\cdots\cdots\cdots\cdots \text{(식 3-2)}$$

로 정의하는데, 그 결과는 $\vec{A}$와 $\vec{B}$가 이루는 평면에 수직인 벡터이다.

예를 들어 $\vec{A}_{(2,3,4)} \times \vec{B}_{(5,6,7)}$를 계산한다고 할 때 계산할 수 있는 방법이 두 가지 있다. 그 첫 번째 방법은

$\vec{A}_{(2,3,4)} \cdot \vec{B}_{(5,6,7)}$을 이용해서 θ=0.130477 rad을 구한다.

➡ sin함수(삼각비 표)을 이용해서 $\sin 0.130477 = 0.130107$을 구한다.

➡ $\vec{A}$의 크기 $\sqrt{29}$, $\vec{B}$의 크기 $\sqrt{110}$에 sin 값을 곱하면 답 7.348469가 나온다.

요즈음은 컴퓨터를 이용하여 위와 같이 계산하는 것이 더 빠르다.

그러나 컴퓨터가 없을 때에는 아주 귀찮은 방법이었기 때문에 두 번째 방법을 연구한 것이다. 두 번째 방법은 $(2i+3j+4k) \times (5i+6j+7k) = (10ii+12ij+14ik) + (15ji+18jj+21jk) + (20ki+24kj+28kk)$에 각각 $\sin\theta$만 곱해주면 된다. i, j, k는 모두 서로 직각이고, 크기는 1이다. sin90도=1, sin(−90)도=−1, sin0도=0이므로 같은 단위벡터끼리 곱하면 0이고, 다른 단위벡터끼리 곱하면 1 또는 −1이 된다.

그런데 내적에서는 답이 스칼라가 된다고 했기 때문에 문제가 없었지만 외적에서는 답이 두 벡터에 수직인 벡터가 된다고 정의했기 때문에 어려움이 생긴다. 즉 ii, jj, kk는 0이기 때문에 생각할 필요가 없지만, ij와 ji는 어느 것이 +이고, 어느 것이 −이며, 그 방향은 어떤 방향인지가 문제가 된다.

벡터의 외적을 정의할 때 "결과는 두 벡터에 수직한 방향의 벡터이다."고 했는데, 좀 더 구체적으로 표현하면 '$\vec{A} \times \vec{B}$는 $\vec{A}$에서 $\vec{B}$방향으로 오른나사를 돌렸을 때 나사가 전진하는 방향의 벡터'이다. 수학시간에 Z축을 잡는 방법도 이 원칙에 따라야 한다. 즉 X축에서 Y축 방향으로 오른나사를 돌렸을 때 나사가 전진하는 방향이 무조건 Z축이 된다.

지나는 길에 i×j=k이고, 무엇×무엇=무엇이고 하는 것을 외우기도 그렇고, 일일이 생각하자니 헷갈리고 하는 사람은 그림 3-4처럼 그려놓고 오른나사 방향으로 돌면 +, 그 반대방향으로 돌면 −라고 생각하면 된다. 결과적으로

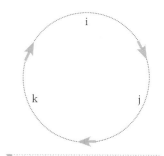

그림 3-4. 단위벡터의 외적

$(10ii+12ij+14ik)+(15ji+18jj+21jk)+(20ki+24kj+28kk)$

$=0+12k+(-14j)+(-15k)+0+21i+20j+(-24i)+0$

$=(-3i)+6j+(-3k)$ 즉, $\vec{P}_{(-3,\,6,\,-3)}$이 된다. $\vec{P}$의 크기를 구해보면 $\sqrt{9+36+9} = \sqrt{54} =$

7.348469로 내적을 이용해서 계산한 결과와 정확하게 일치한다.

벡터의 내적과 외적을 그림으로 설명하기도 한다. 그림 3-5에서 $\vec{B}$를 ➡과 ➡으로 분해했다고 생각하면

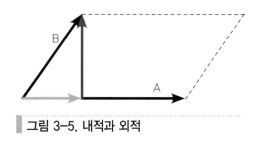

그림 3-5. 내적과 외적

$$\vec{A} \cdot \vec{B} = \vec{A} \cdot (\text{➡} + \text{➡}) = \vec{A} \cdot \text{➡} = \text{'A'와 'B}$$
의 A에 평행한 성분'의 곱

$\vec{A} \times \vec{B} = \vec{A} \cdot (\text{➡} + \text{➡}) = \vec{A} \times \text{➡} = $'A'와 'B의 A에 수직한 성분'의 곱$= A \times 높이 = $평행사변형의 넓이가 되므로 내적은 "평행한 성분을 곱한 것이다.", 외적은 "수직한 성분을 곱한 것이다." 또는 "평행사변형의 넓이다."라고 표현하기도 한다.

2. 선운동학

1) 거리, 변위와 속력, 속도

(1) 위치와 운동

우리가 어떤 지점의 위치를 나타내려면 수학에서 배운 좌표를 이용한다. 앞 절에서 수학의 좌표축을 설정할 때는 오른나사 법칙을 따라야 한다고 했으므로, 두 개의 축이 결정되면 나머지 한 축은 오른나사 법칙에 의해서 자동적으로 결정된다. 예를 들어 좌에서 우로 가는 것을 +X, 뒤에서 앞으로 가는 것을 +Y라고 하면 +Z는 무조건 밑에서 위로 올라가는 것으로 해야 한다.

운동은 '시간에 따라서 그 위치가 변하는 것'으로 정의한다. 운동역학은 운동을 다루는 학문이기 때문에 모든 수식이나 개념에는 반드시 시간에 대한 언급이 있어야 한다.

(2) 거리와 변위

출발점에서 도착점까지의 거리를 "이동하는 길을 따라 측정하였다."면 방향을 말할 수가 없기 때문에 스칼라량이 되고, "직선으로 측정하였다."면 방향을 말할 수 있기 때문에 벡터량이 된다. 이때 스칼라량인 것을 '거리', 벡터량인 것을 '변위'라고 한다. 쉽게 말해서 서울

에서 부산까지의 거리는 어떤 길로 갔느
냐에 따라 달라지지만, 서울에서 부산까
지의 변위는 일정할 뿐만 아니라 반드시
방향을 말해야 한다.

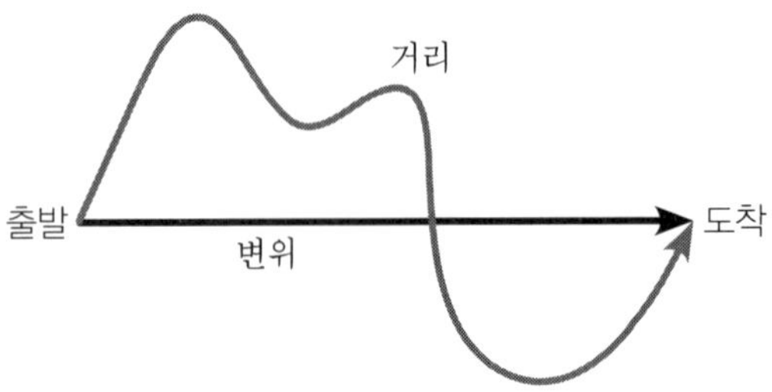

(3) 속력과 속도

그림 3-6. 거리와 변위

속력은 '거리÷시간', 속도는 '변위÷시
간'으로 정의한다. 즉 속력은 스칼라량이고, 속도는 벡터량이다. 예를 들어 자동차가 2시간
에 120km를 달렸다고 하면 직선으로 갔을 가능성이 없으므로 120km/2h=60km/h는 속
력이고, 속도는 알 수 없다.

그러나 단거리 달리기 선수가 100m를 10s에 갔다고 하면 '100m/10s=10m/s'는 속력도
되고 속도도 된다. 다만 속도라고 하려면 앞으로 달렸다는 말을 해야 하지만, 100m 달리
기라는 종목이 앞으로 달리는 종목이라는 것을 다 알기 때문에 생략했을 뿐이다. 그러므로
100m 달리기 선수의 속도가 10m/s라는 것은 인정할 수 있지만 400m 달리기 선수의 속도
가 10m/s라는 말은 할 수 없고, 반드시 속력이 10m/s라고 해야 된다.

(4) 순간속도와 순간속력

속력이나 속도를 측정하려면 어느 시간 동안에 얼마만큼 이동했다는 것을 알아야 한다.
즉 5분이든 1시간이든 어떤 시간 동안에 얼마만큼을 이동했다는 것을 알아야 계산할 수 있
다. 그렇다면 그 시간 동안에 계속 같은 속력 또는 속도로 이동했다고 할 수 있는가? 답은
'아니다'이다. 사람은 물론, 컴퓨터의 힘을 빌리더라도 수억 분의 1초 단위로 위치정보를 알
아낼 수는 없기 때문이다. 이 문제를 해결하기 위해서 생각해낸 것이 극한값과 미분이다.

어쨌든 '무한히 짧은 시간 동안에 이동한 거리 또는 변위÷무한히 짧은 시간'을 순간속력
과 순간속도라고 한다. 그렇게 되면 '무한히 짧은 시간 동안에 이동한 거리=무한히 짧은
시간 동안에 이동한 변위'가 되므로 '순간속력=순간속도'가 된다. 즉 순간이라는 말이 붙으
면 속력과 속도는 구별하지 않고 사용해도 된다. 평소에 아무런 말이 없이 속력이나 속도
라고 하면 그것은 순간속력이나 순간속도를 의미한다고 생각하면 된다.

2) 가속도

우리가 일상생활에서 쓰는 '빠르다'와 '느리다'는 방향이 없다. 다시 말해서 앞으로 가든 뒤로 가든 같은 시간에 많은 거리를 가면 '빠르다'고 하기 때문에 '빠르다'와 '느리다'는 속력을 말하는 것이다.

그런데 '가속도=속도의 변화량/시간'으로 정의한다. 즉 가속도는 벡터량이기 때문에 '빠르다' 또는 '느리다'와는 의미가 다르다. 수식을 싫어하는 사람은 가속도를 '단위시간 동안의 속도변화량'이라고 정의한다. 이때 '단위시간'이라는 것은 시간의 단위가 여러 가지 있는데, 그중에서 어떤 단위를 사용하든 관계없이 "단위 앞에 붙어 있는 숫자가 1이다."는 뜻이다. 즉 가속도는 1초 단위로 계산(측정)할 수도 있고, 1년 단위로 계산(측정)할 수도 있다. 그러나 운동역학 시간에는 1초 단위로 계산(측정)하는 것을 원칙으로 한다.

(1) 속도와 가속도의 표시

앞 절에서 모든 운동은 시간의 함수라고 했기 때문에 운동과 관련된 변수들을 표시할 때 시간을 나타내는 숫자나 문자를 아래첨자로 붙여서 표현하는 경우가 많다. 변위는 S(displacement), 속도는 V(velocity), 가속도는 a(acceleration)로 표시하고, 그 옆에 시간을 나타내는 숫자를 아래첨자로 붙이는 것이다. S_2=2초 때의 변위, V_7=7초 때의 속도, a_1=1초 때의 가속도를 나타낸다.

그리고 시간을 특정하지 않고 막연히 '맨 처음', '맨 나중', 't초 후'라고 할 때는 original, final, time의 약자 o, f, t를 아래첨자로 붙인다.

(2) 가속도의 의미

가속도가 있다는 것은 "가속도가 +인지 −인지는 모르고 분명히 0은 아니다."라는 뜻이므로 가속도가 +이면 속도를 나타내는 숫자는 점점 더 커질 것이고, 가속도가 −이면 그 숫자가 점점 작아질 것이다. 즉 "가속도가 있다."는 것은 속도를 나타내는 수치가 커지거나 작아진다는 말이지, 결코 빨라진다거나 느려진다는 것이 아니다.

가속도는 다음과 같이 정의한다.

$$가속도 = \frac{(나중속도 - 처음속도)}{시간} = \frac{V_f - V_0}{t} = \frac{m/s}{s} = m/s^2 \cdots (식\ 3\text{-}3)$$

그러므로 가속도는 "1초가 지나면 속도를 나타내는 수치가 그만큼 커지거나 작아진다"는 뜻이다.

(3) 등가속도 운동

등속도 운동은 속도가 일정한 운동 즉, $V_0=V_1=V_2=\cdots=V_t=\cdots=V_f$이므로 굳이 아래 첨자를 붙일 필요가 없이 V로 표시하면 된다. 등속도 운동에서 그 기본이 되는 것이 '거리=속도×시간(S=vt), 가속도=0(a=0)'이다.

등가속도 운동은 가속도가 일정한 운동 즉, $a_0=a_1=a_2=\cdots=a_t=\cdots=a_f$인 운동이므로 가속도에는 굳이 아래첨자를 붙일 필요가 없다. 앞에서 가속도는 초 단위로 계산한다고 하였으므로 속도와 변위도 초 단위로 바꾸어 놓아야 계산이 간편하다.

표 3-3은 처음속도가 4m/s, 가속도가 3m/s^{2}인 등가속도 운동의 시간, 변위, 속도, 가속도의 변화를 나타낸 것이다. 등가속도 운동은 속도가 변하므로 변위를 계산하려면 평균속도에 시간을 곱한다는 것만 기억하면 된다.

표 3-3. 등가속도 운동

시간(초)	0	1	2	3	3.7	5	6	…	t
가속도(m/s^2)	3	3	3	3	3	3	3		3
속도(m/s)	4	7	10	13	A	19	22		B
변위(m)	0	C	D		E		F		G

위의 표에서 속도를 보면 0초 때 4에서 시작하여 1초가 지날 때마다 무조건 가속도(3)만큼 증가한다.

A는 옆에 있는 3초에서 0.7초가 지났으므로 13+3×0.7=15.1이 된다.

B는 구체적으로 몇 초인지 모르므로 별 수 없이 4+3×t로 계산해야 한다. 이것을 모두 문자로 바꾸면 $V_t=V_0+at$가 된다.

C는 0초에서 1초 사이에 속도가 4에서 7로 변했으므로 평균속도는 5.5가 된다. 평균 5.5의 속도로 1초 동안 이동하였으므로 변위는 5.5×1=5.5가 된다.

D는 0초에서 2초 사이에 속도가 4에서 10으로 변했으므로 평균속도는 7이다. 평균 7의 속도로 2초 동안 이동하였으므로 변위는 7×2=14가 된다.

E는 0초에서 3.7초 사이에 속도가 4에서 15.1로 변했으므로 평균속도는 9.55가 된다.

평균 9.55의 속도로 3.7초 동안 이동하였으므로 변위는 9.55×3.7=35.335가 된다.

F는 0초에서 6초 사이에 속도가 4에서 22로 변했으므로 평균속도는 13이다. 평균 13의 속도로 6초 동안 이동하였으므로 변위는 13×6=78이 된다.

G는 0초에서 t초 사이에 속도가 4에서 (4+3t)로 변했으므로 평균속도는 (4+1.5t)이다. 평균 (4+1.5t)의 속도로 t초 동안 이동하였으므로 변위는 (4+1.5t)×t=4t+1.5t^{2}이 된다. 이것을 모두 문자로 바꾸면 다음과 같다.

$$S_t = V_0 t + \frac{1}{2}at^2$$

이렇게 장황하게 설명한 이유는 다음과 같은 것을 확실히 이해시키기 위해서였다.

- 공식을 외울 필요가 없이 그 기본원리만 알면 된다.
- 가속도는 1초마다 속도가 변하는 양을 표시한다.
- 속도가 변하면 거리는 무조건 평균속도로 계산하면 된다.

3) 그래프

그래프는 말로 설명하거나 수식으로 써놓으면 직감적으로 알 수 없다는 단점을 보완하기 위해서 그리는 것이다. 수학에서는 대부분 가로축을 x(독립변수), 세로축을 y(종속변수)로 그리지만, 운동역학에서는 대부분 가로축을 t(시간; 독립변수), 세로축을 종속변수 F, S, V, a로 그린다. 그리고 수학에서 x는 −값을 가져도 되지만, 운동역학에서는 t가 −값이 없기 때문에 그래프의 반만 그린다.

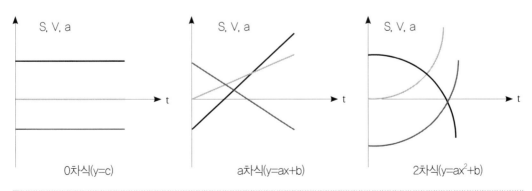

그림 3-7. 등속도 운동과 등가속도 운동의 그래프

그림 3-7은 등속도 운동과 등가속도 운동에서 나올 수 있는 그래프들을 차수별로 그려 놓은 것이다. 가로축은 모두 t이고, 세로축은 종속변수에 따라서 달라지므로 각각을 S-t그 래프, V-t그래프, a-t그래프라고 한다.

0차식 그래프는 보통 상수 그래프라 하는데, 이는 시간에 따라 변하지 않고 일정하다는 뜻이다. 1차식 그래프는 시간이 지나면 점점 증가하거나 감소한다는 뜻이며 '비례식 그래프' 또는 '선형 그래프'라고도 한다. 2차식 그래프는 시간의 제곱에 비례해서 증가하거나 감소한다는 뜻이다. 각기 다른 색으로 그려진 그래프의 차이점은 각자가 생각해 보기 바란다.

표 1-4는 차수별로 S-t, V-t, a-t그래프가 어떤 운동을 나타내는지를 정리한 것이다. 이 책에서는 등가속도 운동까지만 취급하기 때문에 3차식이나 4차식이 나오지 않지만 전체적인 흐름을 이해하기 쉽도록 하기 위해서 덤으로 써넣은 것이고, 이 책에서 취급하지 않는 운동은 편의상 '*'표로 표시하였다. 표를 보면 S-V-a로 내려감에 따라 차수가 하나씩 내려가고, 반대로 a-V-S로 올라가면 차수가 하나씩 올라감을 알 수 있다.

표 3-4. 그래프별, 차식별 운동

	0차식	1차식	2차식	3차식	4차식
S-t 그래프	정지	등속도 운동	등가속도 운동	*	**
V-t 그래프	등속도 운동	등가속도 운동	*	**	***
a-t 그래프	등가속도 운동	*	**	***	****

수학 시간에 $y = ax + b$ 를 미분하면 $\frac{dy}{dx} = a$ 가 되고, 적분하면 $\int ydx = \int (ax + b)dx = \frac{1}{2}ax^2 + bx + c$ 가 된다는 것을 배웠을 것이다.

여기에서는 그 계산방법이나 의미를 설명하려는 것이 아니고, 미분하면 차수가 하나 내려가고(1차식이 0차식이 되고), 적분하면 차수가 하나 올라가는 것이 위에서 S-V-a로 내려가면 차수가 하나씩 내려가고, 반대로 a-V-S로 올라가면 차수가 하나씩 올라가는 것과 똑 같다는 것에 주목하라는 뜻이다.

그러므로 S를 미분하면 V가 되고, V를 미분하면 a가 된다. 반대로 a를 적분하면 V가 되고, V를 적분하면 S가 된다. 또한 미분한다는 것을 그래프로 설명할 때는 "기울기를 구한다."고 하고, 적분한다는 것을 "그래프 밑의 넓이를 구한다."고 한다. 다시 말해서 V-t 그래프의 기울기를 구하면 a가 되고, V-t그래프의 넓이를 구하면 S가 된다.

3. 힘과 운동

힘은 눈에 보이지도 않고 손으로 만져볼 수도 없지만 분명히 있기는 있다. 그래서 힘이 있을 때와 없을 때의 차이점을 유심히 관찰한 결과, 힘이 작용하면 속도가 변하거나 모양이 변한다는 것을 알았다. 그중에서 모양이 변하는 것은 다른 과목에서 공부하기로 하고, 여기에서는 속도가 변하는 것만을 설명하기로 한다.

1) 뉴턴의 운동법칙

뉴턴의 운동법칙은 '힘이 작용하지 않을 때, 힘이 작용할 때, 힘을 주고받을 때' 운동상태가 어떻게 달라지는지를 설명한 법칙이다.

⑴ 관성의 법칙

"힘이 작용하지 아니하면 속도가 변하지 않는다."라는 법칙인데, 그것을 그럴 듯하게 표현한 것이 "힘이 작용하지 않으면 등속도 직선운동을 계속한다."이다. 뒤의 표현에서 '등속도'라고 했으니까 속도가 변하지 않는 것이고, '직선운동'이라고 했으니까 꼬불꼬불하게 가지 않는다는 것이다. 마지막으로 "계속한다."는 움직이다 말아버리는 것이 아니고 힘이 작용하지 않으면 한없이 간다는 뜻이다.

⑵ 가속도의 법칙

"힘이 작용하면 속도가 변한다."라는 법칙이다. 우리가 속도가 변하는 것을 '가속도가 있다'라고 표현하기 때문에 "힘이 작용하면 가속도가 생긴다."라고 바꾸어서 말할 따름이다. 그런데 가속도가 생기면 얼마만큼이나 생기는지도 말해야 하므로 "힘이 작용하면 힘의 크기에 비례하고, 물체의 질량에 반비례하는 가속도가 생긴다." 이 말을 수식으로 표현하면

$$\text{가속도} \propto \frac{\text{힘의 크기}}{\text{질량}} \qquad \alpha \propto \frac{F}{m} \qquad \alpha = k\frac{F}{m} \cdots\cdots\cdots\cdots\cdots\cdots (\text{식 } 3\text{-}4)$$

가 된다. 식 3-4에 들어가 있는 비례상수 k는 힘, 질량, 가속도의 단위에 따라서 달라진다. 다만 우리가 MKS 단위를 사용하기로 약속했기 때문에 힘을 N, 질량을 kg, 가속도를 m/s^{2}로

사용해야 하고, 그렇게 하면 k=1이 되기 때문에 보통은 k를 쓰지 않는다. 그러나 미국 사람들은 힘의 단위로 파운드, 길이의 단위로 인치를 사용하기 때문에 k=18.8이 된다.

(3) 작용 · 반작용의 법칙

"두 물체가 충돌하면 똑같은 힘을 서로 주고받는다."는 법칙이다. 여기에서 두 물체 중의 한 물체를 주체로 생각해서 주체가 되는 물체가 상대 물체에게 주는 힘을 '작용력', 주체가 되는 물체가 받는 힘을 '반작용력'이라고 한다. 예를 들어 라켓으로 공을 칠 때 '라켓이 공에게 주는 힘은 작용력', '공이 라켓에 주는 힘은 반작용력'이라고 한다. 그러면 "작용력과 반작용력은 크기가 같고 방향은 정반대이다."가 된다.

2) 만유인력과 중력

"사과는 땅으로 떨어지고, 물은 높은 곳에서 낮은 곳으로 흐른다."는 말을 철학적으로는 여러 가지 뜻으로 해석할 수 있겠지만 그 원인을 설명한 것이 뉴턴의 만유인력 법칙이다. 만유인력을 말로 표현하면 "두 물체 사이에 작용하는 만유인력은 두 물체의 질량의 곱에 비례하고, 거리의 제곱에 반비례한다."이고, 수식으로 나타내면 다음과 같다.

$$F = G \frac{m_1 m_2}{r^2} \quad \cdots\cdots\cdots\cdots\cdots\cdots\cdots\cdots\cdots\cdots\cdots\cdots\cdots\cdots\cdots\cdots\cdots\cdots \text{(식 3-5)}$$

단, $G=6.67\times10^{-11}N \cdot m^2/kg^2$

위의 수식에서 G의 크기는 어떻게 측정하였는가는 다음에 설명하기로 하고, G의 단위는 수식을 이항해서 G=… 형식으로 고쳐 놓고 차례대로 MKS 단위로 대체하면 식 3-5에 있는 것과 같은 단위가 나온다. 또 G의 크기가 10^{-11}대이므로 $m_1 m_2/r^2$을 계산한 것이 적어도 10^{11}대는 되어야 힘이 1N(약 100g중)이 된다는 것을 알아두어야 한다.

예를 들어 질량이 100kg인 두 사람이 1m 떨어져 있을 때 만유인력의 크기를 계산해보아야 겨우 $10^{-7}N$ 밖에 안 되기 때문에 있으나마나한 힘이다.

그러나 지구와 사람 또는 지구와 어떤 물체 사이에 작용하는 만유인력은 지구의 질량이 크기 때문에 있으나마나 한 힘이 아니다. 물체의 질량 m kg, 지구의 질량을 M kg, 지구의 반지름을 R m라고 할 때, 물체와 지구 사이에 작용하는 만유인력을 계산하여 보면

$$F = G\frac{Mm}{R^2} = G\frac{M}{R^2} \cdot m = ma \quad \cdots\cdots\cdots\cdots\cdots\cdots\cdots\cdots\cdots\cdots (식\ 3{-}6)$$

단, $a = G\dfrac{M}{R^2}$

이 된다. 이 식에서 G, M, R은 크기가 얼마인지는 모르더라도 변하지 않는 숫자인 것은 분명하다. 그러므로 만유인력 때문에 물체에 생기는 가속도는 일정하다. 다르게 말해서 질량이 큰 물체이든 작은 물체이든 상관없이 가속도가 일정하게 되는데, 그러한 사실을 실험으로 입증한 것이 갈릴레오가 피사의 사탑에서 한 실험이다.

지구와 지구상(근방)의 어떤 물체 사이에 작용하는 만유인력을 특별히 '중력'이라 하고, 중력에 의해서 생기는 가속도라고 해서 '중력가속도'라고 한다. 중력가속도는 높은 곳에서 떨어지는 물체의 사진을 비디오로 촬영하면 측정할 수 있고, 그렇게 측정한 것이 $9.8m/s^2$이다. $9.8m/s^2$이라는 숫자를 일일이 쓰기 귀찮을 때 'g' 또는 '중' 이라는 문자로 대신 쓴다.

중력가속도가 g로 일정하기 때문에 질량 m인 '물체가 받는 중력'은 $m \cdot g$가 되는데, '물체가 받는 중력'이라는 말 대신에 일상생활에서는 '무게'라고 한다. 즉 질량 3kg인 물체의 무게는 $3kg \times 9.8m/s^2 = 3kg \cdot g = 3kg$중이 된다.

3) 투사체 운동

공던지기를 하거나 대포를 쏘았을 때 공과 탄환이 이동하는 운동을 '투사체 운동' 또는 '포물체 운동'이라 하고, 그 경로를 그림으로 그렸을 때의 모양을 포물선 또는 2차식 그래프라고 한다.

투사체 운동의 핵심은 다음과 같다.

- 투사체는 앞으로 나가는 운동과 위로 올라갔다가 내려오는 운동이 동시에 일어난다.
- 전진운동은 등속도 운동이고, 상하운동은 등가속도 운동이다.
- 상하운동의 가속도는 아래 방향으로 $9.8m/s^2$이다.

그러므로 상하운동과 전진운동은 별도로 계산해야 하고, 볼이 땅에 떨어진 후는 투사체 운동이 아니기 때문에 더 이상 계산할 필요가 없다. 따라서 투사체 운동에서는 상하운동을 먼저 계산해야 한다.

운동장에서 공을 50m/s로 비스듬히 던졌을 때 수직성분이 40m/s이고, 수평성분이 30m/s라고 하면, 40m/s로 수직상방으로 던진 볼의 운동과 30m/s로 앞으로 나가는 운동을 따로따로 계산한 다음에 두 운동을 종합하면 된다.

다음은 40m/s로 위로 던져진 물체의 상하운동에 대하여 시간, 가속도, 속도, 변위를 표로 그린 것이다. 상하운동은 가속도가 무조건 $-9.8m/s^2$이고, 40m/s로 위로 던졌다고 했으므로 0초일 때의 속도는 40m/s이다.

표 3-5. 투사체의 상하이동

시간(s)	0	1	2	3	4	A	5	6	7	8	B	9
가속도(m/s²)	-9.8	-9.8	-9.8	-9.8	-9.8	-9.8	-9.8	-9.8	-9.8	-9.8	-9.8	-9.8
속도(m/s)	40	30.2	20.4	10.6	0.8	0	-9	-18.8	-29.6	-39.4	-40	-49.2
거리(m)	0	35.1	60.4	75.9	81.6	C	77.5	63.6	36.4	2.4	D	-41.4

표 3-5에서 A는 4초와 5초 사이에 속도가 0이 되는 시간이다. 1초에 속도가 9.8씩 줄어든다는 것을 이용해서 9.8 : 0.8=1 : x로 계산할 수도 있고, 처음 속도 40이 모두 줄어서 0이 되는 시간이라고 생각해서 40/9.8=4.08초라고 계산할 수도 있다. 즉 공이 올라가다가 정지할 때까지 걸리는 시간은 무조건 '처음속도/9.8'초이다.

B는 처음속도가 40m/s이었으므로 -40m/s가 되면 땅에 떨어지므로 그 이후에는 낙하운동이 아니다. 계산하는 방법은 올라가는데 걸리는 시간과 떨어지는데 걸리는 시간은 무조건 같다는 것을 이용해서 4.08×2=8.16초라고 계산할 수도 있고, 옆 칸과 속도차이가 0.6이라는 것을 이용해서 9.8 : 0.6=1 : x로 계산할 수도 있다. C와 D는 거리이므로 평균속도×시간으로 계산하면 81.63과 0이 나온다.

표 3-6. 투사체의 전진운동

시간(s)	0	1	2	3	4	4.08	5	6	7	8	9.16
가속도(m/s²)	0	0	0	0	0	0	0	0	0	0	0
속도(m/s)	30	30	30	30	30	30	30	30	30	30	30
거리(m)	0	30	60	90	120	122.4	150	180	210	240	244.9

표 3-6은 앞으로 30m/s로 전진하는 등속도 운동에서 시간, 가속도, 속도, 변위를 표로 작성한 것이다. 볼의 상하운동을 먼저 계산하면 수평방향 운동은 아주 쉽게 계산이 된다.

그러나 그림 3-8처럼 던지는 위치와 공이 떨어지는 위치가 다를 때에는 공이 떨어지는 위치에 따라서 투사체 운동이 끝나는 시점을 늦게 또는 빠르게 잡아야 한다.

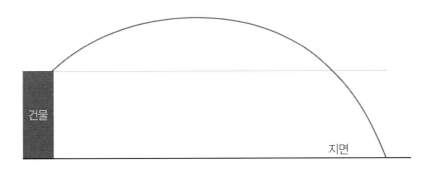

그림 3-8. 투사체의 운동

4) 마찰력

마찰과 충돌을 확실하게 구분하기는 어렵지만, 마찰력은 두 물체가 계속해서 접촉하고 있을 때 서로 주고받는 힘이고, 충격력은 순간적으로 두 물체가 주고받는 힘이라는 점에 차이가 있다.

고체와 고체가 접촉하여 생기는 마찰력은 반드시 마찰력이라고 하지만, 고체와 액체 또는 고체와 기체가 접촉하여 생기는 마찰력은 저항력 또는 항력이라고 한다. 다음은 마찰력의 특징을 정리한 것이다.

- "두 물체가 접촉하면 마찰력이 생기고, 마찰력은 언제나 운동을 방해하는 방향으로 작용한다." 즉 마찰력은 움직이려고 하면 움직이지 못하게 하고, 움직이고 있으면 더 천천히 움직이게 하려고 한다.
- 접촉면을 이루고 있는 물질의 종류(고무 혹은 아스팔트), 접촉면의 상태(매끄러운지 혹은 울퉁불퉁한지), 접촉면에 윤활유를 칠했는지 여부 등 여러 가지 원인에 따라서 마찰력의 크기가 달라진다.
- "마찰력의 크기는 수직항력의 크기에 비례한다." 이때 마찰력의 크기는 무게에 비례

한다."고 하면 될 것을 굳이 '수직항력'이라고 한 데는 이유가 있다. 똑같은 물체라고 하여도 평지에서 끌 때와 경사면 위에서 끌 때 마찰력이 달라지기 때문이다. 수평면에서는 물체의 무게 전체가 접촉면을 누르지만 경사면에서는 물체의 무게 중에서 일부(수직분력)만이 접촉면을 누른다. 즉 '물체의 무게 중에서 접촉면과 수직이 되는 분력'만 접촉면을 누르고, 접촉면을 눌렀기 때문에 반작용력을 물체가 받게 된다. 그때 물체가 받는 반작용력을 편의상 "수직항력"이라고 하는 것이다. 이것을 수식으로 표현하면 다음과 같다.

$$F = \mu N \quad \cdots\cdots\cdots\cdots\cdots\cdots\cdots\cdots\cdots\cdots\cdots\cdots\cdots\cdots\cdots\cdots\cdots\cdots\cdots\cdots \text{(식 3-7)}$$
단, F=마찰력, μ=마찰계수, N=수직항력

● "마찰력의 크기는 접촉면적의 넓이와 무관하다."
● "마찰력의 크기는 물체가 움직이고 있을 때와 정지하고 있을 때가 다르다."

마찰력과 작용력 사이의 관계를 개략적으로 그래프로 그린 것이 그림 3-9이다.

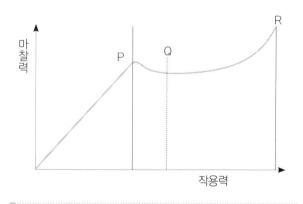

그림 3-9. 마찰력과 작용력

● OP······정지하고 있는 상태이고, 마찰력과 작용력은 항상 같다. P점은 정지마찰력이 최대인 점이고, 정지마찰력은 그 이상으로 커질 수는 없다.
● Q······정지마찰력보다 운동마찰력이 작다는 것을 그림으로 나타낸 것이다.
● QR······속도가 빨라지면 운동마찰력이 커지는 것을 나타낸 것이다

즉 P 이전(정지하고 있을 때)에는 마찰력과 작용력이 항상 같고, P 이후부터(운동을 할 때)는 작용력이 마찰력보다 크다. 그때 '작용력-마찰력'을 순력(net force)이라 하는데, 물체는 순력에 의해서 가속된다.

5) 탄성력

용수철이나 고무줄 같이 물체가 원래의 모양으로 돌아가려는 성질 때문에 생기는 힘을 탄성력이라고 한다. 모든 물체는 크고 작은 차이는 있지만 탄성력을 가지고 있다. 용수철이 탄성을 가지고 있다고는 하지만 한없이 원래의 모양으로 돌아갈 수 있는 것은 아니다. 즉 어느 정도(탄성한계) 이상의 힘이 작용하면 원래의 모양으로 되돌아가지 못하고, 모양이 변한다. 변형된 용수철은 원래의 용수철과는 전혀 다른 새로운 용수철이 되기 때문에 탄성력을 이야기할 때는 탄성한계 이내의 힘을 작용시킨다는 전제조건이 있는 셈이다.

똑같은 용수철의 길이를 늘이는 데 필요한 힘과 늘어난 길이 사이에는 다음과 같은 관계가 있다.

$$f=kx \quad \cdots\cdots\cdots\cdots\cdots\cdots\cdots\cdots\cdots\cdots\cdots\cdots\cdots\cdots\cdots\cdots\cdots\cdots\cdots\cdots\cdots\cdots \text{(식 3-8)}$$
단, f=탄성력, k=탄성계수, x=늘어난 길이

즉 탄성력과 늘어난 갈이는 비례하고, 비례상수 k는 용수철의 원래길이, 용수철을 만든 철사의 굵기, 철사를 만든 금속의 종류 등에 따라서 다르다.

6) 운동량과 충격량

뉴턴의 운동 제2법칙에서 힘이 작용하면 힘에 비례하고 질량에 반비례하는 가속도가 생기기 때문에 질량은 속도가 변하는 것을 방해하는 성질이라고 생각해서 질량을 관성이라고 하였다. 그러나 같은 자동차라도(질량이 같더라도) 빨리 달릴 때에는 정지시키기 어렵다. 다시 말해서 운동하고 있는 물체의 관성은 질량과 속도에 따라서 달라지기 때문에, 운동하고 있는 물체의 관성의 크기를 나타내기 위해서 '운동량'이라는 것을 도입하였고,

운동량=질량×속도 $p=mv$

로 정의한다. 즉 정지하고 있는 물체를 움직이기 어려운 정도를 나타내는 것이 '질량'이고 운동하고 있는 물체를 정지시키기 어려운 정도를 나타내는 것이 '운동량'이다.

뉴턴의 운동 제2법칙에서 'F=ma'에 'a= $\dfrac{(v_f-v_o)}{t}$ '를 대입하면

$\therefore$ Ft=mv$_f$−mv$_o$ =운동량의 변화량 ·· (식 3−9)

이 된다. 사람과 물체가 충돌하면 속도가 변하는 것을 식 3−9에 대입해서 생각하면 m은 사람의 질량, v$_f$는 충돌 후의 속도, v$_o$는 충돌 전의 속도, F는 충돌할 때 사람이 받는 힘, t 는 충돌하고 있는 시간이기 때문에 식 3−11에 있는 힘 F를 충격력이라고 한다.

식 3−9에서 'Ft'를 "충격량"이라고 한다. 그 이유는 사람이 충격력 F를 받는다고 하더라 도 시간이 길면 피해를 더 많이 보기 때문이다. 결과적으로 충격량=운동량의 변화량 이라 는 등식이 성립된다.

사람의 머리가 돌과 충돌했을 때 머리가 깨지느냐 안 깨지느냐는 충격력의 크기에 달려 있다. 그러므로 사람이 받는 충격력에 더 관심을 가질 수밖에 없기 때문에 식 3−10에서 t를 반대쪽으로 이항해버리고 충격력만 남겨두면 F= $\dfrac{m(v_f-v_o)}{t}$ 가 된다.

이 수식을 해석하면 다음과 같다.

- 충돌 후의 속도와 충돌 전의 속도차이가 작아야 충격력이 작아진다.
- 충돌하고 있는 시간이 길수록 충격력이 작아진다.
- 거꾸로 해석해서 충돌 전후의 속도변화를 크게 하려면 충격력을 늘리거나, 충돌한 다음 두 물체가 접촉하고 있는 시간을 늘려야 한다.

위의 내용을 "매를 맞을 때 덜 아프려면 어떻게 해야 할까?", "매를 때릴 때 상대가 아파 서 꼼짝 못하게 하려면 어떻게 때려야 할까?", "공을 쳐서 멀리 보내려면 어떻게 공을 쳐야 할까?"로 바꾸어서 생각해보기 바란다.

뉴턴의 운동 제3법칙을 설명할 때 두 물체가 충돌하면 서로 같은 크기의 힘을 주고받는 다고 했기 때문에 전체적으로 보면 힘이 전혀 작용하지 않은 셈이 된다. 즉 식 3−10에서 F 가 0이면 "전체로 보아서는 충돌 전후에 운동량의 변화가 전혀 없다."는 것을 '운동량 보존 의 법칙'이라고 한다.

4. 일과 에너지

'힘을 들여서 위치를 이동시켜 놓는 것'을 '일'이라고 정의한다. 그러므로 힘을 전혀 들이지 않았는데 물체의 위치가 저절로 옮겨진 것도 일이 아니고, 위치를 이동시키지 않는 것도 일이 아니다. 일을 수식으로 표현하면 다음과 같다.

일=힘 · 거리=W=F · S=FScosθ ··· (식 3-10)

식 3-10에서 dot product로 표시한 것에 유의해야 한다. 힘은 벡터이기 때문에 방향이 있다. 그러므로 힘을 들여서 일을 할 때 "물체가 이동하는 방향의 힘만 유효하다." 또는 "힘의 방향으로 이동한 거리만 유효하다."는 뜻이다. 그리고 계산 결과로 나온 "일은 스칼라량이다.", 즉 "일은 방향이 없다."는 뜻을 내포하고 있다. MKS 단위로 쓰면 일의 단위는 N · m=kgm^2/s^2=J이다.

1) 음의 일

일은 스칼라량이기 때문에 원칙적으로 음의 일은 없는 것이 맞다. 그러나 음의 일을 인정하지 않을 수 없는 경우가 있다. 예를 들어 줄다리기를 할 때 한쪽 편은 1,000N의 힘을 쓰고, 다른 편은 990N의 힘을 써서 줄이 이긴 편 쪽으로 1m 이동했다고 하자.

그때 한 일을 계산하면, 이긴 편은 '(1000N-990N)×1m=10J'의 힘을 썼고. 진 편은 힘을 썼지만 힘의 방향으로 이동하지 않았으므로 한 일은 '0'이 된다. 이렇게 되면 두 편 모두 너무 억울하다. 그래서 이긴 편은 '1000N×1m=1000J', 진 편은 '990N×(-1m)=-990J'의 일을 했고, 결과적으로 겉으로 나타난 일은 10J이라고 한다. 이때 진 편이 한 일을 '음의 일', 이긴 편이 한 일을 '양의 일'이라고 한다.

마찰력은 항상 운동을 방해하는 방향으로 작용하기 때문에 위의 예에서 진 편이 힘을 쓴 것과 똑같이 음의 일을 한다. 그러나 보통은 "마찰력이 음의 일을 했다."고 하지 않고, "마찰력 때문에 에너지가 손실되었다."고 한다.

2) 일과 에너지

에너지는 '일을 할 수 있는 능력'을 말하기 때문에 일과 에너지는 같은 단위 J을 쓴다. 우리가 돈이 있으면 무엇을 살는지는 몰라도 물건을 살 수 있는 능력은 있다. 그때 돈을 '에너지', 물건을 '일'이라고 생각하면 된다. 10,000원을 가진 사람이 6,000원어치 물건을 사고 4,000원이 남았다고 할 때, 그 사람이 가진 것에는 변화가 없다고 생각하는 것이 에너지보존법칙이다. 즉 얼마치의 물건을 샀던 관계없이 '물건+남은 돈'은 항상 10,000원으로 일정하다고 생각하는 것이다.

우리가 석유, 가스, 원자력, 전기 등을 에너지 자원이라고 한다. 그 에너지 자원들은 대부분 특별한 장치가 있어야 일을 하고, 한 번 일을 하면 다시 원상태의 에너지로 복원시킬 수 없다. 예를 들어 석유로 자동차를 움직인 다음에 사람이 그 자동차를 원위치로 가져다 놓아도 석유가 다시 만들어지지는 않는다.

그러한 에너지들을 '비보존 에너지'라 하고, 반대로 에너지를 잘 보존하고 있다가 언제라도 복원시킬 수 있는 에너지를 '보존에너지'라고 한다. 보존에너지를 영어로는 'potential energy'라 하고 우리말로는 경우에 따라서 '위치에너지' 또는 '탄성에너지'라고 번역하지만, 필요할 때는 보존에너지라고eh 번역한다.

운동역학에서는 많은 에너지 중에서 언제든지 일로 변환했다가 다시 에너지로 변환할 수 있을 뿐만 아니라, 그 과정에서 에너지의 손실도 거의 없다고 생각할 수 있는 보존에너지만을 다룬다. 보존에너지에는 '중력에 의한 위치에너지', '탄성에 의한 탄성에너지', '운동에 의한 운동에너지' 등이 있다.

3) 위치에너지

어떤 물체를 선반 위에 올려놓으면 그 물체는 언제라도 바닥으로 떨어지면서 일을 할 수 있는 위치에너지를 갖게 된다. 즉 그 물체가 에너지를 갖게 된 것은 그 물체의 위치가 선반 위였기 때문이지 땅바닥에 있었다고 하면 에너지가 전혀 없다. 그리고 위치에너지를 '중력에 의한 위치에너지'라고 말하는 것은 중력이 없다면 그 물체는 위치에너지를 가질 수 없기 때문이다.

물체가 바닥에 떨어져서 위치에너지를 잃었다면 그 물체를 제자리에 다시 갖다 놓으면 똑같은 위치에너지를 다시 가질 수 있게 된다. 그렇기 때문에 높은 곳에 있는 물체가 가지고 있는 위치에너지는 그 물체를 바닥에서 그 위치까지 올려놓을 때 해주어야 하는 일의 양과 같다. 수식으로 표현하면 다음과 같다.

위치에너지=올려놓을 때 한 일=힘×거리=무게×높이=mgh ······ (식 3-11)

물체를 올려놓을 때 힘이 모자라서 경사면을 따라서 밀어올렸다고 하면 힘이 적게 든 반면에 거리를 그만큼 많이 이동시켜야 되기 때문에 한 일의 양에 차이가 없고, 당연히 그 물체가 갖는 위치에너지도 직접 올려놓은 때와 똑 같다.

4) 탄성에너지

용수철도 길이를 늘여놓거나 줄여놓으면 일을 할 수 있는 에너지를 갖게 된다. 용수철이 에너지를 갖게 된 원인은 용수철이 탄성을 가지고 있기 때문이고, 그 에너지의 크기도 늘이거나 줄여놓은 위치에 따라서 결정된다.

위치에너지와 마찬가지로 용수철이 가지고 있는 탄성에너지도 당연히 그 용수철을 늘이거나 줄일 때 해준 일과 크기가 같다. 탄성계수가 k인 용수철을 x미터 늘이기 위해서 일을 할 때 처음부터 끝까지 같은 힘을 사용한 것이 아니고, 0에서 kx까지 점점 증가시키면서 힘을 썼기 때문에 평균 힘은 kx의 반이 된다. 그러므로 다음과 같은 식으로 표현된다.

$$W=평균\ 힘 \times 거리 = F = \frac{kx}{2} \times x = \frac{1}{2}kx^2 \quad \cdots\cdots\cdots\cdots\cdots\cdots\cdots\cdots (식\ 3-12)$$

5) 운동에너지

위치에너지와 탄성에너지는 위치에 따라서 에너지의 크기가 결정되었지만, 운동하는 물체가 가지고 있는 운동에너지는 그 물체가 운동을 하고 있기 때문에 가지고 있는 에너지이다. 다시 말해서 정지하고 있는 물체는 운동에너지가 0이다. 그러므로 운동에너지는 정지하고 있는 물체를 지금의 속도(v)로 움직이게 만들 때까지 해주어야 하는 일과 같다.

정지하고 있는 질량 m인 물체에 힘 F를 t초 동안 작용시켰더니 속도 v가 되었다고 하자. 그때까지 해준 일은 '힘×거리'로 계산해야 되는데, 이때 힘과 거리가 얼마인지 구체적으로 알지 못하고 있다. 알고 있는 것은 처음속도=0, 나중속도=v, 질량=m이라는 것밖에 없으므로 어떻게든지 힘과 거리를 m과 v로 나타내야 한다.

$$거리 = 평균속도 \times 시간 = \frac{vt}{2}$$

$$F = ma = m \times \frac{나중속도 - 처음속도}{시간} = m \times \frac{v-o}{t} = \frac{mv}{t}$$

$$W = 힘 \times 거리 = \frac{mv}{t} \times \frac{vt}{2} = \frac{1}{2}mv^2 \quad \cdots\cdots\cdots\cdots\cdots\cdots\cdots\cdots\cdots\cdots\cdots \quad (식\ 3\text{-}13)$$

6) 역학적 에너지

위에서 설명한 세 가지 에너지는 비교적 에너지 손실이 적고, 가역적으로 교환을 할 수 있기 때문에 '역학적 에너지'라고 한다. 예를 들어 철봉에서 회전운동을 하는 선수는 위치에너지와 운동에너지가 서로 반복적으로 에너지를 주고받는 것이고, 트램폴린에서 뛰노는 아이들은 위치에너지, 운동에너지, 탄성에너지가 반복적으로 에너지를 교환하는 것이다. 그것을 수식으로 표현하면 다음과 같다.

$$위치에너지 + 운동에너지 + 탄성에너지 = 일정$$

$$mgh + \frac{1}{2}mv^2 + \frac{1}{2}kx^2 = 일정 \quad \cdots\cdots\cdots\cdots\cdots\cdots\cdots\cdots\cdots\cdots\cdots \quad (식\ 3\text{-}14)$$

그림 3-10은 위치에너지와 운동에너지가 서로 에너지를 교환하는 것과 탄성에너지와

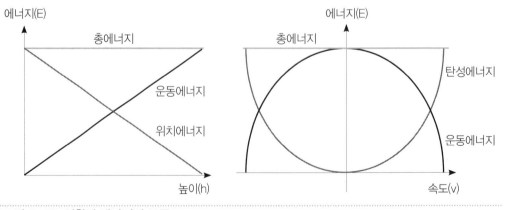

그림 3-10. 역학적 에너지의 보존

운동에너지가 에너지를 서로 교환하는 것을 그래프로 그린 것이다. 어쨌든 총에너지는 변하지 않는데, 그것을 '역학적 에너지보존 법칙'이라고 한다.

7) 일 률

같은 일을 하더라도 일을 빨리빨리 할 수도 있고 천천히 할 수도 있다. 그때 일하는 빠르기를 '일률'이라 하고, 다음과 같이 정의한다.

$$일률 = \frac{한\ 일}{걸린\ 시간} \quad p = \frac{W}{t} = \frac{F \times S}{t} = F \times v \quad J/s = watt \cdots\cdots (식\ 3\text{-}15)$$

식 3-15에서 p는 'power'의 약자이고, F×v로 나타내면 "큰 힘을 빠른 속도로 발휘할수록 power가 크다."고 말할 수 있기 때문에 일률을 '순발력'이라고도 한다. 단위는 W(watt)를 쓰고, 1W=1J/s 이다. 그러나 실생활에서는 '마력(horse power; hp)'이라는 단위를 많이 사용하는데, 1hp=746W이다.

5. 원운동과 회전운동

1) 원운동

작은 구슬을 매단 실 끝을 손가락으로 잡고 제자리에서 빙빙 돌릴 때 구슬이 하는 운동을 '원운동'이라고 한다. 즉 한 점을 중심으로 물체가 회전하는 운동을 원운동이라고 한다. 원운동에서는 물체의 위치를 나타낼 때 직교좌표계보다는 극좌표계로 나타내는 것이 편리하다. 즉 OP를 기준선이라고 할 때 Q점의 위치는 Q(r, θ)로 나타내고, 중심각 θ는 rad으로 나타낸다. 그러면 $\overset{\frown}{PQ}$의 거리는 저절로 rθ가 된다.

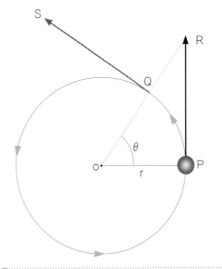

그림 3-11. 원운동

구슬이 얼마나 빠르게 회전하는지를 표현하는 방법에는

① 1초 동안에 돌아간 각도 즉, rad/s로 나타내는 방법

② $\overarc{PQ}$의 거리(m)를 걸린 시간으로 나누어서 m/s로 나타내는 방법

이 있다. ①과 같이 나타낸 것을 '각속도'라 하고, 각속도라는 말 대신에 그리스 문자 'ω'로 나타낸다. ②와 같이 나타내는 것을 속도라 하고, v로 나타낸다. 그것을 수식으로 표현하면 다음과 같다.

$$각속도 = \omega = \frac{돌아간\ 각도}{걸린\ 시간} = \frac{\theta}{t} \qquad\qquad\text{(식 3-16)}$$

$$속도 = v = \frac{이동한\ 변위}{걸린\ 시간} = \frac{S}{t} = \frac{r\theta}{t} = r\theta \qquad\text{(식 3-17)}$$

각속도가 일정한 운동 즉, 같은 빠르기로 원운동을 하는 것을 '등속원운동'이라고 한다. 등속원운동을 각속도가 일정한 운동이란 의미에서 '등각속도 운동'이라고는 해도 되지만 '등속도 운동'이라고 하면 안 된다. 왜냐하면 빠르기가 일정하다고 했지, 속도가 일정하다고 하지는 않았기 때문이다. 그래서 '등속도원운동'이라고 하지 않고 '등속원운동'이라고 하는 것이다.

그림 3-11에서 구슬이 P점에 왔을 때 실을 놓쳤다고 가정하면 구슬은 R방향으로 날아갈 것인데, 실을 붙들고 있었기 때문에 R로 가지 않고 Q로 갔다고 생각할 수 있다. 즉 R에서 O방향으로 잡아당긴 결과 Q로 왔다. 힘을 작용시켰으니까 당연히 가속도가 생겨야 한다. 잡아당긴 방향(가속도의 방향)은 R에서 O방향 즉, 원의 중심방향인데, 이때 가속도의 크기는 얼마나 될까?

그림 3-12는 그림 3-11의 $\overrightarrow{PR}$과 $\overarc{QS}$를 작용점이 일치하도록 옮겨 그린 것이다. 가속도는 '(나중속도-처음속도)÷시간'으로 계산한다고 하였으므로

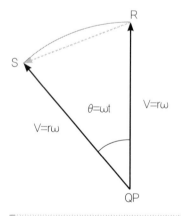

그림 3-12. 등속원운동의 가속도

$$가속도 = a = \frac{\overrightarrow{RS}}{t} = \frac{\overarc{RS}}{t} = \frac{(r\omega \cdot \omega t)}{t} = r\omega^2 \qquad\text{(식 3-18)}$$

$$a = r\omega^2 = \frac{r^2\omega^2}{r} = \frac{v^2}{r} \quad \cdots\cdots\cdots\cdots\cdots\cdots\cdots \text{(식 3-19)}$$

이 되고 가속도를 알았으므로 뉴턴의 운동법칙에 의해서

$$F = ma = mr\omega2 = \frac{mv^2}{r} \quad \cdots\cdots\cdots\cdots\cdots\cdots\cdots \text{(식 3-20)}$$

이 된다. 즉 등속원운동을 계속하기 위해서는 식 3-20과 같은 힘을 계속해서 중심방향으로 주어야 하는데, 이 힘을 중심방향으로 주는 힘이라는 뜻으로 '구심력'이라고 한다.

그런데 자동차나 자전거가 커브를 돌 때처럼 구심력을 줄 수 있는 실이 없으면 어떻게 될까? 당연히 힘이 없으면 등속도 직선운동을 해야 되기 때문에 자동차는 커브 길에서 이탈하여 직선 방향으로 달리게 된다. 그 말을 자동차가 "구심력과 같은 크기의 힘으로 커브 길 밖으로 밀려 나간다."고 표현하고, 말의 길이를 줄이려고 '원심력'이라는 말을 사용해서 "커브 길을 달리는 자동차는 원심력 때문에 밖으로 밀려 나간다."고 한다.

2) 회전운동(각운동)

바비큐를 구울 때 쇠꼬챙이에 고기를 꿰어서 돌리는 것과 같이 어떤 직선을 축으로 해서 회전하는 운동을 '회전운동' 또는 '각운동'이라고 한다. 인체의 운동뿐만 아니라 우리가 사용하는 대부분의 가전제품, 자전거, 자동차, 그리고 사람은 모두 회전운동을 한다. 예를 들어 팔을 굽혔다폈다 하는 운동을 보면 팔꿈치의 좌우로 그린 직선을 축으로 해서 회전운동을 한다.

그림 3-13은 회전운동에서 사용하는 용어와 표시방법을 설명하기 위한 것이다. 그림에서 O는 회전운동을 할 때 움직이지 않는 직선 즉, 회전축을 나타내는 것으로 '받침점'이라 한다. 그림에서 손으로 눌러서 힘을 주고 있는 점을 '힘점'이라 하고 F는 힘의 크기를 나타

그림 3-13. 회전운동에서 사용하는 용어

낸다. 또, 물건을 올려놓은 곳을 '저항점'이라 하고, R은 저항의 크기(물체의 무게)를 나타
낸다. 그리고 O에서 F까지의 거리를 '힘팔', O에서 R까지의 거리를 '저항팔'라 하고, 긴 막
대는 '지렛대(lever)'라고 한다.

(1) 토크

회전운동이 선운동이나 원운동과 가장 크게 다른 것이 토크와 관성능률이다. 그중에서
먼저 토크에 대하여 알아보기로 하자. '토크(torque)'를 '모멘트(moment)'라고도 하고, 우
리말로는 '회전능률'이라고 한다.

그림 3-14에서 지레를 회전시키려고 같은 힘 F를 A점에 작용시켰을 때와 B점에 작용시
켰을 때 결과가 다르다. 즉 선운동과 원운동에서는 같은 물체에 같은 힘을 작용시키면 생
기는 가속도가 같지만, 회전운동에서는 같은 힘
을 같은 물체에 작용시키더라도 힘을 작용시키
는 위치에 따라서 생기는 가속도가 다르기 때문
에 뉴턴의 운동 제2법칙이 성립되지 않는다.

그래서 뉴턴의 운동법칙에 맞게 어떤 양을 정
의해야 할 필요성이 생긴다. 그림 3-14에서 회
전축(받침점)으로부터 멀리 떨어진 곳에 힘을
작용시킬수록 가속도가 더 크게 생기는 것은 경

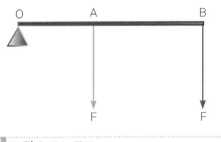

그림 3-14. 토크

험을 통해서 알고 있다. 즉 회전운동에서는 '힘의 크기와 힘팔의 길이의 곱'에 비례하는 가
속도가 생기기 때문에 토크를 다음과 같이 정의하고 그리스 문자 τ(타우)로 표시한다.

$$\text{토크} = \text{힘} \times \text{거리} = \tau = \vec{F} \times \vec{r} = Fr\sin\theta \quad\text{·····························}\quad \text{(식 3-21)}$$

식 3-10에서 '일=힘·거리'로 정의한 반면에 식 3-21에서 '토크=힘×거리'로 정의한 것
에 유의해야 한다. 즉 일과 토크는 모두 힘에 거리를 곱한 것이기는 하지만 일은 같은 방향
의 분력만 유효하고, 토크는 수직방향의 분력만 유효하다. 위의 내용을 다른 말로 토크를
계산할 때에는 "힘팔에 수직방향의 힘만 유효하다."고 표현할 수도 있고, "힘에 수직인 힘
팔의 길이만 유효하다."고 표현할 수도 있다.

어쨌든 토크는 뉴턴의 운동 제2법칙이 회전운동에서도 성립할 수 있도록 하기 위해서 선운동과 원운동에서의 힘 대신 정의한 것이다. 그러므로 회전운동에서는 힘 대신 반드시 토크라고 해야 된다.

(2) 평형

선운동에서는 여러 개의 힘이 작용하더라도 그 합력이 0이면 평형이라고 한다. 즉 $\sum F = 0$이면 평형이다. 그러나 회전운동에서는 힘 대신에 토크를 사용해서 $\sum \tau = 0$이면 평형이라고 한다.

그림 3-15에서 천칭의 양쪽 접시에 똑같은 무게를 얹어놓으면 어느 쪽으로도 기울지 않기 때문에 평형이라고 한다. 그러나 저울의 좌우 팔 길이가 다르면 같은 무게를 얹어놓아도 평형이 되지 않는다. 그때는 무게에 팔 길이를 곱한 값, 즉 토크가 같아야 저울이 어느 쪽으로도 기울지 않고 평형을 이룬다.

그림 3-15. 토크의 평형

(3) 질량중심

모든 물체는 수많은 질점들이 모여서 이루어진다. 그 많은 질점들을 일일이 생각하는 것이 번거롭기 때문에 그 물체의 모든 질점들이 한 점에 모여 있다고 생각하는 것이 물체의 질량중심(center of mass)이다.

물체의 질량중심을 찾아내는 방법 중에서 제일 간단한 것이 '현수법'이다. 예를 들어 책의 질량중심을 찾으려면 책의 네 모서리 중의 하나에 실을 묶어서 책을 천장에 매단다. 책이 흔들리지 않고 안정되었을 때 실의 연장선을 책에 긋는다. 다른 모서리를 매달아서 실의 연장선을 다시 그린다. 두 연장선이 만나는 점이 책의 질량중심이다. 송곳으로 질량중심을 받치면 책이 어떤 방향으로도 기울지 않고 가만히 있을 것이다.

여기에서는 얇은 책이니까 두 번만 매달았지만 두께가 있는 물체의 경우는 실의 연장선을 그리는 것

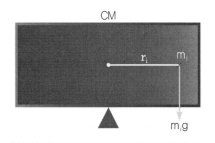

그림 3-16. 질량중심

자체가 어렵고, 적어도 3번은 매달아야 한다.

그림 3-16에서 질점 하나하나의 질량을 m_i, 질점이 질량중심에서 떨어진 거리를 r_i라 하고, 질량중심에 있는 받침점에 대한 토크를 모두 합한다고 생각하자. 질량중심을 받치면 어느 쪽으로도 기울어지지 않는다고 했으므로 그 합은 당연히 0이 되어야 한다.

$$m_1 g r_1 + m_2 g r_2 + \cdots = \sum m_i g r_i = 0 \quad\cdots\cdots\cdots\cdots\cdots\cdots\cdots\cdots \text{(식 3-22)}$$

즉 질량중심은 그 물체를 이루고 있는 모든 질점들의 토크의 합이 0이 되는 점이다.

3) 관성모멘트

뉴턴의 운동 제2법칙이 "힘이 작용하면, 힘에 비례하고 질량에 반비례하는 가속도가 생긴다."인데, 회전운동에서는 맞지 않기 때문에 토크를 정의했다. 그러므로 회전운동에서는 뉴턴의 운동 제2법칙이 "토크가 작용하면, 토크에 비례하고 질량에 반비례하는 가속도가 생긴다."로 수정해야 한다. 과연 이것이 맞을까?

그림 3-17은 관성모멘트를 설명하기 위해서 그린 그림이다. 그림에서 물체를 회전시킬 때 A를 회전축으로 잡았을 때와 B를 회전축으로 잡았을 때 똑 같은 토크를 작용시킨다고 해서 결과가 같을까? 아니다. A를 회전축으로 잡았을 때는 잘 돌아가고, B를 회전축으로 잡았을 때는 잘 안 돌아간다. 즉 질량이 같은 물체에 똑 같은 토크를 작용시켜도 회전축의 위치에 따라서 생기는 가속도가 달라진다.

그러므로 뉴턴의 운동 제2법칙에서 질량 m에 해당되는 어떤 양을 다시 정의해야 한다. 즉 회전운동에서도 뉴턴의 운동 제2법칙이 성립되게 하려면 '힘 대신에 토크' 뿐만 아니라 '질량 대신에 관성모멘트'도 정의해야 한다.

관성모멘트를 영어로는 'moment of inertia'라고 하기 때문에 우리말로 직역하면 '관성토크 또는 관성모멘트'가 된다.

관성모멘트를 정의하는 것은 그리 간단하지 못하다. 그림 3-17에서 축을 A로 잡았을

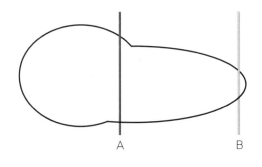

그림 3-17. 관성능률과 회전축

때와 B로 잡았을 때 어떤 차이가 있기에 관성모멘트에 차이가 생긴 것일까? 축을 A로 잡았을 때는 물체를 이루고 있는 질점들이 회전축에 가까이 분포되어 있는데 반하여, B로 잡았을 때는 질점들이 회전축에서 멀리 떨어져 있다. 즉 회전축에서 질점들까지의 거리가 다르면 관성모멘트에 차이가 생긴다.

질점들이 많으면 귀찮으니까 작은 공같이 생긴 질량 m인 물체를 하나의 질점으로 생각하기로 하자. 그림 3-18의 윗 그림에서 지렛대의 무게를 무시하면 속도 v로 원운동을 하는 것과 똑같아진다. 이때 물체의 운동에너지는 다음과 같다.

$$운동에너지 = K \cdot E = \frac{1}{2}mv^2 = \frac{1}{2}mr^2\omega^2 = \frac{1}{2}I\omega^2 \quad \cdots\cdots\cdots \quad (식\ 3\text{-}23)$$

$$단,\ I = mr^2 = \sum m_i r_i^2$$

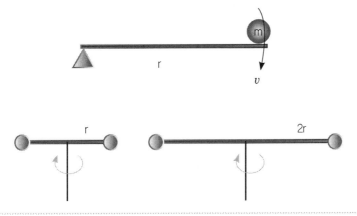

그림 3-18. 관성모멘트의 정의

식 3-23에서 $I=mr^2$을 관성모멘트라고 정의한다. 즉 관성모멘트는 질량에 '회전축에서 떨어진 거리'^{2}을 곱한 것이다. 이것이 이해가 잘 안 되는 사람은 그림 3-18의 아래 그림처럼 똑같은 질량을 r과 2r 거리에 배치하고 회전시켜보았더니 토크가 4배로 더 필요하므로 관성모멘트를 mr^2으로 정의했다고 생각해도 된다.

회전운동을 하는 물체의 운동에너지가 $\frac{1}{2}I\omega^2$으로 표현된다는 것도 중요하다. 선운동을 하는 물체의 운동에너지가 $\frac{1}{2}mv^2$로 표시된다는 것과 비교해보면 질량(m) 대신에 관성능률(I)이 들어갔을 뿐 아니라 속도(v) 대신에 각속도(ω)가 들어가 있다. 즉 회전운동에서는 힘 대신에 토크, 질량 대신에 관성능률, 속도 대신에 각속도를 사용해야 한다.

4) 회전운동의 운동방정식

선운동에서 가속도를 1초 동안에 속도가 변하는 양, 즉, '(나중속도−처음속도)/시간'으로 정의하였듯이 회전운동에서도 각가속도를 다음과 같이 정의한다.

$$각가속도 \quad \alpha = \frac{(나중각속도-처음각속도)}{시간} = \frac{\omega_t - \omega_o}{t}$$

위 식을 이항해서 쓰면 $\omega_t = \omega_o + \alpha t$와 같이 되어서 선운동에서 $v_t = v_o + \alpha t$와 똑같은 형태가 된다. 이때 각가속도 α의 단위는 각속도를 시간으로 나눈 것이므로 rad/s^2 또는 $1/s^2$이 된다. 표 3−7은 선운동과 회전운동을 비교한 것이다.

표 3−7. 선운동과 회전운동의 비교

공식	선운동	회전운동
운동 제2법칙	$F = ma$	$\tau = I\alpha$
운동에너지	$E = \frac{1}{2}mv^2$	$E = \frac{1}{2}I\omega^2$
충격량	$Ft = m(v_f - v_o)$	$\tau t = I(\omega_f - \omega_o)$

5) 인체의 운동

인체운동의 기본원리는 '관절을 축으로 해서 분절들이 회전운동을 하는 것'이다. 그림 3−19에서 아래팔을 지렛대, 팔꿈치를 받침점, 아령을 저항, 근육이 당기는 힘을 작용력이라고 생각하면 인체가 하나의 지레에 해당된다는 것을 알 수 있다.

인체운동의 기본이 지렛대이기 때문에 어떻게 하면 힘을 적게 들여서 또는 힘을 많이 들여서 운동을 할 수 있을까에 관심을 갖게 된다. 그래서 받침점(O), 저항점(R), 힘점(F)의 배열에 따라서 인체지레를 다음과 같이 분류한다.

그림 3−19. 인체운동의 원리

● 1종 지레 : O가 가운데에 있을 때

● 2종 지레 : R이 가운데에 있을 때

● 3종 지레 : F가 가운데에 있을 때

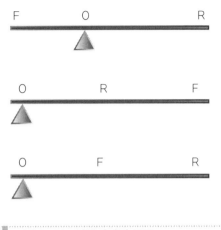

인체지레에서 알아둘 것은 힘팔($\overrightarrow{OF}$)과 저항팔($\overrightarrow{OR}$)의 길이를 비교해서 힘팔이 길면 힘이 덜 들고, 저항팔이 길면 힘이 더 든다는 것이다. 1종 지레는 힘팔이 길 수도 있고 저항팔이 길 수도 있지만, 2종 지레는 항상 힘팔이 길고, 3종 지레는 항상 저항팔이 길다. 그러므로 2종 지레를 이용하면 작은 힘으로 무거운 물체를 들 수 있고, 3종 지레를 이용하면 물체의 무

그림 3-20. 인체지레의 종류

게보다 더 큰 힘을 써야 물체를 들 수 있다. 인체지레의 약 99%가 3종 지레이다. 그 이유는 힘은 더 많이 들지만 운동하는 범위를 크게 할 수 있고, 운동 속도를 더 빠르게 할 수 있기 때문이다.

6) 회전운동의 각운동량

회전하는 물체의 운동량은 선운동의 질량(m) 대신에 관성능률(I), 선운동의 속도(v) 대신에 각속도(ω)를 사용해서 다음과 같이 정의하고, 'L'로 표시한다.

$$각운동량 = L = I \times \omega = mr^2 \times \frac{\vec{v}}{r} = r \times m\vec{v} = r \times \vec{p} \quad \cdots\cdots\cdots \text{(식 3-24)}$$

식 3-24의 마지막 부분이 r과 mv의 cross product로 표현되어 있기 때문에 각운동량의 크기는 '회전축까지의 거리' 또는 '반지름×선운동량×sinθ'로 계산된다.

다시 말해서 회전하는 물체의 각운동량은 질량과 속도만 영향을 미치는 것이 아니라 '회전축까지의 거리'도 영향을 미친다. 예를 들어 굴러가는 파이프의 운동량은 질량과 속도가 같더라도 굵은 파이프가 더 많다.

외부에서 힘이 작용하지 않으면 선운동량이 보존되듯이 외부에서 토크가 작용하지 않으면 각운동량도 보존된다. 선운동에서는 질량이 변하지 않기 때문에 두 물체가 충돌했을 때 한 물체의 운동량 변화를 보고 다른 물체에 미치는 운동량 또는 충격력을 계산하는 데에

운동량 보존법칙을 이용한다.

그러나 회전운동에서는 취하는 자세에 따라서 관성모멘트가 달라지고, 관성모멘트가 달라지면 각운동량도 달라지기 때문에, 물체의 모양 변화에 따라서 회전운동이 달라지는 것을 설명할 때 각운동량 보존법칙을 주로 이용한다.

- "각운동량이 보존된다."는 것을 "회전축을 바꾸지 않으려고 한다."고 해석할 수도 있다. 자전거를 타고 가만히 정지하여 있을 수는 없지만 자전거 바퀴가 회전해서 앞으로 이동하면 자전거가 넘어지지 않는다. 그것을 "자전거 바퀴가 회전하는 각운동량을 보존하려고(회전축을 바꾸지 않으려고) 하기 때문"이라고 설명한다.
- "각운동량이 보존된다."는 것을 "관성모멘트를 변화시키면 각속도를 변화시킬 수 있다."고 해석할 수도 있다. 피겨스케이팅 선수가 스핀이나 스파이럴 동작을 하다가 중간에 신체부위들을 회전축 가까이로 모으면 관성모멘트가 적어지므로 회전하는 각속도가 빨라지고, 팔다리를 벌려서 관성모멘트가 큰 자세를 취하면 회전하는 각속도가 느려지는 것이 그 예이다.
- "각운동량이 보존된다."는 것을 "한 부위의 회전방향을 바꾸면 나머지 부위에서 그 보상작용을 해 주어야 한다."고 해석할 수도 있다. 예를 들면 자유롭게 돌아갈 수 있는 회전의자에 앉아서 윗몸을 오른쪽으로 돌리면 의자는 왼쪽으로 돌아간다.

6. 유체역학

1) 파스칼의 원리

수조의 밑바닥은 수조 안에 있는 물의 무게만큼 밑으로 누르는 힘을 받게 된다. 수조의 바닥면적을 S, 물의 깊이를 h라고 하면 수조 안에 있는 물의 무게=Shρg이므로 단위면적당 누르는 힘은 다음과 같다.

$$\text{단위면적당 누르는 힘} = \text{압력} = P = \frac{F}{S} = \rho gh \quad \cdots\cdots\cdots\cdots\cdots \text{(식 3-25)}$$

식 3-25의 의미는 "수조 안에 액체가 들어 있을 때 액체의 압력은 깊이와 밀도에 비례한다."는 것이다. 즉 10m를 잠수했을 때보다 20m를 잠수했을 때 압력을 더 많이 받는다.

물고기에게 산소를 공급하기 위해서 어항에 공기를 주입했을 때 올라오는 공기방울을 보면 동그랗게 생겼다. 위에 있는 물은 공기방울을 누르고, 밑에 있는 물은 공기방울을 누르지 않는다면 공기방울이 동그랗게 될 수 없다. 공기방울이 동그랗게 되기 위해서는 모든 방향으로 누르는 힘이 같아야 함은 물론이고, 모든 힘들이 공기방울의 표면에 수직이 되어야 한다. 이것을 파스칼이 과학적으로 증명하였다고 해서 '파스칼의 원리'라 하고, 압력의 단위도 그의 이름을 따서 '파스칼(Pa)'이라고 한다.

파스칼의 원리를 다르게 표현하면 "유체 속에 있는 물체는 그 깊이와 밀도에 비례하는 압력을 모든 방향으로 똑같이 받는다."

사용하는 압력의 단위는 다음과 같다.

$1 \text{ Pa} = 1 \text{ N/m}^2$

$100 \text{ Pa} = 1 \text{ HPa}$(헥토파스칼)$= 1\text{b}$(바)$= 1000\text{mb}$(미리 바)

1기압$(\text{atm}) = 1013\text{mb}$

2) 부 력

물체의 일부 또는 전체가 유체 속에 잠겨 있을 때 유체가 그 물체에 작용하는 힘을 '배를 물에 뜨게 하는 힘'이라는 의미에서 '부력'이라고 한다. 부력도 파스칼의 원리에 의해서 생기는 힘이다. 그러나 앞에서 설명한 공기방울은 작아서 공기방울 위아래의 압력차이를 무시할 수 있었지만, 부력에서는 물체의 크기가 커서 물체의 위아래의 압력(깊이)차이를 고려해야 한다는 점이 다르다.

그림 3-21의 왼쪽 그림에서 네모진 상자의 바닥면적을 S라고 하면 '$P_2 = P_0 + S\rho g h_2$, $P_1 = P_0 + S\rho g h_1$'이므로 '$P_2 - P_1 = \rho g S(h_2 - h_1)$'가 된다. 여기에서 $S(h_2 - h_1)$는 상자의 부피(V), $\rho g V$는 물체가 밀어낸 물의 무게가 된다. 즉 물체가 밀어낸 물의 무게와 같은 부력을 받는다.

물속에 잠겨 있는 물체의 경우 양쪽 옆에서 미는 압력은 서로 크기가 같고 방향이 정반대이므로 합하면 0이 된다. 합하면 0이 된다고 해서 아무런 작용도 하지 않는 것은 아니고, 양쪽에서 누르는 힘을 지탱하지 못하면 상자가 찌그러진다.

부력 $= (P_2 - P_1)S = \rho g(h_2 - h_1)S = \rho g V =$ 물체가 밀어낸 물의 무게 ········ (식 3-26)

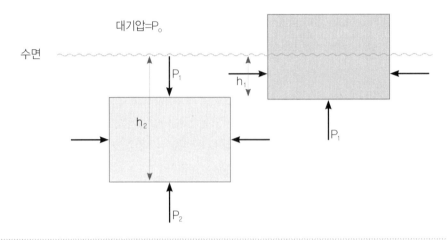

그림 3-21. 아르키메데스의 원리

그러나 P_1과 P_2는 압력의 크기가 다르므로 $(P_2-P_1)S$에 해당하는 부력을 받는다.

일부만 물속에 잠겨 있는 물체의 경우도 양옆에서 미는 힘은 합하면 0이고, 위에서는 누르는 물이 없으므로 부력은 다음과 같다.

$\rho gh_1S = \rho g \times$ 물속에 잠긴 부분의 부피 = 물체가 밀어낸 물의 무게

즉 물속에 잠겨 있는 물체이든 일부만 잠겨 있는 물체이든 "그 물체가 밀어낸 물의 무게만큼의 부력을 받는다." 이것을 '아르키메데스의 원리'라고 한다.

3) 표면장력과 모세관현상

모든 물질은 분자로 구성되어 있다. 분자 사이에는 서로 잡아당기는 인력이 존재하는데, 그 힘을 '분자력'이라고 한다. 분자력이라는 측면에서 보면, 고체는 분자력이 아주 강해서 분자들이 자리를 옮길 수 없기 때문에 모양이 일정하고, 기체는 분자력이 아주 약해서 분자들이 제멋대로 자리를 옮길 수 있기 때문에 부피가 일정하지 못하며, 액체는 분자력이 고체와 액체의 중간쯤 되기 때문에 분자들이 자리를 옮길 수는 있지만(모양이 변하지만) 어떤 일정한 간격을 유지해야 하는(부피는 변하지 않는) 것이라고 할 수 있다. 그래서 액체일 때만 분자력에 대해 이야기한다.

분자력에는 같은 분자들 사이에 작용하는 분자력(응집력)과, 다른 분자들 사이에 작용하

는 분자력(부착력)이 있다. 액체를 고체 그릇에 담았을 때 액체가 그릇에 묻으면 부착력이 응집력보다 강한 것이고, 그릇에 액체가 묻지 않으면 응집력이 부착력보다 강한 것이다.

빗방울은 왜 동그란가? 물방울은 액체이고 공기는 기체이기 때문에 물의 분자력 즉, 응집력만 생각하면 된다. 물분자들이 서로 당기기 때문에 가까이 있어야 하고, 분자들이 서로 가까이 있으려면 동그랗게 모여서 공의 형태를 취해야 하기 때문에 빗방울이 동그랗다.

(1) 표면장력

분자들끼리 서로 잡아당기는 분자력을 '표면장력'이라고도 하고, '표면적을 가장 적게 만들려고 하는 힘'이라고도 한다. 그 이유는 빗방울이 동그란 것은 같은 부피이면서 가장 표면적이 적은 형태가 구형이고, 바닷물은 분자력보다 더 큰 중력이 작용하기 때문에 지구의 중심 방향으로 가까이 있으면서도 가장 표면적을 적게 하려면 지구와 똑같이 동그란 형태를 유지해야 하기 때문이다. 그래서 해수면을 수평면이라고 하지만 실제로는 동그란 모양이다.

표면장력의 크기는 액체의 종류에 따라 다르고, 같은 액체라도 온도가 상승하면 분자활동이 활발해지기 때문에 표면장력의 크기가 작아진다. 또한 호수에 긴 막대가 떠 있다고 생각할 때 막대를 밀어내고 물분자끼리 모여 있으려 한다고 생각할 수 있으므로 **표면장력의 방향은 표면에 수직한 방향이고, 크기는 길이에 비례한다.**

(2) 모세관현상

표면장력 때문에 자연에서 일어나는 현상을 직접 눈으로 관찰할 수 있는 것이 모세관현상이다.

그림 3-22와 같이 액체가 담겨 있는 그릇에 가는 유리관을 꽂아놓았을 때, 부착력이 응집력보다 크면 액체가 관을 따라 올라가고, 응집력이 부착력보다 크면 표면보다 밑으로 내려간다. 그때 유리관과 액체의 표면이 이루는 각도를 '접촉각'이라고 한다. "접촉각이 90도보다 작으면 액체가 위로 올라가고, 접촉각이 90도보다 크면 밑으로 내려간다."고 표현해도 된다.

그림에서 표면장력의 크기를 T, 관의 반지름을 r이라고 하면 액체와 유리관이 붙어 있는 길이는 유리

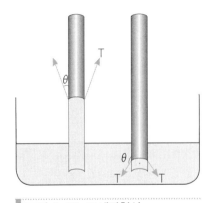

그림 3-22. 모세관현상

관의 둘레 2πr이다. 표면장력은 붙어 있는 길이에 비례하므로 총표면장력은 2πrT이다. 표면장력의 수직성분이 관을 따라 올라온 액체의 무게와 같을 것이고, 액체의 무게는 '관의 단면적×높이×밀도×g'이므로 다음과 같이 된다.

$$2\pi rT\cos\theta = \pi r^2 h\rho g \qquad h = \frac{2T\cos\theta}{\rho gr} \quad \cdots\cdots\cdots\cdots\cdots\cdots\cdots\cdots \text{(식 3-27)}$$

식 3-27에서 "모세관을 따라 액체가 올라가는 높이는 표면장력의 크기에 비례하고, 관의 반지름에 반비례한다."

표면장력의 크기(T)와 액체의 밀도(ρ)는 관을 만든 재료와 액체의 종류에 따라 정해지는 것이고, 관의 굵기가 가늘수록 높이 올라간다는 것이 중요하다. 식물들이 땅에서 물을 흡수하는 것은 모세관현상 때문이다.

4) 베르누이 정리

베르누이 정리는 비압축성 정상류에만 유용한 정리이다. 일반적으로 기체는 압력을 가하면 부피가 줄어서 밀도가 커지기 때문에 해당되지 않고, 액체는 압축이 되어도 부피가 줄지 않는다고 볼 수 있으므로 물과 같은 액체가 정상류일 때 베르누이 정리가 성립된다.

베르누이 정리를 수학적으로 유도하는 것은 체육과 관련이 있는 학과의 학생들에게는 별 의미가 없으므로, 여기에서는 아주 간편한 방법으로 설명하기로 한다.

풍선을 손가락으로 눌렀다가 놓으면 금방 원래 모양으로 돌아간다. 그것은 마치 용수철

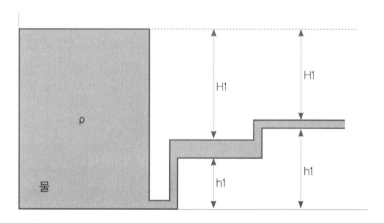

그림 3-23. 베르누이 정리

을 잡아당겼다가 놓으면 금방 원래의 모양으로 돌아가려고 하는 것과 똑같다. 다시 말해서 풍선도 용수철처럼 탄성이 있다. 풍선에 공기 대신 물을 넣어도 탄성력이 있지만, 풍선에 모래를 넣으면 원래 모양으로 잘 안 돌아가는 것을 보아서 물과 공기와 같은 유체는 탄성력이 있고, 고체는 탄성력이 없거나 아주 적다.

　중·고등학교에서 보일의 법칙이라고 해서 'PV=일정'하다고 배운 기억이 있을 것이다. 보일의 법칙을 배울 때 아무도 그런 말을 하지 않았지만, 보일의 법칙은 온도가 일정하면 유체의 탄성에너지가 변하지 않는다는 뜻을 가지고 있다.

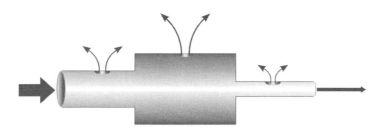

그림 3-24. 유속과 유체의 압력

　그림 3-23과 같은 수조에 호스가 연결되어 있다고 하자. 관이 굵은 곳의 압력을 P_1, 물이 흐르는 속도를 v_1, 지면에서 높이를 h_1, 수조의 수면에서 깊이를 H_1이라 하고, 관의 굵기가 가는 곳에서 각각 P_2, v_2, h_2, H_2라고 하자.

　그때 물이 가지고 있는 탄성에너지, 운동에너지, 위치에너지를 고려한 에너지 보존법칙을 쓰면

$$P_1 V_1 + mgh_1 + \frac{1}{2} m v_1^2 = P_2 V_2 + mgh_2 + \frac{1}{2} m v_2^2$$

이 되고, 물은 압력이 변해도 부피가 변하지 않으므로

$$V_1 = V_2 = V$$

이다. $m = \rho V$를 대입한 다음 양변을 V로 나누면

$$P_1 + \frac{1}{2} \rho v_1^2 + \rho g h_1 = P_2 + \frac{1}{2} \rho v_2^2 + \rho g h_2 = 일정 \quad \cdots\cdots\cdots\cdots\cdots\cdots\cdots (식 3-28)$$

가 된다. 식 3-28의 마지막에 '일정'이라고 써져 있는 이유는 "임의의 두 점에서 같다."는 것은 "모든 점에서 같다."라고 할 수 있기 때문이고, P와 ρgh로 표현된 것을 '정압', $\frac{1}{2}\rho v^2$ 으로 표시된 것을 "동압"이라고 한다.

P는 물이 호스의 벽을 뚫고 나오려고 하는 압력이고, 수조의 표면에서부터의 길이에 비례하기 때문에 $P_1=\rho g H_1$이고, $P_2=\rho g H_2$이다. ρgh는 수조의 밑바닥에서부터의 높이이기 때문에 높이에너지인 셈이고, $\frac{1}{2}\rho v_1^2$은 운동하기 때문에 생기는 압력이다. 호스로 얼굴에 물을 뿌리면 압력을 느낄 수 있는데, 그 압력이 바로 동압이다.

그러므로 베르누이 정리를 "정압과 동압의 합은 일정하다."라고 표현한다. 식 3-28에서 h_1과 h_2가 같으면

$$P_1 + \frac{1}{2}\rho v_1^2 = P_2 + \frac{1}{2}\rho v_2^2 = 일정 \quad\cdots\cdots\cdots\cdots\cdots\cdots\cdots\cdots\cdots\cdots\cdots\cdots\cdots (식 3-29)$$

로 바꿔 쓸 수 있다. 식 3-29의 의미는 "수평한 유관 내의 어떤 점 A에서의 유속(v_1)이 B점에서의 유속(v_2)보다 느리면 A점에서의 압력(P_1)이 B점에서의 압력(P_2)보다 크다."는 것이다. 그림 3-24처럼 호스의 굵기가 다르면, 굵은 곳에서 액체의 속도가 느려야 하기 때문에, 굵은 곳의 압력(정압)이 높아서 물줄기가 높게 뻗친다.

5) 양 력

양력은 베르누이 정리를 이용한 또 다른 현상으로 "유관 내에서 유체의 속도가 다르면 압력차이가 생기므로 압력이 높은 쪽에서 낮은 쪽으로 힘이 작용한다."는 것이다.

그림 3-24와 같이 생긴 비행기 날개에서 비행기가 앞으로 나가면 공기가 뒤로 이동하는 것과 똑 같고, 공기의 흐름을 정상류로 간주하면 볼록한 쪽이 거리가 더 멀기 때문에 A점의 속도가 B점보다 빠르다. 베르누이 정리에 의해서 속도가 빠른

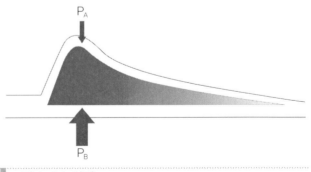

그림 3-24. 양력

쪽의 압력이 더 낮으므로 P_A가 P_B보다 작아서 P_B-P_A의 힘이 B서 A쪽으로 작용하는 것을 '양력'이라고 한다. 그러므로 양력의 크기는 날개의 두께와 날개의 단면적의 크기에 의해서 결정된다.

그래서 무거운 비행기일수록 날개의 넓이가 넓어야 하고, 날개의 두께가 두꺼워야 한다. 한마디로 양력과 부력은 모두 물체를 뜨게 하는 힘이지만 양력은 베르누이 정리, 부력은 파스칼의 원리에 의해서 생기는 전혀 다른 힘이다. 그리고 베르누이 정리는 비압축성 유체에만 적용된다고 했지만, 비행기가 지나간다고 해서 공기의 부피나 온도가 변하지는 않기 때문에 베르누이 정리를 적용해도 된다.

6) 유체의 저항

유체 속에서 물체가 이동할 때 받는 저항을 통틀어서 '유체저항'이라 하고, 유체저항에는 점성저항, 압력저항, 조파저항이 있다.

(1) 점성저항

항해하는 배를 생각하여 보자. 배가 앞으로 나가면 배와 접촉하고 있는 물은 어떻게 될까? 물을 분자들이 여러 층으로 겹겹이 쌓여 있는 것으로 생각할 수 있기 때문에 배와 직접 접촉하는 분자는 물론이지만 그 밑에 있는 분자들도 이동한다. 즉 배가 이동하려면 좌우 또는 밑에 있는 물도 끌고 가야 한다.

배 근처에 있는 물분자들이 이동하는 속도는 배에서 멀리 떨어져 있을수록 느려질 것이고, 어느 정도 이상으로 거리가 멀어지면 배가 지나가든 말든 가만히 있을 것이라는 것을 쉽게 짐작할 수 있다. 그리고 얼마나 멀리 떨어져 있는 물까지 끌고 가야 하느냐는 물이 끈적끈적한 정도 즉, 점성에 따라서 달라지기 때문에 '점성저항'이라고 한다.

점성저항의 크기는 물과 배가 접촉하고 있는 면적이 넓을수록 많은 물을 끌고 가야하기 때문에 접촉면적에 비례하고, 물보다 점성이 더 큰 유체 속을 배가 지나간다면 더 멀리 떨어져 있는 유체도 끌고 가야하기 때문에 점성에 비례한다. 그리고 배의 속도가 빠를수록 더 많은 물을 끌고 가야하기 때문에 속도에도 비례한다. 이것을 수식으로 쓰면 다음과 같다.

$$F= \eta A \frac{dv}{dy}$$ ……………………………………………………………… (식 3-30)

(2) 압력저항

점성저항력은 배가 앞으로 나갈 때 물의 점성 때문에 배의 옆과 배의 밑에 있는 물도 어느 정도 끌고 가야하기 때문에 생기는 저항력이고, 압력저항력은 배가 앞으로 나갈 때 물을 헤치고 나가야 하기 때문에 생기는 저항력이다.

물을 헤치고 나간다는 것을 "가만히 있는 물을 밀어내야 한다."고 생각할 수도 있기 때문에 '압력저항'을 '관성저항'이라고도 한다. 그리고 압력저항은 배의 속도가 빠를수록, 배의 단면적이 넓을수록 같은 시간에 많은 물을 밀어내야 하기 때문에 커질 것이고, 물의 밀도가 클수록 물의 무게가 무거워지기 때문에 압력저항도 커질 것이다.

위에서 설명한 것들을 수학적으로 계산하여 보면 압력저항은 물의 밀도와 단면적에 비례하고, 속도의 제곱에 비례한다. 그것을 수식으로 쓰면 다음과 같다.

$$Fdt = \rho A v^2 dt \qquad \therefore F = \rho A v^2 \quad \text{······································· (식 3-31)}$$

그러므로 압력저항을 줄이려면 배나 비행기의 단면적 A를 줄여야 하기 때문에 배나 비행기를 길게 만들고, 압력저항이 속도의 제곱에 비례하기 때문에 빠르게 가는 교통수단일수록 요금이 비싸다. 압력저항을 배의 앞쪽에는 물이 부딪치면서 압력이 생기고, 배의 뒤쪽에는 소용돌이가 생겨 압력이 낮아지기 때문에 "앞과 뒤의 압력 차이만큼 저항을 받는다."고 설명하기도 한다.

(3) 조파저항

수상스키를 할 때 스키어의 좌우에 비스듬하고 긴 파도가 생기는 것을 볼 수 있다. 그 파도는 배나 수상스키가 만드는 것이므로 파도를 만드는 만큼의 에너지가 소모될 것이다.

만들어진 파도의 진폭을 A라고 하면 진폭의 제곱에 비례하는 에너지가 필요하고, 배의 속도가 빠를수록 생기는 파도의 진폭도 커진다. 결과적으로 조파저항의 크기도 속도의 제곱에 비례한다.

잠수함은 물속으로 가기 때문에 조파저항을 받지 않고, 수영경기를 할 때 잠수해서 가면 조파저항이 없어서 더 빨리 갈 수 있기 때문에 잠수해서 가는 거리를 제한하고 있다.

7. 동작분석

선수가 어떤 동작을 하는 것을 비디오로 촬영한 다음 그것을 반복적으로 보면서 나와 어떤 점이 다른지를 관찰할 수도 있지만, 정량적으로 분석하는 것을 '동작분석'이라고 한다. 동작 분석을 하기 위해서는 여러 단계를 거쳐야 하지만 중요한 개념 몇 가지만 설명하기로 한다.

1) 인체모델

동작분석을 하기 위해서는 사람을 어떻게 생긴 것으로 볼 것인가를 먼저 정해야 하는데, 그것을 '인체모델'이라고 한다. 인체를 세포 하나하나가 모여서 이루어졌다고 보면 계산을 할 수가 없기 때문에 단순화시켜서 몸통과 팔다리로 구성되어 있다고 볼 수도 있고, 머리, 몸통, 팔을 위팔, 아래팔, 손, 다리를 넙다리, 종아리, 발로 구성되어 있다고 해서 총 14개 분절로 볼 수도 있다. 그래서 14분절 모델 또는 몸통을 허리의 위와 아래로 나누어서 15분절 모델로 정한 다음 동작분석을 한다.

2) 인체의 매개변수

사람마다 키, 몸무게, 팔다리의 길이 등이 모두 다르다. 그렇다고 해서 비디오로 촬영한 선수마다 일일이 체격조건을 모두 측정할 수는 없다. 그래서 '인체의 매개변수' 또는 '인체 parameter'라고 하는 것을 이용해서 계산하고, 선수의 체중과 신장만을 측정한다.

그 이유는 인체의 각 분절에 대한 길이와 무게 등을 신장의 몇 %, 또는 체중의 몇 %로 적어 놓은 데이터가 바로 인체의 매개변수이기 때문이다. 예를 들어 팔의 길이가 40%라고 써져있다면 신장이 170cm인 사람은 팔의 길이가 약 68cm이다.

그렇다면 인체의 매개변수는 누가 만들었는지 궁금할 것이다. 옛날에는 독일과 일본에서 연고가 없이 죽은 시체 몇 구를 필요한 분절 수로 자른 다음 측정해서 평균을 구해 놓은 것을 이용할 수밖에 없었지만, 요즈음에는 미국 항공우주국에서 MRI 등을 이용해서 측정하거나 계산해 놓은 데이터를 많이 사용하고 있다.

3) 디지타이징과 필터링

동작을 정량적으로 분석하려면 어떤 순간에 어떤 분절이 어디에 있었는지 그 위치를 정확하게 알아내는 것이 중요하다. 그러나 일반 비디오가 1초에 30장의 사진을 촬영하는 반면 동작분석을 하는 비디오는 대개 1초에 100장의 사진을 촬영하는 데에다 인체의 분절수를 적어도 15개 정도로 정하므로 비디오를 보면서 사람이 한 점 한 점을 모두 마우스로 가리킨다는 것이 보통 번거로운 일이 아니다.

그래서 요사이는 한두 번만 사람이 지적해주면 컴퓨터가 자동적으로 다음 위치를 예상해서 가리켜주고, 사람은 잘못된 것이 없는가만 체크하면 되는 자동 디지타이징(digitizing) 프로그램이 개발되어서 유통되고 있다. 그러나 그것도 신경이 많이 쓰이는 일일 수밖에 없다.

또, 사람이 디지타이징을 직접 했든 아니면 컴퓨터가 디지타이징을 했든 상관없이 그림을 그려보면 동작이 부드럽지 못하고 로봇이 움직이는 것 같이 된다. 그때 데이터를 수정해서 동작이 매끄럽게 보이도록 하는 것을 필터링(filtering)이라고 한다.

필터링은 어려운 수학적 지식이 필요하기 때문에 우리들은 잘 모르는 경우가 많다. 그러나 동작분석용 프로그램에 따라서는 어떤 방법으로 필터링을 할 것인가를 물어보기 때문에 기본적인 원리 몇 가지는 운동역학 시간에 배워두어야 한다.

4) 동기화와 DLT

사진을 디지타이징하면 X, Y 좌표 2개만 나온다. 그런데 인간이 하는 동작의 위치를 나타내려면 X, Y, Z 3개의 좌표가 있어야 한다. 그래서 동작분석을 하려면 적어도 2대 이상의 카메라로 동시에 촬영을 해야 하고, 많게는 10대 이상으로 촬영해야 한다. 이렇게 카메라 대수가 늘어나면 디지타이징도 문제가 되지만 3D 좌표를 계산해내는 것도 문제가 된다.

2대 이상의 카메라로 동시에 촬영한 다음 디지타이징을 한 데이터들을 이용해서 3D 데이터를 계산하는 것을 DLT(direct linear transformation)라고 한다. DLT 기법으로 3D 데이터를 계산하려면 수학 실력이 상당히 있어야 하기 때문에 역할 전공 학생들이 직접 하기는 어렵고 대부분 동작분석 프로그램을 개발한 회사에서 만들어 놓은 방법 중에서 선택해서 사용한다.

마지막으로 동기화는 디지타이징을 시작하기 전에 먼저 해야 하는 일이지만 편의상 여기에서 설명한다. 동기화는 한마디로 A, B, C, D 카메라로 촬영하였다고 할 때 각각의 카메라에 찍힌 사진 중에서 어떤 사진과 어떤 사진이 동시에 촬영된 것인지를 분간해내는 것이다. 사진을 보면 알 것이라고 생각하면 오산이다. 1초에 사진을 100장 이상씩 촬영하였고, 카메라의 각도가 모두 다르기 때문에 세심한 주의가 필요하다. 왜냐하면 동기화를 잘못시키면 모든 데이터가 엉터리가 되기 때문이다. 보통은 사진촬영 중간에 풍선을 터뜨리거나 카메라 플래시 같은 것을 터뜨려서 그 시각을 기준으로 계산해서 동기화시킨다.

5) 지면반력

영상분석을 할 때 사진촬영만으로는 힘의 크기를 알 수가 없다. 그래서 어떤 방법으로든 힘을 측정해야 한다. 힘을 측정하는 방법도 많고 기계도 많지만, 여기에서는 가장 간단한 압력판만 설명한다.

손으로 쥐는 힘이나 팔로 당기는 힘을 측정하는 것은 대단히 복잡하거나 거의 불가능하기 때문에 발로 땅을 민 힘을 측정하는 기계가 압력판이다. 지면반력을 측정할 때는 대부분 사진을 촬영한 속도와 같은 속도로 1초에 100회 이상을 측정해야 사진자료와 압력판자료를 쉽게 동기화시킬 수 있다. 그리고 압력판에서 나오는 데이터는 기본적으로 압력중심의 위치, 수직으로 누르는 힘의 크기, 앞뒤로 민 힘의 크기, 좌우로 민 힘의 크기가 나오고 나머지는 그 데이터들을 이용해서 파워, 토크, 에너지, 일률 등을 계산해서 사용한다. 그것들도 모두 압력판을 만든 회사에서 개발한 프로그램들이고, 대부분 정말로 맞는 것인지 의심하지 않고 그냥 사용한다.

6) 근전도

사람이 움직이면 근육에서 미세한 전기(약 100만 분의 1볼트 정도)가 발생한다. 그 전기를 전극을 이용해서 수집한 다음 증폭시켜서 그림을 그리거나 여러 가지 분석을 하는 것을 근전도 분석이라고 한다.

근전도 분석도 상당한 수학 실력이 필요하기 때문에 대부분 근전도기계를 만든 회사에서 개발한 프로그램들을 이용한다. 근전도 분석의 목적은 근육의 활동상태를 정량적으로 알아보기 위한 것인데, 이때 진폭분석과 주파수분석을 주로 한다. 그 원리를 여기에서 설명하기는 어렵다. 따라서 근육에서 나오는 전기의 진폭이 크거나 주파수가 높으면 근육이 활발하게 활동하는 것을 나타낸다는 전제하에 분석한다.

그러나 근전도는 남자와 여자, 젊은 사람과 나이 든 사람이 다를 뿐만 아니라 사람마다 다르기 때문에 측정한 결과를 해석할 때 세심한 주의와 근전도에 대한 지식이 필요하다. 여기에서는 그냥 지식이 필요하다고만 했지만, 정말로 운동역학을 전공하려는 학생은 어느 정도는 운동역학 시간에 배워서 알아두어야 한다.

참고문헌

김창국 역(2010). 생체역학. 대경북스.

박성순 외(2011). 운동역학. 대경북스.

이필근(2009). 핵심 운동역학. 대경북스.

예종이(1998). 생체역학. 태근문화사.

조효구 외 역(2008). 스포츠생체역학 20강. 대한미디어.

주명덕, 이기청 역(2002). 운동역학. 대한미디어.

金子公宥(2007). スポース・バイオメカニクス入門 第3版. 杏林書院.

小林一敏(1960). 浮力, In 宮畑虎彦ほか, 身體運動の科學. 學藝出版社.

Anthony J. Blazevich(2010). *Sports Biomechanics: The basics: Optimizing Human Performance*. A&C Black.

Braune, W. and Fishche, O.(1987). *The Human Gait*. Spring-Ferlarg.

Close, J. R.(1964). *Motor Function in the Lower Extremity*. Thomas.

David A. Winter(2009). *Biomechanics and Motor Control of Human Movement*. Wiley.

John McLester(2007). *Applied Biomechanics: Concepts and Connections*. Wadsworth Publishing.

Margareta Nordin(2001). *Basic Biomechanics of the Musculoskeletal System*. Lippincott Williams & Wilkins.

Peter McGinnis(2004). *Biomechanics of Sport and Exercise 2nd Ed*. Human Kinetics.

Plagenhoef, S.(1973). *Patterns of Human Motion*. Prentice-Hall Inc.

체육의
응용과학적 연구

제1장 코칭론

1. 스포츠 코칭의 10계명

성공적인 스포츠지도를 위해서는 사람들이 스포츠를 하는 이유와 그들이 바라는 바가 무엇인지 그 핵심을 알고, 원하는 바를 이룰 수 있도록 지도해야 한다.

다음은 스포츠지도 시 명심해야 할 10가지 항목을 정리한 것이다.

① 스포츠의 근원은 즐거움에 있다.

스포츠에는 여러 가지 유형(종목)이 있지만, 기본적으로는 어떤 스포츠를 하더라도 누구나 즐길 수 있어야 한다. '즐긴다'는 것은 웃으면서 가볍게 한다는 것이 아니라 기술이 향상되고, 운동수행능력이 높아지는 가운데에서 즐거움을 찾는 것이다. 수행능력이 향상되기를 원한다면 즐기면서 배워야 한다. 어떤 일을 하든지 좋아서 하는 것이 그 일에 숙달할 수 있는 지름길이다. 그러므로 스포츠 코칭의 제1계명은 즐기면서 운동을 할 수 있도록 지도하는 것이다.

② 스포츠의 진수는 탁월함에 있다.

누구나 스포츠기술이 남보다 탁월해지기를 바란다. 사람에 따라 스포츠기술에 숙달되는 속도는 차이가 있지만 흥미와 관심을 가지고 꾸준히 노력하면 누구나 숙달될 수 있다. 그러므로 탁월해지기 위해서는 학습·연습·단련이 필요하고, 다른 사람보다 더 많은 노력을 해야 한다는 것을 선수들에게 일깨워 주어야 한다.

③ 스포츠의 최고 맛은 승리이다.

사람마다 스포츠를 하는 목적이 다르겠지만, 가장 근본적인 것은 상대를 이기고 싶어 하는 마음이다. 경기를 할 때마다 져도 즐겁다는 사람은 없다. 초보자는 초보자 수준에서, 프로는 프로 수준에서 경쟁하여 승패를 가리는 것이 스포츠이다. 영원한 승자도, 영원한 패자도 없으므로 경쟁에서 이기기 위한 준비를 하도록 하는 것이 지도자가 해야할 일이다.

④ 스포츠의 매력은 꿈과 희망이다.

사람은 꿈과 희망을 쫓으면서 살아간다. 스포츠에는 수준에 따라서 항상 꿈을 실현할 가능성이 보인다. 그러므로 지도자는 어떻게 해야 선수들이 꿈과 희망을 이룰 수 있는지를 중요하게 생각하여야 한다.

⑤ 스포츠의 활력소는 쾌감이다.

쾌감은 전혀 없고 매일매일 고달픔만 있다면 어떻게 살아갈 수 있겠는가? 스포츠에는 쾌감을 맛볼 수 있는 기회가 대단히 많다. 특히 훈련의 괴로움을 이기고 목적하는 바를 이루었을 때의 장쾌함은 더할 수 없는 기쁨을 가져다준다.

⑥ 스포츠의 상징은 동작이다.

스포츠는 동작을 통해서 자기를 표현하고, 뜻을 이룬다. 즉 스포츠는 동작의 질, 동작의 양, 동작의 질서와 조화를 서로 다투는 것이라고 할 수 있다. 그러므로 지도자는 효율적으로 동작을 할 수 있도록 지도해야 한다.

⑦ 스포츠에는 졸업이 없다.

어떤 스포츠이든, 아무리 잘하는 선수라도 끝이 없다. 스포츠는 기본에서 시작해서 기본으로 끝이 나는 미완성의 세계이다. 그러므로 스포츠지도에도 끝이 있을 수 없다. 계속해서 연구하고, 수정 보완하면서 지도해야 한다.

⑧ 스포츠의 기본은 밸런스와 리듬이다.

스포츠는 좋은 자세로 플레이함과 동시에 행동력과 억제력의 균형을 잡는 것이 아주 중요하다. 우수한 선수일수록 자신의 밸런스와 리듬에 맞추어 플레이를 한다.

⑨ 스포츠는 보고 느끼는 것이다.

스포츠는 매순간마다 상대를 보고 적절한 대응을 해야 한다. 같은 장면을 보더라도 '누가 보아도 알 수 있고, 느낄 수 있는는 것'까지만 보고 느끼는 사람과 '다른 사람은 볼 수 없고, 느낄 수 없는 것'까지 보고 느낄 수 있는 선수가 있다. 그러므로 지도자는 보는 힘과 느끼는 힘을 향상시킬 수 있도록 지도해야 한다.

⑩ 스포츠의 최종목표는 아름다움이다.

아름다움을 표현하는 것에는 그림, 조각, 서예, 무용, 연극, 음악 등 수없이 많다. 그러한 예술작품보다 더 강하고 진한 아름다움을 보여주는 것이 스포츠이다. 스포츠의 명장면을 보고 그림 같은 장면이라고 하는 것은 거기에서 예술품보다 더 아름다움을 느낄 수 있기 때문이다. 스포츠의 아름다움은 멋있는 플레이, 열정적인 경기, 세련된 운동수행, 어려움의 극복, 의미 있는 결과 등 헤아릴 수 없이 많다. 그러므로 지도자는 아름다움을 창조한다는 자세로 지도해야 한다.

2. 스포츠수행능력

1) 스포츠수행능력의 구조

앞 절에서 스포츠의 본질과 그에 따른 스포츠 코칭에서 해야 할 일들에 대하여 설명하였다. 거기에는 "스포츠를 한다."는 것을 전제로 하고 있다. 왜냐하면 스포츠를 하지 않는 사람에게 스포츠지도를 할 수도 없고, 배우려고도 하지 않기 때문이다.

어떤 목적으로, 어떤 스포츠를, 어떻게 하든지 간에 스포츠를 하려면 그 스포츠를 할 수 있는 수행능력이 있어야 한다. 수행능력이 좋고 나쁨은 차치하고 스포츠수행능력은 어떻게 해서 생기는 것인지를 먼저 알아야 한다.

스포츠는 일반적으로 한정된 공간 · 시간 · 규칙 안에서, 개인 대 개인, 팀 대 팀, 인간 대 자연이 서로 맞서서 기록 · 득점 · 기술 · 아름다움 등을 겨루어 승패를 가리는 것이다. 그러므로 스포츠수행능력에는 사람, 사물, 공간, 시간 등이 크게 영향을 미치게 된다.

鳴田은 스포츠수행능력의 구조를 그림 1-1과 같이 나타냈다.

- 기본력……기본기술이 아니라 손발을 움직이거나 말을 주고받는 등 가장 기본적인 능력과 스포츠를 하려는 의욕, 목적의식, 스포츠적성 등을 말한다.
- 기술력……수행능력에서 기술력은 아주 중요한 필요조건이지만 필요충분조건은 아니다.

● 체력……근력, 지구력, 순발력, 민첩
성, 유연성 등
● 정신력……투지, 근성, 용기, 자신감
등
● 전술력……기술과 체력을 유효하게 사
용할 수 있는 방법

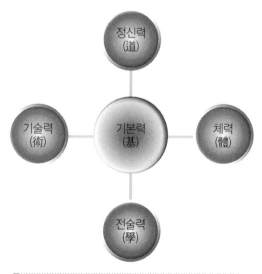

그림 1-1. 스포츠수행능력의 구조

그러므로 충실한 바탕 위에 잘 연마된 기술과 잘 단련된 신체, 전문적인 지식과 게임을 수행하는 능력이 혼연일체가 되어 조화를 이룰 때 비로소 스포츠수행능력을 이상적으로 발휘할 수 있다. 이것을 공식으로 쓰면 다음과 같다.

$$P = F \times C \times S \times T \times H$$

Perfomance, Fundamental(기본능력), Condition(체력), Skill(기술력), Tactics(전술력), Heart(정신력)

2) 스포츠스트림이론

스트림이론은 스포츠수행능력을 강물(stream)에 비추어서 설명하는 이론이다. 즉 처음에는 실개천 같던 강물이 흘러가면서 점차 다른 지류들이 합류해서 큰 강을 이루듯이, 기본력으로 스포츠를 하던 것에 체력과 기술력이 합쳐지고, 정신력과 전술력이 합쳐져서 높은 수행능력을 발휘할 수 있게 된다는 것이다. 그림 1-2는 스트림이론을 그림으로 나타낸 것이다.

여기에서 기본력에 대한 약간의 추가설명이 필요하다. 기본력이란 스포츠에 참가하고자하는 의욕과 기본 운동적성을 말하는데, 이는 게임의 기본과 승부의 기본으로 나눌 수 있다.

많은 선수들이 기술을 구사하는 방법은 알고 있지만 게임을 전개하는 기본을 간과하는 경향이 있다. 게임을 전개하는 기본은 상대가 어떤 스타일이든 확실하게 플레이를 전개해서 목적을 달성하는 데 있다. 다시 말해서 게임에는 이기고 승부에는 지는 일이 없도록 해

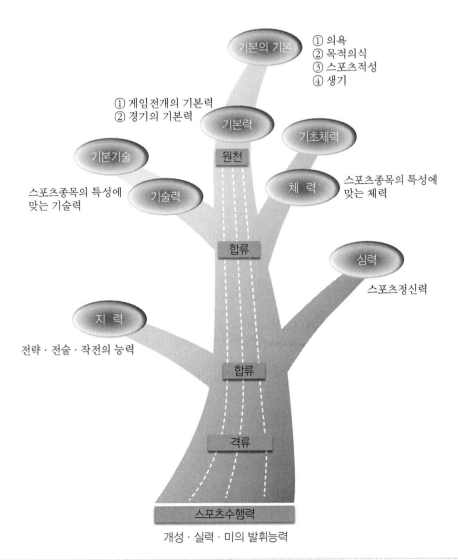

그림 1-2. 스포츠의 강(스트림이론)(鳴田, 1998)

야 한다는 의미이다.

　그림 1-3은 게임 전개의 구조이다. 게임은 게임 전개의 기본을 바탕으로 몇 개의 기본기술로 구성되는 개인플레이, 몇 개의 패턴으로 구성되는 패턴플레이, 그리고 커뮤니케이션을 통해서 이루어지는 팀플레이 순으로 전개된다.

　게임의 전개는 스포츠종목에 따라서 다르지만 기본자세, 기본위치, 상황파악, 기본적인 움직임, 의사소통 등이 중요하다.

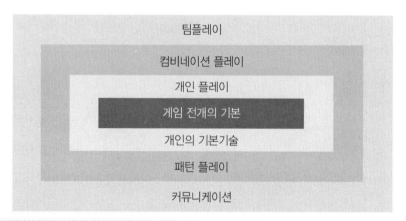

그림 1-3. 게임 전개의 구조도

경기는 상대와 겨루어 승패를 가르는 것이다. 그러므로 승패의 기본이 무엇인지를 잘 파악해서 승부에서 유리하게 작용할 수 있도록 게임을 전개해야 한다. 승부의 기본은 승부는 냉정한 것이고, 승부는 상대와 정신적·신체적으로 힘겨루기를 하는 것이며, 승부는 자세와 위치선택에 의해서 좌우되고, 승부는 집중력을 얼마나 발휘하느냐에 달려 있다.

3) 성공을 위한 10계명

스포츠는 누구나 즐길 수는 있지만 경쟁에서 이기고 성공하는 것은 쉬운 일이 아니다. 그러므로 스포츠에서 성공하려면 무엇을 갖추어야 하는가? 그에 대한 대답은 모든 행동을 성과가 풍부하도록 하면 된다는 것이다.

그러나 성과가 풍부하도록 하려면 어떻게 하라는 말인가? 그 구체적인 내용을 서술한 것이 성공을 위한 10계명이다.

① 넓고 깊은 물에서 놀아야 한다.

선수 개인이나 팀이 좋은 성과를 거두려면 선수의 능력과 지도자의 능력이 우수하고, 주위의 여건이 좋아야 한다. 이것을 공식으로 나타내면 다음과 같다.

$$R = f(A, I, E)$$
Result(결과), Ability(능력), Instructor(지도자), Environment(환경)

스포츠는 보고 배우는 것이다. 그러므로 스포츠에서 성공하려면 좋은 선수가 많이 있는 좋은 팀에 소속되어야 한다. 그래야 보고 배울 수 있지 않은가? 조기축구팀이나 길거리농구팀에 들어가서 무엇을 얼마나 배울 수 있겠는가?

Hiddink 감독이 우리나라 축구를 세계적 수준으로 끌어올리는데 결정적인 역할을 했다는 것을 부정하는 사람은 별로 없을 것이다. 지도자의 능력에 따라서 팀과 선수의 장래가 달라진다. 팀이 경제적으로 어려워서 연습도 제대로 할 수 없다든지, 팀원 간의 갈등이 심해서 불화가 잦으면 팀워크도 잘 형성되지 않고, 팀이 활성화되기도 어렵다

그림 1-4는 선수의 기본적인 능력, 지도자의 능력, 팀의 환경을 세 변으로 그린 삼각형이다. 선수의 기본적인 능력이 같더라도 지도자의 능력과 팀의 환경에 따라서 삼각형의 면적(성과)이 달라진다.

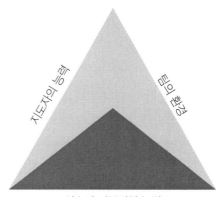

그림 1-4. 성과 삼각형

② 보는 능력을 길러야 한다.

운동은 모방에서 시작된다. 즉 남이 하는 것을 보고 따라서 하다보면 자신의 운동감각이 생기고, 머릿속으로 이렇게 하면 될 것이라는 이미지를 그려본 다음에 실천으로 옮기면서 부족한 것을 보완하고 수정하여나가는 것이 운동수행능력의 향상이다. 그러므로 우수한 선수들이 하는 것을 눈으로만 보지 말고, 몸과 마음으로 보아야 한다. 하나를 보고 하나도 모르는 사람이 있는가 하면 둘이나 셋을 아는 사람도 있다. 우수한 선수들이 플레이하는 비디오를 자주 보고, 연수회나 강습회에 많이 참석하여 보는 능력을 기르면 나도 하나를 보고 둘이나 셋을 아는 사람이 될 수 있다.

③ 전체를 본 후에 부분을 보아야 한다.

학생들이 공부하는 것을 보면 별로 중요하지도 않은 것을 달달달 외우고 있는 학생이 있는가 하면, 중요한 키포인트만 외우고 나머지는 생각해서 해결하는 학생도 있다. 운동에도 중요한 것과 그렇지 않은 것이 있다. 무엇이 중요하고 무엇이 안 그런 것인지를 분간하려면 전체를 보아야 알 수 있다. 축구경기를 잘 하려면 전체적인 흐름을 알아야 하지, 드리블만 계속하면 팀에 도움이 안 된다.

⑤ 전문용어를 알아야 한다.

스포츠종목마다 특성이 있고, 그 특성을 가장 잘 나타내는 것이 그 종목 특유의 전문용어이다. 전문용어 속에는 무엇인가 특별한 동작이나 감각을 암시하는 내용이 들어 있다.

⑥ 스포츠용품을 잘 선택해야 한다.

건강을 위해서 또는 취미로 운동을 하는 사람 중에도 '연장이 좋아야 운동을 잘할 수 있다'는 사람도 있고, 연'장만 좋다고 운동을 잘 하느냐, 실력만 있으면 되지' 하는 사람도 있다. 유명한 음악가는 좋은 악기로 연주를 하고, 유명한 화가일수록 좋은 물감으로 그림을 그린다. 운동도 연장이 좋으면 연장값을 하기 위해서라도 운동을 열심히 하게 된다.

⑦ 주의의 폭을 넓혀야 한다.

외부환경이나 개체 내부로부터의 많은 자극 중에서 특정한 자극을 특히 분명하게 인지하거나, 특정한 자극에만 반응하는 선택적 활동 또는 그러한 상태를 '주의'라고 한다. 주의에는 큰 소리나 이상한 냄새를 알아차린다든가 아름다운 이성에게 눈이 끌린다든지 하는 1차적/무의식적 주의, 디자이너가 직업의식에서 행인의 몸매에 눈이 끌리기 쉽다는 준1차적/습관적 주의, 시끄러운 소음 속에서 암산이나 독서에 빠질 때와 같은 2차적/유의적 주의로 구별할 수 있다.

그중에서 습관적 주의는 학습·경험·취미·흥미 등에 의해서 길러지고, 별로 신경을 쓰지 않아도 저절로 주의가 기울여지는 것이기 때문에 운동선수에게 아주 중요하다. 게임을 할 때 선수는 순간적으로 많은 것에 주의를 기울여야 한다. 우리선수와 상대선수들의 움직임은 물론이고, 공의 속도와 그라운드컨디션까지도 신경써야 한다. 유명한 선수들은 그러한 모든 것들에게 순간적으로 주의를 기울일 수 있는 능력이 몸에 배어 있다.

그밖에 경기시작부터 끝날 때까지 주의를 집중할 수는 없는 것이므로 주의를 기울였다 풀었다하는 능력도 있어야 하고, 자신이 주의를 기울이는 방향과 감독이나 코치가 주의를 기울이는 방향이 다를 수도 있으므로 주의를 전환할 수 있는 능력도 갖추어야 한다.

⑧ 자신의 스포츠적성을 알아야 한다.

스포츠를 할 때 평균적인 수준보다 더 잘할 수 있을 것이라고 기대할 수 있는 자질을 스포츠적성이라고 한다. 자신의 적성을 잘 알고 적당한 종목에 뛰어들어야 성공할 수 있다. 스포츠적성에는 다음과 같은 것이 있다.

● 신체적 적성……신장, 체중, 손발의 길이 등에 따라서 적정 운동종목이 다르다.

● 지적 적성……논리적·체계적으로 사고하는 능력, 인간관계를 조절하는 능력, 행동예

측, 경험의 분석과 기억·전술능력 등

● 운동적성……평형성, 유연성, 민첩성, 근력, 순발력, 지구력, 신체조절 능력 등으로 구분되는 운동능력의 소질

● 정신적 적성……시합에서 이기려는 욕심이 없으면 성적이 잘 나오지 않는다. 그러므로 훌륭한 선수가 되어 성공하려면 승부욕이 있어야 한다.

● 지각적 적성……시각, 리듬감, 평형감, 공간인지능력 등

⑧ 학습전이효과를 활용해야 한다.

어린아이가 걷기를 잘하게 되면 금방 달리기를 할 수 있듯이 이미 배웠던 어떤 동작이 나중에 배우려고 하는 동작에 영향을 미치는 것을 학습의 전이라고 한다. 학습전이를 잘 이용하려면 운동연습을 하는 시간 외에 놀 때에도 적극적 전이가 될 수 있는 게임을 하면서 놀아야 한다. 학습전이에는 다음과 같은 것이 있다.

● 적극적 전이……필드하키를 한 사람이 골프를 배우면 다른 사람보다 훨씬 빠르게 발전하듯이 이전의 학습경험이 나중의 학습에 도움이 되는 경우이다. 대부분 비슷한 동작이거나 운동요소가 거의 같을 때 적극적 전이가 일어난다.

● 소극적 전이……농구를 한 사람이 테니스를 하면 점프를 할 필요가 없는데, 습관적으로 점프를 해서 실수를 하는 것처럼 이전의 학습경험이 나중의 학습에 악영향을 미치는 경우이다. 초기에는 소극적 전이 때문에 고생하지만 기량이 어느 정도 향상되면 적극적 전이로 바뀌어서 학습속도가 빨라지는 경우가 많다.

● 교차적 전이……탁구를 잘하는 사람은 왼손으로 해도 초보자를 이긴다. 이와 같이 오른손으로 학습한 것이 전혀 연습을 안 해도 왼손으로 전이되는 것을 교차적 전이라고 한다.

⑨ 욕구불만을 이길 수 있는 능력을 길러야 한다.

운동을 하다 보면 중간에 여러 가지 고통, 불안, 갈등, 압박, 스트레스 등을 받아서 운동을 그만 두어버릴까 하는 생각이 들기 마련이다. 그때 포기해버리면 끝이다. 그러므로 마음에 안 들더라도 참고 견디어낼 수 있는 능력이 있어야 한다.

⑩ 긍정적인 사고방식을 가져야 한다.

시합이나 연습을 할 때 잘 못되면 어떻게 하나 하는 두려움, 이럴까 저럴까 하는 망설임, 오늘은 잘 될까 하는 불안함 등이 반드시 있다. 그때마다 '할 수 있다' 또는 '하면 된다'는 식으로 긍정적인 방향으로 생각을 해야 한다. 그것을 부정적으로 생각하면 '실패→자신감 상실→더 큰 실패→좌절→포기'로 이어지는 악순환을 하게 되고, 긍정적으로 생각하면 '할

수 있다→해냈다→자신감→더 큰 성공'으로 이어지는 순순환을 하게 된다.

4) 스포츠트리이론

스포츠트리이론은 선수나 팀이 성공을 향해서 성장해나가는 과정을 나무에 비유해서 설명하는 이론이다. 작은 씨앗이 터서 점점 자라면서 줄기와 뿌리가 자라고 잎이 무성해지듯이 작은 적성을 가지고 운동을 시작한 것이 점점 자라서 훌륭한 선수가 되고 성공하게 된다는 것이다.

그림 1-5는 스포츠나무를 그린 것이다.

● 스포츠나무의 씨앗은 스포츠를 배우고 싶다는 흥미와 관심 즉, 동기이고, 스포츠나무의 줄기는 좀 더 잘하고 싶다는 열정과 이기고 싶다는 의지와 신념이다(0, 1).

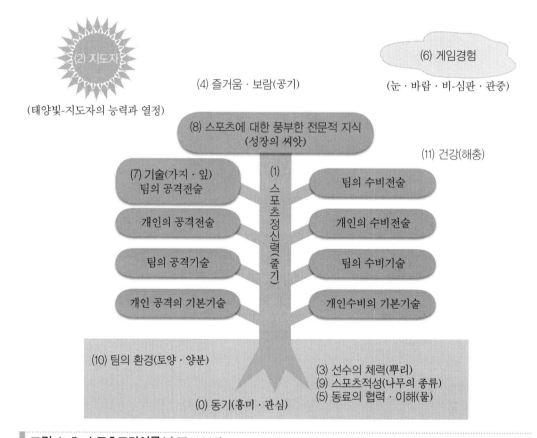

그림 1-5. 스포츠트리이론(鳴田, 1998)

- 나무를 성장시키는 것이 태양이듯, 스포츠나무(선수)를 성장시키는 것은 지도자이다. 지도자를 잘못 만나면 더 이상 성장할 수 없다(2).

- 뿌리가 나무를 지지해주는 것처럼 스포츠나무를 지지해주는 것은 체력이다. 뿌리가 튼튼한 나무가 크게 자랄 수 있듯이 체력이 받쳐주어야 큰 선수로 성장할 수 있다(3).

- 공기가 없으면 생물이 살아갈 수 없는 것처럼 스포츠를 하면서도 즐거움이 없고, 기본적인 욕구를 만족시켜주지 못하면 스포츠를 할 수 없다. 스포츠나무를 활성화시키는 것은 즐거움과 쾌감이다(4).

- 물은 공기와 함께 모든 생물들에게 반드시 필요한 것이다. 비가 와서 물이 공급되면 나무에 생기가 돋듯이 동료들의 원조와 협력이 스포츠나무에 생기를 불어넣고, 용기를 북돋아준다. 맑고 깨끗한 물은 나무가 자라는 데 힘이 되지만 더러운 물은 나무를 죽일 수도 있듯이, 좋은 동료는 스포츠나무를 위로하고, 격려하며, 큰 힘이 되지만 나쁜 동료는 스포츠나무를 고사시킬 수도 있다(5).

- 나무가 자라려면 비바람과 폭풍이나 눈을 피할 수 없지만 그런 어려움을 이기고 자라야 나무가 튼튼해진다. 경기에서 어려움도 당해보고, 승리도 해보고, 패배의 쓴잔도 마시면서 자라야 스포츠나무가 튼튼해진다. 여러 가지 경기경험을 쌓는 것이 진보의 밑바탕이 되고, 정신력을 기르는 가장 좋은 수단이 된다(6).

- 나무에 잎이 없으면 나무 구실을 못하고, 나뭇잎이 풍성하면 아름답게 보일 뿐만 아니라 더욱 더 왕성하게 자란다. 스포츠나무의 잎은 기술이다. 기술이 없으면 선수라고 할 수도 없고, 기술이 탁월하고 다양하면 플레이가 아름답고 마음껏 실력을 발휘하면서 왕성하게 스포츠활동을 할 수 있다(7).

- 나무가 자라는 것은 제일 윗부분에 있는 싹이 자라는 것이고 싹을 잘라버리면 나무가 성장할 수 없다. 스포츠나무의 싹은 전문적인 지식이다. 스포츠나무가 크게 성장하려면 전문적인 연구를 게을리 하면 안 된다(8).

- 나무에도 여러 종류가 있다. 소나무 씨앗이 트면 소나무가 되지 소나무 씨앗에서 밤나무가 나올 수는 없다. 스포츠나무의 종류가 스포츠적성이다. 자신의 스포츠적성에 맞지도 않는 스포츠를 하는 것은 소나무 씨앗이 밤나무로 자라고 싶어하는 것과 다를 바가 없다(9).

- 나무는 흙에서 살고, 흙이 비옥해야 잘 자랄 수 있다. 스포츠나무의 흙은 팀이다. 좋은 팀에 소속되어 있으면 스포츠나무가 잘 자랄 수 있지만, 나쁜 팀에 소속되어 있으

면 스포츠나무가 자라는 데 방해가 될 뿐이다(10).

● 나무가 자라다가 해충, 환경오염, 병에 걸리면 죽거나 앙상해진다. 스포츠나무에 해충이 되고 병이 되는 것은 부상과 질병이다. 그러므로 부상과 질병은 가능한 한 피해야 하고, 피하지 못했으면 이겨내야 한다. 부상이나 질병 때문에 선수생활을 접는 사람이 한둘이 아니다(11).

3. 스포츠기술

1) 스포츠기술이란

앞 절에서 스포츠나무의 잎이 기술이라고 하였다. 스포츠를 하는 사람은 누구나 보다 좋은 기술을 습득하려고 노력하고, 경기에서는 최선의 기술을 발휘함으로서 좋은 성과를 거두려고 한다.

⑴ 스포츠기술의 정의

스포츠기술은 '스포츠상황에서 발생하는 여러 문제들을 가장 효율적으로 해결하기 위하여 신체를 조작하는 방법'이라고 정의할 수 있다. 스포츠기술이 추구하는 목적은 다음과 같다.

● 운동을 효율적으로 수행한다……가장 적은 에너지를 사용하여 가장 좋은 성과를 거두려는 것이 스포츠기술을 사용하는 첫 번째 목적이다.

● 사용시간을 최소화한다……스포츠기술을 사용하는 데에 시간이 많이 걸리면 상대를 이길 수 없다.

● 정확도를 높인다……농구나 축구에서 그럴듯한 폼으로 슛을 하여도 정확도가 결여되어서 성공하지 못하면 좋은 기술이라고 할 수 없다. 기술이란 어려운 상황에서도 정확하게 목적을 달성하는 수단이라고도 할 수 있다.

⑵ 스포츠기술의 특성

스포츠기술은 운동의 법칙과 원리에 맞게 구성되어 있다. 어떤 기술이든 뉴턴의 운동법칙, 에너지 보존법칙, 운동량 보존법칙 등에 위반되는 것은 없다. 다만 그런 법칙이나 원리를 효과적으로 이용하는 것일 뿐이다. 다음은 스포츠기술의 특성을 요약한 것이다.

- 스포츠기술에는 유사성이 있다……운동종목마다 제 각각의 기술이 있지만 과제의 성격이 비슷하면 기술도 비슷하다. 예를 들어 야구의 피칭, 배구의 스파이크, 테니스의 스매싱은 구조적으로 대단히 유사하다.
- 스포츠기술에는 순차성과 리듬이 있다……던지고, 차고, 때리는 모든 기술은 동작이 몸통에서 시작되어 손끝에서 끝나는 순차성이 있고, 모든 기술동작에는 리듬이 있다. 리듬이 맞지 않으면 동작이 어설프고 결과도 좋지 않다.
- 스포츠기술에는 개성이 있다……나와 다른 사람이 체격조건, 체력조건, 정신적 조건이 똑같을 수는 없다. 그러므로 다른 사람의 기술동작을 보고 배우되, 나의 기술동작으로 만들지 않으면 효과적인 기술동작이 될 수 없다.

(3) 스포츠기술의 구조

스포츠기술은 시간적·공간적으로 신체를 연속해서 움직이는 하나의 연속체로 파악할 수 있다. 그것을 우리는 준비국면→주요국면→종말국면이라고 한다.

공을 차려면 발을 먼저 뒤로 빼야 하듯이 준비국면은 대부분 주요국면에서 하려고 하는 동작의 반대방향으로 움직인다. 이것을 스포츠과학에서는 '탄력을 얻기 위해서' 또는 '에너지를 비축하기 위해서'라고 설명한다.

주요국면에서는 임팩트나 릴리스와 같이 과제를 달성하기 위한 주운동이 행해지고, 종말국면은 주운동의 효과를 높이기 위한 동작이나 빨리 다음 자세를 취하기 위한 동작들이 행해진다. '폴로스루(follow through)'라고 하는 동작은 모두 종말국면에 해당된다.

2) 스포츠기술의 지도

(1) 스포츠기술의 주요요소

우수한 선수들의 기술동작을 보면 유연하고, 리드미컬하며, 군더더기 동작이 없다. 그러한 기술동작은 신체의 각 부위들이 하나로 통일되어 조직적으로 움직여야 비로소 할 수 있다. 다음은 스포츠기술들이 갖추어야 할 각종 요소들을 정리한 것이다.

- 폼……스포츠에는 어떤 기술동작을 할 때 반드시 '폼'이라는 것이 있다. 활동능력을 충분히 발휘할 수 있도록 하는 운동패턴을 '폼'이라 하고, 가장 작은 동작으로 가장 적

은 에너지를 소비하면서 가장 좋은 결과를 얻을 수 있는 폼을 '좋은 폼'이라고 한다. 폼은 스탠스, 풋워크, 바디밸런스, 바디컨트롤 등의 요소가 있다.

- **릴랙세이션(relaxation)**……운동수행에 필요한 만큼 주동근을 움직이고, 관계없는 근육은 이완시키는 것이 원칙이다. 길항근이나 필요 없는 근육을 수축시키면 에너지만 낭비하고, 몸이 굳어져서 정확도에서 손해를 보게 된다.

- **스피드**……스피드는 기술의 위력을 더해주고, 기술을 효율적으로 발휘할 수 있도록 한다. 여러 가지 스피드가 있지만, 스포츠에서 중요시하는 스피드에는 보는 속도, 동작속도, 이동속도 등이다.

- **지구력**……스포츠에서 순간적인 힘이 승패를 가르는 경우도 있지만 대부분은 힘을 지속적으로 발휘하는 것을 필요로 한다. 자신이 가지고 있는 기술을 시합이 끝날 때까지 효과적으로 발휘하기 위해서는 지구력이 있어야 한다.

- **타이밍**……타이밍은 자극을 받아들여서 반응할 때까지의 시간과 관련이 있는 요소이다. 자극을 너무 빨리 받아들여도 좋지 않고, 너무 늦게 받아들여도 좋지 않다. 적절한 시각에 자극에 대한 반응이 이루어지도록 조절해야 한다.

- **정확성**……일반적으로 정확도는 속도에 반비례한다. 그러므로 느린 속도로 기술을 발휘하면서 정확도를 높일 수 있도록 훈련을 한 다음 정확도가 어느 수준에 도달하면 좀 더 빠른 속도로 정확하게 기술을 발휘하는 훈련을 반복해야 한다.

- **스포츠비전**……우수한 선수와 일반선수의 차이는 "보는 능력 즉, 스포츠비전의 차이이다." 스포츠비전에는 눈의 시각, 근육의 운동감각, 두뇌의 지각 등이 있다.

- **집중력**……중요한 목표에 의식과 주의력을 집중할 수 있는 능력을 집중력이라고 한다. 집중력을 발휘하여 과제를 확인하고, 운동을 기획한 다음 운동을 발현시켜야 고도의 기술을 발휘할 수 있다.

- **자신감**……자신감이 있는 선수는 거침없이 대담한 플레이를 할 수 있고, 자신감을 잃으면 두려워서 자신의 실력을 충분히 발휘할 수 없게 된다. 연습할 때 많은 성공경험을 쌓아야 자신감이 길러진다.

- **자기 컨트롤**……게임에서 오는 긴장, 불안, 공포, 좌절 등을 이겨내지 못하면 근육의 경직과 같은 신체적 증후와 집중이 안 되는 등의 정신적인 증후가 생긴다. 그러므로 선수는 시합에서 오는 여러 가지 스트레스들을 이겨내고 자신의 몸을 자기가 컨트롤할 수 있는 능력이 있어야 한다.

(2) 스포츠기술의 지도

운동선수의 기본인 스포츠기술은 오랫동안의 연습과 노력에 의해서 습득되는 것이다. 기술의 숙달은 성숙요인(readiness)과 연습요인에 의해서 결정되지만 일반적으로 연습의 양에 비례해서 숙달된다.

기술을 숙달시키기 위해서 지도를 할 때는 기술수준이 낮은 초보단계에서 점차적으로 높은 기술수준으로 이행하면서 지도해야 한다. 기술수준을 명확하게 구분하기는 어렵지만 대체적으로 8단계로 나누어서 지도하는 것이 바람직하다. 세부적인 설명은 생략하고, 각 단계를 그림 1-6에 요약하였다.

제1단계(motivation)
스포츠기술을 아직 모르며 그 기술을 알려고 하는 단계
(스포츠상황이 전혀 보이지 않는다)

제2단계(novice)
스포츠의 기술을 알지만 아직 기술을 사용할 수 없는 단계
(기술의 형태를 흉내내는 단계이며, 게임은 아직 할 수 없다)

제3단계(intermediate)
스포츠기술을 알고 할 수 있지만 미스가 많은 단계
(기술의 형태를 흉내내어 익숙해지는 단계로 게임의 상황이 약간 보이지만, 기술의 좋고 나쁨의 차이를 모른다)

제4단계(player)
기술을 발휘할 수는 있지만 게임에서 사용할 수 없고, 기술의 구사법을 모르는 단계
(기법을 배우고 몸으로 익히는 단계이며, 게임의 상황이 보이지만 기술의 좋고 나쁨의 차이를 모른다)

제5단계(general player)
게임에서 기술을 사용할 수 있지만 기술을 구분하여 사용할 수 없어서 효과가 적은 단계
(기술의 사용법을 배우고, 기술을 자유자재로 쓸 수 있는 단계이며, 게임의 상황이 보이지만 그에 맞는 기술의 구사법을 모른다)

제6단계(good player)
게임에서 기술을 쓸 수 있고, 구분하여 쓸 수도 있지만 위력이 없는 단계
(기술에 힘이 없고, 기술에 위력을 더하는 단계이며, 게임상황을 잘 볼 수 있고 게임 전개의 좋고 나쁨을 알지만, 기술의 효과가 적다)

제7단계(great player)
기술에 위력이 있고, 약간 정확성이 떨어지지만, 게임에서 기술을 적절히 구분하여 사용할 수 있으며 커다란 효과가 있는 단계
(숙련된 기술을 유효하게 활용할 수 있는 기능을 갖고 있다. 또한 미스를 하여도 곧 회복할 수 있는 단계이며, 게임의 상황도 더 잘 보이고 플레이의 선택을 그 자리에서 바로 할 수 있다)

제8단계(specialist)
기술에 위력과 정확성과 효과가 있으며 상대에게 데미지를 줄 수 있는 단계
(모든 기술을 숙지하고, 독자적인 기교·특기를 갖고 있으며, 게임상황도 잘 볼 수 있고 미스 없이 상대의 약점을 그 자리에서 바로 찌를 수 있는 최종단계로서, 아무리 실패하여도 그것을 되돌리는 뛰어난 회복능력을 갖고 있다)

그림 1-6. 스포츠기술의 숙련단계(鳴田, 1998)

4. 스포츠연습

한 번 학습한 것은 시간이 지나면 잊어버리지만, 잊기 전에 반복해서 학습하면 잊어버리는 데 소요되는 시간을 연장할 수 있다. 그리고 학습한 후 가까운 시간 내에 유사한 내용을 학습하면 이전에 학습한 것이 새로운 학습에 좋은 영향을 미쳐서 학습효과가 높아지고, 정확도가 좋아지며, 영속적인 기억을 기대할 수 있다. 이러한 유사학습을 반복하는 과정을 연습이라고 한다.

1) 연습의 효과를 높이는 법칙

연습을 해도 성과가 없다면 연습을 할 필요가 없을 것이고, 같은 연습을 해도 성과를 더 얻을 수 있는 방법이 있다면 그 방법으로 연습해야 할 것이다. 그러나 안타깝게도 가장 좋은 연습방법은 없으므로 연습의 성과를 높일 수 있는 다음과 같은 법칙들을 이해한 다음에 그 법칙들을 적절하게 조합하여 연습할 수밖에 없다.

- 사용 · 불사용의 법칙(law of use and disuse)……근육을 사용하면 비대해지고 사용하지 않으면 위축되듯이 연습을 할수록 자극과 반응의 결합이 강화되고, 연습을 중단하면 잊게 된다.
- 효과의 법칙(law of effect)……연습의 결과가 만족스럽고 쾌감을 느끼면 연습의 효과가 증대된다. 연습의 결과가 좋을수록 또는 성공감, 만족감, 충실감이 있을수록 연습의 효과가 좋아진다는 결과의 법칙(law of consequence)과 유사하다.
- 근접의 법칙(law of contiguity)……Aristoteles의 연상의 법칙 중 하나로, 시간적으로나 공간적으로 근접하여 사건이 일어나면 연상이 쉽게 된다는 것이다. 즉, 연습과 연습 사이의 시간적 · 공간적 거리를 짧게 하면 연습의 효과가 높아진다는 것이다.
- 빈도의 법칙(law of frequency)……근접의 법칙과 유사하게 설명할 수도 있고, 동작의 반복이 많은 연습방법이 더 효과적이라고 해석할 수도 있다.
- 준비의 법칙(law of readiness)……연습할 준비가 되어 있을 때 연습을 하면 성과가 좋고 그렇지 못한 상태에서 연습을 하면 효과가 없다. 어린 선수에게 지나치게 높은 기술을 연습시키면 효과가 떨어진다고 해석할 수도 있다.

- **최신의 법칙**(law of recency)……최근에 연습한 것일수록 더 잘 기억한다.
- **양의 법칙**(law of volume)……연습의 횟수가 많고 시간이 길수록 연습의 효과가 크다.
- **질의 법칙**(law of quality)……연습의 질이 좋을수록 연습의 성과가 높다.
- **강조의 법칙**(law of emphasis)……연습을 할 때 주의력을 집중시키고, 연습의 필요성을 강조하면 연습의 효과가 높아진다.
- **회상의 법칙**(law of reminiscence)……연습내용이 복잡하고 어려우면 연습한 직후보다 약간 시간이 지나야 연습의 효과가 나타난다. 즉, 선수가 회상할 수 있는 시간이 필요하다.

2) 지도기술

연습의 성과는 연습프로그램의 질에 따라서 좌우되지만 지도자의 지도방법과 열정, 그리고 선수의 심리상태에 따라서도 크게 달라진다. 다음은 연습의 성과를 높일 수 있는 지도기술에 대하여 과학적인 근거를 가지고 설명한 것이다.

- **피그말리온효과**(Pygmalion effect)……지도자가 선수에게 "너는 세계적인 선수가 될 거야!" 하는 식으로 좋은 기대를 가지고 있으면, 선수는 지도자의 기대에 부응하기 위하여 더 많은 노력을 하게 된다.
- **여키즈-닷슨의 법칙**(law of Yerkes-Dodson)……학습의욕이 강하면 쉬운 과제에는 성공할 확률이 높지만 어려운 과제인 경우에는 오히려 실패할 가능성이 많다. 그러므로 과제에 따라서 적당한 학습의욕을 가질 수 있도록 동기부여를 적절하게 해야 한다.
- **사탕효과**……연습을 하는 선수에게 점점 더 칭찬을 해주면 연습효과가 증가하지만, 처음에는 칭찬을 많이 해주고 갈수록 칭찬을 줄이면 연습효과가 오히려 내려간다는 것이다.
- **분위기효과**(atmosphere effect)……강한 팀은 연습을 할 때 활기가 넘치고 느슨한 틈이 없는 분위기에서 열심히 연습을 하기 때문에 연습의 효과가 있지만, 팀의 분위기가 반대가 되면 연습의 효과도 적고 좋은 성적을 기대할 수도 없게 된다. 즉, 팀의 분위기가 연습의 성과를 좌우한다는 것이다.
- **명명효과**……전술이나 기술을 연습할 때 'ㅇㅇ작전', '××기술' 식으로 이름을 붙여주면 선수들이 이미지화를 쉽게 할 수 있어서 연습의 효과가 올라가고, 선수들에게도

적절한 별명을 붙여서 부르면 그 별명에 어울리는 행동을 하려고 하기 때문에 팀의 분위기도 좋아진다는 것이다.

● 순서효과……기본기술에서 시작하여 응용기술로 발전하는 기술을 연습할 때 그 순서를 어떻게 하느냐에 따라서 연습의 효과가 달라지므로, 지도자는 연습의 최종목표를 항상 염두에 두고 순서를 잘 짜서 연습을 시켜야 한다.

● 리보의 법칙……학습내용을 잘 정리해 두어야 오래 동안 기억할 수 있다는 것이다. 그러므로 선수들에게 훈련일지를 작성하도록 해서 중요한 연습내용과 키포인트, 반성할 점 등을 적으면서 정리할 수 있는 시간을 주어야 한다.

● 즉시의 원리……칭찬을 하든 잘못을 지적하든 간에 가급적이면 현장에서 직접 해야 효과가 좋다는 것이다.

● 뚜벅뚜벅의 원리……한꺼번에 많은 것을 가르치려고 하지 말고 한 걸음 한 걸음씩 전진해야 가르친 효과를 얻을 수 있다는 것이다.

● 중단의 효과……놓친 고기가 커 보이고, 일을 하다가 중단한 일이 더 기억에 남고, 마쳐보려는 욕심이 생긴다는 것이다. 그러므로 연습을 단시간에 마치려고 하지 말고, 가끔 중단해서 선수들이 반성하고, 해보려는 의욕이 생기도록 하는 것이 좋다.

3) 여러 가지 연습방법

산에 오르는 등산로가 여러 개 있듯이 선수들에게 연습시키는 방법도 수없이 많고, 선수에 따라서 좋아하는 연습방법도 각기 다르다. 그러므로 지도자는 끊임없이 연습방법을 개발하고, 선수들에게 다양한 연습방법을 체험할 수 있는 기회를 제공해야 한다. 다음은 그동안 알려진 연습방법 중에서 일부를 발췌한 것이다.

(1) 전습법과 분습법

일련의 연습과정을 시작부터 끝까지 통째로 연습하는 방법을 '전습법'이라 하고, 전체를 중요한 몇 개의 부분으로 나누어서 하나씩 연습하는 방법을 '분습법'이라고 한다.

전습법은 학습자의 능력이 우수할 때 효과가 좋다. 운동경기는 부분부분의 조합에 의해서 이루어지는 것이 아니라 부분과 전체의 통합이라는 점에서 전습법이 좋다고 주장하는 학자들이 많다.

분습법은 시간과 노력을 덜 들여도 연습하기 쉽고, 연습의 효과를 빨리 알 수 있다는 점에서 전습법보다 좋고, 초보자들을 연습시킬 때 주로 사용하는 방법이다. 또한 농구의 슈팅과 같이 경기에서 결정적인 기술을 연습할 때에는 분습법이 좋다고 알려져 있다.

(2) 집중연습법과 분산연습법

연습에서 반복이 아주 중요한 요인임에는 틀림이 없지만, 한없이 반복연습만 한다고 해서 효과가 있는 것은 아니다.

연습하는 중간에 잠깐씩 휴식을 하면서 연습하는 것을 '분산연습법'이라 하고, 휴식 없이 계속해서 반복연습하는 것을 '집중연습법'이라고 한다. 예를 들어 농구에서 슈팅연습을 할 때 쉬지 않고 100개의 슈팅을 계속해서 연습하는 것이 집중연습법이고, 20번 슈팅을 한 다음에 잠깐 쉬고 다시 20번 슈팅을 하는 식으로 연습하는 것이 분산연습법이다.

반복연습을 할 때 잠깐 쉬면 터득한 기술이나 감각을 잃어버릴 가능성이 많다는 점에서는 집중연습법이 좋지만, 너무 지루하고 싫증이 날 뿐 아니라 성의 없이 연습할 가능성이 크다는 면에서는 분산연습법이 좋다. 그밖에 잘못된 습관을 수정하거나 기술을 고정화시킬 때는 집중연습법이 좋고, 휴식 중에 주의력이 상승하고 스스로 반성하여 수정할 수 있다는 점에서는 분산연습법이 좋다.

(3) 계통 · 통합 · 일관성연습법

스포츠에서 성과를 거두려면 많은 연습과정을 거쳐야 한다. 그때 효과적인 연습이 되게 하려면 연습의 목표를 분명히 하고, 연습내용이 학생에게 적합한 내용이어야 하며, 연습 내용에 계통성이 있어야 한다.

처음 연습과 그다음 연습이 하나의 원리 · 원칙 · 방식하에서 계속 연결성이 있도록 하는 것을 '계통성 연습', 연습과 연습을 하나의 목표를 향해서 횡적으로 연결하는 것을 '통합성 연습', 하나의 목표를 달성하기 위해서 일정한 방침을 세워놓고 일관성 있게 연습하는 것을 '일관성 연습'이라 한다. 연습을 무작정해서는 효과가 없고, 반드시 계통성 · 통합성 · 일관성이 갖추어져 있는 연습을 해야 한다.

(4) 변화연습법

축구에서 패스연습을 할 때 처음에는 둥그렇게 서서 패스하는 연습을 하고, 다음 단계에는 천천히 이동하면서 패스, 그다음 단계에는 전력질주하면서 패스, 마지막에는 수비수를 사이에 두고 패스하는 연습을 하듯이, 상황을 점차적으로 어렵게 변화시키면서 연습하는 것을 '변화연습법'이라고 한다.

변화연습법으로 연습을 하면 근육의 감각을 명확하게 구별할 수 있게 되고, 합리적인 동작과 기술을 발휘할 수 있는 능력이 길러진다.

(5) 개인·그룹·전체연습법

연습의 성과를 올리기 위해서는 개인연습과 그룹연습, 단체연습을 적절히 섞어가면서 연습해야 한다. 적당한 인원수로 나누어서 '그룹연습'을 하는 것이 가장 효과적이기는 하지만, 일 대 일의 상황을 해쳐나가기 위해서는 '개인연습'도 필요하고, 팀 전체의 호흡을 맞추고 경기의 흐름을 알게 하기 위해서는 '전체연습'도 꼭 필요하다. 그러므로 지도자는 개인, 그룹, 전체연습을 적절하게 섞어서 연습시켜야 한다.

(6) 목적연습과 요점연습

연습을 할 때 수단과 절차에만 정신이 팔려서 연습의 목적을 잃어버리면 연습의 효과를 기대하기 어려우므로 반드시 목적을 가지고 연습해야 하는 것을 '목적연습'이라 하고, 게임을 전개하는 중요한 포인트를 집중적으로 연습하는 것을 '요점연습'이라고 한다. 예를 들어 공격과 수비를 하는 포메이션연습과 공수를 전환하는 연습 등이 요점연습이다. 지도자는 선수들이 연습하는 것을 구경만 해서는 안 되고, 반드시 목적연습과 요점연습이 되도록 지도해야 한다.

(7) 약속연습

팀 스포츠에서 2인 1조 또는 3인 1조로 한 사람은 공격을 하고 다른 조원은 수비를 하되, 미리 어떤 기술로 공격하고 어떤 형태로 수비할 것인지 정해놓고 그대로 연습하는 것을 '약속연습'이라고 한다. 약속연습을 하면 공격하는 사람에게 성공경험을 할 수 있도록 할 뿐 아니라 기술의 사용법, 타이밍, 적응능력 등을 길러준다.

(8) 루트연습

사람마다 좋아하는 음식과 싫어하는 음식이 다르듯이 선수마다 좋아하는 연습방법과 싫어하는 연습방법이 다르다. 그러므로 지도자는 한 가지 연습방법만을 고집하지 말고 선수에 따라 다른 연습방법으로 지도해야 한다. 즉, 여러 가지 연습방법을 가르쳐 준 다음 각자가 가장 효과적인 방법으로 연습하도록 하는 것이 효과적이다.

(9) 실패연습

일반적으로 성공하는 연습만 하고 실패하는 연습은 하지 않는다. 그러나 연습의 진정한 의미를 달성하려면 '실패연습'도 시켜야 한다. 왜냐하면 선수들이 실패에 대처하는 능력도 길러야 하기 때문이다.

5. 스포츠와 팀

1) 팀의 본질

스포츠는 개인적으로 혼자 할 수도 있지만 대부분의 스포츠활동은 팀의 형태로 이루어진다. 팀은 팀에 들어가고 싶어하는 개인들이 모여서 이루어진 것이고, 팀원들은 일정한 공동목적을 달성하기 위해서 활동하고, 팀원들 상호간에 상호작용이 있으며, 같은 팀에 소속되어 있다는 집단의식이 있다.

(1) 팀의 구조와 기능

팀은 저절로 만들어진 것이 아니라 공동의 목적을 달성하기 위해서 의도적으로 조직된 것이기 때문에 어떤 구조를 가지고 있고, 그 구조에 따르는 기능이 있다.

- 개인들의 집합체이다……팀은 팀원들이 모여서 이루어지고, 각 팀원들은 개성이 각기 다르므로 각자의 개성보다는 공동의 목적을 더 중요시해야 한다.
- 팀에는 리더가 있다……팀은 리더를 중심으로 활동하기 때문에 팀의 성과는 리더의 지도력과 자세에 크게 좌우된다. 그러므로 리더는 열의·성의·창의력이 있어야 하고, 전문기술·리더십·문제해결 능력 등을 갖추어야 한다.
- 팀에는 목표가 있다……팀에 목표가 있기 때문에 어렵고 힘든 연습을 참아낼 수 있다. 그러므로 목표의 설정, 목표달성을 위한 활동방침과 내용(연습)이 아주 중요하다.

- 팀에는 룰이 있다……팀에는 리더와 팀원, 라인과 스탭, 잘하는 사람과 못하는 사람이 있기 마련이다. 그러므로 집단을 통합하여 공동의 목적을 달성하기 위해서는 각자가 해야 할 책임과 의무, 약속, 행동양식 등을 룰로 정해야 한다.
- 집단활동을 능률적으로 해야 한다……팀 내에서는 한 사람 한 사람의 행동이 다른 사람에게 영향을 미친다. 그러므로 집단활동의 능률을 높이려면 지도자를 중심으로 조직적으로 움직여야 한다.

(2) 강한 팀의 특성

팀 안에는 경쟁 · 갈등 · 시기 · 증오 등도 있고, 협력 · 배려 · 애정도 있으므로 그것들이 적절한 균형을 이루어야 시너지효과를 내서 강한 팀이 될 수 있다. 다음은 강한 팀들이 공통적으로 가지고 있는 특성들이다. 자신의 팀이 강한 팀이 되기를 원한다면 강한 팀의 특성을 알고, 팀이 그 방향으로 나갈 수 있도록 협력해야 한다.

- 강한 팀에는 반드시 훌륭한 지도자가 있다.
- 강한 팀에는 열정과 활력이 있다.
- 연습을 효율적으로 한다.
- 선수들의 동작과 행동이 신속하고 눈에는 총기가 있다.
- 즐거움과 긴장감이 공존한다.
- 핵심이 되는 선수가 있다.
- 상급생이 하급생을, 선배가 후배를 잘 이끌어 주고 지도해준다.
- 팀의 특색이 있다.
- 팀의 룰을 잘 지키고, 팀의식이 높다.

2) 팀조직의 철학

스포츠지도자는 누구나 자신의 팀에 유능한 선수가 많고 다른 팀과의 경기에서 이길 수 있는 강력한 팀이 되기를 바란다. 다음은 그러한 팀을 만들기 위해서 필요한 사항들을 정리한 것이다.

- 능력이 있는 선수를 한 명이라도 더 모으고, 주전선수와 후보선수의 기량차이를 줄이려고 노력해야 한다.

- 매력 있는 팀을 만든다. 매력 있는 팀이 되려면 지도자가 팀원들로부터 존경을 받고, 선수를 훌륭하게 육성하고, 연습하기 좋은 환경과 시설을 갖추고, 팀이 성장할 수 있는 가능성이 커야 하며, 팀의 분위기가 좋아야 한다.
- 열정과 뛰어난 지략, 큰 뜻을 가진 지도자가 있어야 한다.
- 모든 팀에는 유년기, 소년기, 청년기, 장년기, 노쇠기가 반드시 있다. 팀을 잘 기르기 위해서는 스트림이론과 트리이론을 거울삼아서 순리적으로 지도해야 한다.
- 팀은 살아 있는 유기체이므로 팀이 성장하려면 팀워크가 잘 형성되어 있어야 한다.

3) 팀조직의 방법

집을 지으려면 필요한 재료들을 모으는 것도 중요하지만, 그 재료들을 이용하여 어떤 방법으로 지을 것인지 설계하는 것이 더 중요하다. 스포츠팀도 선수, 지도자, 지원인력, 자금 등의 재료를 이용하여 팀을 어떻게 조직할 것인지 설계하는 것이 아주 중요하다. 다음은 팀을 조직하는 기본적인 방법이다.

첫째로 자기 팀의 현실을 정확하게 파악하고 다른 팀과 비교 검토하여 팀이 나아갈 방향을 분명하게 결정해야 한다. 그림 1-7은 팀 조직 시 기본적으로 생각해야 할 사고방식이다.

그림에서 알 수 있는 바와 같이 팀을 조직하려면 지도자가 국제적인 시야를 갖고, 게임

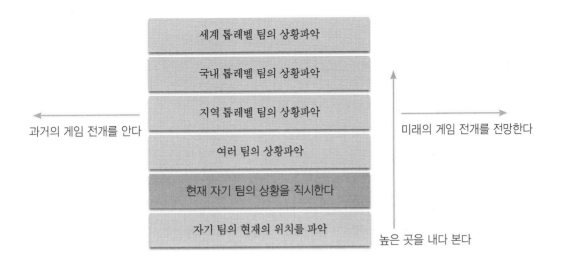

그림 1-7. 팀조직의 기본적 사고(嗚田, 1998)

의 역사적인 흐름을 파악하고, 앞으로 게임이 어떻게 전개될 것인지 미래를 조망해야 한다. 동시에 자신의 팀의 현실을 정확하게 파악하여 한 단계씩 높은 목표를 선정해나가야 한다.

둘째로 팀력을 향상시켜나가야 한다. 팀력은 선수 한 사람 한 사람의 능력을 결집시켜서 단순히 합한 것보다 더 큰 능력을 발휘하는 것이다. 팀력은 연습의 목표와 선수들의 의욕에 의해서 좌우된다. 그림 1-8은 목표와 욕구의 상호관계에 따라서 행동방향이 결정된다는 GD이론을 그림으로 나타낸 것이다.

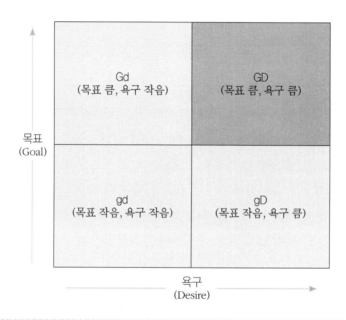

│ 그림 1-8. 목표와 욕구의 상호관계에 따른 행동방향(GD이론)(鳴田, 1998)

- gd형……목표도 작고 의욕도 없는 사람으로 의기소침하고 자주성도 없어서 다른 사람에게 휘둘리고, 자신이 무엇을 달성하려고 하지도 않는다.
- Gd형……목표는 큰데 의욕은 없는 사람으로 현실성이 없는 목표를 세워 놓고는 그 목표를 달성하려고 노력은 하지 않는다. 한마디로 탁상공론만 하는 사람이다.
- gD형……목표는 작고 의욕만 앞서는 사람으로 현실과 동떨어져 있고, 착실하지 못한 성격의 소유자이다.
- GD형……목표가 원대하고 의욕도 대단히 커서 아주 적극적인 사람이다. 팀력을 향상

시키기 위해서는 팀의 구성원들이 GD형이 많아야 한다.

셋째로 강한 팀으로 육성하기 위해서는 팀의 특기를 만들고, 그 특기를 잘 발휘할 수 있는 전문선수를 기르고, 팀 선수들의 기량이 전체적으로 균형이 잡혀 있어야 한다. 다음은 팀의 특기, 전문선수, 팀원들의 균형에 의해서 팀의 능력을 가늠할 수 있다는 것을 공식처럼 써 놓은 것이다.

팀력=W×S×B

Weapon=팀의 무기(특기), Specialist=팀 내의 전문선수, Balance=팀의 기본 기술 수준과 균형

넷째로 성공경험을 쌓게 하고, 높은 과제를 부여해야 한다. 성공경험을 쌓게 하기 위해서는 연습경기를 할 때 우리 팀이 이길 수 있는 상대를 고르는 것이 좋다. 실제로 약한 팀을 괴롭히는 가운데 선수들의 실력이 향상되는 경우가 아주 많다. 강한 팀으로 만들기 위해서는 선수들에게 항상 한 수 위의 기술을 발휘할 수 있도록 요구해야 한다. 그래야 선수들의 기량이 점점 더 발전할 수 있고, 낙오자가 생기면 꾸짖지 말고 격려해주어야 한다.

마지막으로 타자감각을 익혀야 한다. 팀원은 각기 개성이 다른 사람들이다. 그러므로 남을 인정하고 배려할 줄 아는 타자감각을 몸에 익혀야 한다. 다른 팀원을 인정하지 않고, 혼자만 잘난 체하는 선수가 훌륭한 선수로 자랄 수 없고, 그러한 팀의 팀워크가 향상될 수는 더더욱 없다.

참고문헌

김성복 역(2005). 뉴마인드 코칭론. 대경북스.
박정근(2004). 응용 코칭론. 21세기교육사.
신동성(2000). 코칭론 2. 체육과학연구원.
전중기(2008). 지도자를 위한 코칭론. 정림사.

トレーニング科學研究會(1994). レジスタンス・トレーニング, 朝倉書店.
三村寬一 外(2002). スポーツ指導論, 嵯峨野書院.
日本スポーツ心理學會(1998). コーチングの心理 Q&A, 不昧堂書店.

Dorfman, H. A.(2005). *Coaching the Mental Game: Leadership Philosophies and Strategies for Peak Performance in Sports-and Everyday Life*. Taylor Trade Publishing.

Jim Thompson(1995). *Positive Coaching: Building Character and Self-esteem Through Sports*. Balance Sports Publishing.

John Lyle BA(2010). *Sports Coaching: Professionalisation and Practice*. Churchill Livingstone.

Rainer Martens (2004). *Successful Coaching, 3rd Edition*. Human Kinetics.

제2장 트레이닝론

1. 트레이닝의 기본원리

1) 트레이닝 처방의 기본개념

각자가 목표로 하는 신체의 활동능력을 향상시키기 위하여 개인의 체력과 운동기능에 알맞게 운동하는 방법과 운동하는 양을 정해서 실천하도록 하는 것을 '트레이닝 처방'이라고 한다. 그러므로 트레이닝 처방은 개인의 건강상태와 운동능력, 트레이닝의 목적, 개인의 환경적 제약점 등에 따라서 달라진다. 그러나 여기에서는 건강한 선수나 일반인이 자신의 신체능력을 향상시키기 위해서 트레이닝을 하는 경우만 다루기로 한다.

2) 트레이닝 처방의 기본원리

(1) SAID의 원리

SAID의 원리란 Specific Adaptation to Imposed Demands의 머리글자를 딴 것으로, "주어진 욕구(향상시키고 싶은 신체능력)에 알맞게(특별히 맞추어서) 적응하도록 해야 한다."는 뜻이다. 즉 근력을 증강시키려고 트레이닝을 한다면 근력이 증가하는 방향으로 신체가 적응할 수 있을 만큼의 자극을 주어야 한다는 것이다. 신체에 자극이 가해지면 신체는 그 자극을 이길 수 있는 방향으로 변화(적응)한다는 원리를 이용해서 트레이닝을 해야 하는데, 그 정도의 자극은 이미 견딜 수 있는 능력이 있는 신체에 너무 적은 자극(부하)을 주면 신체가 적응할 필요가 없게 된다는 것이다.

(2) 점진적 과부하의 원리

이것은 The progressive overload principles를 번역한 것으로, SAID의 원리와 유사한 점이 있다. 평소 일상생활에서 받는 자극(부하)과 비슷한 부하를 주면 트레이닝 효과를 기대할 수 없으므로 더 큰 부하(과부하)를 주어야 한다. 그런데 갑자기 너무 큰 부하를 주면 부작용이 생길 수도 있으니까 조금씩 부하를 늘려야 한다는 뜻이다.

(3) 개별성의 원리

개인마다 유전적·환경적 요인이 다르기 때문에 똑같은 트레이닝을 해도 그 효과가 다르게 나타난다. 그러므로 트레이닝은 각 개인에게 맞춤식으로 해야 한다는 원리이다.

(4) 특이성의 원리

특이성의 원리는 무엇인가 특별한 것이 있어야 한다는 뜻이 아니고, 무엇인가 비슷해야 트레이닝의 효과가 있다는 것이다. 특이성의 원리는 세 가지로 나누어서 설명할 수 있다.

- 에너지시스템의 특이성……인체의 에너지시스템을 크게 유산소성 에너지시스템과 무산소성 에너지시스템으로 나눌 수 있으므로, 유산소능력을 향상시키기 위해 트레이닝을 하려면 유산소에너지시스템이 동원되는 운동을 해야 한다.
- 트레이닝 형태의 특이성……트레이닝을 하기 위해서 하는 운동의 형태가 자기가 목적으로 하는 운동의 형태와 비슷해야 트레이닝의 효과가 크다.
- 근육과 패턴의 특이성……트레이닝을 하기 위해서 하는 운동에 '동원되는 근육군과 운동의 패턴'이 목적으로 하는 운동에서 '동원되는 근육군과 운동의 패턴'과 비슷해야 트레이닝의 효과가 크다.

(5) 절제와 역작용의 원리

트레이닝을 하려면 장기간 동안 절제를 하면서 트레이닝을 해야 하고, 과격한 트레이닝을 너무 오래 동안 하면 오히려 손해를 볼 수도 있다는 것이다.

(6) 구조적 휴식과 초과회복의 원리

트레이닝을 할 때는 반드시 중간 중간에 적당한 휴식을 취해야 하고, 휴식시간 중에 에너지를 보충할 때에는 트레이닝 시 소비한 에너지 이상으로 보충해 주어야 한다는 것이다. 그림 2-1은 초과회복의 개념을 그린 것이다.

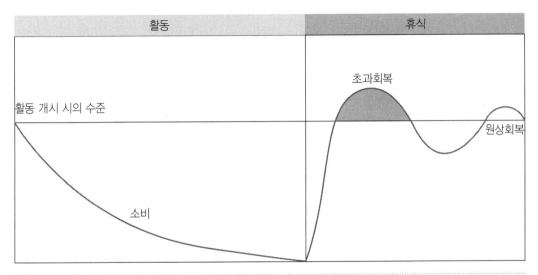

그림 2-1. 트레이닝 시와 휴식 시 활동능력의 변화(김창국, 2005, 일부 수정)

3) 트레이닝 처방의 기본요소

체력을 향상시키기 위하여 트레이닝을 할 때는 어떤 운동(운동형태)을, 어느 정도로 심하게(운동강도), 1회에 몇 분씩 몇 세트(운동시간), 1주일에 몇 회(운동빈도) 할 것인가를 정해야 한다.

(1) 운동형태

트레이닝 계획을 세울 때(처방을 할 때)는 트레이닝 처방의 기본원리, 개인의 신체적·환경적 상태에 따라 해야할 운동의 종류를 적절하게 선택해야 한다.

(2) 운동강도

운동강도를 "운동부하의 질적 요소"라고도 한다. 운동강도를 너무 낮게 잡으면 트레이닝의 효과가 없고, 너무 높게 잡으면 상해를 입을 수도 있으므로 안전성과 유효성을 고려해서 운동강도를 설정해야 한다.

그림 2-2는 체력조건과 운동강도에 따라서 안전성의 한계와 유효성의 한계가 변하는 것을 그림으로 나타낸 것이다. 운동강도는 그림의 빗금 친 부분 내에서 설정해야 한다.

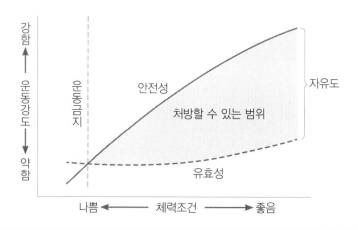

그림 2-2. 운동강도의 체력조건의 관계

(3) 운동시간

운동시간과 운동빈도를 합하여 '운동부하의 양적 요소'라고도 한다. 운동시간은 1회 트레이닝을 할 동안에 몇 분이나 운동을 지속할 것인지를 결정하는 것으로 운동형태와 운동강도에 따라서 달라질 수밖에 없다.

운동시간은 반드시 시간으로 정하라는 것은 아니고 운동의 형태에 따라서 횟수로 정할 수도 있다. 그리고 어떤 운동은 쉬지 않고 계속할 수는 없으므로 중간에 휴식시간을 넣어서 몇 세트를 할 것인지도 정해야 한다.

(4) 운동빈도

운동빈도는 운동을 얼마나 자주할 것인가인데, 반드시 그런 것은 아니지만 하루에 몇 회나 할 것인가는 보통 '세트수'라 하고, 1주일에 몇 회나 할 것인가를 '운동빈도'라고도 한다.

일반적으로 인체는 매일 운동을 하여야 트레이닝의 효과가 크다. 그러나 여러 가지 사정으로 매일 하기 어려울 때는 1주일에 3~4회 하여도 효과가 있다고 한다.

그밖에 트레이닝을 몇 개월 또는 몇 년씩 일정하게 해야 효과가 있다. 그러므로 1주일 동안 트레이닝을 한 다음 그 효과를 기대하는 것은 어리석은 일이고, 적어도 4주 이상은 트레이닝을 해야 효과를 기대할 수 있다. 트레이닝 효과가 나타났다고 해서 트레이닝을 멈추어버리면 그 효과가 곧 사라져버린다.

4) 트레이닝의 기본원칙

트레이닝은 기본적으로 평상시에 중량이 나가는 도구를 들었다 놓기를 반복하면 신체가 거기에 적응해서 좀 더 무거운 물체를 들었다 내리기를 반복할 수 있게 된다든지, 또는 힘들지만 산을 자주 올라가면 힘든 일도 쉽게 할 수 있게 된다는 것이 기본원리이다.

그러나 그 원칙 중에 반드시 알아야할 것은 신체가 적응하는 데는 시간이 필요하다는 것이다. 오늘 들지 못하던 도구를 내일 갑자기 들 수는 없는 일이므로 꾸준한 연습이 필요하다. 표 2-1은 트레이닝을 할 때 꼭 실천해야 할 기본원칙들이다.

표 2-1. 트레이닝의 기본원칙

- 신체를 바꾸기 원하는 방식으로 훈련하라.
- 균형이 잘 맞고 효과가 큰 식품을 섭취하라.
- 1년 내내 지속적으로 운동하라.
- 점진적으로 체형을 만들어가라.
- 질병상태에 있거나 상해를 입었을 때는 운동을 하지 말라.
- 운동량을 우선으로 하고, 그다음에 운동강도에 주목하라.
- 신체의 상태에 주의를 기울여라.
- 운동 시 운동의 양과 강도를 다양화하라.
- 무리하지 말라.
- 마음을 단련시켜라.
- 운동에 대해서 할 수 있는 모든 것을 배우라.
- 적절한 시간(기간) 동안 운동계획을 유지하도록 하라.

5) 트레이닝 방법의 분류

트레이닝 시 사용하는 운동방법은 운동의 형태에 따라서 다음과 같이 분류한다.

(1) 등척성 운동(isometric exercise)

운동을 하는 동안 근육의 길이가 변하지 않고 일정하게 유지되는 운동이라는 의미이다. 파워랙(power rack)처럼 고정된 기구를 밀거나 당기면 근육의 길이가 변하지 않는다. 배근육에 계속 힘을 주면서 10~20초 동안 버티는 것도 근육의 길이가 변하지 않으므로 등척성 운동이다.

등척성 운동을 하면 근력을 증가시키는 효과가 분명히 있지만, 운동을 한 관절이 운동을 할 때의 위치 또는 그 근처에 있을 때만 근력이 증대되고 다른 위치에 있을 때는 효과가 그리 크지 못하다는 단점이 있다.

(2) 등장성 운동(isotonic exercise)

운동하는 동안 힘의 크기가 변하지 않는 운동이라는 의미이다. 바벨을 이용하여 벤치프레스를 한다고 할 때, 바벨을 밀어 올렸다 내리기를 반복하면 근육의 길이는 변하지만, 바벨의 무게가 일정하므로 힘의 크기는 변하지 않는다고 보는 것이다.

등장성 운동을 하면 등척성 운동보다 더 광범위한 부위에 효과가 있고, 운동을 하는 방법에 따라서 근력을 증대시킬 수도 있고, 순발력을 발달시킬 수도 있다.

(3) 변동저항 운동

바벨이나 역기를 들고 운동을 하면 바벨이나 역기의 무게는 변하지 않지만 바벨의 위치(관절의 각도)에 따라서 드는 힘의 정도가 다르기 때문에 진정한 의미에서는 등장성 운동이 아니다. 이때 컴퓨터 등을 이용하여 저항의 크기를 바꾸어 관절 전체를 골고루 발달시키려고 하는 것이 변동저항 운동이다.

트레이닝 효과는 좋지만 운동기구가 크고 복잡하며 값이 비싸다는 단점이 있다.

(4) 신전성부하 운동

팔다리를 굽힐 때 내는 힘을 'concentric force', 펼 때 내는 힘을 'eccentric force'라고

한다. 이것을 학자에 따라서 '단축성, 수축성, 구심성', '신전성, 이심성, 편심성' 힘이라고 제각각으로 번역했기 때문에 혼란스러운 것이 사실이다. 이 책에서는 '단축성 힘'과 '신전성 힘'이라고 한다.

사람들이 운동을 하면 대부분 단축성 힘을 기르게 되지만, 실제 스포츠 장면에서 중요한 것은 신전성 힘이라는 데 착안해서 나온 것이 신전성 부하운동이다. 즉 펴는 동작에 부하를 가하는 운동이다.

가장 간단한 것으로는 등 뒤에 용수철을 묶어 놓고 다른 끝을 발목에 건 다음 다리를 앞으로 힘껏 찼다가 천천히 내려서 원위치로 가는 운동을 반복하는 것이다. 신전성부하 운동은 구기운동을 하는 파워가 필요한 선수들에게 좋다고 알려져 있다.

(5) 플라이오메트릭 운동(plyometric exrcise)

벤치에 뛰어 올라갔다 내려오기를 반복하는 것처럼 근육을 수축시켰다 펴기를 반복하는 운동이다. 플라이오메트릭 운동은 순발력 향상에 효과가 좋다고 알려져 있다.

(6) 스피드부하 운동

가벼운 중량의 물체를 가능한 한 빨리 움직이는 운동이다. 운동속도를 증가시키는 데 효과적이다.

(7) 등속성 운동(isokinetic exercise)

컴퓨터를 장착하여 저항(부하)의 크기를 변화시킨다는 점에서는 변동저항 운동과 같지만, 속도를 일정하게 유지한다고 해서 등속성 운동이라고 한다. 힘이 센 사람이 힘을 세게 주어서 기구를 빨리 움직이려고 하면 컴퓨터가 저항을 늘려서 정해진 속도 이상으로는 움직이지 못하게 하는 운동이다. 근력과 순발력을 함께 향상시킬 수 있고, 체력 진단에도 이용되지만 값이 비싸다는 단점이 있다.

6) 트레이닝을 위한 준비

(1) 건강검진

어떤 신체적인 능력을 향상시킬 목적으로 트레이닝을 계획하기 전에 먼저 건강상태를 체크하는 것이다. 왜냐하면 건강상태가 트레이닝을 할 수 없을 정도로 나쁜 사람이 운동을 하면 오히려 손해가 되기 때문이다.

의학적인 건강검진을 꼭 받아야 하는 사람은 45세 이상인 사람, 35세 이상인 사람으로 심장병의 위험이 있는 사람, 사고나 질병으로 장기간 치료를 받은 후 운동을 시작하려는 사람 등이다. 미국스포츠의학회에서는 심전도검사를 포함한 건강검진을 권장하고 있다. 그 이유는 운동을 하면 심장에 부담을 주게 되는데, 심장의 기능에 이상이 있을 경우 운동을 하면 갑자기 이상증세를 보일 수도 있기 때문이다.

(2) 준비운동과 정리운동

건강검진 결과 이상이 없어서 운동을 해도 좋다는 판정을 받은 사람은 트레이닝을 시작하게 된다. 트레이닝 계획을 세울 때에는 준비운동, 주운동, 정리운동을 반드시 포함시켜야 한다.

준비운동은 "이제부터 운동을 시작할 터이니 근육과 심장은 준비를 하시오!"라고 하는 것이다. 즉 근육은 스트레치로 근육온도를 올려 근육의 수축과 이완이 원활하게 이루어지도록 하여 부상을 방지하여야 하고, 심장은 많은 양의 혈액을 조직으로 보낼 준비를 해서 심장쇼크를 방지하여야 한다.

주운동이 끝난 다음 피곤하다고 들어 누워버리면 안 되고 정리운동을 해야 한다. 가볍게 조깅을 하거나 주운동의 강도를 아주 낮추어서 몇 분 동안 하면 된다. 정리운동을 하는 목적은 근육에는 소진된 에너지를 빨리 보충할 수 있도록 도와줌과 동시에 근육이 굳어져서 오는 근육통을 방지하는 것이다. 주운동을 하는 동안에 조직으로 많은 혈액을 보냈는데 갑자기 운동을 멈추어버리면 조직에 있던 혈액이 심장으로 돌아올 기회를 놓쳐서 어지러움 등 허혈증세가 나타날 수도 있다.

(3) 트레이닝 계획의 수정과 조정

트레이닝의 효과는 적어도 몇 개월 후에 나타나지만 심리적인 효과는 하루만 운동을 해도 나타난다. 기분이 좋아지고 더 잘 할 수 있을 것 같은 자신감이 든다고 해서 며칠도 안 되어서 트레이닝 계획을 수정하면 안 된다.

트레이닝 계획의 수정은 자신의 몸 상태를 주의 깊게 체크하고, 전문가나 선배의 조언을 들어가면서 수정해야 한다.

그리고 날씨와 기타 환경조건이 변화되면 그에 알맞게 조정해야 한다. 악천후에도 계획대로 운동을 하는 것은 현명한 방법이 못된다. 왜냐하면 잘못하면 엉뚱한 사고나 부상을 당할 수도 있기 때문이다.

2. 근력 및 근지구력 트레이닝

앞에서 여러 가지 트레이닝 방법들은 설명하였지만 어떤 방법으로 운동을 하든 근력, 근지구력, 순발력, 유연성, 민첩성, 전신지구력 등에 영향을 미치고, 특별한 경우가 아니라면 대부분 조금이라도 체력을 향상시킨다.

그러므로 웨이트 트레이닝을 하면 근력이 향상된다는 말은 일반적으로 근력을 향상시키고자 할 때 웨이트 트레이닝을 한다는 말이지, 웨이트 트레이닝을 하면 근력만 향상된다는 뜻은 아니다.

1) 근력과 근지구력의 개념

근력은 '근육이 수축하면서 내는 힘'이라는 뜻이지만 사람의 근육이 수축하면서 내는 힘을 정확하게 측정할 수 있는 방법이 아직까지는 없다. 실제로는 근육의 수축력에 의해서 생긴 토크를 측정하지만 편의상 또는 습관상 근력이라 하는 것이고, 그것도 최대 토크를 근력이라고 한다.

⑴ 근력

근육의 구조는 해부학에서 다루었고, 근육이 힘을 발휘하는 메카니즘은 운동생리학에서 다루었다. 트레이닝론에서는 근력과 근지구력을 향상시키기 위한 트레이닝 방법에 대해서만 다루고, 근력과 근지구력의 측정방법과 평가는 측정평가론에서 다룬다.

근육은 수축할 때만 힘을 내고 이완될 때는 전혀 힘을 내지 않는다. 근력의 증가는 발달되지 못하였던 근육섬유가 비대해지는 것, 동원되는 운동단위의 수가 많아지는 것, 지근섬유와 속근섬유의 비가 변하는 것(중간섬유가 변해서), 대뇌로부터 오는 신경충격의 빈도가 증가하는 것 등에 의해서 이루어진다.

그러므로 근력을 증대시키려면 이와 같은 4가지 중 하나 이상을 변화시키는 방향으로 신체에 자극을 주어야 한다. 그 대표적인 방법이 웨이트 트레이닝이다. 근력이 향상되면 부상을 당할 가능성이 적어진다는 이점이 있다.

(2) 근지구력

근지구력은 어떤 부하를 주었을 때 오래 동안 버틸 수 있는 능력이라는 뜻인데, 근지구력은 두 가지로 나눈다. 하나는 철봉에 매달려서 떨어지지 않고 오래 동안 버틸 수 있는 능력과 같은 정적근지구력이고, 다른 하나는 철봉에서 턱걸이를 몇 번이나 할 수 있느냐 하는 것과 같은 동적근지구력이다.

그러므로 정적근지구력은 부하의 크기와 버틸 수 있는 시간으로 측정하고, 동적근지구력은 부하의 크기와 반복할 수 있는 횟수로 측정한다.

경기를 할 때에도 체급을 정해서 체급별로 경기를 해야 공평하듯이 근지구력도 체급과 같이 기준이 있어야 한다는 사고방식으로 근지구력을 평가하는 방법을 생각해낸 것이 절대근지구력과 상대근지구력이다. 절대근지구력은 무조건하고 어떤 부하에서 "몇 분을 버틴다." 또는 "몇 번을 반복할 수 있다."라는 것이고, 상대근지구력은 최대근력의 몇 %인 부하에서 "몇 분을 버틴다." 또는 "몇 번 반복할 수 있다."라는 것이다.

근지구력을 향상시키기 위해서 트레이닝을 하는 사람에게 "트레이닝을 더 해야겠다."라고 하는 동기를 부여하기 위해서는 상대근지구력을 측정하는 것이 좋다.

2) 근력향상을 위한 웨이트 트레이닝의 변수

웨이트 트레이닝은 근본적으로 중량이 나가는 물체나 도구를 이용해서 트레이닝을 한다는 뜻이다. 웨이트 트레이닝을 하는 도구에는 덤벨이나 역기와 같이 손쉽게 구할 수 있는 것도 있지만, 헬스클럽에 가면 수많은 웨이트 트레이닝 장비들이 있다.

표 2-2는 웨이트 트레이닝 시 프리웨이트(free weight)와 웨이트머신(weight machine)을 이용할 때의 장단점을 정리한 것이다. 각자의 사정에 따라서 어느 것으로 운동을 해도 괜찮지만 원칙적으로는 프리웨이트 도구를 이용하는 것을 권장하고 싶다.

표 2-2. 웨이트 트레이닝 시 프리웨이트와 웨이트머신 사용의 장단점

프리웨이트	
장점	단점
● 역동적인 동작 가능 ● 중량조절이 쉬움 ● 신체 양쪽에서 발생되는 근력차를 극복하는 데 유리함 ● 다양한 운동 제공 ● 적은 비용	● 상대적으로 안전성이 결여됨 ● 감독자 필요 ● 많은 기술이 필요 ● 장비사용의 혼란 야기 ● 관절의 비틀림이나 수포를 발생시킬 가능성이 있음

웨이트머신	
장점	단점
● 안전성 ● 편리함 ● 감독자가 필요 없음 ● 다양한 부하 제공 ● 고도의 기술화 ● 운동기술이 덜 필요함 ● 한 운동에서 다른 운동으로 이동이 쉬움	● 구입비용이 많이 듦 ● 유지비용이 많이 듦 ● 역동적인 동작수행에 부적절함 ● 제한된 운동만 제공

(1) 트레이닝 빈도

일반적으로 1주일에 3~4일 운동하는 것을 권장하고, 최소한 2일은 운동을 해야 한다. 1주일에 7일 모두 운동을 한다고 좋은 것은 아니다. 왜냐하면 이 경우에는 과로 또는 상해를 입을 위험성이 크기 때문이다. 3~4일 운동을 하더라도 상체운동을 주로 하는 날과 하체운동을 주로 하는 날을 정하여 번갈아 하는 것이 좋다.

(2) 중량의 선택

중량은 운동강도와 직결된다. 중량을 몇 kg이라고 하지 않고 몇 RM이라고 하는데, 그것은 반복할 수 있는 무게(RM：repetition mass)라는 뜻이다. 예를 들어 10RM이라고 하면 10번 반복할 수 있는 무게라는 뜻이고, 1RM은 1번밖에 못한다는 뜻이므로 자신이 다룰 수 있는 최대중량이다.

웨이트 트레이닝을 많이 한 선수일지라도 너무 무거운 중량으로 운동하는 것은 좋지 않다. 초보자는 가급적 가벼운 중량으로 운동을 하는 것이 좋고, 웨이트 트레이닝 장비 또는 프리웨이트 도구를 이용해서 운동하는 방법을 먼저 숙지해야 한다.

무거운 중량으로 웨이트 트레이닝을 하면 근육에 손상을 입히거나 근육통을 유발시킨다.

중간 정도로 웨이트 트레이닝에 숙달된 사람은 8RM으로 운동을 하다가 근력이 좋아지면 같은 중량을 9번, 10번 하는 식으로 횟수를 늘려 나가다가 12회를 할 수 있게 되면 중량을 8RM으로 변경한다.

이와 같이 반복횟수를 먼저 늘린 다음 중량을 늘리면 상해를 입지 않는다. 표 2-3은 %MVC(최대근력에 대한 백분율), RM, 효과를 정리한 것이다.

표 2-3. 최대 리프트에 대한 반복횟수

최대근력에 대한 백분율(%)	최대반복횟수(RM)	효과
100	1	집중력
90	3~6	
80	8~10	근비대
70	12~15	
60	15~20	근지구력
50	20~30	
40	50~60	

(3) 반복횟수와 세트수

웨이트 트레이닝은 중량이 있는 도구를 들었다 내리기 또는 밀고 당기기를 반복하는 운동이다. 이때 쉬지 않고 몇 회 반복하는가를 '반복횟수'라 하고, 잠깐 쉬었다가 다시 하는 횟수를 '세트수'라고 한다.

1회 운동하러 가서 90분씩 운동을 하기로 계획을 세웠다고 하면 90분 내내 벤치프레스를 10회 한 다음에 잠깐 쉬고, 다시 하고, 다시 쉬기를 반복하면 운동하는 것이 지루하고 단조롭기 때문에 곧 트레이닝을 포기해버릴 가능성이 크다.

그래서 웨이트 트레이닝을 할 때는 몇 가지 운동을 돌아가면서 20~30분 동안 한 다음에 잠깐 쉬었다가 다시 하게 되는데, 그 몇 가지 운동을 세트로 묶어서 한다는 의미에서 세트수라고 한다. 그리고 몇 가지 운동을 돌아가면서 한다고 해서 '서키트 트레이닝(circuit training; 순환운동)'이라고도 한다.

서키트 트레이닝 방법의 장점은 "여러 근육을 골고루 단련시킬 수 있다. 주운동을 하는 근육이 다르기 때문에 빨리 지치지 않는다, 지루하지 않다." 등이다. 그리고 서키트 트레이닝을 할 때 각 세트마다 똑같은 중량으로 똑같은 반복횟수씩 하는 것을 콘스턴트세트

(constant set), 세트가 진행될수록 점차적으로 중량을 늘이거나 줄이면서(대신에 반복횟수는 줄이거나 늘리면서) 하는 것을 피라미드세트(pyramid set)라고 한다. 그밖에 세트에 따라 여러 가지로 변화를 줄 수도 있다.

(4) 주기트레이닝

웨이트 트레이닝에만 해당되는 것은 아니고, 다른 트레이닝 방법에도 해당된다. 예를 들어 1년 동안 운동을 한다고 할 때 1년 내내 같은 강도로 트레이닝하는 것이 아니라 계절에 따라 또는 시즌 전/중/후에 따라 운동강도와 운동종목을 바꾸어가면서 트레이닝을 하는 것이다.

이 방법은 주로 운동선수들이 시즌 중에는 체력을 유지할 수 있는 정도의 트레이닝만 하고, 시즌 후에는 1달 쉬었다가 체력향상을 위한 운동을 하고, 시즌이 가까워지면 기술훈련을 주로 하는데서 유래된 것이다. 일반인에게도 적당한 휴식과 트레이닝을 섞어서 하면 신체뿐만 아니라 심리적으로도 좋다는 장점이 있다.

3) 근지구력 향상을 위한 웨이트 트레이닝의 변수

(1) 운동강도

20~30%MVC의 중량을 선택한다. 왜냐하면 중량이 가벼워야 장시간 운동을 계속할 수 있기 때문이다.

(2) 운동시간

지쳐서 더 이상 할 수 없을 때까지 1초에 1회의 템포로 운동을 한다. 오래 동안 버틸 수 있는 능력을 기르는 것이므로, 연습도 버틸 수 있을 때까지 한다.

(3) 운동빈도

1주일에 6회 정도 운동을 한다. 운동강도가 약하기 때문에 근육에 손상을 줄 가능성이 적으므로 자주 운동을 하는 것이다.

(4) 세트수

초보자는 2~3세트만 하고, 경력이 쌓일수록 세트수를 늘려간다.

(5) 휴식시간

지칠 때까지 했기 때문에 반드시 쉬어야 하지만, 너무 오래 쉬면 근육이 단련되지 않는다. 세트와 세트 사이에 약 5분 정도 쉰다.

그림 2-3은 운동강도와 반복횟수에 따라서 근력과 근지구력이 향상되는 정도를 그림으로 나타낸 것이다.

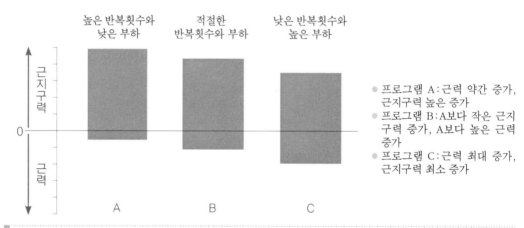

그림 2-3. 웨이트 트레이닝 방법에 따른 근력과 근지구력 발달에 대한 상대적 비교

3. 순발력 트레이닝

1) 순발력의 개념

물건을 옮길 때 물건이 무거우면(힘이 많이 들면) 천천히 옮길 수밖에 없고, 물건이 가벼우면(힘이 적게 들면) 빠른 속도로 옮길 수 있다. 즉, 힘과 속도는 반비례한다. 그렇다면 가급적이면 큰 힘으로 빠른 속도로 옮기려면 어떻게 하는 것이 좋을까?

그림 2-4는 근수축속도와 근력과의 관

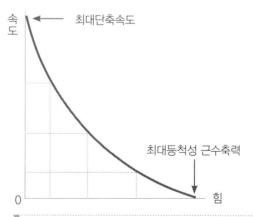

그림 2-4. 근수축속도와 근력의 관계

계를 그래프로 나타낸 것이다. 그림에서 '근력×근수축속도'를 최대로 만들기 위해서는(사각형의 넓이를 최대로 하기 위해서는) 근력도 중간이고 근수축속도도 중간이어야 한다.

'근력×근수축속도'를 순발력(power)이라 하는데, 거의 모든 경기 스포츠에서는 순발력이 커야 승리할 수 있다. 그러므로 순발력을 향상시키기 위해서는 근력과 근수축속도를 모두 증대시키려는 노력이 필요하다.

2) 순발력 향상을 위한 각종 트레이닝의 변수

(1) 웨이트 트레이닝

앞 절에서 근력과 근지구력을 향상시키기 위해서는 웨이트 트레이닝 방법을 주로 사용한다고 했지만, 순발력을 향상시키기 위해서도 바벨이나 덤벨과 같이 중량이 나가는 운동도구를 사용하는 웨이트 트레이닝을 할 수도 있다. 다시 말해서 A트레이닝 방법은 A능력을 향상시키고, B트레이닝 방법은 B능력을 향상시킨다는 법칙이 있는 것이 아니고 어떤 트레이닝 방법으로 어떻게 트레이닝 하느냐에 따라서 향상되는 신체능력이 달라진다.

- 중량의 선택……일반적으로 30~40%MVC의 중량을 선택한다. 그러나 파워가 안 나오는 주원인이 근력 때문이면 더 무거운 중량을 선택해서 근력을 기르는 데 주력할 수도 있고, 파워가 안 나오는 주원인이 근수축 속도 때문이라면 더 가벼운 중량을 선택해서 근수축속도를 향상시키는 데 주력할 수도 있다.
- 운동시간……최대스피드로 5~8초 동안 반복한 다음 숨을 돌린다. 8~12회 반복한다.
- 세트수……초심자는 3~5세트, 경력자는 7~10세트씩 실시하고, 세트와 세트 사이의 휴식 시간은 3~4분으로 한다.
- 운동빈도……주당 3~4회 실시한다.
- 운동방법……순발력 향상을 위한 트레이닝은 최대속도로 운동을 해야 한다. 세트마다 중량을 바꾸어가면서 운동을 하는 방법도 있다. 예; 1세트 30%, 2세트 50%, 3세트 70%.

(2) 등속성 운동

일반적으로 Cybex라고 하는 기계를 사용하여 트레이닝을 하고, 관절가동범위 전역에 걸쳐서 최대부하로 운동을 할 수 있다는 것이 가장 큰 장점이다.

- 운동속도……웨이트 트레이닝에서는 중량으로 운동강도를 정하지만 등속성운동에서는 운동속도로 운동강도를 정한다. 순발력을 향상시키기 위해서는 최대속도로 운동을 하는 것이 좋지만, 너무 속도를 빠르게 해서 사람이 운동하는 것이 아니라 기계에 끌려다닐 정도로 하면 효과도 없을 뿐 아니라 부상을 당할 위험성이 커진다. 보통 사람은 90도/초 정도가 좋고 선수는 110도/초가 좋다.
- 운동시간……1세트당 30~40초 정도가 좋다.
- 세트수……1회 운동에 3~4세트, 세트와 세트 사이의 휴식은 4~5분으로 한다.
- 운동빈도……주당 3~4회 실시한다.

(3) 플라이오메트릭 운동

플라이오메트릭 운동으로 트레이닝을 하면 빠르고 동적인 부하와 유연한 운동부하에 반응하여 근수축을 하기 때문에 순발력 향상을 위한 트레이닝 방법으로 아주 좋다고 알려져 있다.

플라이오메트릭 운동을 이용한 트레이닝에서는 몸을 크게 다리와 엉덩이, 몸통, 팔과 가슴 등 세 부분으로 나누어서 운동을 하는 방법들이 고안되어 있다. 세 부분이 따로따로 나누어져 있지도 않고 한 부분의 운동을 하면 다른 부분에도 영향을 미치지만, 주로 트레이닝시키는 부위가 그렇다는 뜻이다.

① 플라이오메트릭 운동방법

플라이오메트릭 운동은 벤치에 뛰어 올라갔다가 뛰어 내려오기를 반복하는 방법도 있지만 다음과 같은 방법도 있다.

- 바운드(bounds)……멀리뛰기의 발구름동작을 한 발 또는 두 발 아니면 모듬 발로 반복한다.
- 홉(hops)……세단뛰기의 홉동작을 한 발 또는 두 발 아니면 모듬 발로 반복한다.
- 점프(jumps)……세단뛰기의 점프동작을 한 발 또는 두 발 아니면 모듬 발로 반복한다.
- 리프(leaps)……제자리높이뛰기동작을 하되 팔을 위로 뻗고, 등을 뒤로 재끼는 동작을 반복한다.
- 스킵(skips)……한 발은 땅에 딛고 다른 발의 넙다리를 가능한 한 높이 들어 올리는 동작을 반복한다.
- 리코셋(ricochets)……종종뛰기동작을 계속해서 실시한다.

- 스윙(swings)……팔을 가랑이 사이에서 머리 위까지 멀리 들어 올렸다가 내리기를 반복한다. 옆으로 할 수도 있다.
- 트위스트(twists)……바(bar)를 어깨 위에 얹고, 양팔을 옆으로 뻗어서 바를 잡은 다음 몸통을 좌우로 비튼다.
- 뎁스점프(depth jump)……높은 의자에서 뛰어 내려서 점프한다.

② 플라이오메트릭 운동 시 주의할 점
- 플라이오메트릭 운동은 아주 격렬한 운동이기 때문에 준비운동과 정리운동을 반드시 해야 한다.
- 최대의 힘을 들여서 최단시간에 동작을 수행하는 운동이기 때문에 중간중간에 반드시 1~2분 휴식한다.
- 점진적으로 운동강도를 높여야 한다. 몸이 준비가 안 된 사람이 강하게 운동을 하면 부상을 초래할 뿐이다.
- 실시하는 운동에 따라서 차이는 있지만 반복횟수를 6~10회 이상으로는 하지 않는 것이 좋다.
- 플라이오메트릭 운동은 주당 2~3회만 하는 것이 좋다.

4. 전신지구력 트레이닝

1) 전신지구력의 개념

마라톤은 물론이고 배구나 축구경기도 1~2시간 이상 계속되는 경우가 많다. 이와 같이 오랜 시간 경기를 한다거나 힘든 일을 오래 동안 해야 할 때에도 지치지 않고 버틸 수 있는 능력을 '전신지구력'이라고 한다.

운동생리학에서 설명한 바와 같이 운동을 오래 동안 하려면 에너지를 유산소적인 방법으로 조달하여야 한다. 유산소적으로 에너지를 공급하는 데는 심장과 혈관으로 구성되는 순환기관과 허파와 기관지로 구성되는 호흡기관이 그 기능을 잘 발휘하는 것이 필요하기 때문에 전신지구력은 호흡순환계통의 능력에 달려 있다.

호흡순환계통의 능력을 측정할 수 있는 방법은 여러 가지 있지만, 일반적으로 최대산소섭취량을 전신지구력을 대표하는 지표로 사용한다. 최대산소섭취량에 영향을 미치는 요인 중에서 가장 중요한 것이 동정맥혈의 산소분압 차이와 심박출량이다. 그러므로 전신지구력을 향상시키기 위해서는 동정맥혈의 산소분압차이와 심박출량을 모두 향상시키든지, 아니면 둘 중에 하나를 향상시킬 수 있도록 트레이닝해야 한다.

2) 전신지구력 향상을 위한 트레이닝 방법

전신지구력 향상을 위해서 하는 운동을 통틀어서 유산소적으로 에너지를 조달하는 운동이라는 의미에서 '에어로빅 운동'이라고도 한다. 전신지구력 향상을 위한 운동을 분류하면 운동의 형태에 따라 다음과 같은 것들이 있다.

(1) 사이클링

자전거를 30분~2시간씩 거의 매일 탄다. 집 안에서 사이클 에르고미터를 탈 수도 있고, 자전거도로에서 자전거를 탈 수도 있다. 형편에 따라서 어떤 방법으로 사이클링을 하든 간에 똑같은 페이스로 타려고 노력해야 한다. 자주 쉬면 전신지구력의 향상을 기대하기 어렵고, 거의 매일 타야 효과가 좋다고 알려져 있다.

쉬지 않고 1시간에 20km를 가다가 21km, 22km 하는 식으로 거리를 늘려 나갈 수도 있고, 쉬지 않고 운동하는 시간을 1시간, 1시간 10분, 1시간 20분으로 늘려 갈 수도 있다. 또는 일정한 거리를 달리는 시간을 점점 줄여 갈 수도 있다.

(2) 순환운동

몇 종목의 운동을 정해 놓고 그 것들을 차례로 돌아가면서 하는 운동을 순환운동(circuit training)이라고 한다. 한 종목의 운동만 계속해서 하면 지루할 뿐 아니라 해당 근육이 피로해지기 때문에 여러 종목의 운동을 돌아가면서 계속하면 호흡순환계에 주는 부담을 변하지 않게 할 수 있다는 장점이 있다.

(3) 쿠퍼의 에어로빅스

미해군에서 장병들의 체력향상을 위한 운동프로그램을 개발해달라는 요청을 받고

Cooper 박사가 만든 운동프로그램이다. 이 운동프로그램에서 처음으로 '에어로빅스'라는 말이 사용되기 시작하였다.

표 2-4는 Cooper 박사가 만든 운동프로그램에서 각 운동종목을 수행할 때마다 점수를 매기고, 운동이 모두 끝났을 때 각 종목의 점수를 합하여 유산소능력을 평가하는 표이다. 1주일에 27~32점을 얻어야 유산소능력 향상에 효과가 있다.

표 2-4. 에어로빅 점수표

점수	걷기/달리기 (1.6km에 걸리는 시간)	사이클링 (3.2km를 달리는 시간)	수영 (270m)	핸드볼/농구	5분 동안의 트레드밀 달리기	10분 동안의 트레드밀 달리기	점수
0	20분 이상	12분 이상	10분 이상	10분 이하	60스텝/분 이하	50스텝/분 이하	0
1	20분~14분 30초	12~8분	8~10분	10분	60~70스텝/분	50~65스텝/분	1
2	14분 29초~12분	8~6분	7분 30초~8분	20분	80~90스텝/분	65~70스텝/분	2
3	11분 59초~10분	6분 이하	6분~7분 30초	30분		70~80스텝/분	3
4	9분 59초~8분			40분		80~90스텝/분	4
5	7분 59초~6분 30초			50분			5
6	6분 30초 이하			60분			6

(4) 크로스컨트리

크로스컨트리(cross country)는 마을 또는 들과 산을 가로질러서 간다는 의미로 유럽에서 처음 시작될 때에는 스키를 타고 돌아다녔기 때문에 크로스컨트리스키라고 했다. 그 후 스키를 타기 어려운 지방에서 그냥 산이나 들을 달리게 되면서 스키라는 말이 빠지게 되었다.

운동의 특성상 똑같은 속도로 달릴 수는 없고, 최단시간에 목적지에 도착하려고 노력해야 한다.

(5) 에어로빅댄스

미국의 무용가 Sorensen이 1970년대에 만든 것으로 음악에 맞추어서 뛰거나 달리는 동작과 댄스의 스텝을 적절하게 조합하여 하는 운동으로 여자들에게 가장 인기 있는 운동방법이다. 너무 힘들거나 어려운 동작이 없이 가볍게 운동을 하면서도 땀이 흠뻑 젖을 때까지 운동을 해야 유산소능력이 향상된다. 그리고 뛰는 동작이 너무 많이 포함되어 있으면 발목과 무릎에 충격을 주어서 부상을 당할 염려가 있다.

에어로빅댄스는 음악에 맞추어서 하기 때문에 지루하지 않고, 음악이나 춤의 형태에 따라서 재즈댄스, 벨리댄스, 힙합댄스, 스포츠댄스 등 종류가 다양하다.

(6) 캠핑과 하이킹

하이킹은 높고 험한 산을 오르지 않고, 소풍을 가듯이 적당한 산을 걸어서 오르는 것이고, 하이킹을 하다가 어두워지면 산이나 들에서 하루 밤을 자는 것이 캠핑이다.

주말마다 캠핑이나 하이킹을 하면 근력도 향상되고, 유산소능력도 향상된다. 무리하지 않는다는 것이 가장 중요하고, 혼자보다는 몇몇이 같이 가는 것이 안전상 좋다.

(7) 조깅/걷기/달리기

조깅 · 걷기 · 달리기는 가장 큰 장점은 한 컬레의 신발, 값싼 옷, 적은 기술만을 필요로 한다는 점이다. 노력만 한다면 모든 사람이 운동의 효과를 얻을 수 있고, 운동수행능력도 향상시킬 수 있다.

(8) 수영

최근의 운동에 관한 여론조사를 보면, 수영이 성인들에게 가장 인기 있는 운동의 1~2위를 차지하고 있다. 편안하고 적절한 페이스로 지속적으로 운동하면 가장 좋은 유산소운동이 될 것이다.

(9) 파틀렉

파틀렉(fartlek)은 숲 속에 있는 오솔길을 빠르게 오르내린다는 뜻이지만, 무작정 빠르게 오르내릴 수는 없으므로 빨리 걷기와 천천히 걷기를 반복하게 된다.

3) 전신지구력 향상을 위한 운동방법

(1) 운동강도의 결정

전신지구력을 향상시키려면 호흡순환계통에 자극을 주어야 하므로 평소보다 빠른 심박수를 가급적 오랜 시간 유지하는 것이 키포인트이다. 가만히 앉아서 20~30분 동안 쉬고 있을 때 1분 동안의 심박수(맥박수)를 '안정시심박수'라 하고, 최대로 운동을 했을 때 1분 동안의 심박수를 '최대심박수'라고 한다. 최대심박수는 개인이 혼자서 측정하기 어렵기 때문에 '220-나이'로 간단히 계산한다.

최대심박수와 안정시심박수의 차이는 운동을 해서 증가시킬 수 있는 심박수를 나타내기 때문에 '예비심박수'라고 한다. 일반적으로 단련된 사람일수록 예비심박수가 크다. 그래서 유산소 운동을 할 때는 예비심박수를 기준으로 해서 운동강도를 정한다.

아무리 단련된 사람이라도 예비심박수의 100%를 운동강도로 정할 수는 없기 때문에 보통 예비심박수의 50~80%를 운동강도로 정하고, 초심자일수록 낮게 잡는다. 예를 들어 운동강도를 60%로 설정한다고 하면 '(최대심박수-안정시심박수)×0.6+안정시심박수'를 '목표심박수'라고 한다. 그 의미는 심박수가 목표심박수에 도달할 때 까지 점진적으로 운동강도를 높이다가 목표심박수에 도달하면 더 이상 운동강도를 높이지 않고 계속해서 운동을 한다는 뜻이다.

초보자, 노인 또는 회복기의 환자는 50% 또는 그 이하를 운동강도로 정해서 4~6주 동안 운동을 한 다음에 10% 정도씩 올리는 것이 좋고, 단련된 사람이라고 해도 85% 이상으로 운동강도를 설정할 필요는 없다.

(2) 운동시간

전신지구력 향상을 위한 운동은 호흡순환계통에 자극을 주어야 하기 때문에 운동강도를 높게 설정한 사람은 운동시간을 짧게 하고, 운동강도를 낮게 설정한 사람은 운동시간을 길게 해야 한다.

운동강도를 예비심박수의 50%로 설정했을 때도 20분 이상 운동을 하면 유산소능력이 향상된다는 연구보고가 있으므로 지나치게 운동시간을 늘리려고 애쓸 필요는 없다. 운동시간이 길수록 효과가 높아지기는 하지만, 효과에 집착하지 않는 것이 좋다.

(3) 운동빈도

전신지구력을 향상시키기 위한 운동은 근력이나 순발력을 향상시키기 위한 운동보다 일반적으로 운동시간이 길기 때문에 1주일에 3~4회 이상 할 필요가 없다. 왜냐하면 호흡순환기관이 자극에 적응하려면 적당한 휴식과 시간이 필요하기 때문이다.

전신지구력 향상을 위한 운동은 체중조절의 목적으로 할 수도 있다. 체중조절을 목적으로 운동을 할 때는 열량을 가급적 많이 소비하는 데에 초점을 맞추어야 한다.

(4) 운동방법

여기에서 설명하는 운동방법은 전신지구력 향상을 위한 운동에 국한되는 것이 아니라 다른 목적으로 트레이닝을 할 때에도 적용된다. 운동과 운동 사이에 휴식을 취해야 되는데, 어떻게 휴식을 취하느냐에 따라서 효과가 달라진다는 이론에 근거를 두고 있다.

- 지속운동……운동을 시작해서 끝날 때까지 쉬지 않고 운동을 하는 방법으로 지구력 향상에 좋다.
- 반복운동……운동을 한 다음 충분히 휴식을 취한 다음 다시 운동을 하는 방법이다. 운동의 종류에 따라 유산소능력 또는 무산소능력을 향상시킬 수 있다.
- 인터벌운동……운동을 한 다음 불충분하게 휴식을 취한 다음 다시 운동을 하는 방법이다. 심장의 능력을 증진시키는 데 효과가 좋다. 불충분한 휴식이라도 10초만 쉬는 것과 1분 쉬는 것은 차이가 있다. 쉬는 시간이 짧을수록 무산소능력이 많이 향상된다.

5. 유연성 트레이닝

1) 유연성과 관절의 가동범위

인체에는 약 250개의 관절이 있다. 각 관절마다 움직일 수 있는 한계가 있는데, 최대로 움직일 수 있는 범위를 관절의 '가동범위'라고 한다. 가동범위는 대부분 각도로 측정하고, 가동범위가 넓으면 "유연성이 좋다."고 한다.

관절가동범위는 뼈·근육·힘줄·인대 등과 같은 결합조직에 의한 운동의 제약, 관절을 이루고 있는 조직의 부드러운 정도 등에 의해서 결정되고, 일반적으로 나이가 어릴수록, 남자보다 여자의 가동범위가 넓다.

관절가동범위에는 자기 스스로 움직일 수 있는 범위인 '능동적 가동범위'와 다른 사람의 힘을 빌려서 움직일 수 있는 범위인 '수동적 가동범위'가 있다. 능동적 가동범위보다 수동적 가동범위가 더 넓은 이유는 관절 자체에 약간의 간극이 있어야 움직일 수도 있고, 관절이 성장할 수도 있기 때문이다. 여기에서 가동범위는 능동적 가동범위를 말한다.

관절의 가동범위는 습관, 운동, 부상, 질병 등에 의해서 사람마다 약간의 차이가 있다. 관절의 가동범위 즉, 유연성을 향상시키려고 하는 운동을 '스트레칭'이라고 한다.

2) 유연성 운동의 원리

다음은 유연성을 향상시키기 위해 하는 스트레칭의 기본원리들을 정리한 것이다.

- 근육의 길이를 늘이기 위해서는 신전운동을 해야 한다. 일반적으로 평소 길이보다 약 10% 더 늘리는 신전운동을 해야 한다.
- 신전운동에는 정적신전운동, 동적신전운동, 그리고 고유수용성 신경근 촉진운동 등이 있다. 정지상태에서 근육을 늘이는 것이 정적신전운동이고, 반동을 주면서 근육의 길이를 늘이는 것이 동적신전운동이다. 마지막으로 고유수용성 신경근촉진운동(PNF: Proprioceptive neuromuscular facilitations)은 소아마비환자의 치료에 처음 사용된 것으로, 마비된 근육에 대해 고유수용성감각을 접촉·시각·인식·저항 등 다양한 방법을 통해 재교육하는 방법을 말한다. 쉽게 말해서 근육과 관절에 분포되어 있으면서 압력·장력·온도 등을 감지하는 감각세포를 고유수용기라 하고, 고유수용기를 자꾸 자극시켜서 느낀 감각을 뇌로 전달시키는 훈련을 많이 시키면 마비되어 있던 부위의 기능이 점차적으로 회복된다는 것이다. 원래는 PNF가 치료하는 방법의 하나이지만, 유연성 향상에 탁월한 효과가 있다고 알려져 있다.
- 정적신전운동이 동적신전운동보다 상해를 입을 가능성이 적다.
- 자신의 힘만으로 하는 능동적신전운동이 보조자나 기구의 도움을 받아서 하는 수동적 신전운동보다 더 안전하고 효율적이다.
- 동적 유연성을 향상시키려면 동적신전운동을 해야 한다.
- 고유수용성 신경근촉진운동을 건강한 사람의 유연성 향상에 이용할 때는 ⓐ 주동근을 등척성 수축을 시킨 상태를 6초 동안 유지, ⓑ 근육을 이완, ⓒ 보조자가 길항근을 수축시킨 다음 20초 이상 유지하다가 놓는 순간 주동근을 수축시킨다. 위와 같이 3단계로 해야 효과가 좋다.
- 트레이닝의 효과를 보기 위해서는 반드시 해야 하는 운동량(트레이닝역치) 이상으로 운동을 해야 한다.

- 근육의 온도를 높여주면 유연성 향상에 도움이 된다.
- 사용부족, 부상, 질병 등에 의해서 유연성이 감소된다.
- 유연성을 향상시키고자 하는 관절의 운동을 해야 하고, 유연성이 지나치면 상해를 당하기 쉬울 뿐 아니라 수행능력을 오히려 저하시킨다.

참고문헌

김재호(1999). 체력과 건강. 서울 : 단국대학교 출판부.

김창국 · 박기주(2004). 최신 트레이닝 방법론. 서울 : 대경북스.

노재성(2003). 체력관리와 웨이트트레이닝. 서울 : 대경북스.

원영두(1999). 트레이닝 이론 및 방법. 서울: 조선대학교 출판부.

이석인(2000). 사진으로 배우는 근력트레이닝. 서울 : 삼호미디어.

이석인(2001). 근육운동가이드. 서울 : 삼호미디어.

이석인 · 신정태 · 이한경(1997). 보디빌딩의 과학. 서울 : 21세기교육사.

이석인 외(2005). 토탈 피트니스 바이블. 대경북스.

이양인 외(1993). 트레이닝론. 서울 : 21세기교육사.

장경태(1993). 트레이닝 방법론. 서울 : 태근문화사.

장경태 · 안종철(1998). 웨이트트레이닝. 서울 : 대한미디어.

정성태 · 전태원(1998). 체육육성. 서울 : 교학사.

정성태외(1999). 파워트레이닝. 서울 : 태근문화사.

천길영 · 이영우 · 이수영(1998). 체력육성 및 운동기능 향상을 위한 스포츠트레이닝론. 서울 : 도서출판 교육서당.

체육과학연구원(2002). 트레이닝론. 서울 : 동원피엔지.

Claude Bouchard, Roy J. Shephard and Tomas Stephens(1994). *Physical Activity, Fitness, and Health*. United States : Human Kinetics Publishers.

Jerry R. Thomas and Jack K. Nelsen(1990). *Research Methods in Physical Activity*. United States of america : Human Kinetics Books.

Michael Boyle(2003). *Functional Training for Sports*. Human Kinetics.

NSCA—National Strength & Conditioning Association(2011). *Developing Agility and Quickness*. Human Kinetics.

NSCA—National Strength & Conditioning Association(2012). *NSCA's Guide to Tests and Assessments*. Human Kinetics.

Pilip E. Allsen, Joyce M. Harrison and Barbara Vance(1975). *Fitness for Life*. United states of America : Wm. C. Brown Company Publishers.

Randy Hyllegard, Dale P. Mood and James R. Morrow, Jr.(1996). *Sport and Exercise Science*. United States of America : Mosby—year Books, Inc.

Sheldon, W. H.(1940). *The Varieties of Human Physique*. Newyork : Harper and Brothers.

Siri, W. E.(1956). The gross composition of the body. In J.H. Lawrence & C.A. Tobias (Eds.), *Advances in Biological and Medical Physics*(pp. 239—280). New York: Academic Press Inc.

William, M. H.(1990). *Life Fitness and Wellness, 2th ed*. Iowa : Brown.

제3장 측정평가론

1. 측정평가 이론

트레이닝론에서 근력, 순발력, 유연성, 전신지구력 등을 향상시키기 위해서는 어떤 트레이닝 방법으로 어떻게 운동을 해야 하는지를 공부하였다. 3~4개월 운동을 한 다음에는 나의 체력이 향상되었는지, 향상되었다면 얼마나 향상되었고, 현재 나의 체력은 다른 사람들과 비교했을 때 좋은 편인지 아니면 아직도 부족한 편인지를 알고 싶어 할 것이다. 이렇게 알고 싶어 하는 궁금증을 해결해주는 것이 측정평가이다.

이를 위해서는

● 어떻게 하면 근력을 측정할 수 있는지 측정방법을 알아야 하고,

● 그중에서 어떤 방법으로 '측정'하였더니 나의 근력은 얼마이고,

● 같은 방법으로 측정한 다른 사람들의 근력을 알아야 하며,

● 단순하게 나는 근력이 얼마이고, 너는 근력이 얼마라고 하는 것보다는 여러 사람들의 평균근력은 얼마이니까 나의 근력이 좋은 편인지, 아니면 나쁜 편인지를 '평가'해야 한다.

여기에서는 각종 측정방법과 그 평가방법을 알아보기로 한다.

1) 측정평가의 목적

앞에서는 궁금증을 해결하기 위해서 측정평가를 한다고 했지만 측정평가의 목적을 간단히 정리하면 다음과 같다.

- 동기부여……몇 개월 동안 운동을 했더니 근력이 약한 편이던 내가 보통수준이 되었다면 운동을 더 열심히 해서 근력이 우수한 편이 되고 싶은 마음이 들게 된다.
- 성취도……운동을 지도하는 지도자라면 선수 중에서 운동을 열심히 한 선수도 있고, 운동을 게을리 한 선수가 있을 텐데 누가 열심히 운동을 한 선수인지 알고 싶어 한다.
- 향상도……운동을 시작하기 전에 이미 운동을 잘하는 선수와 잘 못하는 선수가 있는데, 무조건 비교하면 처음에 운동을 잘못하던 선수는 억울하게 된다. 그러므로 지도자는 향상도를 보고 선수를 평가하는 것이 바람직하다.
- 진단……근력만 측정하는 것이 아니라 여러 가지 체력을 측정하여야 내가 어떤 체력은 좋지만 어떤 체력은 약한 편이라는 것을 알 수 있게 된다. 그러면 앞으로 어떤 체력을 향상시키는 데에 중점을 두어야 할지 방향을 설정할 수 있다.
- 처방……방향을 설정했으면 그 방향에 알맞은 운동처방을 할 수 있다.
- 프로그램의 평가……근력을 향상시키는 운동프로그램에 A, B, C가 있다고 할 때 어떤 운동프로그램이 더 좋은지 또는 나에게 맞는지를 알 수 있고, 다음 운동을 계획할 때 큰 도움이 된다.
- 예측……측정평가론에서 체력의 측정평가 이외에도 여러 가지 지표와 체성분의 측정평가를 공부하는 이유는 앞으로 이 선수가 자라면 어떻게 변할 가능성이 큰지를 예측할 수 있기 때문이다.

2) 측정평가의 조건

체력을 측정하였으나 그 측정방법이나 결과가 엉터리라고 하면 곤란할 것이다. 그러므로 정확하게 측정하고 평가하기 위해서는 측정에서 평가까지 다음과 같은 원칙을 지키고, 필요한 조건을 충족시킬 수 있어야 한다.

- 타당성……그럴 사람은 없겠지만 팔의 근력을 측정하려고 하는데 발로 하는 어떤 동작을 잘하는지 못하는지 측정한다면 타당성이 없다. 측정하려는 목적과 유사한 것으

로 측정해야 타당성이 높아진다.

- 신뢰성……동일한 피검자를 대상으로 동일한 방법으로, 동일한 검사자가 두 번 측정했을 때 처음 측정결과와 나중 측정결과가 거의 비슷하면 신뢰성이 있다고 하고, 그렇지 않으면 신뢰성이 없다고 한다. 신뢰성이 없는 주원인은 피검자가 대강대강 측정에 응한 경우, 측정도구가 고장 났거나 부정확한 경우, 검사자가 성의없이 검사한 경우 등이다.

- 객관성……동일한 피검자를 대상으로, 동일한 방법으로, 두 사람의 검사자가 각각 한 번씩 측정했을 때 두 측정결과가 비슷하면 객관성이 있다고 하고, 너무 다르면 객관성이 없다고 한다. 객관성이 없게 되는 주원인은 피검자가 대강대강 측정에 응한 경우, 두 사람의 검사자 중 한 사람이 성의 없이 측정한 경우, 두 사람의 검사자가 생각이 서로 다른 경우 등이 있다.

- 규준……측정결과를 평가하려면 어떤 기준이 되는 측정치가 있어야 한다. 규준이 되는 것에는 불특정 다수를 측정한 결과가 대부분이고, 경우에 따라서는 권위 있는 전문가가 작성한 것을 규준으로 이용하는 경우도 있다. 그러므로 아무리 측정을 정확하게 하였더라도 규준이 없으면 평가하기 곤란하다.

- 경제성……어떤 측정방법이 아무리 정확하다고 해도 돈이 많이 들거나, 시간이 너무 많이 소요되거나, 피검자의 몸에 상처를 크게 내는 방법은 채택할 수 없다.

3) 집중경향치

측정하는 방법에 따라서 여러 종류의 측정치들이 있지만, 여기에서는 불특정 다수를 동일한 방법으로 측정한 데이터가 있고, 그 데이터가 연속성이 있는 경우에 한해서 설명한다. 데이터에 연속성이 있다는 것은 측정한 결과가 10, 15, 20 하는 식으로 띄엄띄엄 있지 않고 10, 9,8, 11.3 하는 식으로 있어서 데이터를 큰 것에서부터 작은 것으로 순서대로 나열했을 때 부드러운 곡선으로 연결할 수 있다는 뜻이다.

'집중경향치'는 수백 명을 측정했다고 할 때 한 사람 한 사람의 측정치를 모두 말하기는 곤란하니까 "평균 얼마다."하는 식으로 한마디로 말 할 수 있는 수치라는 뜻이다. 즉 자신의 측정결과를 다른 사람에게 간편하면서도 정확하게 알리기 위해서 계산하는 것이다.

(1) 최빈치

최빈치는 '가장 빈도가 높은 수치'라는 뜻이다. 예를 들어 수백 명의 키를 측정했더니 170~175cm에 가장 많은 사람들이 몰려 있었다고 하면 170~175 또는 그 중간인 172.5를 최빈치라고 한다.

(2) 중앙치

예를 들어 100명의 키를 쟀다고 하자. 키가 제일 큰 사람을 1등, 제일 작은 사람을 100 등이라고 등수를 매겼을 때 50등인 사람의 키가 171.2cm이었다고 하면 171.2를 중앙치라고 한다.

(3) 평균치

예를 들어 100명의 키를 쟀다고 하자. 100명의 키를 모두 더한 다음 100으로 나눈 것을 평균치라고 한다. 최빈치와 중앙치는 의사들이 가끔 사용하고, 체육에서는 거의 모두 평균치를 집중경향치로 사용한다.

4) 분산도

예를 들어 100명씩 키를 측정한 데이터가 두 개 있다고 하자. 한 사람은 초등학교 1학년부터 대학교 4학년까지를 대상으로 했고, 다른 한 사람은 군인들만을 대상으로 했다고 하면, 두 데이터는 평균치도 다르지만 데이터들이 흐트러져 있는 정도도 다를 것이다.

즉 초등학생부터 대학생까지 측정한 데이터는 80cm부터 180cm까지 흩어져 있지만, 군인들을 대상으로 측정한 데이터는 165cm부터 185cm 사이에 몰려 있을 것이다. 그때 데이터들이 흐트러져 있는 정도를 '분산도'라 하는데, 분산도도 평균 못지 않게 중요하다. 왜냐하면 분산도만 보아도 두 데이터가 비슷한 데이터인지 아닌지 구별할 수 있기 때문이다.

그러므로 자신이 측정한 결과를 다른 사람에게 알릴 때는 측정대상의 특성, 측정방법, 평균치, 분산도를 반드시 알려야 한다.

(1) 범위

예를 들어 100명의 키를 쟀더니 평균은 150cm, 제일 작은 사람은 120cm, 제일 큰 사람은 180cm이었다고 보고하는 것이다. 그때 '180-120=60'을 범위라고 한다. 범위는 계산도 거의 할 필요가 없고 간편하지만 상당한 의미를 가지고 있다.

위의 예에서 범위 60을 '사람 수-1'로 나누면 '60÷99=0.606'이 나오는데, 이 수치는 측정대상자 100명을 키순으로 일렬로 세워 놓으면 한 사람을 지날 때마다 0.606cm씩 키가 작아진다는 의미가 있다.

(2) 평균편차

평균과 어떤 측정대상자의 측정치 사이의 차이를 '편차'라고 한다. 그러므로 편차는 측정대상자 한 사람 한 사람이 각기 다르다. 그때 편차의 평균을 구하려고 모두 더하면 '0'이 되어버리기 때문에 편차의 평균을 구할 수는 없다. 그래서 편차의 (+)와 (-)를 무시하고 편차의 절대값의 평균을 구한 것이 '평균편차'이다.

평균편차의 의미는 범위에서처럼 키순으로 일렬로 세워 놓았을 때 한 사람을 지날 때마다 얼마씩 차이가 난다는 뜻이 아니고, 평균 잡아서 한 가운데 사람(평균치)과 평균편차만큼 차이가 난다는 뜻이다. 평균편차는 측정대상자들이 흩어져 있는 정도 즉, 분산도를 나타내기는 하지만 그 의미를 해석할 방법이 마땅치 않기 때문에 별로 사용하지 않는다.

(3) 사분편차

범위를 '사람수-1'로 나는 것이 키순으로 일렬로 세워 놓았을 때 한 사람을 지날 때마다 차이를 나타낸다고 했는데, 실제로는 별 의미가 없다. 왜냐하면 100명의 키를 쟀더니 120~180cm이고 평균 150cm라고 했을 때, 약 50명 가까이가 140cm~160cm에 몰려 있고, 나머지 50명 정도가 120~140cm와 160~180cm에 흩어져 있기 때문에 한 사람을 지날 때마다 얼마 차이가 난다는 것이 별 의미가 없다.

그래서 100명을 측정했다고 할 때 상위 1/4에 해당하는 사람 즉, 25등과 하위 1/4에 해당하는 사람 즉, 75등 사이에 차이가 얼마난다고 보고하는 것을 '사분편차'라고 한다.

위의 예에서 25등에 해당하는 사람의 키가 165cm이고, 75등에 해당하는 사람의 키가 135cm라고 하면 '(165-135)÷2=15'가 나오는데, 그것을 사분편차라고 한다. 사분편차는 전체를 4집단으로 나누었을 때 집단과 집단 사이에 사분편차만큼 차이가 난다는 의미를 가지고 있다. 위의 예에서는 측정대상자 100명을 25명씩 4집단으로 나누어서 A, B, C, D집단이라고 한다면 A집단과 B집단 사이에 15cm 차이가 나고, B집단과 C집단 사이에 15cm

차이가 난다는 의미이다.

사분편차는 범위보다는 설득력이 강하지만 측정치가 평균 근방에 몰려 있지 않고 어느 한쪽으로 치우쳐져 있거나 두 쪽으로 치우쳐져 있을 때는 의미가 별로 없다는 약점을 가지고 있다.

(4) 표준편차

평균편차를 계산할 때 (+)와 (−)가 섞여 있는 것을 방지하려고 절대값으로 계산하였는데, 이때 (−)를 없애는 방법에는 제곱을 하는 방법도 있다. '평균−각 개인의 점수'로 구한 편차를 제곱하면 모두 +가 되기 때문에 평균을 구할 수 있다. 편차를 제곱한 것의 평균을 구한 다음 루트를 씌우면 평균편차와 비슷한 수치(대부분의 경우에 평균편차보다 약간 작은 수치)가 나오는데, 그것을 '표준편차'라고 한다.

위에서 편차를 제곱한 것들의 평균을 계산하려면 편차를 제곱한 것들의 총합을 구한 다음 사람수로 나누어야 하는데, 편차를 제곱한 것들의 총합을 '변량'이라고 한다. 변량과 사람 수만 알면 누구나 표준편차를 계산할 수 있고, 다른 분석에 변량을 유용하게 사용할 수 있기 때문에 표준편차 대신에 변량을 보고해야 한다는 주장이 상당히 많다.

평균을 영어로 mean, 표준편차를 standard deviation, 변량을 variance라고 하기 때문에 보통 책에 'M±SD'라고 쓴다. 표준편차의 의미는 정상분포에서 설명한다.

5) 정상분포

예를 들어 '전국의 대학생 전체' 또는 '서울시의 성인 남자 전체' 등과 같이 많은 사람들을 대상으로 100m 달리기 기록(측정결과가 연속성이 있는 데이터)을 측정해서 그 결과를 그래프로 그리면 그림 3-1과 같은 모양이 나온다고 한다. 이때 그림 3-1과 같은 그래프를 '정상분포곡선'이라고 한다.

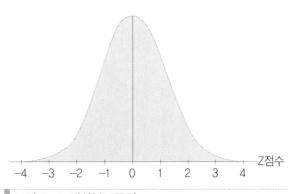

그림 3-1. 정상분포곡선

정상분포곡선에서 0은 평균, 0에서 1까지의 간격은 표준편차, 그래프의 높이는 사람 수(빈도)를 나타낸다. 정상분포곡선은 종(bell)같이 생겨서 평균치 근방에 사람들이 많이 몰려 있고, 양쪽 가로 갈수록 사람 수가 현저하게 적어진다는 것을 알 수 있다.

평균에서 떨어진 거리를 표준편차로 나눈 것을 'Z점수'라고 한다. 예를 들어 수학 시험을 보았는데 학년 평균이 70점이고 표준편차가 8점이라고 할 때, 어떤 학생이 86점을 받았다고 하면 그 학생의 Z점수는 '(86−70)÷8=2'가 된다.

표 3−1. Z점수와 백분율

Z점수	−3	−2	−1	0	1	2	3	4
백분율(%)	0.13	2.28	15.87	50	84.13	97.72	99.87	100

백분율(%)	25	30	40	50	80	90	95	99
Z점수	−0.67	−0.52	−0.25	0	0.84	1.28	1.65	2.33

표 3−1은 Z점수와 백분율을 정리한 것이다. 위쪽에 있는 것은 어떤 학생의 Z점수가 1점이라고 하면 그 학생보다 점수를 작게 받은 학생이 84.13%라는 뜻이고, 만약 어떤 학생의 Z점수가 3점이면 전체학생의 99.87%가 그 학생보다 점수를 적게 받았다는 뜻이다.

아래쪽에 있는 것은 내가 상위 20% 안쪽에 들려면 Z점수를 0.84점을 받아야 하고, 상위 1% 안쪽에 들려면 Z점수를 2.33점 이상 받아야 한다는 뜻이다. 그리고 그래프가 좌우 대칭이므로 하위 1%, 5%, 10%, 20%인 학생의 Z점수는 80%, 90%, 95%, 99%의 Z점수를 가지고 정확하게 알 수 있다.

실제로 학교에서 수, 우, 미, 양, 가 또는 A, B, C, D, E로 평가하는 것은 Z점수로 한다. 즉 Z점수가 2점 이상이면 '수', 1점 이상 2점 미만이면 '우', −1점 이상 +1점 미만이면 '미', −2점 이상 −1점 미만이면 '양', −2점 미만이면 '가'로 평가하는 것이다.

그러므로 평균과 표준편차만 알면 내가 잘하는 편인지 못하는 편인지 또는 전체의 몇 %에 해당하는지를 알 수 있다. 여기에서 이렇게 자세하게 설명하는 이유는 측정평가에서 거의 모든 측정치들을 MS, D로 제시하기 때문이다.

6) 상관도

여기에서는 상관도를 계산하는 방법을 설명하려는 것이 아니고 상관도가 어떤 의미를 갖는 것인지를 설명한다.

여러 선수들의 기초체력 검사를 해서 종합점수를 매기고 지능검사를 해서 각각의 지능점수를 알고 있다고 하자. 그때 체력점수와 지능점수 사이에 어떤 관계가 있지는 않을까라는 생각이 들면 체력점수를 x축, 지능점수를 y축으로 해서 각 선수들을 하나의 점으로 나타내면 아래 그림과 같이 여러 가지 형태가 나올 수 있다.

첫 번째 그림은 체력점수가 높으면 지능점수도 높다는 것을 나나내므로 '정의 상관'이라 하고, 두 번째 그림은 체력점수가 높으면 지능점수는 낮아진다는 것을 나타내므로 '부의 상관'이라고 한다. 세 번째 그림은 체력점수와 지능점수 사이에는 아무런 관계가 없으므로 '무상관', 네 번째 그림은 체력점수가 높거나 낮으면 지능점수가 좋고 체력점수가 중간이면 지능점수는 낮다는 것을 나타내므로 '곡선상관'이라고 한다.

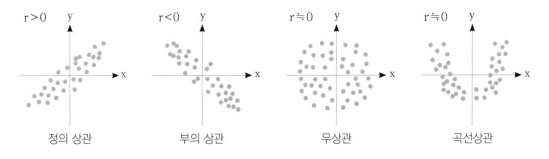

그림 3-2. 정의 상관, 부의 상관, 무상관 및 곡선상관의 산포도

즉 상관도는 둘 또는 셋 이상의 측정치 사이에 어떤 관계가 있는지 여부를 나타내는 수치이다. 여기에서는 두 측정치 사이의 관계를 나타낼 때에 한해서, 그리고 상관도를 계산하는 방법도 여러 가지가 있지만 가장 많이 쓰이는 피어슨(Pearson)의 적률상관계수로 간주하고 설명한다.

상관도를 영어로 correlation diagram이라고 하기 때문에 상관계수를 'r'이라 하고, 상관계수는 (−1)에서 (+1) 사이의 숫자이고, 그 숫자가 (+1) 또는 (−1)에 가까우면 상관이 높다고 하고, 0에 가까우면 상관이 없다고 한다.

상관계수를 계산하는 최종목적은 예측하려는 데 있다. 위의 예에서 체력점수와 지능점수의 상관계수가 0.8이 나왔다고 하면, 체력점수를 가지고 지능점수를 예측한다든지 반대로 지능점수를 가지고 체력점수를 예측했을 때 맞을 확률이 상당히 높다(80%라는 것은 아님)는 것이다.

예를 들어 체지방량을 정확하게 측정하는 것은 상당히 어려운 일이다. 그때 어떤 연구자가 체지방량을 연구한 결과 체지방량과 복부의 피부두께 사이에 상관계수가 0.8이 나왔다고 보고한 것이 있으면, 그 연구 결과를 믿고 선수들의 복부의 피부두께를 측정해서 그 학자가 제시한 공식에 대입하면 선수들의 체지방량을 예측할 수 있다는 뜻이다. 일반적으로 상관계수의 크기가 0.6 이상이면 예측에 이용해도 된다.

2. 체력의 측정과 평가

다음은 한국체육과학연구원에서 2011년에 4,000명을 대상으로, 19세 이상을 5세 단위로 묶어서, 집락추출 방식으로 각종 체력관련 항목들을 측정한 결과이다. 그러므로 이 자료는 일반 성인에 적용할 수 있으며 선수들에게 적용하기에는 한계가 있다.

자세한 측정방법, 측정에 필요한 도구, 표본의 추출방법, 각 지역별 표본의 선정과 표본 수, 성별·연령별 표본수, 기준치 설정은 www.sports.re.kr에 접속하여서 '도서관 정보자료' 탭으로 들어간 다음 2011년 '국민체력 실태조사'를 검색하면 나와 있다. 여기에서는 측정결과만을 제시한다.

앞 절에서 평균과 표준편차의 의미를 자세히 설명하였으므로 이 자료를 이용하는데 큰 어려움은 없을 것이다. 한국체육과학연구원에서 측정하지는 않았지만 측정평가에 필요하다고 인정되는 것들은 [***]표를 붙여서 제시하였다.

1) 근력과 근지구력

(1) 윗몸일으키기

배근육의 지구력검사로는 검사하기가 쉬운 윗몸일으키기(sit-ups)가 많이 활용되고 있다.

표 3-2. 윗몸일으키기(남자)

(단위 : 회/분)

요인 \ 연령	19~24	25~29	30~34	35~39	40~44	45~49	50~54	55~59	60~64	65 이상
N	234	212	211	258	212	246	269	170	129	171
평균	50.3	46.2	40.1	39.6	37.5	29.6	27.6	25.4	20.6	12.1
표준편차	14.41	14.4	11.87	10.84	12.05	11.88	10.33	9.79	10.9	10.54

표 3-3. 윗몸일으키기(여자)

(단위 : 회/분)

요인 \ 연령	19~24	25~29	30~34	35~39	40~44	45~49	50~54	55~59	60~64	65 이상
N	199	187	153	233	228	222	231	157	133	224
평균	35.3	29.2	25.3	24.8	20.8	19.5	14.7	9.4	8.8	3.8
표준편차	16.20	13.66	10.92	11.61	10.93	10.54	11.71	10.68	9.57	6.72

(2) 악력

악력은 성인의 정적근력을 대표하는 것으로서 일반적으로 측정되고 있는 항목이다. 악력이 일반적으로 널리 쓰이는 이유는 측정방법이 비교적 간단하고 많은 노력을 필요로 하지 않고 단시간에 결과를 알 수 있으며, 실제적으로 다른 근력과 비교적 높은 상관이 있기 때문이다.

표 3-4. 악력(남자)

(단위 : kg중)

요인 \ 연령	19~24	25~29	30~34	35~39	40~44	45~49	50~54	55~59	60~64	65 이상
N	234	212	211	258	212	246	269	170	129	171
평균	43.2	44.1	43.5	44.4	42.0	40.5	40.2	38.5	35.8	31.0
표준편차	7.51	6.93	6.58	6.24	6.91	6.56	6.14	6.18	6.05	6.60

표 3-5. 악력(여자)

(단위 : kg중)

요인 \ 연령	19~24	25~29	30~34	35~39	40~44	45~49	50~54	55~59	60~64	65 이상
N	99	187	153	233	228	222	231	157	133	224
평균	25.7	24.8	24.5	25.5	24.8	24.8	25.4	23.2	22.7	20.4
표준편차	5.51	5.03	4.56	4.12	5.05	4.45	4.85	4.36	4.14	5.04

(3) 엎드려 팔굽혀 펴기

엎드려 팔굽혀 펴기(push up)는 팔을 펴는 근육근의 동적지구력을 측정하는 것이지만 배근육과 가슴근육과도 관련이 있다.

표 3-6. 엎드려팔굽혀펴기[***] (단위 : 회)

나이	남자	여자
10	13.0±13.0	9.0±8.2
20	29.2±14.5	7.5±7.5
30	19.8±10.6	5.9±6.6
40	16.1±9.0	5.2±6.6
50	13.7±8.6	4.7±6.6
60	11.0±8.6	3.9±6.6
70	7.3±8.6	3.3±6.6

(4) 쪼그려 앉았다 일어서기

쪼그려 앉았다 일어서기는 넙다리근육군의 근지구력을 검사하는 방법이다.

표 3-7. 쪼그려앉았다일어서기[***] (단위 : 회/20초)

나이	남자	여자
10	21.7 ± 3.1	20.9 ± 2.6
20	22.8 ± 5.4	20.1 ± 2.4
30	20.1 ± 6.4	18.7 ± 3.0
40	19.5 ± 6.2	18.0 ± 3.0
50	17.5 ± 6.0	16.3 ± 3.0
60	14.7 ± 7.0	13.9 ± 4.0
70	12.5 ± 7.0	10.9 ± 4.0

2) 순발력

(1) 제자리멀리뛰기

제자리멀리뛰기는 가장 일반적이고 보편화된 순발력 측정방법이다.

표 3-8. 제자리멀리뛰기(남자)

(단위 : cm)

요인 \ 연령	19~24	25~29	30~34	35~39	40~44	45~49	50~54	55~59	60~64
N	234	212	211	258	212	246	269	170	129
평균	222.7	217.6	204.8	206.0	202.1	186.6	184.0	171.9	160.8
표준편차	31.27	26.79	30.00	23.03	22.87	27.72	23.95	25.88	28.58

표 3-9. 제자리멀리뛰기(여자)

(단위 : cm)

요인 \ 연령	19~24	25~29	30~34	35~39	40~44	45~49	50~54	55~59	60~64
N	199	187	153	233	228	222	231	157	133
평균	156.5	147.3	145.0	145.3	138.3	136.7	124.7	115.6	112.0
표준편차	28.42	27.70	22.01	20.94	26.25	23.72	26.46	23.93	28.75

(2) 제자리높이뛰기

제자리높이뛰기는 다리 근육군의 순발력을 알 수 있는 검사로 서전트점프라고도 한다.

표 3-10. 제자리높이뛰기[***]

(단위 : cm)

나이	남자	여자
10	34.2 ± 5.4	32.0 ± 4.2
20	60.0 ± 8.0	42.0 ± 6.4
30	54.0 ± 8.2	34.5 ± 7.0
40	48.0 ± 8.0	30.0 ± 9.4
50	42.0 ± 8.0	25.5 ± 10.0
60	36.4 ± 8.6	22.4 ± 11.0
70	28.8 ± 10.2	18.6 ± 10.2

(3) 50m 달리기

50m 달리기는 전신의 순발력을 검사하는 방법이다.

표 3-11. 50m 달리기(남자)

(단위 : 초)

요인 \ 연령	19~24	25~29	30~34	35~39	40~44	45~49	50~54	55~59	60~64
N	234	212	211	258	212	246	269	170	129
평균	7.8	8.0	8.8	8.9	8.9	9.4	9.7	10.2	11.7
표준편차	1.10	1.17	1.50	1.39	1.28	1.51	1.42	1.55	2.26

표 3-12. 50m 달리기(여자)

(단위 : 초)

요인 \ 연령	19~24	25~29	30~34	35~39	40~44	45~49	50~54	55~59	60~64
N	199	187	153	233	228	222	231	157	133
평균	10.0	10.4	10.8	11.2	12.3	12.6	12.9	13.8	14.6
표준편차	1.65	1.65	1.72	2.22	2.27	2.32	2.57	2.61	2.85

3) 유연성

(1) 앉아 윗몸 앞으로 굽히기

앉아 윗몸 앞으로 굽히기(sit and reach)는 조사된 세계 각국의 체력검사에서 유연성을 측정하기 위한 검사로 모두 사용될 정도로 아주 보편적이고 표준화된 유연성검사 방법이다.

표 3-13. 앉아윗몸앞으로굽히기(남자)

(단위 : cm)

요인 \ 연령	19~24	25~29	30~34	35~39	40~44	45~49	50~54	55~59	60~64	65 이상
N	234	212	211	258	212	246	269	170	129	171
평균	14.2	13.3	10.6	10.1	8.9	8.8	9.9	7.7	6.6	5.2
표준편차	9.77	8.79	8.57	8.75	8.16	7.65	7.51	8.55	8.25	10.07

표 3-14. 앉아윗몸앞으로굽히기(여자)

(단위 : cm)

요인 \ 연령	19~24	25~29	30~34	35~39	40~44	45~49	50~54	55~59	60~64	65 이상
N	199	187	153	233	228	222	231	157	133	224
평균	17.7	14.1	13.4	15.4	14.9	15.3	14.6	16.2	15.7	12.6
표준편차	8.16	9.57	8.69	8.17	7.70	7.32	7.81	7.59	7.90	8.23

앉아 윗몸 앞으로 굽히기의 타당도검사를 위해 사용된 준거검사는 햄스트링 또는 허리(low back)의 유연성을 측각계(goniometer) 또는 경사계(inclinometer)로 측정하는 것이다.

4) 전신지구력

(1) 왕복오래달리기

왕복오래달리기는 미국 FITNESSGRAM과 유럽의 EROFIT에서 사용되고 있는 유산소 능력 또는 심폐지구력을 측정하기 위한 표준화검사로, 타당도 검사를 위해 사용된 준거검 사(criterion test)는 최대산소섭취량(VO_2max)이다.

왕복오래달리기(PACER)는 최대유산소능력을 검사하는 검사법으로서, 개발 당시 트레 드밀을 사용한 최대부하검사와의 타당도 검정결과 타당도 지수는 .52~.98, 신뢰도지수는 0.89~0.98로 제시되었었다. 이 검사법은 부하속도를 점진적으로 증가시키고 그 페이스를 유지하도록 요구한다는 점에서 높은 평가를 받았다. 즉 오래달리기의 경우 페이스의 유지 가 큰 문제로 제기되고 있으나 PACER는 부하인 속도를 점진적으로 증가시킴과 동시에 그 속도를 준수할 것을 요구하기 때문에 현장검사로서 오래달리기 검사가 갖는 큰 단점을 제 거했다는 점에서 높은 평가를 받고 있다.

전신지구력은 원칙적으로 분당 최대산소섭취량(VO_2max)으로 측정하여야 한다. 그러나

표 3-15. 20m 왕복오래달리기(남자)
(단위 : 회)

요인 \ 연령	19~24	25~29	30~34	35~39	40~44	45~49	50~54	55~59	60~64
N	234	212	211	258	212	246	269	170	129
평균	54.8	47.8	39.2	38.0	37.8	30.0	27.3	23.7	19.4
표준편차	25.21	21.04	16.75	16.55	15.64	14.28	13.46	12.23	10.99

표 3-16. 20m 왕복오래달리기(여자)
(단위 : 회)

요인 \ 연령	19~24	25~29	30~34	35~39	40~44	45~49	50~54	55~59	60~64
N	199	187	153	233	228	222	231	157	133
평균	31.9	25.2	21.9	20.8	19.4	19.3	17.6	13.0	11.6
표준편차	20.85	12.43	9.70	8.04	8.24	8.87	9.29	6.28	6.84

분당 최대산소섭취량을 측정하려면 많은 장비와 인력이 필요할 뿐 아니라 위험성도 있기 때문에 많은 사람을 측정하기는 어렵다. 그래서 분당 최대산소섭취량을 간접적으로 측정할 수 있는 방법들이 3~4가지 개발되었지만 이 책에서는 생략한다.

3. 체성분의 측정과 평가

1) 체질량지수

체질량지수(BMI : body mass index)는 체중을 신장으로 나누어 계산한다. 체질량지수가 높은 사람은 정상 체질량 범위에 있는 사람들보다 더 많은 장애를 갖게 되는 경향이 있다.

표 3-17. 체질량지수(남자) (단위: kg/m²)

요인 \ 연령	19~24	25~29	30~34	35~39	40~44	45~49	50~54	55~59	60~64	65 이상
N	234	212	211	258	212	246	269	170	129	171
평균	23.5	24.4	24.9	24.7	24.6	24.4	24.8	24.3	24.4	24.0
표준편차	3.26	3.56	3.14	2.98	2.50	2.51	2.55	2.86	2.64	2.69

표 3-18. 체질량지수(여자) (단위: kg/m²)

요인 \ 연령	19~24	25~29	30~34	35~39	40~44	45~49	50~54	55~59	60~64	65 이상
N	199	187	153	233	228	222	231	157	133	224
평균	21.1	21.2	21.3	22.0	22.8	23.6	23.8	23.8	24.0	24.6
표준편차	2.81	2.62	2.37	2.65	2.58	3.22	2.49	2.79	2.87	3.07

2) 피하지방의 두께

체지방률의 측정은 피부 두 겹 즉, 피하지방의 두께로 체지방을 구하는 방법이 가장 널리 사용되고 있다. 피하지방의 두께 측정을 통해 체지방을 구하는 검사는 각 부위별 피하지방의 두께를 측정한 뒤 체지방공식을 이용해 체지방을 추정해내는 방법으로 오차가 가장 적은 방법이라고 알려져 있다. 미국 FITNESSGRAM에서 체지방률을 추정하는데 이용되고 있는 위팔세갈래근과 장딴지 근육을 이용한 체지방률 추정법은 Lohman과 Going(1998)의 연구 결과 준거검사인 수중체중법에 비해 약 3~4% 정도의 표준오차를 보이고 있는 것으로 알려져 있다. 체질량지수로 체지방률을 추정하는 방법의 표준오차가 5.6%라는 것과 비교할 때 피부밑지방의 두께로 체지방률을 추정하는 것이 더 좋은 방법이라는 것을 알 수 있다.

표 3-19. 피하지방-가슴(남자)

(단위: mm)

요인 \ 연령	19~24	25~29	30~34	35~39	40~44	45~49	50~54	55~59	60~64	65 이상
N	234	212	211	258	212	246	269	170	129	171
평균	10.1	11.6	13.4	14.2	12.8	13.4	15.4	13.9	14.1	12.8
표준편차	5.32	6.00	5.88	6.83	5.37	5.92	6.06	5.28	5.38	4.88

표 3-20. 피하지방 - 배(남자)

(단위: mm)

요인 \ 연령	19~24	25~29	30~34	35~39	40~44	45~49	50~54	55~59	60~64	65 이상
N	234	212	211	258	212	246	269	170	129	171
평균	17.3	19.1	21.9	22.8	20.9	20.7	22.0	21.7	21.6	21.0
표준편차	8.68	8.00	8.51	9.16	8.55	8.54	7.57	7.63	8.20	6.60

표 3-21. 피하지방 - 넙다리(남자)

(단위: mm)

요인 \ 연령	19~24	25~29	30~34	35~39	40~44	45~49	50~54	55~59	60~64	65 이상
N	234	212	211	258	212	246	269	170	129	171
평균	13.3	13.6	15.0	15.1	13.5	13.8	14.4	12.9	12.2	10.9
표준편차	6.43	5.79	5.85	5.59	4.78	5.53	5.79	6.97	5.31	4.33

표 3-22. 피하지방 – 위팔세갈래근(여자)

(단위: mm)

요인 \ 연령	19~24	25~29	30~34	35~39	40~44	45~49	50~54	55~59	60~64	65 이상
N	199	187	153	233	228	222	231	157	133	224
평균	18.9	18.5	19.2	19.2	19.6	20.0	20.2	20.8	20.1	19.1
표준편차	6.13	5.31	5.75	5.63	5.02	5.68	5.32	5.96	5.09	6.00

표 3-23. 피하지방 – 위엉덩뼈(여자)

(단위: mm)

요인 \ 연령	19~24	25~29	30~34	35~39	40~44	45~49	50~54	55~59	60~64	65 이상
N	199	187	153	233	228	222	231	157	133	224
평균	18.5	18.2	20.3	20.3	21.9	23.2	23.3	24.5	23.5	23.7
표준편차	8.18	7.12	7.96	7.12	7.07	7.25	7.69	8.36	7.93	9.08

표 3-24. 피하지방 – 넙다리(여자)

(단위: mm)

요인 \ 연령	19~24	25~29	30~34	35~39	40~44	45~49	50~54	55~59	60~64	65 이상
N	199	187	153	233	228	222	231	157	133	224
평균	20.9	21.3	21.3	21.5	21.8	22.2	21.3	21.7	20.4	19.4
표준편차	6.91	5.85	7.01	6.25	7.23	7.02	7.11	7.57	6.73	6.89

표 3-25. 체지방률(남자)

(단위: %)

요인 \ 연령	19~24	25~29	30~34	35~39	40~44	45~49	50~54	55~59	60~64	65 이상
N	234	212	211	258	212	246	269	170	129	171
평균	11.3	12.9	15.2	16.3	15.5	16.2	18.0	17.5	17.9	18.2
표준편차	5.15	4.95	4.97	4.95	4.52	4.59	4.29	4.25	4.65	3.63

표 3-26. 체지방률(여자)

(단위: %)

요인 \ 연령	19~24	25~29	30~34	35~39	40~44	45~49	50~54	55~59	60~64	65 이상
N	199	187	153	233	228	222	231	157	133	224
평균	22.8	23.2	24.3	24.7	25.8	26.8	26.9	27.8	27.3	27.2
표준편차	5.41	4.69	5.46	5.09	4.78	4.84	4.96	5.44	5.19	5.80

3) 노인의 건강체력

표 3-27. 65세 이상 노인의 건강체력(남자)

요인 \ 연령	의자에서 일어섰다 앉기(회)	등뒤에서 손잡기 (cm)	눈뜨고 외발서기 (초)	6분 걷기 (m)
N	171	171	171	171
평균	16.4	-15.8	18.4	474.7
표준편차	5.76	14.53	22.73	100.99

표 3-28. 65세 이상 노인의 건강체력(여자)

요인 \ 연령	의자에서 일어섰다 앉기(회)	등뒤에서 손잡기 (cm)	눈뜨고 외발서기 (초)	6분 걷기 (m)
N	224	224	224	224
평균	14.5	-5.8	19.3	449.4
표준편차	5.76	12.36	26.96	114.98

참고문헌

강상조, 신범철, 권봉안, 김갑수(1988). 국민체력평가기초연구. 체육부 : 스포츠과학연구논총.

남덕현 역(2009). 체육측정평가 에센스. 대경북스.

고흥환(1985). 체육측정평가. 연세대학교 출판부.

유승희 외(2009). 신 체육측정평가. 대경북스.

이기봉(2005). 체육측정평가. 레인보우북스.

Alan C. Lacy(2010). *Measurement and Evaluation in Physical Education and Exercise Science (6th Edition)*. Benjamin Cummings.

American Psychological Association(APA, 1985). *Standards for Educational and Psychological Tests*. Washington, DC: American Psychological Association.

Baumgartner, T. A., Jackson, A. S.(1991). *Measurement for Evaluation in Physical Education*. Dubuque, Iowa : Wm C Brown Group.

Bouchard, C., Shephard, R. J.(1994). Physical activity, fitness and health : The model and key concepts. In : C. Bouchard, R. J. Shephard, and T. Stephens (eds.)., *Physical Activity, Fitness and Health : International Proceedings and Consensus Statement*. Human Kinetic Publishers. pp. 77-88.

Houtkooper, L. B., Going, S. B., Lohman, T. G., Roche, A. F., Van Loan, M.(1992). Bioelectrical impedance estimation of fat-free body mass in children and youth: a cross-validation study. *Journal Applied of Physiology. 72*:366-373.

Lohman, T. G., Roche, A. F., Martorell, R.(1992). *Anthropometric Standardization Reference Manual*. Human Kinetics Books. Champaign, Illinois.

Malina, R. M., Bouchard, C.(1990). *Growth, Maturation and Physical Activity*. Champaign, IL: Human Kinetics.

Safrit, M. J., Wood, T. M.(1995). *Introduction to Measurement in Physical Education and Exercise Science. 3rd Edition*. Mosby-Year Book, Inc.

Strand, B. N., Wilson, R.(1993). *Assessing Sport Skills*. Champaign, Ill: Human Kinetics.

Ted Baumgartner et. al.(2006). *Measurement for Evaluation in Physical Education and Exercise Science*. McGraw-Hill.

찾아보기

【가】

【자】